KB114972

# 대한민국, 변방에서 중심으로

대전환의 시대를 위한
경제학자 · 유학자 · 기업인의
8가지 파격 제언

Korean potential
great paradox
from periphery to center
paradigm shift
climate change
inequality
polarization
fragmented consciousness
integrated consciousness
One Mind
financial capitalism
shareholder capitalism
stakeholder capitalism
artificial general intelligence
technological singularity
useless class
common good
narrative

# 대한민국, 변방에서 중심으로

이영환 · 이기동 · 최수 지음

## 들어가는 말

**이영환**　　여러 통계자료에 의하면 2차 세계대전 이후 1970년대 중반까지 '모두를 위한 번영'을 구가했던 자본주의의 황금기는 신자유주의의 득세, 편향된 세계화, 그리고 금융자본에 유리한 정보화로 인해 막을 내렸습니다. 그 후 현재에 이르기까지 부와 소득의 불평등이 극도로 악화되었으며, 계층의 양극화 또한 공동체가 용인할 수 있는 한계를 넘어섰습니다. 그 결과 금융자본주의, 감시자본주의, 그리고 세습자본주의로 요약되는 자본주의의 내적 모순으로 인해 민주주의의 근간이 무너지고 있으며, 이는 4차 산업혁명이 진행됨에 따라 더욱 가속화될 것으로 전망됩니다. 양심적인 일부 전문가들이 자본주의와 민주주의의 미래를 동시에 우려하는 것은 이 두 문제가 서로 긴밀하게 연관되어 있기 때문입니다.

　　최근 서양에서 ESG 투자와 ESG 경영이 강조되고 있으며, 나아가 이를 바탕으로 기존의 주주 자본주의를 넘어 이해관계자 자본주의를 발전시켜야 한다는 목소리가 점점 커지고 있으나 파워 엘리트들이 기득권을 유지하기 위해 시간을 끌고 있다는 인상을 지우기 어렵습니다. 그동안 서양을 모방해 성공을 거두었던 한국은 이제 '빠른 추종자'의 한계를 넘어 자본주의의 미래, 그리고 인류의 미래를 위한 새로운 대안을 제시할 수 있는 절호의 기회를 맞이하고 있습니다. 이를 구현하기 위해 해결되어야 할 최우선 과제는 진정한 의미에서 '물질과 정신의 조화'를 회복하는 것입니다. 물질과 정신은 나눌 수 없는 하나의 실체의 양면이기에 어느 한쪽으로 지나치게 편향된 채 오랜 시간이 흐르면 결국 모든 것을 잃는 상황으로 이어질 것이기 때문입니다. 이러한 의미에서 4차 산업혁명이 인류를 물질문명의 극한으로 내몰고 있는 현 시점에서 '홍익인간'으로 상징되는 우리의 고유한 정신적 자산을 재조명하는 것은 무척 중요한 일입니다. 이를 바탕으로 물질과 정신의 진정한 조화를 지향하는 새로운 경제사상을 제시한다면, 우리는 한국이라는 경계를 넘어 세계 모든 사람들을 번영의 길로 인도하는 세계사적인 사건의 주역이 될 수 있습니다.

**이기동**   한국은 길고 긴 역사를 거치면서 영광스러웠던 시대도 있었고, 치욕적인 시대도 있었습니다. 역사는 사계절처럼 흘러갑니다. 꽃 중에는 봄에 피는 꽃도 있고, 가을에 피는 꽃도 있습니다. 한국은 봄에 피는 꽃에 비유할 수 있습니다. 봄에 피는 꽃은 봄이 오면 향기를 뿜으며 아름답게 피어납니다. 인류의 역사는 지금 봄을 맞으려 하고 있습니다. 한국은 이제 향기를 뿜기 시작했습니다. 한류 문화에 세계인이 열광하는 까닭은 한국인이 뿜어내는 봄 향기에 끌렸기 때문입니다. 이제 한국인은 한류 문화에 이어 한류 철학이 나와야 하고, 한류 정치, 한류 교육, 한류 경영이 뒤를 이어야 할 것입니다. 그래야 인류의 역사가 진정한 봄을 맞이할 수 있을 것으로 생각합니다. 비록 우리 대담의 시작은 미약하지만 준비에 따라서는 장강대하長江大河의 발원지 역할을 할 수도 있을 것입니다. 저는 역사철학적인 시각을 가지고 멀고 큰 흐름을 통찰하는 데 익숙한 대신, 구체적이고 세밀한 미시적 관찰이 늘 부족합니다. 이 부분은 이영환 교수님과 최수 회장님께 많은 도움을 받았습니다. 대담을 진행하는 데 수고를 아끼지 않으신 이영환 교수님과 최수 회장님께 감사드립니다.

**최수**   전 세계의 코로나 대 감염으로 우리의 일상이 변하고 있고, 이러한 변화는 우리를 지배해오던 기존의 상식적인 개념들에도 큰 영향을 끼치고 있습니다. 그렇기에 요즘 저는 우리가 생활에서 가장 자주 사용하는 '우리'라는 단어의 진정한 개념에 대해 다시 돌아보게 되었습니다.

이 대담은 '우리'에 대한 대담입니다. 그 우리를 현실적으로 최대한 확대하여 한국을 대상으로 하였습니다. 즉 4차 산업혁명 시대 한국인의 정체성과 그 안에 숨겨진 DNA, 현재 세계적 관점에서 한국의 위상은 어떠한지, 나아가 한국이 어떻게 미래를 열어가야 하는지를 논의했습니다. 처음엔 제가 가진 지식과 경험으로 이 거대 담론을 다루는 대담에 참여해도 좋을지 무척 망설였습니다. 그러나 일부 파편화된 근거를 토대로 우리를 왜곡하고 부정하는 집단들을 대하면서 제가 기업 현장에서 고민해온 것들을 정리하는 일이 의미 있을 거라는 생각이 들었습니다. 때마침 두 분의 석학을 만나 용기를 내어 대담에 참여하게 되었습니다.

저는 이 대담에서 일관되게 기업인의 관점을 견지하려고 노력했습니다. 이상과 현실의 갈등 속에선 현실적인 관점을 택했고, 긍정과 부정적인 관측 사이에선 긍정을 선택했습니다. 낙관과 비관 속에선 보수적인 낙관의 관점을 유지하고자 했습니다.

이제 한국은 많은 이슈에도 불구하고 확실하게 세계 10위 안의 선진국으로 진입하였습니다. 우리 산업들은 이미 세계 최고가 되었고, 기업들 또한 세계적인 브랜드를 보유하고 있습니다. 우리 기업의 경영인도 글로벌한 경륜을 보유하게 되었으며, 한국의 문화 또한 세계화되고 있습니다.

'우리'의 무엇이 이것을 가능하게 했을까요? 그리고 우리는 앞으로 어떻게 발전하게 될까요? 결국 이에 대한 현실적인 이해와 대책을 모색하는 것이 제가 이 대담에 참여한 목적입니다. 그리고 이 질문에 대한 해답을 모색해온 많은 분들이 이 대담을 통해 해답에 대한 갈증을 해소하고 미래의 방향을 잡는 데 도움이 되길 바랍니다. 그래서 우리 한국이 4차 산업혁명을 성공적으로 이루어 세계의 중심에 우뚝 서길 진심으로 기대해봅니다.

# 차례

## 8장 이제는 새로운 내러티브가 필요한 때

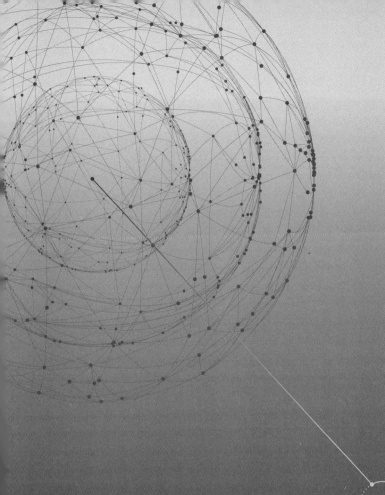

1장

# 우리는 누구이며
# 어디쯤 와 있는가?

# 1

# 정신적 측면의 한국인,
# 하늘마음의 민족

**이영환**   우리는 지금 코로나19, 기후변화와 같은 자연의 반
격과 우리 스스로 만들어낸 불평등과 양극화로 인해 정
서적으로는 우울하고 경제적으로는 극도로 불확실한 상황에
처해 있습니다. 이 시점에 '한국이 세계의 변방에서 중심으로 가야
하는 이유'라는 거대하고도 가슴 뛰는 담론을 위해 오랜 세월 다른
분야에서 활동해온 세 사람이 자리를 같이했습니다. 논의에 앞서 이
대담에 흔쾌히 응해주신 유학자 이기동 명예교수님과 기업인 최수
회장님께 감사의 말씀을 드립니다.

현재 한국이 처한 상황은 '역설과 잠재력'이라는 말로 압축할 수 있

다고 봅니다. 여기서의 역설은 단기간에 세계 최빈국에서 세계 10위권의 경제 강국으로 변신했으며 서구를 제외하고는 민주주의를 실천하고 있는 몇 안 되는 나라 중 하나인 동시에 OECD 국가 중 최고의 자살률과 전 세계 최저 출산율을 보여주는 나라라는 것을 말합니다. 잠재력은 포용적인 제도와 적절한 인센티브가 제공될 경우, 경제, 과학, 문화 등 다방면에서 세계를 선도할 수 있는 한국인의 내재된 능력을 의미합니다. 최근 한국인들이 대중예술 분야에서 이룬 쾌거는 잘 알고 계실 테니 언급할 필요가 없습니다만, 이 모두 우연히 일어난 일은 아니라고 봅니다. 만약 우리가 처한 역설적인 상황을 극복할 수 있다면 대한민국은 잠재력을 극대화할 기회를 얻게 될 것입니다.

이런 취지에서 이 대담을 통해 오늘날 우리가 처한 상황에 대한 객관적인 분석을 바탕으로 앞으로 닥칠 엄청난 변화의 시대에 한국이 과연 세계의 변방에서 중심으로 나아갈 가능성이 있는지를 여러 각도에서 살펴보고자 합니다.

본격적인 대담에 앞서 패러다임 전환의 시대를 맞이해 우리가 준비해야 할 것에 대해 논의해보려고 합니다. 이런 의미에서 우선 우리는 누구이며 우리의 본성에는 어떠한 문화적 유전자가 각인돼 있는지, 그리고 무엇이 우리의 앞길을 가로막고 있으며 무엇이 우리를 고무시키는지와 같은 문제들에 대해 논의했으면 합니다.

현재 정치, 경제, 과학, 문화 등 모든 면에서 서양이 세계를 선도하고 있는데, 유감스럽게도 이 추세가 쉽게 바뀌지 않을 것 같습니다. 서양이 우위를 점하게 된 이유는 일찍이 과학혁명을 주도했으며 계몽주의를 바탕으로 이성적 사유체계를 발전시킨 데서 찾을 수 있다고 생각합니다. 그런데 최근 이런 서양의 위상에 변화의 조짐이 보입니다. 무엇보다도 주목할 점은 과학적 물질주의와 환원주의에 지나치게 경도되다 보니 인간의 본성에 대한 편협한 해석에 의존함으로써 사회적으로 심각한 문제들이 등장하고 있다는 것입니다. 잘 알려진 예로 부와 소득의 불평등이 악화되면서 계층 간 양극화가 심해지고 있으며 민주주의가 퇴조하고 있다는 사실을 들 수 있습니다. 또한 정보기술에 바탕을 둔 파괴적 기술혁신과 더불어 물질 중심, 금전만능에 대한 열망이 더욱 커지고 있는 현실입니다. 이런 점들을 고려할 때 지금은 새로운 문명을 위한 새로운 패러다임이 요구되는 시점이라고 봅니다.

여기서 미국을 중심으로 하는 서양은 이런 문명을 만들어낸 장본인으로서 새로운 패러다임을 선도하기 어려운 상황에 처해 있다는 점을 유념할 필요가 있습니다. 기득권을 포기하지 않는 한 그렇다는 것이죠. 그렇다면 물질문명의 절정을 향해 치닫는 과정에서 발생하는 근본적인 문제들에 대한 해법은 한국을 비롯한 동양에서 찾아야 할 것입니다. 그런데 전체주의의 한계를 벗어나기 어려운 중국이나 일본은 이런 역할을 담당하기 어렵습니다. 이 두 나라는 진정한 경제적 자유와 민주주의라는 새로운 문명의 태동을 위한 기본 여건을 갖추고 있지 않기 때문입니다. 중국은 말할 것도 없고 일본은 외견상 민주주의 체제를 갖추고 있지만 본질적으로는 전체주의 성향이 강하며, 신분제 사회의 전통이 강하게 남아 있기 때문에 새로운 문명을 주도할 수 없습니다. 그렇기에 한국이 유일한 후보로 부상할 수 있는 절호의 기회가 찾아왔다고 생각합니다.

이 시점에서 한 가지 유감스러운 점은 독립 후 한국에는 모든 분야에 미국식 시스템이 이식되었으며, 이로 인해 지금 한국은 미국보다 더 미국적인 상황에 처해 있다는 사실입니다. 이런 상태에 머물러 있는 한 놀라운 경제적 성공에도 불구하고 한국이 장차 세계를 선도하는 역할을 수행한다는 것은 어불성설입니다. 그런데 한 가지 고무적인 점은, 비록 우리가 그 사실을 인지하지는 못하고 있으나, 우리의 집단무의식에는 다가올 미래에 찬란한 빛을 발할 수 있는 정신적 자산이 감춰져 있다는 사실입니다. 5000년 넘는 유구한 역사는 물리적 시공간에서만이 아니라 수많은 환난을 감내하며 극복해온 우리의 정신세계 안에서도 진행되어 왔습니다. 우리는 이제 이런 정신적 자산을 끄집어내 다가오는 미래에 맞게 다듬어야 합니다. 지금 우리는 그동안 인류가 축적한 모든 지성을 동원해 인류가 직면한 문제들을 통합적 관점에서 파악한 후 근본적인 해결 방안을 찾아야 할 시점에 와 있다고 생각합니다. 이런 취지에서 동양철학을 전공하신 이기동 교수님이 말씀을 이어주시면 좋겠습니다.

**이기동** 　네, 감사합니다. 대담에 앞서 다른 분들과 나누었던 대화 내용을 곰곰이 생각해보니 여기서 나올 이야기는 우리나라 사람들 대부분이 공감하고 관심을 가질 것으로 보입니다. 제가 전공하는 분야는 일반인들이 생소하게 생각하기도 하고 현실의 삶과 동떨어져 있는 것으로 여겨질 수 있습니다. 이후 같이 대담을 나눌 두 분께서 제 말을 현실 생활에 연관된 것으로 녹여주시면 독자들이 이해하는 데 많은 도움이 될 듯합니다.

저는 편하게 제 나름의 말씀을 드리겠습니다. 지금 우리 한국인은 머리와 가슴이 괴리되면서 생긴 갈등을 겪고 있다고 생각합니다. 우리는 어릴 때부터 서양의 것을 배웠습니다. 서양의 학문을 배웠고 서양의 예술을 배웠으며 서양인의 삶의 방식을 배웠으므로 머리에는 서양의 것이 들어 있지만, 몸은 여전히 한국의 풍토에서 살고 있기에 가슴에는 한국의 감정이 들어 있습니다. 말하자면, 머리로 생각하는 것과 가슴으로 느끼는 삶의 현실이 동떨어져 있다는 것입니다. 그러다 보니 한국인들은 대부분 머리와 가슴의 괴리로 인한 갈등을 겪고 있습니다. 머리가 발달한 사람들은 가슴이 발달한 사람의 행동 방식을 보고 의식 수준이 낮다고 비난하기도 하고, 가슴이 발달한 사람들은 머리가 발달한 사람을 비인간적이라 매도하기도 합니다.

한국인들이 느끼는 세대 차이도 이러한 현상과 관련이 있는 듯합니다. 젊은 층은 머리로 배운 서양의 합리주의를 바탕으로 기성세대를 비판합니다. 공격을 받는 기성세대는 젊은이들과 대화를 통해 이길 수 없으므로, 철이 없다고 야단치거나 "너희들도 더 살아보면 알게 될 거다."라고 얼버무립니다. 결국 배운 것과 삶의 현실과의 괴리에서 오는 이런 갈등이 만연한 상태가 지금 우리의 현주소라고 생각합니다.

배운 것과 삶의 현실이 괴리된 근본 원인은 구한말로 거슬러 올라갑니다. 이런 예를 들 수 있겠습니다. 대대로 선비로 살아온 우리 집 옆에 폭력배가 살고 있었습니다. 이웃 고을에 개발 바람이 불 때, 이웃 폭력배가 먼저 달려가 온갖 폭력을 행사해서 큰 부자가 되어 돌아왔습니다. 그 폭력배는 우리 집 옆에 우리 집보다 수십 배 더 큰 집을 짓고 삽니다. 그렇지만 우리는 이웃 폭력배를 존경하지 않습니다. 그러나 지나가는 사람들은 이웃 폭력배의 집에 더 많은 관심을 가질 것입니다. 우리 자손들도 차츰 이웃집에 관심을 가지기 시작할 것입니다. 이웃에 관심을 가지면 이웃처럼 폭력배가 될 것이라고 깨우치지만 듣지 않습니다. 그러다가 아들이나 손자가 이웃 아이들과 놀다 얻어맞고 돌아오면 "친구끼리 그럴 수도 있으니 용서하고 사이 좋게 놀아라."라고 가르칩니다. 그러나 이웃집에서는 그런 경우 혹독하게 꾸짖습니다. 그렇게 되면 얻어맞는 쪽은 우리의 아들 손자들이 될 것입니다. 그러던 어느 날 우리 집의 아들 손자들은 "내가 이렇게 된 까닭은 할아버지의 교육이 나빴기 때문이야."라고 자각합니다. 그런 뒤에는 우리의 교육 방식과 내용을 버리고 이웃집의 교육 방식과 내용을 따릅니다. 이웃집을 따르는 것은 교육뿐만이 아닙니다. 정치, 경제, 문화, 예술 등의 전 분야에 걸쳐 이웃집을 따르게 됩니다. 제가 예를 든 이웃집이 바로 서양입니다. 우리는 거의 150여 년간 서양의 것을 따르느라 여념이 없었습니다. 그렇다고 한국인이 서양인처럼 된 것은 아닙니다. 한국인은 여전히 한국인의 정서를 가진 채로 서양의 방식을 따르기 때문에, 생각과 삶이 괴리되어 갈등을 겪고 있습니다.

이제 우리는 알아야 합니다. 근세의 서양인들은 과거 유례없는 폭력배였습니다. 아메리카 대륙에 가서 원주민을 거의 다 죽이고 그 땅을 빼앗았습니다. 호주에 가서도 원주민을 거의 다 죽이고 그 땅을 빼앗았습니다. 아프리카와 아시아에서는 식민지라는 형태로 사람들을 손아귀에 쥐고 일을 시키면서 빼앗아갔습니다. 그런 약탈을 통해 그들은 부강해졌습니다. 그들은 예의가 바르고 교양을 잘 지키지만, 그것은 조폭들의 예의와 교양에 해당합니다. 친절하게 교양을 지키다가도 수가 틀리면 바로 주먹을 날리고 총을 쏘아댑니다.

한국인이 겪고 있는 혼란의 원인을 이해하기 위해서는 서양인과 한국인의 차이부터 이해하지 않으면 안 될 것입니다. 다시 다음과 같은 예를 들어보겠습니다. 대밭에는 대나무가 자라고 있는데요. 대나무는 지상에서는 여러 그루의 대나무로 자라지만, 지하에서는 하나의 뿌리로 연결되어 있습니다. 지상의 대나무만 보고 판단하면 여러 그루의 대나무가 자란다고 할 수 있습니다만, 지하에서 연결된 하나의 뿌리를 기준으로 판단한다면, 지상의 모든 대나무가 하나라고 할 수 있을 것입니다. 서양인은 지하에 있는 하나의 뿌리를 무시하고 지상에서 여러 그루의 대나무가 각각 독립적으로 자라고 있다고 판단하는 사람들입니다. 반면 한국인은 지하에 있는 하나의 뿌리를 인정하여 지상의 대나무들이 모두 하나로 통해 있다고 판단하는 사람들입니다.

이를 사람의 경우로 바꾸면 다음과 같이 정리할 수 있습니다. 서양인은 몸을 중심으로 하여 사람을 각각 독립된 개체로 판단하는 반면, 한국인은 마음을 중심으로 하여 사람이 모두 한마음으로 연결되어 있다고 판단합니다. 대나무 하나의 뿌리가 무한히 크고 영원히 존재하는 것처럼, 사람의 한마음은 무한히 크고 영원히 존재합니다. 무한히 큰 것은 한국 고유어로 '하'이고, 영원히 존재하는 것이 '늘'이므로, 한마음이 하늘의 마음입니다. 몸을 중심으로 판단하면 몸이 물질이므로, 마음 또한 몸에 들어 있는 물질로 보입니다. 서양에서 개인주의와 물질주의가 발달하는 이유가 이 때문입니다. 그러나 한국인은 하늘마음을 중시하여 사람들이 모두 하나로 연결되어 있다고 보기 때문에, 한국에서는 개인주의와 물질주의가 발달하기 어려운 대신, 하늘을 중시하는 종교가 발달합니다.

한국인에게는 두 요소가 있습니다. 대나무는 지하에 있는 뿌리가 본질이고 지상에 보이는 부분이 현재의 모습이듯이, 한국인에게는 한마음을 바탕으로 하는 '본래의 나'와 몸을 기준으로 판단하는 '현재의 나'가 있습니다. '현재의 나'는 초라할 수도 있지만, '본래의 나'는 하늘입니다. 한국인들은 '본래의 나'와 '현재의 나' 사이에 괴리가 클수록 많은 갈등을 겪습니다. '현재의 나'와 '본래의 나'의 괴리에서 오는 갈등은 머리와 가슴의 괴리에서 오는 갈등보다 본질적입니다. 한국인은 '현재의 나'가 하늘 같은 능력을 발휘하지 못하고 하늘처럼 대접받지 못할 때 한이 맺히고, 맺힌 한을 풀지 못할 때 화병이 생깁니다. 초라한 모습을 한 아주머니도 '아줌마'라고 불리면 한이 맺히고 화병이 생깁니다. 아주머니가 초라하게 보이는 것은 현재의 모습일 뿐, 본래는 하늘 같은 존재이기 때문입니다. 이를 안다면 초라한 모습을 한 아주머니에게도 '사모님'이라고 불러야 할 것입니다.

한국인의 정서를 아주 잘 표현한 문학이 춘향전입니다. 춘향전의 주인공인 춘향은 '본래 나'와 '현재 나'의 괴리를 극단적으로 보여줍니다. 춘향은 본래 성 판서의 귀한 따님이지만, 현재는 천한 기생 딸입니다. 춘향에게 두 남자가 다가옵니다. 귀한 따님 대접하는 이몽룡이 있고, 천한 기생 딸 취급하는 변학도가 있습니다. 춘향은 이몽룡에게는 목숨도 바치지만, 변학도에게는 죽을 각오로 덤빕니다. 지나가는 아주머니에게 '사모님' 하고 부르는 사람은 이몽룡이지만, '아줌마'라고 부르는 사람은 변학도입니다. 한국에서 이몽룡은 성공하지만, 변학도는 실패합니다. 한국에서 상영되는 드라마나 영화의 내용도 춘향전의 줄거리와 유사한 것이 많습니다. 본래 귀한 주인공이 출생의 비밀이 있거나, 기억상실증에 걸려 천하게 사는 경우가 등장합니다. 이때 이몽룡 역할을 하는 사람과 변학도 역할을 하는 사람이 나타나, 주인공을 칭찬하기도 하고 학대하기도 합니다. 그러다가 결국 변학도 역할을 하는 사람이 패망하고 이몽룡 역할을 하는 사람이 성공함으로써 주인공이 영광의 자리를 차지하는 내용으로 결말이 나는 경우가 많습니다.

**최수**　서양인의 마음과 한국인의 마음에는 근본적으로 차이가 있다는 이기동 교수님 말씀에 공감합니다. 저도 그 말씀에 이어서 '우리는 누구인가, 본질적으로 우리의 모습은 어떻게 보이는가?'라는 관점에서 우리의 본성에 대해 말씀을 드리고 싶습니다.

원래 본성이라는 것은 근본을 이루고 있으나 밖으로 드러나지 않는 성질이기 때문에 정확하게 기술하는 게 쉽지는 않습니다. 사람에 따라 본성에 대한 생각도 많이 다를 것입니다. 기본적으로 '한 민족의 본성'은 건국신화, 민족의 구성, 사회규범, 지정학적 요인, 그리고 오랜 세월 그러한 개별성들을 구현해온 역사와 같은 특성들을 통해서 밝힐 수 있지 않을까 생각합니다.

우리 한국인들은 무엇보다도 단군신화를 가슴속 깊이 간직하고 있습니다. 단군신화의 핵심은 우리 조상이 하늘에서 왔다는 것, 인간에 대한 동경이 대단히 크다는 것, 그러한 큰 열망을 위해 참고 감내하며 혁신의 고통도 두려워하지 않는다는 것, 또한 인간 세계를 널리 이롭게 하려고 하는 것입니다. 단군신화는 우리의 생활 속에 깊이 들어와 있습니다. 예를 들면 단군신화에서 인간으로 변화하는 기간이 100일입니다. 이 단군신화가 가지고 있는 '백'이라는 숫자는 우리 문화 곳곳에 깊숙이 스며 있습니다. 예를 들자면 백일잔치, 백일기도 등에 말입니다.

한국인의 본성은 사회의 규범윤리적인 측면에서는 충효사상을 기본으로 염치, 상부상조, 대동단결 등으로 대표될 수 있습니다. 이런 규범은 8조 금법, 세속오계, 삼강오륜, 그리고 두레 등으로 구현되면서 우리의 윤리의식으로 정착되었습니다.

더욱이 장기간 역사의 활동 무대였던 한반도의 지정학적 요인은 민족의 본성을 형성하는 데 큰 영향을 미쳤을 것으로 생각합니다. 조선시대 이후 우리의 활동 무대가 반도로 협소해졌지만 우리는 북쪽의 광활한 대륙에 기반을 두고 장구한 역사를 써 내려온 민족입니다. 이러한 지정학적 환경이 개척 정신, 감투 정신, 대동단결, 그리고 문제 해결의 원천인 강인함과 창의적 정신을 고취시키며 우리 민족의 본성을 형성하는 데 큰 영향을 미쳤을 것입니다. 이렇게 형성된 우리 민족의 본성은 오친 년간 한민족의 정체성으로서 국기적 위기 시마다 발현되어 국난을 해결해온 것이 아닐까 생각합니다.

우리 한민족은 단일민족입니다. 언어가 단일하고 유전자 분석을 통한 분류에서도 그 상관성이 대단히 높습니다. 이러한 특성이 단결성은 물론, 사회적 공감대 형성과 국가와 가족에 대한 남다른 애정, 나아가 사회규범에 대한 순응 등, 순기능을 만드는 것 같습니다. 또한 이러한 성향은 다양성을 아우르는 중심 개념을 잡는 데도 유용합니다. 뿐만 아니라 사회적 비용까지 상당히 줄여줄 수 있습니다.

지금까지 살펴본 것들을 종합해볼 때 우리 민족은 기본적으로 하늘과 가정 그리고 국가를 대단히 중시하는 민족입니다. 그래서 어떤 경우에든 행동하기 전에 항상 하늘의 뜻이 무엇인지, 내 가족과 국가에 어떤 영향이 미치는지를 먼저 생각한다고 봅니다. 이런 특성들이 결국 우리에게 대동단결하여 위기를 극복하는 탁월한 능력을 부여한 것이 아닌가 생각합니다. 그리고 우리 민족은 풍류를 즐기고 또 대단히 낙천적입니다. 평상시에는 오히려 게으를 정도로 낙천적이죠. 그러다가 위험이 닥쳤을 때는 아주 신속하게 에너지를 모아 그걸 극복하는 강인함이 있는 것 같습니다. 때로는 늑장을 부리다가 시간을 놓쳐 안타깝게도 대가를 호되게 치러야만 했지만, 그럴 때마다 놀랍게도 위대한 지도자가 나타나 그 위기를 극복해왔습니다.

**이영환**  그렇습니다. 우리에게는 분명 우리만의 고유한 정신적 자산이 있습니다. 요즘 같은 글로벌 시대, 뉴노멀의 시대에 구태의연하게 민족정신을 드높이기 위해서 이 점을 강조하는 것이 아닙니다. 지구상 어떤 민족이든 오랜 역사를 통해 형성된 고유의 문화와 집단무의식을 가지고 있고 이것이 정신적 자산의 바탕이 됩니다. 그런데 정신적 자산은 만질 수도 없고 보이지도 않기에 많은 사람들이 간과하는 경향이 있습니다.

지금 이 시점에서 우리는 무의식에 남아 있는 이 정신적 자산을 의식 위로 끌어올려 과연 이것이 우리에게, 나아가 인류에 어떤 의미가 있는지를 생각해봤으면 합니다. 이해하기 쉬운 예를 들자면 현재 미국처럼 극단적인 개인주의와 백인우월주의가 사회를 극도로 양극화시킨 경우, 독립선언문에 명기된 건국정신을 회복할 수 있다면 사회통합에 큰 도움이 될 것입니다.[1] 반면 일본처럼 지금도 여전히 군국주의의 망령이 배회하는 판국에 그들의 정신적 자산을 강조한다면 이는 일본인뿐만 아니라 세계 모든 사람들에게 불행한 일이겠지요. 이처럼 모두에게 유익한 정신적 자산은 반드시 유지·발전시켜야 합니다.

지금 한국은 중요한 분기점에 와 있다고 생각합니다. 여기서 어떤 방향으로 나아갈 것인가를 결정하는 데 중요한 것은 물질적 자산이 아니라 정신적 자산입니다. 두 분이 잘 지적해주신 것처럼 우리의 정신적 자산은 무엇인지, 어떤 상태에 있는지 정확하게 파악해서 앞으로 우리가 나아갈 방향을 잡는 데 길잡이로 삼아야 할 것입니다.

# 2

# 한국인의 뿌리,
# 단군은 신화인가, 역사인가?

**이영환**  　　두 분 말씀을 듣다 보니 새삼 역사 드라마에서 자주
봤던 "네 이놈, 하늘이 무섭지 않느냐?"라든가 "네가 아
무리 감춰도 하늘은 알고 있다."와 같은 장면이 떠오르는군요.
지금도 악행을 저지른 사람을 보면 무심코 "저런 천벌을 받을 놈!"이
라고 개탄하든가 일이 정말 안 풀릴 때 "하늘도 무심하시지."라고 탄
식하는 사람이 적지 않을 것입니다. 이런 말은 우리의 무의식 속에
분명 자신의 한계를 훌쩍 뛰어넘어 우주적 차원의 무언가가 있다는
믿음을 표상한다는 생각이 듭니다. 이것은 영적으로 깨어난 사람들
이 말하는 우주의식cosmic consciousness 과도 밀접하게 연관되어 있는 것

같은데요.²

　우리 조상이 어떤 경로를 통해 이런 믿음을 형성하게 되었는지는 분명치 않지만, 단지 천둥과 번개 같은 자연현상에 대한 두려움 때문만은 아닌 것 같습니다. 하늘로 상징되는 우주에는 뭔가 신묘한 에너지가 충만하다는 그런 느낌 때문이 아니었을까 하는 생각이 듭니다. 그런데 우리 조상이 가졌던 이런 믿음을 단순히 미신이나 망상으로 치부하기 어려울 것 같습니다. 그 이유는 첨단과학이 밝힌 바에 의하면 텅 빈 우주공간은 흔히 말하는 진공이 아니라 '미세한 에너지로 충만한 공간plenum'으로서 우주만물의 근원으로 볼 수 있기 때문입니다. 나아가 그 본질을 우주의식으로 표현하는 사람도 있습니다. 이와 관련된 논의는 매우 방대합니다만 여기서는 이 정도면 족할 것 같습니다.³

　이런 의미의 우주의식은 이 교수님이 강조하시는 우리 고유의 '한마음'과 본질적으로 차이가 없다는 생각이 드는데요. 우리는 보통 일상을 살면서 에고의 벽에 갇혀 자신의 이해관계에 집착하고 개인의 영달에만 관심을 갖지만, 무의식 깊은 곳에는 고대 단군시대부터 면면히 이어온 하늘에 대한 공경과 외경심이 자리하고 있는 것으로 보입니다. 이것이 바로 우주의식과의 연결고리라는 생각이 듭니다. 만약 우리 무의식에 잠재된 이런 정신적 요소를 현대적인 맥락에 맞게 일상에서 구현할 수만 있다면, 현재 여러 갈래로 조각난 한국인의 의식 세계를 크게 변화시키는 촉매 역할을 할 수 있다는 생각이 듭니다. 그와 같은 의식의 전환이 일어난다면 서로 신뢰하지 못하고, 다른 사람의 성공을 질시하거나 남의 불행을 즐기는 유치한 생각에서 벗어날 수 있을 겁니다. 이는 우리가 세계의 중심으로 나아갈 때 큰 역할을 할 것입니다.

여기서 이런 의식의 전환이 갖는 강력한 영향력과 관련해서 상반된 두 가지 사례를 간단히 언급하고 싶습니다. 그것은 다름 아니라 유대인의 '아브라함에 대한 믿음'과 한국인의 '단군에 대한 믿음'입니다. 아브라함신화와 단군신화는 기원전 2000년보다 약간 앞섰던 비슷한 시기의 사건을 모체로 한다는 점, 모두 새로운 국가를 건설하려 했다는 점, 제사장이면서 정치적 리더였다는 점 등에서는 유사합니다만, 각각의 민족에 미친 영향력의 관점에서는 너무나 대조적입니다. 영국방송공사BBC의 지원을 받은 발굴단을 포함하여 여러 발굴단들이 아브라함이 실존 인물인지 여부를 확인하려고 많은 노력을 기울였으나 어디에서도 실존 인물이었다는 고고학적, 역사적 증거를 발견하지 못했습니다. 구약의 기록이 그가 실존했다는 증거라고 볼 수는 없겠지요.

그렇지만 역사에 남은 기록에 국한하더라도 유대인들은 서기 70년 로마제국을 상대로 한 1차 항전에서 완벽하게 제압당한 후 나라를 잃고 세계 곳곳으로 흩어져서도 오랜 세월 동안 아브라함에 대한 믿음을 바탕으로 유대민족의 정체성을 보존했습니다. 세계 곳곳에 흩어져 살면서도 유대인 공동체를 형성해 각종 고난을 극복하고 지금은 여러 분야에서 막강한 영향력을 행사하고 있습니다. 반면 우리는 어떠했습니까? 우리 민족이 겪은 최대 고난의 시기였던 일제 35년간의 강점기에 단군신화를 부활하려는 운동이 있었습니다. 그러나 한국사를 일본사에 편입하려 했던 일제는 식민사관을 앞세워 단군신화를 일개 하찮은 신화로 격하했습니다. 게다가 독립 이후에도 식민사관의 영향을 벗어나지 못한 탓인지 주류 강단사학계는 단군신화를 역사적 근거가 없는 허구로 폄하해왔습니다. 만약 이것이 그들이 주장하고 있는 '소고조선론', 즉 고조선은 지역적으로는 평양을 중심으로 한반도 일부 지역에 한정되었으며 기간적으로도 그리 오래 존속하지 않았던 별 볼 일 없는 부족국가에 불과했다는 이론을 옹호하려는 의도에서 비롯된 것이라면, 이는 사익을 위해 공익을 훼손하는 엄청난 과오를 범하는 것입니다. 이런 제 생각이 틀렸기를 바랄 뿐입니다.[4]

실제로 단군신화는 우리 민족 고유의 정신을 온전하게 후대에 전달하기 위해 신화 형식을 빌려 기술한 역사적 사실이라는 견해도 만만치 않습니다. 나아가 세계적인 신화학자 조지프 캠벨Joseph Campbell의 신화 해석을 적용하면 단군신화의 성격을 이해하는 실마리를 얻을 수 있다는 생각이 듭니다. 캠벨은 신화라는 형식을 통해 구전되는 스토리는 중간에 다른 생각을 가진 세력에 의해 폐기되기 어렵다고 말합니다. 책이나 문서로 전승되는 스토리는 반대 세력에 의해 폐기되어 후대로 전해지기 어렵다는 점을 고려할 때, 신화의 형식으로 사실을 전하는 것이 전혀 이례적인 현상은 아니라는 것입니다. 조선시대에 명나라에 대한 사대事大와 모순되는 내용인 단군에 관한 스토리를 담은 서책들은 거의 소실되었다는 것이 이를 방증합니다. 『삼국 유사』와 『단군세기』 등 몇몇 서책을 통해 단군 이야기가 가까스로 전승되어왔을 뿐입니다. 게다가 『단군세기』는 주류 사학계에 의해 일고의 가치도 없는 위서로 치부되고 있는 실정입니다. 이것은 사실의 진위 여부를 떠나 이성적으로 도저히 납득할 수 없는 처사입니다. 다소 과장되었거나 근거가 미약하더라도 자국의 역사를 위대하게 해석하려는 경향을 단순히 과도한 민족주의의 발로라고 매도할 수는 없기 때문입니다. 이는 올림픽이나 월드컵에서와 같이 국가 간 경쟁을 하는 경우, 자국 팀이 상대 팀을 이기기 바라는 심정과 별반 차이가 없다고 봅니다. 이런 관점에서 지속적으로 단군신화를 매도하는 사람들의 의도에는 우리가 알 수 없는 뭔가가 있다는 생각을 떨치기 어렵습니다.

한 나라 민족의 본성을 이해하는 데 역사는 중요합니다. 역사가 길든 짧든 역사는 지리적, 정치적, 경제적, 문화적 측면을 망라한 모든 방면에서 한 민족이 동질성을 유지하면서 형성해온 의식 및 무의식 세계를 이해하는 바탕을 제공하기 때문입니다. 이런 의미에서 공식적인 기록에도 남아 있는 단군 이야기를 복원해 우리의 정신사를 제대로 이해하고 이를 바탕으로 우리의 본성을 이해하려는 노력이 절실하다고 봅니다.

**최수**　　정말 안타까운 이야기입니다. 말씀대로 우리의 본성이 깃든 우리의 역사를 어떻게 잘 복원하느냐는 것이 현재 무엇보다 중요한 과제입니다. 우리의 민족사적 스토리는 수많은 전란과 역사적인 곤경 속에서 유실될 수밖에 없었는데요, 예를 들어 고구려가 멸망하면서 당시 대규모의 장서관이 불타버려 귀중한 자료들이 대부분 소실되었기에 우리 기록이 아닌 타국의 기록을 통해 고구려사의 연구가 이루어졌습니다. 따라서 주체적인 입장에서 자신 있게 우리 역사를 기술하기가 쉽지 않았겠죠. 뿐만 아니라 우리 민족이 외세에 크게 시달리는 과정에서 외부의 시각으로 우리 역사를 해석해야 하는 불행한 과거들이 있었습니다.

그럼에도 현재 한국인들은 끊임없는 노력으로 세계의 중심으로 나아가고 있습니다. 그 과정에서 우리는 자신감과 함께 우리 고유의 것들을 다시 찾아가며 회복하고 있습니다. 결국 위에서 이야기한 문제는 해결되리라 믿지만, 하루빨리 국가적 역량을 발휘하여 우리의 역사를 재연구하고 잊힌 스토리를 발굴하여 우리만의 정체성을 회복해야 합니다.

**이기동**　　　앞에서 최 회장님과 이영환 교수님 두 분 모두 한국인의 정서를 단군 중심으로 잘 말씀해주셨습니다만, 단군에 관한 내용을 '단군신화'라는 말로 표현하셨습니다. 그런데 단군신화라는 용어는 일제 강점기에 일본 학자가 처음 사용한 말입니다. 일제 강점기 이전에는 단군이 역사였습니다. 단군에 관한 역사 기록은 중국의 25사와 조선시대에 기록된 『조선왕조실록』에 매우 많이 나옵니다. 심지어 중국 한나라 때의 학자인 양웅은 『방언方言』이란 저서에서 단군조선시대의 언어를 기록하기도 했습니다. 그런데 단군의 역사가 신화로 바뀐 이유는 일본이 한국을 지배하기 위한 근거를 마련하기 위해서입니다. 일본은 한국을 지배하기 위해 한국 고대의 역사를 부정하고 단군조선을 신화로 만들었습니다.

그리고 최 회장님이 앞에서 삼강오륜을 우리의 전통이라고 하셨는데, 여기에도 약간의 오해의 소지가 있어 말씀드리겠습니다. 공자와 맹자의 유학에 오륜은 포함되어 있지만, 삼강은 포함되어 있지 않았습니다. 삼강은 중국 한漢나라 때 동중서董仲舒가 만든 윤리입니다. 한나라 때 백성들이 왕에게 반발을 많이 했으므로, 동중서는 백성들이 임금에게 충성하도록 하기 위한 목적에서 이를 만들어냈습니다. 물고기 잡는 그물은, 그물을 잡아당길 수 있도록 굵은 밧줄이 있고, 그 굵은 밧줄 아래에 물고기를 가두기 위해 엮어놓은 가는 줄이 있습니다. 굵은 밧줄을 강綱이라 하고, 가는 줄을 목目이라 합니다. 굵은 밧줄이 끊어지면 그물 전체를 쓸 수 없게 되지만, 가는 줄은 한두 군데 끊어져도 물고기 한두 마리 정도 놓치는 것 외에는 별로 손해가 없습니다. 따라서 큰 밧줄이 끊어지려 하면 가는 줄을 잘라서라도 묶어야 합니다. 이러한 이치를 바탕으로 임금이 신하의 강이라는 의미의 군위신강君爲臣綱이라는 윤리를 제정했습니다. 그리고 군위신강 하나로는 구색이 맞지 않으므로, 아버지는 아들의 강이라는 의미의 부위자강父爲子綱과, 남편은 부인의 강이라는 의미의 부위부강夫爲婦綱이라고 첨가하여 삼강이라 한 것입니다. 삼강의 윤리에서 보면, 임금이 죽을 위험에 처하면 신하들은 목숨을 바쳐서라도 임금의 생명을 지켜야 하고, 부모가 죽을 위험에 처하면 아들은 목숨을 바쳐서라도 부모의 생명을 지켜야 하며, 남편이 죽을 위험에 처하면 부인은 목숨을 바쳐서라도 남편의 생명을 지켜야 하는 것입니다. 삼강의 윤리를 강화하기 위해 놀이를 통해서 세뇌하기도 했는데, 장기가 그것입니다. 장기는 초나라와 한나라가 싸우는 게임입니다. 장기의 규칙에 따르면 왕이 죽는 순간 그 나라는 바로 패배합니다. 그러므로 왕이 위태로워지면 차車·포包·마馬·상象이 목숨을 바치면서 임금의 목숨을 지켜야 하는 것입니다.

삼강의 윤리는 바람직한 윤리가 아닙니다. 후대에 유교를 공격하는 이론은 거의 삼강에 대해 비판하는 이론이 대부분입니다만, 삼강은 공자와 맹자의 유학에 포함되지 않는다는 것을 말씀드리고 싶습니다.

**이영환**  두 분이 언급하신 내용을 보완하는 차원에서 말씀드리고 싶은 점은, 우리나라의 고대사와 근대사라는 중요한 두 대목에서 도저히 양립할 수 없는 역사관들이 대립하고 있다는 사실입니다. 실증 자료에 근거한다고 해도 역사가의 주관적 관점을 배제할 수 없는 것이 역사관이므로 다양한 역사관이 공존할 수 있다고 봅니다. 그렇지만 극단적으로 대립하는 역사관 중 하나를 선택해야 하는 상황이 오랫동안 지속된다면 이로 인해 사람들은 정체성의 혼란을 경험하게 될 뿐만 아니라 일상에서도 백해무익한 갈등이 증폭될 것입니다. 예를 들면 고대사에서는 '고조선을 둘러싼 논쟁', 근대사에서는 '일제 강점기에 대한 평가', '남북 분단과정에서 미국과 소련의 역할', '개발독재시대의 공과에 대한 평가' 등 실로 여러 쟁점을 두고 전개되는 논쟁은 정반합의 과정을 거쳐 통합적으로 사고하는 데 도움을 주기는커녕 편견과 독선을 조장해 끊임없는 분열을 유발하고 있습니다. 게다가 이런 상황을 자신의 정치 세력을 규합하는 데 이용하려는 정치인들로 인해 분열이 더욱 심해지는 경향을 보여왔습니다. 앞으로 닥칠 격변의 미래를 생각할 때 이는 정말 우려하지 않을 수 없는 일입니다.

역사는 일정한 시대, 일정한 지역에서 함께 살았던 사람들의 물질적·정신적 요소가 상호작용하면서 형성된 일련의 '큰 이야기Big Story'라고 볼 수 있습니다. 이 과정에서 한 민족이 공유하고 있는 문화적 유전자의 특징이 형성되고, 이를 통해 과거 이 땅에 살았던 선조들의 생각이 우리의 무의식에 각인됩니다. 이른바 집단무의식이 형성되는 것이죠. 무의식은 의식보다 훨씬 깊고 넓기 때문에 우리가 생각하는 것보다 훨씬 더 의식에 영향을 미치고 있습니다. 우리가 의식적으로 행동한다고 생각하는 것들 대부분이 실은 무의식에 의해 조종되고 있다는 것이 정설입니다. 이런 의미에서 긍정을 강화하고 부정을 극복하도록 해주는 역사관은 정신적 자산이라는 관점에서 정말 중요합니다. 우리가 관심의 우선순위 맨 위에 두어야 할 것은 바로 이런 역사관을 정립하고 이를 널리 공유하는 것이라고 생각합니다. 이것은 미래에 한국인이 잠재력을 분출하는 데 매우 중요한 역할을 할 것으로 예견합니다. 인간을 강하게 만드는 것은 자기 정신의 근본 바탕에 대한 확신이기 때문입니다.

**최수**　　민족의 역사는 민족 전체가 써가는 것으로서 다양하고 복합적일 수밖에 없습니다. 복합적인 역사 사실들을 기술하고 해석하는 관점 역시 다양할 수밖에 없습니다. 거시적인 관점 대 미시적인 관점, 통합적인 관점 대 부분적인 관점, 긍정적인 관점 대 부정적인 관점 등 다양할 것입니다.

역사는 사실에 입각해서 객관적으로 써야 합니다. 원론적으로 이 말은 옳습니다. 그러나 역사는 그 건조한 객관성 못지않게 당시의 상황, 그 역사를 일군 인물들의 시각, 고뇌와 극복, 그 과정에서 나타난 인간의 존엄성과 인류의 발전에 대한 공헌 등의 관점에서 연구되고 해석되어야 합니다. 역사는 각각의 주체들이 꾸려낸 삶의 기록입니다. 역사가는 역사 속의 상황과 그 인물들에게 몰입하여, 그 인물의 고뇌와 운명에 연민을 잃지 않고 그 시대로 들어가 사실에 입각하여 객관적으로 기술해야 합니다. 이것을 주관적이라거나 편향적이라고 폄하하는 것은 역사의 본질을 이해하지 못한 잘못된 평가입니다.

한 민족의 정체성은 결국 역사를 통해서 정립되고 유지됩니다. 민족의 정체성은 그 민족의 정수입니다. 당사자도 아닌 관찰자(긍정적이기보다는 부정적일 수 있는 이해관계자)가 자기 위주로 모은 정보의 편린들에 근거하여 기술한 역사서를 통해 한 민족의 정수를 이해하고 정립한다는 것은 오히려 역사의 편향성을 증폭시킵니다. 역사의 존재 이유 중 하나가 한 민족의 현재와 미래를 찾아가게 만드는 것이라면, 역사가의 시각은 무릇 역사적 인물의 관점을 통해 보다 자주적이고, 긍정적이고, 통합적이고, 건설적이어야 합니다. 물론 이러한 역할은 대단히 어렵고 고통스러울 수 있습니다. 그러나 역사가가 이러한 사명을 잊는다면 조속히 역사가의 지위를 반납하고 펜을 꺾어야 합니다. 자기 부정적인 시각, 그것도 외부에서 강요된 분열적인 시각은 당대 민족의 에너지를 분산시키는 것은 물론 민족의 미래에 짐이 될 것입니다. 우리 한민족 또한 제대로 된 역사의 재해석을 통해 건강한 정체성의 정립이 필요한 시점입니다. 계속해서 우리 역사에 대한 해석을, 소위 제3국의 역사관에 의존할 수는 없지 않습니까. 이대로라면 우리는 결코 우리 역사의 주인이 될 수 없습니다. 그것이 비록 부족한 사료와 약소국의 설움, 잦은 외세 침략 등으로 일어난 불가피한 방편이었다고 해도 자기 분열적인 역사 인식은 마땅히 조속히 극복되어야 합니다.

우리는 오천 년의 장구한 기간 동안 무수한 위기를 겪었으나 결국은 잘 극복하여 단절 없이 한민족으로서의 정체성을 유지하여 왔습니다. 위기에 처하면 지도자와 백성이 대동단결하여 그 위기를 극복하면서 오늘에 이르렀습니다. 그 중심에는 지도자들의 탁월한 리더십과 백성들의 민족에 대한 강한 일체감이 있었다고 봅니다. 얼마나 위대한 우리 민족입니까? 우리의 이 위대함을 생각 없이 부정하려드는 시각은 의도적으로 상대를 폄하하고자 하는 타인의 시각입니다. 그 예가 일제하의 식민사관입니다. 이제 우리는 역사의 주체로서 우리의 언어로 민족의 역사를 스스로 해석하고 써나가야 합니다.

대한민국, 변방에서 중심으로

**이기동**  두 분 말씀에 덧붙여 단군에 대해 좀 더 소상히 말씀
드릴까 합니다. 우리나라 사람들이 단군을 드러내지 않
게 된 원인으로 몇 가지를 들 수 있겠습니다. 첫째는 공자에 의
한 문화의 역전입니다. 공자 이전에는 한국이 문화의 중심국이었고
중국이 주변국이었습니다. 그러다가 공자가 등장한 이래 문화가 역
전되어, 중국이 문화의 중심국이 되고 한국이 주변국으로 전락하면
서 공자 이전의 역사 또한 한국 중심의 역사에서 중국 중심의 역사로
바뀌었습니다. 그로 인해 우리는 중국의 역사를 높이게 되고, 상대적
으로 단군의 역사를 가볍게 취급하게 되었습니다.

둘째는 중국 한漢나라 때, 중국의 압박으로 인한 한국 문화의 침체
를 들 수 있습니다. 중국이 고조선의 후예들이 살고 있는 나라를 침
략하여 한사군을 설치한 이래 한국인의 자부심이 위축되었고, 그로
인해 단군을 드러내지 못했습니다.

세 번째는 조선의 건국에 따른 이성계의 선택에 기인합니다. 이성
계가 고려 왕조를 멸망시키고 왕위에 올랐으나 백성의 지지를 받지
못했습니다. 백성의 지지가 없으면 정치를 할 수 없습니다. 특히 개
성 선비들의 저항은 만만치 않았습니다. 이에 격분한 이성계는 개성
선비들에게 과거 시험을 못 보게 했으므로, 개성 선비들이 상인이 되
었습니다. 개성상인의 역사가 그때부터 시작된 것입니다. 백성의 지
지를 받지 못한 이성계는 정권 유지를 위해 명나라의 힘을 빌리려 했
습니다. 명나라에 사신을 보내 우리가 스스로 명나라의 제후국이 되
겠다고 자청했습니다. 처음에는 명에 거절당했지만, 집요한 부탁으

로 허락을 받았습니다. 그 뒤 이방원이 세 번째 임금으로 왕위에 올랐으나, 백성의 지지를 받지 못해 역시 명나라의 눈치를 살폈습니다. 그런데 당시에 전해진 역사 자료에는 단군이 황제였고 순임금을 비롯한 중국의 임금이 제후로 기록되어 있었으므로, 중국에 알려지는 것을 두려워해서 고대사 자료를 모두 수거해 불태웠습니다. 그 뒤 수양대군이 단종을 강제로 하야시키고 왕위에 오르자 백성들이 강력하게 반발했습니다. 그러자 다시 중국의 힘이 필요했으므로 남아 있던 과거사 자료를 모두 수거하여 불태웠습니다. 이런 과정을 거치면서 한국의 지식인들은 단군의 역사를 숨기는 분위기가 일반화되었습니다.

네 번째로는 한국이 서양과 일본에 무기력하게 당하면서 일어난 자각에 의한 것입니다. 당시 한국의 지성인 사이에서는 우리 것을 버리고 서구나 일본을 따르자는 민족개조론을 주장하면서 우리 고유의 역사, 교육, 정치 등을 모두 버려야 한다는 의견이 팽배했고, 많은 사람이 공감하면서 단군의 역사에 관심을 두지 않았습니다.

마지막으로 일본제국에 의한 단군 역사의 왜곡을 들 수 있습니다. 일본은 한일합병의 명분을 얻기 위해 여러 가지 꾀를 내었습니다. 그 중 하나로 한국과 일본은 할아버지가 같다는 내용을 정리한 『일선동조론日鮮同祖論』[5]이 일본에서 저술되었습니다. 할아버지가 같은 나라는 하나로 합치는 것이 좋을 수 있습니다. 나라를 합치는 방법은 아우의 나라가 형의 나라를 합병하는 것보다, 형의 나라가 아우의 나라를 합병하는 것이 순리일 수 있습니다. 이러한 이론에 착안한 일본은 일본이 형의 나라임을 증명하기 위해 일본의 역사가 한국의 역사보다 더 오래되었다는 것을 주장해야 했습니다.

일본의 고대사를 정리한 대표적인 역사서는 720년경에 저술된 『일본서기日本書紀』입니다. 일본서기의 기록을 기준으로 판단할 때 일본의 역사가 한국의 역사보다 앞서기 위해서는 한국의 삼국시대 초기 이전의 역사는 신화여야 했습니다. 이러한 시각을 가진 일본인의 한국 고대사 연구에서는 당연히 단군의 역사를 신화로 정리할 수밖에 없었습니다. 이러한 이유로 단군의 역사는 신화가 되고 말았습니다. 일본은 한국을 아우의 나라로 정리한 뒤, 아우의 나라를 보호한다는 것을 한일합병의 명분으로 삼았던 것입니다. 일본은 한국을 영원히 식민지로 삼기 위해 경성제국대학에서 조선사를 연구하고 가르쳤는데, 그때 배운 인재들의 후학들이 지금 한국의 역사를 담당하는 대표 학자들입니다. 경성제국대학에서 배운 대표 학자가 한국 역사학의 태두 이병도 박사였습니다. 그러나 이병도 박사는 만년에 단군시대가 신화가 아니라 역사라는 논문을 쓰고 조선일보에도 기고를 했습니다만, 제자들은 아직도 이병도 박사의 만년의 학설을 인정하지 않고 있습니다.

그들은 여전히 단군의 역사를 부정하며 단군의 역사를 기록한 유일한 서적인『환단고기』를 위서라고 주장합니다. 『환단고기』를 위서라고 주장하는 학자들은 『환단고기』가 위서가 아니면 단군이 역사가 되기 때문에, 위서라는 결론부터 내놓고 그 이유를 찾기 시작했습니다. 그들이 찾아낸 가장 큰 이유는 너무 늦게 출간되었다는 사실입니다. 만약에『환단고기』가 일찍 출간되었다면『환단고기』역시 사라졌을 것입니다.『환단고기』의 핵심이 고려 말 이암 선생이 편찬한「단군세기」인데, 이암 선생의 후손들이 목숨 걸고 숨겨서 지켜온 귀중한 책입니다.

『환단고기』에는 한국 고대로부터 내려오는 고유사상이 들어 있습니다. 그런데도 철학자들이 일부 역사학자들의 말만 믿고『환단고기』에 들어 있는 철학적 내용을 검토하지 않았습니다. 저는 제자들과 함께 하는 독서회에서『환단고기』를 읽고 전율을 느낄 만큼 놀랐습니다.『환단고기』에는 최치원 선생이 말한, 유·불·도 삼교를 포함하는 심오하고 오묘한 철학이 고스란히 들어 있습니다. 지금의 세상은 옛날의 한 나라처럼 좁아졌습니다. 한 장소에서 전염병이 돌면 바로 온 세계로 확산합니다. 이런 세상에서 사람들을 공감시킬 수 있는 철학은 특정 지역에서 발생한 특정 철학이 아니라, 모든 철학을 아우를 수 있는 철학이어야 합니다. 한국 고대의 철학이 유·불·도 삼교를 포함한다는 것은 모든 철학을 아우른다는 뜻입니다. 최치원 선생이 계셨던 세상에서 유·불·도 삼교는 세상의 모든 철학을 망라하는 것이었습니다. 유·불·도 삼교를 포함한다는 것은 오늘날의 시각으로 말하면 세계의 모든 철학을 포함한다는 뜻입니다. 세계의 모든 철학을 포괄하는 철학의 출현이 시급한 이때『환단고기』에 기록되어 있는 한국 고유의 철학은 매우 귀중한 철학입니다. 다만『환단고기』에 기록되어 있는 철학은 원석에 해당합니다. 원석에 들어 있는 귀금속을 캐내야 하는 것처럼, 지금의 우리는 우리 고유의 철학에서 오늘날에 맞는 철학을 캐내야 합니다. 제가 오늘날 우리가 단군을 중시하지 않는 이유를 설명하다가 『환단고기』에 이르러 흥분해서 말이 주제에서 좀 벗어나고 말았습니다. 이상에서 열거한 몇 가지 사실이 단군의 역사가 우리에게 생소해진 원인으로 생각됩니다.

**이영환** 이 교수님이 정말 중요한 점을 지적하셨습니다. 우리가 역사를 통해서 얻을 수 있는 가장 소중한 교훈은 우리 조상이 장악했던 영토의 규모나 왕국의 지속 기간이 아니라 당대 사람들이 어떤 사상과 철학을 바탕으로 살았나 하는 것이라고 봅니다. 사상과 철학을 논하지 않는 역사는 그야말로 연대기에 불과합니다.

저 또한 앞에서 아브라함 이야기와 단군 이야기를 비교하면서 단군 이야기가 그토록 철저하게 한국인들로부터 무시당해왔는지 이해하기 어렵다는 점을 강조했는데, 이 교수님이 그 이유를 소상히 밝혀주신 것은 우리 모두에게 큰 의미가 있다고 봅니다. 일제는 자기들의 조선 지배를 정당화하기 위해 그렇게 했다고 치더라도 이후 주류 강단사학계에서 지속적으로 단군 이야기를 매도해온 것을 더 이상 외면해선 안 된다는 생각이 듭니다. 필요시에는 시민사회가 나서서라도 우리 고대사를 바로잡아야 한다고 봅니다.

그런데 이 문제와 관련해 가장 큰 해악은 조선시대 500년을 통해 지속되어온 소중화小中華를 보존하기 위해 단군 이야기를 철저하게 파괴했다는 데 있다고 봅니다. 이는 자주와 독립을 추구하는 국가에서는 있을 수 없는 일입니다. 조선시대는 그야말로 한국사의 암흑기라 해도 지나치지 않다는 생각이 듭니다. 권력을 유지하기 위해서라면 민족의 고유 정신마저도 말살할 수 있다는 것은 어떤 의미에서도 정통성을 가진 정치 집단의 태도라고 할 수 없습니다. 사익을 위해서 공익을 무자비하게 버릴 수 있다는 그런 의식 상태가 지금까지 우리의 무의식에 남아 있지 않나 우려될 정도입니다. 청년 이승만이 한성감옥에서 쓴 『독립정신』에 보면 구한말 권력을 잡은 사대부가 자신들의 권력과 부를 유지하기 위해 일본, 러시아, 영국 등 열강과 손을 잡으려 동분서주하는 추악한 모습이 상세히 묘사되어 있습니다.[6] 이들의 의식 세계가 바로 500년을 이어온 조선의 실체를 반영하고 있다고 생각합니다. 이런 역사를 통해 우리가 무엇을 배울 수 있는가가 중요합니다. 이런 면에서 "우리는 지금 조선을 극복하였는가?" 하는 질문은 이 순간에도 유효합니다.[7]

**최수**  그렇습니다. 위화도 회군과 역성혁명으로 인한 조선 위정자들의 자기 부정, 그리고 임진왜란과 정유재란, 병자호란, 정묘호란 등 4대 전란으로 인해 발생한 후기 조선 사대부들의 소아적인 부패와 치부致富는 민족의 부끄러움이자 망국의 단초가 되었습니다. 또한 세도정치, 4색 당파 분쟁, 삼정三政의 문란 등은 마치 이런 것들이 우리 민족의 본성인양 폄하하고 매도하게 만들었습니다. 그러나 이제 우리는, 이러한 역사를 부끄러워하는 데서 그치는 것이 아니라 이를 통해 부족함을 인정하고 우리 민족 안의 보석 같은 본성을 찾아내어 민족의 정체성을 재확립해야 합니다.

이제까지 이러한 영역은 역사가나 정치가들의 영역이었습니다. 이것을 국민의 영역으로 확대하여 학자뿐만 아니라 산업인, 언론인, 종교인, 교육인 등이 힘을 합해 자신의 영역에서 올바른 역사관과 민족의 정체성을 현실적으로 구현해가야 합니다. 앞에서 이야기한 것처럼 우리는 소위 식민사관, 동북공정 등으로 알게 모르게 심각한 피해를 입고 있습니다. 지금 하지 않으면 큰 대가를 치를 것입니다. 다행인 점은 우리 민족의 정체성을 명확히 하는 데 단군 역사는 그 골격을 제공하기에 부족함이 없다는 것입니다.

**이영환** 그러나 조선이라는 암흑기에도 우리에게 한 줄기 광명을 제공했던 위대한 한국인들이 존재했습니다. 이 점은 앞으로 우리의 잠재력을 분출하는 문제와도 무관하지 않다는 생각이 듭니다. 조선시대를 관통해 누가 우리의 잠재력을 제대로 인지하고 이를 분출시킬 수 있는 토대를 쌓았는가 하는 측면에서는 한글을 창제하신 세종대왕을 따라갈 분이 있을까요? 특히 인터넷이 세계를 하나로 연결하고 인공지능이 인간의 지능을 보강하는 시대적 흐름에 가장 적합한 언어가 한글이라는 사실은, 마치 세종대왕이 기술 문명의 먼 미래를 예견하지 않았나 하는 경탄을 자아낼 정도입니다.[8]

그런데 세종대왕의 업적과 관련해 일반에 알려진 것과는 전혀 다른 견해도 있는 것 같습니다. 예를 들면 어느 학자는 세종대왕이 한

글을 만든 것이 양반 사대부들에게 중국어 발음을 좀 더 정확하게 이해하게 함으로써 서로 소통하는 과정에서 발생하는 문제를 없애기 위한 것이었지 일반 백성을 위한 것이 아니라고 주장하기도 합니다. 또한 세종대왕이 하늘에 제사를 지내던 풍습을 중단하도록 함으로써 소중화를 철저히 실천했을 뿐만 아니라 모계가 노비면 자식도 노비가 되는 종모법從母法을 실시해 당시 인구의 40퍼센트에 달하는 사람들을 노비로 만들었다는 비판도 있습니다.[9] 한마디로 당시 사대부들에게는 성군이었지만 상민이나 노비들에게는 그렇지 않았다는 것이지요. 저는 이런 상반된 주장을 간단히 무시하기보다는 철저한 고증을 통해 한글 창제의 근본정신을 다시 한번 확인할 필요가 있으며, 그밖에 세종대왕의 치적에 대해서도 더욱 객관적으로 검토해야 한다고 생각합니다. 부정을 통한 긍정, 이것보다 더 강력한 것은 없기 때문입니다. 다시 말씀드리자면 한글 창제를 비롯해 우리의 정신세계를 깊고도 풍요하게 만드는 유산의 의미를 더욱 객관적이고 명료하게 이해한다면, 앞으로 닥칠 미증유의 위기에 대처할 수 있는 강인한 정신력을 함양하는 데 도움이 될 것입니다.

**이기동** 이 교수님께서 세종대왕을 비판하는 학자들이 있다고 하셨는데, 학자들도 고정관념을 가지고 결론을 내놓고 짜 맞추는 방식으로 연구하는 경우가 꽤 있는 듯합니다. 말하자면 세종대왕을 비판한 학자는 미리 세종대왕에게 문제가 있다는 결론을 내놓고 문제점을 찾아내기 위해 연구한 것이 아닌가 하는 의심이 듭니다. 세종대왕은 어떤 대감의 종이 대감에게 곤장을 맞아 업혀 가는 것을 보고 그 연유를 묻고는 하늘 백성을 저렇게 할 수 없다고 하면서 그 대감을 처벌한 적이 있습니다. 세종대왕에게는 종이 천민天民, 즉 하늘 백성으로 보였던 것입니다. 세종대왕은 관청에 있는 여자 종이 임신을 하면 석 달간 출산휴가를 주고, 그 남편에게는 한 달 휴가를 주었습니다. 유시 이래 그런 정책을 펼친 정치가가 있었다는 말은, 제가 견문이 적은 탓인지는 모르지만, 들어본 적이 없습니다. 제가 조사한 바로는 역사적 사실이 제대로 기록된 이후로 세종대왕 같은 성군은 없었던 것으로 보입니다.

최수 회장님께서 아까 우리나라 사람들은 고난이 닥쳤을 때 저력을 발휘한다고 말씀해주셨는데, 그 이유를 잠시 생각해봤습니다. 한국인들에게는 '우리는 모두 하나'라는 의식이 잠재해 있습니다. 근본적으로 남과 내가 하나라는 것이 전제되어 있다면, 남과 내가 각각 남남으로 존재하는 것이 불편합니다. 따라서 한국인들은 남남끼리 서먹서먹하게 있을 때는 그러한 분위기에서 벗어나기 위해 함께 술을 마시곤 합니다. 술에 취해 의식이 흐릿해지면 남남끼리의 서먹서먹함이 없어지기 때문입니다. 한국인들은 모두 하나가 되는 것을 열망합니다만, 그 열망을 이루어주기 위해서는 촉매제가 필요합니다. 2002년 월드컵 행사 같은 것도 촉매제가 될 수 있습니다. 촉매제는 사람이 만들어내는 경우가 많습니다. 실지로 한마음을 가진 사람이 나타나 남과 자기를 하나로 여기면, 그 마음이 사람들의 마음 바닥에 깔린 '한마음'을 자극합니다. 그렇게 되면 모든 사람이 한마음을 가진 사람을 중심으로 하나가 됩니다. 하나가 되고 싶은 열정은 위기를 만났을 때 더 강렬해집니다. 임진왜란 때 12척의 배로 수백 척이 넘는 왜군과 싸워야 하는 위기의 상황에서 사람들은 이순신 장군을 중심으로 하나가 되었습니다. 한국인들이 하나가 되면 '신바람'을 일으켜 '기적'을 일궈냅니다. 그러나 한국인들을 하나로 만들 수 있는 촉매제가 나타나지 않으면 하나가 되지 못하고 분열합니다. 분열하면 모래알처럼 흩어져서 싸워보지도 못하고 자멸합니다. 우리 모두 이 점을 유념해야 할 것입니다.

# 3

# 물질과 정신,
# 대극의 반전이 시작되다

**이영환**　　　한 개인의 정신세계를 통합적인 관점에서 이해하는

것은 쉬운 일이 아닙니다. 민족 전체의 경우는 말할 나위

도 없겠지요. 우리는 어떤 사람의 행동을 보고 그 사람의 정신

세계를 성급하게 판단하는 경향이 있습니다. 예를 들면 누구는 보수

니, 누구는 진보니 하는 식으로 단정하거나, 사심이 있다, 없다 하는

식으로 평가하는 경우를 말합니다. 그러나 그렇게 단정적으로 말하

기에 인간이란 참으로 복잡한 존재입니다. 하물며 서로 다른 수많은

사람들이 모여 사는 사회는 상상하기 어려울 정도로 복잡합니다. 이

런 면에서 사회나 시장경제를 복잡계로 파악하려는 시도는 너무도

당연하다고 생각합니다. 특히 경제 문제를 다루는 경우에는 이런 관점에서 현실을 파악하는 것이 바람직하다는 연구 결과가 축적되고 있습니다.

진화론을 거론하지 않더라도 우리는 주변의 자연환경, 사회적 상황, 그리고 기술적 여건과 끊임없이 상호작용하는 가운데 이에 적응하면서 살아온 것이 분명합니다. 더욱이 주어진 여건이 단순했던 과거와 달리 비교할 수도 없을 만큼 복잡해진 현재, 물질적 관점에서 한국인의 특성을 논하는 것은 결코 간단한 일이 아닙니다. 첨단과학이 밝힌 바에 의하면 물질과 정신의 구분조차 모호합니다. 그렇기에 개개인의 행동을 단순히 '탐욕적이다, 아니다'라는 이분법으로 설명하는 데는 문제가 있습니다.

그런데 한 가지 분명한 것은 정신세계와 물질세계는 끊임없이 상호작용해 왔다는 점입니다. 그리고 이 둘은 외견상 완전히 다른 세계로 보이지만 사실은 분리 불가능합니다. 동전의 양면, 또는 빛과 그림자의 관계와 같다고 할 수 있지요. 또는 의식은 물질세계를 지향하고 무의식은 정신세계를 지향하거나 그 반대도 가능하다는 점에서, 물질은 의식 및 무의식과도 일대일로 대응한다고 볼 수 있습니다. 그런데 의식과 무의식이 분리되어 있는 상태는 상상하기 힘듭니다. 또한 의식이 무의식을 압도하거나, 반대로 무의식이 의식을 억압하면 정신적으로 온전할 수 없습니다. 이와 같이 분리할 수 없으면서 서로 대립하는 둘을 대극對極이라고 하는데, 이 둘 사이에는 끊임없는 반전의 움직임이 일어납니다.[10] 정신과 물질의 관계도 마찬가지입니다.

대한민국, 변방에서 중심으로

우리가 종종 인용하는 물극필반物極必反, 즉 사물이 극에 달하면 반드시 반전이 있게 된다는 것이 이와 유사합니다. 그런데 이를 해결하고자 둘을 분리하려는 시도는 실패할 수밖에 없습니다. 분리할 수 없는 것들을 분리하려는 것이기 때문이지요. 이런 면에서 대극의 반전은 물극필반과는 다소 다릅니다.

이런 관전에서 현재 우리의 상황을 되돌아보는 것은 개개인의 행동, 나아가 사회 전반의 분위기를 이해하는 데 도움이 된다고 봅니다. 범위를 넓혀 보면 조선시대 이후 현재에 이르기까지 한국 사회에서는 성리학을 비롯해 몇몇 정치적 이데올로기가 사람들의 정신세계를 지배해왔습니다. 조선사회에서는 사대부 계층이 신분제 사회를 공고히 함으로써 영구적으로 부와 권력을 장악하기 위해 정신적 가치를 중시하고 경제적 가치를 폄하하는 문화를 강화해왔습니다. 물론 여기서 말하는 정신은 성리학에 기반을 둔 정신이라는 제한된 의미입니다. 500년이 넘는 오랜 기간 동안 이런 이데올로기에 중독되어 통합적으로 사유할 능력을 잃어버린 상태에서 우리는 일제 강점기를 겪어야 했고, 자력으로 독립하지 못한 탓에 분단의 치욕을 감내해야 했습니다. 이런 혹독한 과정을 거치면서 한국인의 정신세계는 파편화된 상태를 벗어날 수 없었습니다. 즉 의식이 조각조각으로 나뉜 상태를 벗어나지 못함으로써 상황을 총체적으로 파악할 수 없게 된 것입니다. 이런 이유로 우리에겐 어떤 획기적인 변화를 기대할 수 있는 물질적 측면에서의 여건이 조성되지 않았습니다.

이런 상태가 악화되면 앞서 언급했던 대극의 반전이 일어납니다.

물질세계를 지나치게 억압해 더 이상 견딜 수 없는 지경에 이르게 되면 생존을 위해서 물질을 추구하려는 본능이 깨어날 수밖에 없습니다. 한국의 경우 경제개발 5개년계획이 추진되었던 시기가 바로 여기에 해당된다는 생각이 듭니다. 이런 면에서 박정희 대통령은, 비록 군사쿠데타로 권력을 장악했지만, 운 좋게 시대적 흐름에 편승할 수 있었던 것으로 보입니다. 그런데 이 과정에서 성장지상주의에 지나치게 함몰되다 보니 자연스럽게 물질중심주의로 이어졌다는 데 문제가 있습니다. 이른바 '선성장, 후분배'라는 개발 이데올로기가 이를 대변합니다. 이는 과거 조선시대를 지배했던 성리학 이데올로기와 정반대입니다. 이로 인해 우리의 정신세계는 구심점을 잃게 되었다고 생각합니다.

부연하자면 과거에 대한 반작용으로 오로지 이윤 동기와 축적 동기에 기반을 두고 경제개발이 추진되었기에, 준비할 겨를도 없이 물질중심주의가 우리의 정신세계를 장악하게 되었다고 봅니다. 이른바 대극의 반전이 시작된 것이지요. 그리고 이로 인해 전혀 새로운 유형의 한국인이 등장하게 된 것입니다. '빨리빨리 문화'를 당연시하며, 수단과 방법을 가리지 않고 부를 축적하고자 하는 욕망으로 뭉친 한국인 말입니다. 그 결과 우리의 고유한 정신적 자산은 쓸모없는 것으로 치부되면서 일상의 전면에서 사라지게 되었습니다. 그러나 어떤 문명이든 융성하려면 정신과 물질의 조화가 필수적이라는 것은 세계 여러 문명의 흥망성쇠가 증명합니다. 안타깝게도 한국의 경제개발 과정은 이를 추진한 파워 엘리트들의 역사의식 부재와 철학의 빈곤으로 인해 기형적인 특성을 갖게 되었습니다. 이로 인한 후유증은 우리가 생각하는 것보다 매우 심각하다고 봅니다.

특히 우려되는 것은 이런 후유증이 젊은 세대에 유산으로 남겨지지 않았나 하는 점입니다. 지금 청소년들은 육체적인 면에서는 기성세대에 비해 월등하게 우월합니다. 신장도 크고 체중도 많이 나갑니다. 그런데 자신을 성찰한 후 이를 바탕으로 스스로를 극복하려는 노력을 찾아보기 어렵습니다. 기성세대로부터 제대로 된 정신적 자산을 물려받지 못한 것이 주된 원인으로 작용했기 때문일 겁니다. 단순히 스마트폰에 중독되어서가 아니고, 정보의 홍수에 묻혀서도 아닙니다. 이들은 정신세계의 심오한 의미 자체를 이해하지 못하게 된 것입니다. 인간의 육신은 반드시 소멸하게 되어 있습니다. 그럼에도 '내 몸이 바로 나'라는 에고 의식에 붙잡혀 있는 한 새로운 문명의 주역이 될 수 없습니다. 인간의 육신에 상응하는 물질세계에 지나치게 집착하는 것은 스스로를 에고의 감옥에 가두는 것이라 할 수 있습니다. 에고에 사로잡히면 자신의 몸을 자기로 생각하는 덫에서 빠져나오기 어렵습니다. 우리가 정신과 물질의 조화를 추구해야 하는 이유가 여기에 있다고 봅니다.

이에 반해 최근 서양에서는 죽음 이후에도 인간의 의식은 완전히 소멸하지 않는다는 가설을 과학적인 관점에서 지지하는 사람들이 점점 늘어나고 있습니다. 이른바 탈물질주의 패러다임입니다. 이에 관해서는 뒤에서 좀 더 상세히 언급할 것입니다만, 기존의 과학적 물질주의 세계관에 정면으로 반하는 세계관으로 이해하면 됩니다. 한국 사회에서는 아직 이런 움직임을 찾아보기 어렵습니다만, 한국의 젊은 세대가 이런 서양의 변화에 적극적인 관심을 갖고 그들을 뛰어넘어 더욱 발전시키기 바라는 마음입니다.

한국이 세계의 중심으로 나아가기 위해서는 과거와 같은 방식으로 경제 발전과 기업 성장을 추구해서는 안 됩니다. 즉, 정신과 물질의 조화를 바탕으로 물질적 성장을 추구하고 소비 활동을 해야 한다는 점을 우리 모두 인식해야 한다는 것이지요. 생산 활동과 소비 활동이 우리의 정신세계를 풍요롭게 하지 못한다면 무슨 의미가 있겠습니까. 우리가 더 이상 서양이 제시한 경제 이데올로기에 끌려가지 않기 위해서도 이는 매우 중요한 사안입니다. 이제 우리만의 경제 철학을 확립할 때가 되었습니다. 이런 점에서 고대 홍익인간 사상을 지금의 상황에 맞게 재해석해 현실에 적용하려는 노력이 필요하다는 생각이 듭니다.

**최수**　기본적으로 이영환 교수님의 생각에 동의합니다. 그런데 현실을 보는 시각에서는 저와 조금 다르군요. 우리 한국인들은 기본적으로 경제 문제에 대해서는 그 중요성을 수용하면서도 상당히 초월적인 자세를 취해왔습니다. 조선의 사농공상이라는 개념에서 볼 수 있듯이 농업을 우선시하고 상업을 천대해왔습니다. 아니, 농업 자체도 학문을 위하거나 생계유지를 위한 보조 수단으로 생각했으며 국가 정책의 상위 순위에서 산업 혹은 경제 정책을 사실상 배제함으로써 관념과 정신의 문제를 최우선에 두었지요. 세계사적으로 보면 조선시대는 산업과 경제 문제가 우선적으로 고려되었어야 할 시대적 상황이었음에도 지배구조 갈등에 밀려 부차적인 문제로 간주됨으로써 조선은 시대의 흐름에서 유리되고 말았습니다. 뿐만 아니라 통치력 또한 중심을 잃어 국력은 약화되고 국민들은 극심한 고초를 겪어야만 했지요. 조선의 지도층들이 후기 실학자들처럼 시대의 흐름을 정확히 읽고 인구 증가로 인한 생산성 증가의 절박성을 인식하여 국가 정책과 에너지를 산업과 경제에 좀 더 집중했더라면 우리 한민족은 시대를 리드할 수 있었을 것입니다.

물질은 정신과 함께 가지 않으면 의미가 약해집니다. 정신 또한 물질이 뒷받침되지 않으면 지속이 어렵습니다. 그럼에도 불구하고 조선은 비물질적인 것들에 우선순위를 둠으로써 혹독한 대가를 치렀습니다. 시대의 흐름을 놓친 대가였습니다. 이러한 풍조는 산업혁명을 거쳐 부를 축적한 서양 문명에 노출되면서 국가를 혼란에 빠뜨리고 심각한 위기를 초래하였습니다. 해방 후 나락에서 벗어나 국가로서의 기본을 갖추기 위한 최우선 과제는 물질 경시의 의식구조를 물질 중시의 의식구조로 바꾸는 것이었습니다. 그 후 70년의 피땀 어린 노력으로 우리 민족은 세계의 중심으로 진입하게 되었습니다.

격물치지格物致知는 물질의 중요성을 잘 나타내고 있습니다. 물질의 본질을 이해해야 물질을 제대로 이해할 수 있으며, 이것이 세상의 본질을 이해하는 것이라고 해석합니다. 물질과 정신은 동전의 양면처럼 관점은 다르나 하나입니다. 이영환 교수님은 경제에 있어서의 물질과 정신을 대극이라고 말씀하셨습니다. 대극에 있는 물질과 정신의 조화는 '1:1'일 수도 있고 '1: 다수'일 수도 있습니다. 이것은 물질의 성숙도에 따라 균형비가 달라질 것이라는 의미입니다. 즉 우리 경제 또한 성숙도에 따라 그 균형비가 달라질 것입니다. 지금의 물질세계가 정신세계에 비해 과대해졌다고 하지만 전 그렇다고 생각지 않습니다. 아니, 어떤 면에서는 오히려 과소하다고 할 수 있습니다. 핵심은 물질주의의 긍정적인 면과 부정적인 면을 잘 구분한 다음 긍정적인 면을 강화함으로써 세계의 변방에서 중심으로 나아가려는 우리의 목표에 적합한 물질과 정신의 새로운 균형비를 찾는 데 있습니다. 정신의 변화 없이 물질이 성숙할 수 없다는 논리를 그대로 역적용하면 물질의 성숙을 추구해야만 정신 또한 고양될 것입니다. 이것은 사회 전체가 참여하는 거대 담론으로 해결해야 할 과제입니다. 어쩌면 자본주의를 수정하는 수준의 거대 담론이 필요할 수도 있을 것입니다.

기업인인 저로서는 오히려 물질의 긍정적인 면을 더욱 정교하게 강화해 정신과 새로운 조화를 추구해가야 한다고 생각합니다. 다시 말해 물질은 더욱 긍정적으로 해석되어야 하고, 정신은 그에 맞게 더욱 깊어져야 합니다. 즉 정신을 위해서 물질을 약화시키기보다는 정신의 심화를 통해 물질을 보강해야 합니다. 이것이 우리의 과제입니다. 물론 정신의 고양을 위해서는 어떤 물질의 일부를 희생시킬 수도 있을 것입니다. 그리고 이 밸런스를 조율하는 역할은 국가와 사회의 사명이자 법이 할 일입니다.

**이기동** 　두 분 말씀에 덧붙이자면 정신주의와 물질주의를 나누는 것은 마음입니다. 정신주의는 마음이 정신적인 요소를 중시하는 것이고, 물질주의는 마음이 물질적인 요소를 중시하는 것입니다. 그러나 정신적 가치를 중시하는 마음과 물질적 가치를 중시하는 마음이 같은 마음은 아닙니다.

오늘날 사람들의 문제점 중 하나는 마음에 한마음과 욕심이라고 하는 두 마음이 있다는 것을 모른다는 사실입니다. 한마음은 하늘마음입니다. 오늘날 사람들은 하늘을 부정하므로, 한마음도 부정합니다. 한마음을 부정하면 마음에는 욕심만 남습니다. 정신적 가치를 중시하는 것은 한마음에서 기인하고, 물질적 가치를 중시하는 것은 욕심에서 비롯됩니다. 오늘날 사람들은 욕심으로 모든 것을 판단하기 때문에 물질적 가치를 중시할 수밖에 없습니다.

**이영환** 　이 교수님 말씀을 거들자면 물질과 정신은 동전의 양면 같은 것인데 물질에 비중을 두는 사람은 모든 기준이 외부에 있는 반면, 정신을 강조하는 사람은 자기 내면에 초점을 맞추는 것으로 해석해도 무방하다고 봅니다. 앞에서 말씀드렸듯이 물질과 정신은 분리할 수 없는 대극이므로 전체 가운데 삶의 기준을 자기 외부에서 찾는가, 아니면 자기 내면에서 찾는가에 따라 물질주의와 정신주의를 구분하면 될 것 같습니다.

**이기동**　　　한국인들은 전통적으로 정신적 가치를 중시해왔습니다. 사람에게 마음과 몸이 있다는 것은 모두 알고 있습니다. 그러나 사람의 마음이 하나로 연결되어 있다고 생각하는 사람은 많지 않습니다. 마음이 하나로 연결되어 있다면 마음은 하나입니다. 하나인 마음은 한마음입니다. 한국인들은 아직도 한마음이란 말을 쓰고 있습니다. 사람들에게 마음과 몸이 각각 다르게 존재한다고 생각한다면 마음이 몸에 들어 있는 것으로 판단되므로, 물질적 가치를 중시할 수밖에 없습니다. 그러나 한마음이 있다는 것을 전제하면, 한마음이 몸을 초월하여 존재하는 것이 되므로, 정신적 가치를 중시할 수밖에 없습니다. 한국인들이 정신적 가치를 중시하는 까닭은 한국인들에게 한마음이 전제되어 있기 때문입니다. 한마음에 관심을 집중하면 상대적으로 몸에 관해서 소홀할 수밖에 없고, 물질적 가치에 등한할 수밖에 없습니다. 그러나 한마음을 회복하고 난 뒤에는 달라집니다. 타향에 있는 자녀들은 고향에 계시는 부모님을 그리워하지만, 부모님은 타향에 있는 자녀들 생각뿐입니다. 한마음에 관심을 집중할 때는 몸과 물질적 가치에 등한하지만, 한마음을 회복한 뒤에는 관심이 몸과 물질적 가치에 집중됩니다.

　주자학의 이기설에서는 한마음을 리理라고 하고, 몸과 물질적 요소를 기氣라고 합니다. 한마음을 찾아가는 과정에서는 한마음이 중요하고 몸과 물질적 가치는 상대적으로 천합니다. 그래서 퇴계 선생은 리理가 귀하고 기氣가 천하다고 한 것입니다. 그러나 리理를 체득하고 나면 오히려 기氣를 중시하게 됩니다. 퇴계 선생은 리理를 체득한 분입니다. 그는 물질적 가치를 매우 중시합니다. 리가 귀하고 기가 천하다는 말 한마디로 모든 것을 판단하면 안 됩니다. 퇴계 선생은 선물 받은 송이 하나도 귀하게 여겨서 보내준 분에게 정중하게 답장을 보냅니다. 가뭄이 들었을 때 자기의 논에는 물을 댈 수 있으나 그 아래에 있는 이웃집 논에는 물을 댈 수 없는 것을 알고, 자기 논을 밭으로 만들어 그 아래 논에 물을 댈 수 있게 하기도 했습니다. 퇴계 선생은 물질적인 것을 참으로 중시했습니다. 세종대왕 때는 많은 사람이 한마음을 회복했습니다. 세종대왕 때 과학기술이 엄청나게 발달한 까닭이 이러한 이유 때문입니다.

**이영환**  그렇습니다. 물질주의를 중시하는 것과 물질이 중요하다고 여기는 것은 다른 문제라고 생각합니다. 일반적으로 물질주의는 자연스럽게 물질만능주의로 이어지는데, 이것은 사람들이 모든 판단 기준과 가치 기준을 오직 외부의 가시적인 세계에 두는 것을 말합니다. 따라서 모든 기준이 자신이 아니라 타인에게 있는 것이죠. 그렇다면 왜 우리가 이렇게 극단적인 방향으로 선회했는지 다양한 각도에서 살펴볼 필요가 있다고 봅니다. 예컨대 과거에는 정신적 가치, 즉 비물질적인 가치를 존중했는데 지금은 정반대라면 어떤 요인으로 인해 이런 대극의 반전이 일어났는지 생각해봐야 할 것입니다.

과거 한국인들이 모두 정신적 가치를 존중했다고 보기는 어렵습니다. 특히 조선시대 지배계층이었던 일부 사대부들은 정신적 가치를 존중했다기보다는 이것을 수단으로 자신들의 우월함을 과시하려 했을 뿐, 내심 물질적 가치를 탐했다고 볼 수밖에 없습니다. 그들은 국가를 유지하는 데 소요되는 군역이나 세금 등 일체의 물질적 비용을 부담하지 않았으며, 이런 체제를 유지하는 데는 당파의 구분이 없었다는 사실이 이를 방증합니다.

이것은 물질적 가치의 생산과 분배라는 측면에서 매우 착취적인 체제가 오랫동안 지속되었다는 것을 의미합니다. 그리고 이에 대한 불만이 극에 달한 상태에서 우리는 어떤 해원解寃의 과정 없이 일제 강점기를 경험했습니다. 독립 이후 혼란기를 거쳐 경제개발이 진행되는 과정에서 이런 착취적인 체제에 대한 대중의 불만이 분출되었다고 생각합니다. 다시 말해 위선적인 체제가 오랫동안 지속된 결과 민주화된 현 시점에서 한국인들이 제 몫을 찾고자 몸부림치고 있다는 것입니다. 그런데 법과 제도가 충분히 포용적이지 않았기에 여전히 다수는 위선적인 체제에 저항하고 있다는 생각이 듭니다. 우리나라 헌법을 비롯해 대부분 나라의 헌법에 명시되어 있듯이 인간의 존엄성을 제1원리로 실천하면서 경제개발이 추진되었다면 극단적인 물질중심주의로 발전하지는 않았을 것으로 봅니다. 이런 의미에서 지금의 물질만능주의는 한국인에게 고유한 문제라기보다는 법과 제도의 관점에서 해결 방안을 모색해야 하는 문제라고 생각합니다. 동시에 한국인의 정서와 무의식에 깊이 뿌리내린 절대적·상대적 궁핍에 대한 두려움을 해소하는 방안도 같이 생각해보아야 할 것입니다.

# 4

# 생존과 지속 가능한 경영,
# 기로에 선 기업

**최수**　실제로 현실이 어떠했든, 국가 정책적 관점에서 과
거의 한국은 분명 정신을 물질보다 중시해온 것처럼 보
입니다. 이것이 근대화와 산업화가 일어난 서양문명에 노출되
면서 그 취약성과 함께 물질의 중요성이 더욱 부각되기 시작한 것은
아닐까요? 우리 경제는 70년 만에 최빈국에서 OECD 선진국 수준
으로 올라섰습니다. 70년 전에는 경제적인 개념도 제대로 서 있지 않
았고 기술은 물론 축적된 사회적 자본 역시 매우 미약했습니다. 또한
불가피하게 불균형 성장 이론에 입각한 선택적 경제정책으로 경제를
견인할 수밖에 없었습니다. 경제 성장이 어느 정도 실현된 70년대

초, 정신적 자산의 뒷받침 없이는 경제 성장도 한계에 도달할 것을 우려하여 정신적 자산을 제2경제라 칭하며 관심을 기울이기 시작했지만, 그때도 제1경제의 보조수단 정도로 여겼습니다. 당시 상황에서는 인간의 존엄성이라는 정신적 가치를 우선적으로 추구할 여유가 없었을 것으로 생각합니다.

당시 제2경제라는 사회적인 개념을 창출했을 때도 많은 논란이 있었지만, 중요한 것은 글로벌 경쟁 속에서 우리 경제를 지속적으로 성장시키기 위한 물질의 긍정적인 면을 보다 부각시켜야 한다는 것입니다. 이와 동시에 소실되어서는 안 될 핵심적인 정신적 자산을 보존할 수 있는 조치들 또한 반드시 필요합니다. 이것을 동시에 추구할 때 경제 선진화 개념이 더욱 정교하게 다듬어질 것입니다.

**이영환**  최 회장님 말씀에는 충분히 공감합니다만 제가 우려하는 것은 너무 오랫동안 착취적인 체제에 시달렸던 경험이 트라우마가 되어 한국인의 의식세계에 적지 않은 영향을 미치고 있지 않은가 하는 점입니다. 서양에서는 1688년 영국의 명예혁명, 1776년의 미국의 독립선언, 그리고 1789년 프랑스혁명으로 상징되는 일련의 혁명적 사건들을 통해 착취적인 체제를 극복하려는 범국가적인 노력이 있었고 결과적으로 어느 정도 포용적인 민주주의와 자본주의 체제가 정착하는 계기가 마련되었지만 한국은 그런 경험을 하지 못했습니다. 심지어 서양도 1980년대 신자유주의가 득세하면서 포용적인 제도에서 착취적인 제도로 이행한 결과 물

대한민국, 변방에서 중심으로

질만능주의의 폐해를 더 이상 방치할 수 없는 형편입니다. 극단적인 불평등과 양극화는 이제 범세계적인 현상이 되었는데, 이에 관한 연구가 상당히 축적되어 있습니다.

이런 상황에서 한국이 세계사적으로 뭔가 의미 있는 역할을 하려면 물질과 정신의 관계를 재정립할 수 있는 사상을 수립해 널리 알려야 합니다. 사상의 핵심은 경제 발전과 기술혁신의 궁극적 목적은 물질문명의 발전이 아닌 인간의 자유와 존엄성을 증진하기 위한 수단이 되어야 한다는 점입니다. 이런 점에서 지금은 무시되고 있는 우리의 고대 사상인 홍익인간 사상을 재해석하고 재조명하는 것은 자못 의미 있는 작업이라는 생각이 듭니다.

현재 글로벌 경제는 많은 문제점을 드러내고 있는데, 이번 코로나19 사태를 통해 이 점이 더욱 명확하게 부각되고 있는 실정입니다. 어려운 처지에 있는 사람들, 그리고 가난한 나라들은 상대적으로 코로나19로 인해 엄청난 피해를 입고 있습니다. 현재와 같이 무한경쟁에서 살아남은 승자가 모든 것을 차지하는 이른바 승자독식의 경제 체제는 4차 산업혁명이 진행되면서 더욱 강화될 것으로 전망됩니다. 이런 미래 상황을 고려할 때 우리가 과연 세계에 무엇을 기여할 수 있을지 고민할 때가 되었습니다. 한국이 세계의 변방에서 중심으로 나아가려면 이는 필수적이라는 것이 제 생각입니다.

**최수**　　　물질보다 정신을 중시해야 한다는 당위론에 이의를 제기할 수는 없습니다. 사회적으로 보면 다양한 분야에 다양한 직업이 있습니다. 그리고 그 다양한 분야는 다양한 역할을 갖고 있습니다. 경제는 그중 한 분야입니다. 경제 분야에 있는 분들은 우선적으로 경제 논리에 충실해야 합니다. 경제를 이끌고 가는 주체인 기업의 입장에서 기업의 활동 목적은 물질 문제의 해결입니다. 기업은 물질 논리, 경쟁 논리를 충실하게 활용해야 가치를 창출할 수 있습니다. 정신보다는 물질에 훨씬 더 적합하게 대응할 수밖에 없고, 이것이 외견상 정신적 가치를 물질보다 후순위에 두는 것으로 보이게 합니다. 비록 기업인의 본질적인 목적이 실적 추구라고 할지라도 기업가 정신의 건전성과 창조성은 결코 경시될 수 없고, 그래서는 지속적인 성장도 불가합니다. 이런 건전한 기업가 정신이 살아 있는 한 우리는 물질에 휘둘리지 않습니다. 이 정신을 경시하는 기업은 결코 장기적·지속적 성장을 추구할 수 없을 것입니다. 기업은 법이 생명을 준 하나의 인격체이기에 그렇습니다.

**이영환**　　맞는 말씀입니다. 제가 말하고 싶은 것은, 물질과 정신의 관계에 대한 한국인의 입장을 이해하는 가장 좋은 방법은 기업에 대한 태도를 살펴보는 것이라는 점입니다. 기업은 물질과 정신의 조화를 바탕으로 존속하는 조직이기 때문입니다. 이런 취지로 기업의 목적이라는 관점에서 최 회장님 말씀에 조금 보태겠습니다. 기업의 목적은 좋은 제품을 저렴하게 생산해 소비자들에게 공급함으로써 많은 사람들이 물질적인 풍요를 공유하도록 하는 데 있다고 봅니다. 그렇지만 이 과정에서 오직 단기 이윤에 초점을 맞춘다면 많은 부작용이 발생한다는 것이 실증적으로 입증되었습니다. 특히 1970년대 중반 이후 미국을 중심으로 기업의 목적은 주주가치를 극대화하는 것이라는 주장이 대세를 이룬 가운데 오늘에 이른 결과 자본주의 체제가 위기에 처했다는 공감대가 형성되고 있습니다. 이런 분위기를 대변하는 상징적인 사건이 두 가지 있습니다. 하나는 2019년 8월 미국을 대표하는 대기업 최고경영자들의 모임인 '비즈니스라운드테이블'[11]에서 기업의 목적은 이해관계자들의 가치를 추구하는 것이라는 성명서를 발표한 것입니다. 둘째는 2020년 1월 '세계경제포럼', 일명 다보스 포럼에서 '다보스 선언'[12]을 공표했는데, '비즈니스라운드테이블'과 마찬가지로 기업은 이해관계자가치를 추구해야 한다는 내용입니다. 이 둘이 기업의 자유와 주주가치를 대변해왔던 대표적인 조직임에도 이런 성명서를 발표했다는 것은, 주주가치를 중시하는 기존 패러다임을 더 이상 유지할 수 없다는 위기감을 느꼈기 때문이라고 봅니다. 이것은 물질만능주의를 포기하고 물질과 정신의 조화를 추구하려는 것과 일맥상통합니다.

물론 그렇다고 해서 기업이 이윤추구를 포기해야 한다는 것은 아닙니다. 이윤추구는 기업의 최종 목표이지만 단기가 아닌 장기적인 관점에서 그리해야 한다는 것입니다. 여러 연구에 의하면 기업이 장기적인 관점에서 주주가치의 극대화를 추구하는 것과 이해관계자가치를 추구하는 것은 본질적으로 차이가 없다고 합니다. 문제는 금융자본의 과도한 시장지배로 인해 기업이 단기주의short-termism의 덫에서 빠져나오지 못한다는 데 있습니다. 예를 들면 기업이 연구개발 대신 자사주 매입에 자금을 투입하는 것은 단기주의의 대표적인 사례입니다. 이와 같이 기업이 주주가치만 추구한다면 번영의 공유라는 장기적인 목표는 사실상 불가능해집니다. 그 결과 불평등이 악화되면 소비가 감소하고 이는 다시 기업 경영에 부정적인 요인으로 작용하면서 악순환의 늪에 빠지게 됩니다. 기업이 이런 고리를 끊어내는 주체가 된다면 장기적으로 기업과 사회 모두 이득을 얻을 것입니다. 이런 의미에서 기업의 역할은 매우 중요합니다.

그런 관점에서 우리의 고대 사상인 홍익인간 사상을 지금의 실정에 맞게 재조명해 기업에 적용한다면 한국이 세계의 변방에서 중심으로 나아가는 데 획기적인 전환점이 마련될 수 있다는 생각이 듭니다. 수천 년 전 일찍이 우리 조상들은 홍익인간 사상을 바탕으로 국가를 운영했습니다. 이를 되살려 기업 경영에 적용할 수만 있다면 이해관계자가치를 추구한다는 현대적 목표에 사상적 기반을 제공할 수 있다고 봅니다. 철학적으로 빈곤한 주장은 수명이 짧을 뿐만 아니라 폭넓은 지지를 받기도 어렵습니다. 이를 감안할 때 이는 매우 설득력 있을 뿐만 아니라 우리가 새로운 기업 패러다임을 주도하는 기회를 가질 수 있다는 생각이 듭니다.

**최수**  이영환 교수님 말씀은 전적으로 옳으신 말씀입니다. 기업도 정신적 가치를 잘 반영할 때 장기적으로 성장할 수 있습니다. 그러한 가치들을 배제한 상태에서 기업이 성장하거나 존속하는 것은 지극히 일시적일 것입니다. 지금까지 한국의 기업들은 국내 시장만이 아닌 세계 시장에서 치열한 경쟁을 통해 지속적으로 성장해왔습니다. 정신적인 관점에서 경쟁사들에 밀린다면 결단코 지속적인 생존이 어렵습니다. 기업도 경영 이념이라든가 경영 철학을 통해 이런 정신을 경영에 담아내려고 노력하고 있습니다. 그러나 그런 기본적인 정신적 가치를 기업에서 풀어내기 위해서는 현실적으로 존재히는 수많은 도전을 극복해야 하는데, 이는 물질 자체의 속성이나 경제 논리에 대한 철저한 이해와 그 논리의 냉엄한 실천을 통해서만 구현이 가능하다는 점을 강조하고 싶습니다.

**이기동**      두 분의 말씀을 듣고 많은 것을 배웠습니다. 저는 경제를 잘 모르는데도 우리나라의 미래를 낙관적으로 볼 수 있겠다 싶습니다. 제가 공부하는 영역에서 보면 마음을 한마음과 욕심으로 나눌 수 있습니다. 홍익인간은 한마음을 실현함으로써 나타나는 결과물입니다. 기업의 경영 목표를 이윤추구로 설정하는 것은 욕심에서 내린 판단입니다. 목표를 설정하고 이를 달성하기 위해 노력하는 것은 욕심입니다. 욕심은 몸에 들어 있는 에너지이므로, 유한한 에너지입니다. 유한한 에너지는 빨리 고갈됩니다. 목표를 달성하기 위한 몸과 마음의 움직임이 일입니다. 일하면 쉽게 지치고 피곤해지는 이유는 에너지가 빨리 고갈되기 때문입니다. 욕심을 채우려고 할수록 성공하기 어려운 까닭은 빨리 지치기 때문입니다. 돈을 향해서 달려갈수록 돈이 달아나는 이유 또한 이 때문입니다.

그러나 한마음에서 하는 일은 다릅니다. 한마음은 하늘마음이므로 그 에너지가 무한합니다. 한마음으로 일을 하면 지치지 않습니다. 엄밀히 말하면 한마음으로 하는 일은 일이 아닙니다. 한마음을 가진 사람은 목적을 달성하기 위한 수단으로 움직이지 않기 때문입니다. 시험공부를 하는 사람이 시험을 잘 보기 위한 수단으로 하는 공부는 욕심입니다. 욕심으로 공부하면 마음이 시험에 가 있으므로, 공부 자체에는 마음이 없습니다. 한 권의 책을 공부해도 그 가운데 시험에 나올 문제는 한두 문제이므로 한두 문제를 뺀 나머지 공부는 필요 없는 공부가 됩니다. 필요 없는 공부를 의미 없이 하는 것은 지겹습니다. 조금만 공부를 해도 쉽게 지칩니다. 마음이 없이 지겹게 하는 공부는 머리에 들어갈 리 없습니다. 그러나 욕심이 없는 사람은 시험을 잘 보기 위해 공부하지 않습니다. 책을 읽을 때 마음이 시험에 가 있지 않고 책의 내용에 있으므로 재미를 느끼게 됩니다. 재미 있게 공부하면 오랫동안 공부해도 지치지 않습니다. 공부한 내용 또한 머리에 기억됩니다. 그런 사람이 시험을 치면 저절로 좋은 성적을 받게 됩니다.

회사의 경영이나 일도 이와 같은 이치로 이해할 수 있습니다. 돈을 벌기 위한 수단으로 일하는 것은 욕심입니다. 돈을 벌기 위해 일하면 마음이 돈에 가버리고 일 자체에는 마음이 없습니다. 마음이 없는 일은 의미 없는 일이므로 따분하고 지겹습니다. 그렇게 하는 일은 생산성이 떨어집니다. 그러나 한마음으로 일을 하면 달라질 것입니다. 돈이 목적이 아니므로 마음이 돈에 가지 않습니다. 마음이 다른 데로 가지 않고 일에 머물러 있으면 일이 재미있고 의미가 있습니다.

의미 있는 일을 재미있게 하면 생산성이 올라갑니다. 생산성이 높아질수록 돈이 따라옵니다. 돈을 따라가면 돈은 달아나지만, 의미 있는 일을 즐겁게 하면 돈이 따라옵니다. 돈을 좇아가는 사람은 돈이 따라오는 사람을 이길 수 없습니다. 예외적으로 돈을 목적으로 일하면서도 그 목적에 한마음이 들어가 있는 때도 있습니다. 예를 들면 병든 부모님의 치료비를 마련하기 위해 일한다든가, 자녀의 학비를 마련하기 위해 일할 때는 일이 덜 지겹고 피로도 덜 합니다.

경영도 이와 같을 것입니다. 이윤을 추구하기 위해 경영을 하면, 마음이 이미 이윤에 가 있으므로 경영 자체는 마음이 들어 있지 않은 수단일 뿐입니다. 수단으로 경영하면 경영 그 자체에 심혈을 기울일 수 없습니다. 목적을 달성하지 못하면 화가 날 것이고, 그 화를 삭이지 못하면 기업 구성원들에게 화풀이할 것입니다. 그렇게 되면 경영에 문제가 생기고, 이윤이 달아날 것입니다. 그러나 한마음으로 경영하면 달라집니다. 한마음을 가진 사람은 남에게 베풉니다. 경영이란 베푸는 또 다른 방식입니다. 마을에 마땅한 음식점이 없어서 사람들이 불편해하는 것을 보면, 한마음을 가진 사람은 좋은 음식점을 개점하여 사람들에게 베풀고 싶어질 것입니다. 돈을 벌기 위해 경영하는 음식점에는 손님이 없지만, 한마음으로 경영하는 음식점에는 사람들이 줄을 서서 대기할 것입니다. 돈은 돈을 벌기 위해 경영하는 음식점에서 달아나 한마음으로 경영하는 음식점으로 몰릴 것입니다. 돈을 좇아가는 경영인은 돈이 따라오는 경영인을 당할 수 없을 것입니다.

홍익인간이 실현된 세상은 한마음을 가진 사람들이 사는 세상입니다. 한마음을 가진 사람들은 모두 하나가 되어 살아갑니다. 한마음을 가진 사람은 개인의 이익이 되는 것을 따르기보다는 모두의 이익이 되는 것을 따릅니다. 그 결과 온 세상이 모두가 바라는 바람직한 세상이 됩니다. 과거에 우리가 학생들을 가르치기 위해 학교를 짓겠다고 하면, 많은 사람이 땅을 희사하고 돈을 모았습니다. 그러나 오늘날은 많이 달라졌습니다. 학교를 짓기 위해 땅을 희사하는 사람이 흔치 않습니다. 학교를 지으려고 필요한 땅 일부를 사고자 해도 쉽게 내놓지 않는 사람이 많습니다.

홍익인간은 한국의 옛 모습입니다. 우리의 옛 조상들은 홍익인간에서 한마음으로 살았습니다. 오늘날 우리가 한마음을 되살려 홍익인간을 건설하는 방향으로 경영하면 완전히 새로운 경영을 할 수 있으리라 생각합니다. 그런 의미에서 선조들의 경영방식을 참고하는 것은 도움이 될 것으로 생각합니다. 경주 최부잣집의 경영방침이 지금까지 전해지고 있습니다. 최부잣집은 12대 300년 동안 만석이나 되는 살림을 유지했고, 10대 진사를 배출한 집안입니다. 최부잣집에는 여섯 가지 훈계[六訓]로 이루어진 가훈이 지금도 전해지고 있습니다.

〈1〉 과거를 보되, 진사 이상은 하지 마라.

〈2〉 재산은 만석 이상 지니지 마라.

〈3〉 과객을 후하게 접대하라.

〈4〉 흉년에는 땅을 사지 마라.

〈5〉 며느리들은 시집온 후 3년 동안 무명옷을 입혀라.

〈6〉 사방 백 리 안에 굶어 죽는 사람이 없게 하라.


〈1〉과 〈2〉는 당시의 상황에서 나온 목표이므로 오늘날에 적용되지는 않을 것입니다만, 〈3〉, 〈4〉, 〈5〉, 〈6〉은 참고할 것이 있어 보입니다.


**이영환**　　　이 교수님이 강조하신 한마음 경영은 요즘 부상하고 있는 이해관계자가치를 추구하는 기업 경영과 본질적으로 동일하다고 생각합니다. 기업은 지금까지 주주가치만 중시하는 경영을 했기에 종업원, 소비자, 지역사회, 그리고 환경을 무시했는데 이제는 그래서는 안 된다는 각성이 일고 있습니다. 최근 미디어에서 종종 언급되는 ESG(환경·사회·지배구조) 경영이 대표적인 사례입니다. 주주가치를 추구하는 경영은 한마음 경영과는 반대로 대주주 내지 주주들로 대변되는 특정 집단의 이익에만 초점을 맞춘 것입니다. 반면 한마음 경영은 기업과 관련된 모든 사람들의 마음을 헤아리는 경영이므로 이것의 현대적 버전이 이해관계자가치를 추구하는 경영인 셈입니다.

만약 이런 변화가 이루어진다면 이는 기업 차원을 넘어 인류사의 엄청난 사건이 될 것입니다. 경제 활동을 중심으로 인류가 하나라는 공동체 의식이 확산되는 중요한 모멘텀으로 작용할 수 있기 때문입니다. 이런 의미에서도 기업의 역할은 매우 중요합니다. 특히 그동안 한국 사회 전반에 걸쳐 널리 퍼져 있는 재벌 중심의 기업 문화에 대한 자성自省의 차원에서 이해관계자가치를 추구하는 선도적인 기업들이 다수 출현하기를 기대하고 있습니다. 이것이 가능하다면 진정한 의미의 대극의 반전이 이루어질 것입니다.

**최수**    경제활동에서 정신의 중요성은 누구도 부정할 수 없을 것입니다. 그렇다 해도 대기업 집단, 소위 재벌 기업의 역할을 부정적으로만 보는 관점은 동의할 수 없습니다. 비록 그것이 문화라고 하는 정신적인 측면을 언급한다고 해도 말입니다. 모든 기업은 발전 과정이 있고 그것들이 모여 발전사가 됩니다. 그리고 오늘날의 기업들은 모두 그러한 과정을 통해 존재하는 것입니다. 정신과 제도, 그리고 법도 시대에 걸쳐 흐르고 달라지듯이 기업 또한 그 흐름에 적응하여 변화해왔고 또 변화해갈 것입니다. 변화에 늦게 적응하면 도태되지만 변화에 너무 앞서가면 생존이 흔들릴 수 있습니다. 기업의 핵심 경쟁력은 바로 이 변화에 적합한 적응 능력입니다. 이것은 주의 깊은 관찰과 고뇌의 성찰 그리고 지혜로운 통찰에 의해 성장합니다. 현재 대기업들은 과거의 가난하고 절박한 환경에서 근면과 결단을 통해 살아남아 한국 경제를 겨우 지탱하고 있습니다. 격물치지에서 모든 사물은 자신의 생성 논리를 내장하고 있습니다. 하물며 인간이 특정 목적을 위해 설립한 기업에 처절한 생명 논리가 없겠습니까? 기업이 지속적인 성장을 위해 그 생명 논리에 충실하고 그것을 법과 시장에 의해 인정받는다면, 기업의 정당성이 인정된 것입니다. 그것을 넘어서는 사회적인 비난은 기업을 위축시키고 결국 국민과 국가도 언젠가 그에 대한 손실을 감당해야 할 것입니다. 더욱이 4차 산업혁명 시대에 한국 기업의 숭고한 역할은 세계적인 기업들과 경쟁하면서 지속적인 성장이 가능한 대기업들에 의해서 수행될 수밖에 없다는 냉엄한 현실을 유념해야 할 것입니다.

그러한 역할을 수행하는 대기업들을 인정하고 격려하면서 장기적인 관점에서 대기업의 부정적인 행위들을 제거해가야 합니다. 또한 합법적인 한 여타의 이슈들에 대해서는 기업의 선택권을 존중해주고 시대를 바르게 구현하도록 유도해야 할 것입니다. 치열한 글로벌 경쟁 환경 속에서 기업들은 결코 방심할 수 없습니다. 아직은 우리가 가야 할 길이 멉니다. 경제는 대가 없이 성취되는 자연적인 현상이 아닙니다. 더욱이 다른 선진국들 틈 속에서 우리의 입지를 확보해나가야 합니다. 다시 말씀드리지만 기업인으로서, 물질과 정신은 더욱 조화로워야 하지만 아직도 물질이 정신에 비해 과도하게 경시되는 경향이 있다는 것입니다. 근본적으로 경제는 경제 자체로, 기업은 기업으로 존재합니다. 기업의 존재는 장기적으로 지속적인 성장을 통해 가능합니다. 모든 사회적 가치의 실현에 앞서 기업은 본질적으로 마치 인간처럼, '생존해야' 의미가 있는 겁니다. 나머지 것들은 지속적인 성장 뒤에 오는 차선의 개념일 뿐입니다. 이것이 바로 기업 활동에서 정신이 구현되는 내용에는 제한이 있을 수밖에 없는 이유라고 할 수 있습니다.

**이영환**　　최 회장님 견해는 현실 감각과 경험에 바탕을 둔 것이니만큼 원칙적으로 동의합니다. 기업은 당연히 지속 가능한 경영을 추구해야지요. 영어로 기업을 'going-concern(계속기업)'이라고도 하는 것은 바로 이런 측면을 강조한 것 아니겠습니까. 그런데 여기서 강조하고 싶은 것은 기업의 지속 가능성은 주변 여건과 무관하지 않다는 것입니다. 우리 시대 최고의 경제학자 중 한 명으로 한국에도 잘 알려진 조지프 스티글리츠 Joseph Stiglitz 교수는 기업이든 시장이든 '난데없이' 등장한 것이 아니라는 점을 강조합니다. 모두 법과 규칙의 지배하에 있다는 의미지요. 예컨대 기후변화에 대한 우려가 현실화되고 있는 현시점에서 탄소를 줄이는 데 동참하지 않는 기업은 생존하기 어려울 것입니다. 그렇다고 기업의 목적이 탄소를 줄이는 데 있다는 것은 아니지요. 사회적 합의에 의해 탄소를 줄이는 것을 법으로 제정한다면 기업은 지속 가능한 경영을 위해서도 이를 준수해야 할 것입니다. 나아가 이런 운동을 선도하는 기업은 소비자들의 지지를 받아 장기적으로 더 많은 이윤을 얻을 수 있을 것이고 기업가치도 더 증가할 것입니다.

환경, 사회 그리고 지배구조를 고려하는 기업 경영, 즉 ESG 경영은 이런 의미에서 매우 그럴듯한 명분을 갖고 있기에 기업은 가치를 높이기 위해서라도 이것을 외면할 수 없다고 봅니다. 그런데 2021년 7월 기준 9조 달러가 넘는 자산을 운용하는 세계 최대 자산운용사인 블랙록 BlackRock이 이 운동을 주도하고 있다는 것이 조금 마음에 걸리는데요, 금융자본이 현재와 같은 시장지배력을 유지하기 위한 선제적인 전략이라는 인상을 주기 때문입니다. 어쨌든 현 상황에서 개별 기업은 ESG 경영의 명분을 무시할 수 없기에 이것을 경영에 반영하지 않을 수 없습니다. 이 점에서 지속 가능성을 강조하신 최 회장님 견해와 별반 다르지 않다고 봅니다.

**최수** 그렇습니다. 최근 한국에서 기업의 반사회성이 이슈가 되고 있는 만큼 이에 대해 좀 더 이야기를 나누고 싶은데요.

경제학에는 '구성의 오류'라는 흥미로운 개념이 있습니다. 이것은 개별적인 선함이 전체적인 선함으로는 귀결되지 않는 것을 말합니다. 부분과 전체는 모순적인 관계일 수 있습니다. 예를 들어, 일부 기업에는 옳은 행동이었으나 모든 기업들이 유사하게 행동했을 때 산업 전반에 부정적인 결과를 초래할 수 있습니다. 이것이 바로 구성의 오류입니다. 물론 반대의 경우도 나타날 수 있습니다. 그렇다면 이럴 경우, 전체의 이익을 위해 개별 기업이 무조건 그것을 포기해야 할까요? 기업은 법이 허용하는 범위 내에서 자체 논리를 통해 자신의 목적을 추구할 충분한 자유를 갖습니다. 누구도 이것을 부정할 수는 없습니다. 전체의 이익은 개별 기업들의 목적 달성을 통한 '긍정적 합산'만으로도 충분하다고 생각합니다. 기업의 사명은 국가 경제의 핵심 주체로서 법의 허용 범위 안에서 지속적인 성장과 이익을 추구하는 것입니다. 그렇다면 법의 테두리 안(이때 법은 도덕까지 포함)에서 기업은 자유롭게 성장을 도모하면서 경제 주체로서의 사명을 다하면 되겠지요. 그런데 자유롭게 움직일 수 있는 영역에서까지 규제와 비난이 가해진다면 기업은 그 생명력을 잃을 수밖에 없습니다.

기업의 '지속적 성장'이란 법이 허용하는 범위 내에서 생존을 목적으로 하는 기업의 본성을 바탕으로, 계속해서 이익과 규모를 성장시키는 것을 의미합니다. 사실 냉정하게 말하면 기업의 사회적 역할은, '지속적 성장'보다 우선시될 수 없습니다. 이러한 역할은 국가의 영역입니다. 이것을 기업의 역할로 이양시킬 수는 없습니다. 만약 이양시킨다 해도 철저히 법을 통해서 하는 것이 맞습니다. ESG 또한 동일한 개념입니다. 기업은 ESG를 포용하면서 성장을 추구해야 하지만, 그것이 기업의 사명이라 단정 지을 수는 없습니다. 이는 아직 기업들에겐 선택적 사항이며, 선택하지 않았다 한들 비난받을 일이 아닙니다. 앞에서 언급한 바와 같이 기업이 이것을 사명으로 수용하기 위해서는 법 제정이라는 절차를 거쳐야 합니다.

기업은 법인입니다. 기업은 법에 의해서 탄생이 확정됩니다. 법의 테두리를 벗어나는 기업은 존재할 수 없습니다. 기업의 순치는 법을 통해서만 가능하며 그 이상 강제는 안 됩니다. 기업은 법의 범위 내에서는 자유권을 행사할 수 있습니다. 나머지 개념들은 기업의 성장 전략의 하나로 기업이 채택할 수 있습니다.

**이영환**　최 회장님이 강조하신 것은 1976년 노벨 경제학상을 수상한 시카고 대학교 밀턴 프리드먼Milton Friedman 교수가 저서 『자본주의와 자유』에서 말한 내용과 대동소이합니다.

그는 기업의 본질은 법과 제도가 허용하는 범위 안에서 이익을 극대화하는 것이라는 점을 강조했습니다. 그리고 1970년 8월 「뉴욕타임스 매거진」이라는 잡지에 '비즈니스의 사회적 책임은 이윤을 늘리는 것이다 The Social Responsibility of Business is to Increase its Profit'라는 제목의 매우 영향력 있는 글을 실었습니다. 이 두 글을 통해 사실상 프리드먼은 주주가치 극대화의 이론적 기반을 제공했다고 평가받았습니다. 실제로 그의 주장은 미국 레이건 대통령과 영국 대처 수상이 주도했던 신자유주의 정책의 바탕이 되었습니다. 그러나 요즘 프리드먼 교수의 주장을 액면 그대로 받아들이는 최고경영자나 학자는 매우 드뭅니다. 기업이 주주가치에 초점을 맞추어 경영을 하는 것이 더 이상 지속 가능하지 않다는 문제의식이 널리 퍼져 있기 때문입니다.

여기서 잠깐 한 번 더 '기업의 본질은 무엇인가' 하는 문제를 생각해보도록 하지요. 최초의 주식회사는 1600년에 탄생한 영국의 동인도회사입니다만 그보다 2년 후 출범한 네덜란드의 동인도회사가 진정한 의미에서 최초의 주식회사라 할 수 있습니다. 이후 주식회사가 우후죽순 격으로 많이 생겨났는데, 1717년 영국에서 발생한 남해 거품 South Sea Bubble 사건으로 인해 이후 약 100년 이상 주식회사의 설립이 금지되었던 적이 있었습니다. 그러다가 19세기 중반 주식회사가 다시 부활하게 됩니다. 그런데 그 배경에는 법인인 주식회사는 유한책임 limited liabilities을 진다고 하는 기업법의 제정이 있었습니다. 이것은 주식회사의 발전에 획기적인 전환점이 되었지요. 유한책임이란 주주들은 투자한 자본의 범위 안에서만 법적 책임을 진다는 파격적인 내용입니다. 이것은 법인인 주식회사가 법과 제도에 의해 상당한 특혜를 받았다는 것을 의미합니다. 이런 역사적 맥락에서 보더라도 기업은 난데없이 등장한 것이 아니며 법과 규칙의 테두리 안에서 경영활동을 하는 조직입니다. 그렇기에 사회의 일원으로서 마땅히 부담해야 하는 의무가 있는 것입니다.

**최수**     동의합니다. 기업이 법과 규칙의 범위 내에서 경영활동을 해야 한다는 것은 기업의 태생적인 한계입니다. 숙명이라고 할까요? 태생적인 한계는 결코 벗어나선 안 됩니다. 그러나 그 범위 내에서 기업은 자유로워져야 합니다. 법이 그것을 보장하고 있습니다. 그 '자유권'의 회수는 다만 법의 제정을 통해서만 가능합니다. 그 외 다른 방법이 있다면 기업과 합의를 통해 이루어져야 합니다. 기업이 그러한 사회적 행위를 수용하면 가능합니다. 이런 수준의 자결권을 주었을 때 기업은 생명력을 갖고 지속적인 성장을 할 수 있을 것입니다. 그래서 기업의 또 다른 존재 이유인 기업의 사명을 완수해갈 수 있습니다.

**이영환**     이 시대에 기업에 관한 논의는 매우 중요합니다. 기술혁신이 우리의 삶 전반에 미치는 영향은 점점 확대되고 있을 뿐만 아니라 네트워크 외부효과network externality를 동반하는 정보기술의 특성상 산업은 점점 독점화되는 경향이 있기 때문입니다. 구글, 페이스북, 아마존, 마이크로소프트 등 초국적기업이 각각의 분야에서 시장을 지배하고 있다는 것은 이제 상식입니다. 그런데 이런 논의의 중요성은 초국적기업에만 한정되지 않습니다.

앞으로의 기업은 새로운 가치, 즉 부가가치를 창출하는 주체로서의 자부심을 회복해야 합니다. 이것은 기업의 구성원인 임직원 모두 자신들이 사회에 물질적 기반을 제공하는 중차대한 임무를 수행하고 있다는 데 자부심을 가져야 한다는 말입니다. 자신이 중요한 일을 하고 있다는 자존감을 가진 사람은 자신의 이익을 위해 엉뚱한 짓을 하지 않는다고 봅니다. '자신을 사랑하지 않는 사람은 결코 타인을 사랑할 수 없다'는 사회철학자 에리히 프롬의 말처럼, 자존감을 상실한 사람은 명예로운 행동을 하기가 어려울 테니까요. 이같이 다소 뜬금없는 얘기를 하는 이유는 인적·물적 자원의 결합체인 기업에서도 사람이 핵심이기 때문입니다. 한국의 기업이 새로운 가능성을 제시하기 위해서는 임직원들의 사고체계가 바뀌어야 하며, 이는 자존감을 회복함으로써 가능하다고 봅니다.

종업원, 소비자, 채권단, 지역사회 등 다양한 이해관계자들이 기업을 중심으로 서로 연결되어 있습니다. 따라서 기업은 다양한 갈등의 원천임과 동시에 이를 해소하는 원천이 될 수도 있습니다. 그리고 시장경제는 사회의 일부이고, 기업은 시장경제의 핵심이라는 점에서 사회와 유리된 기업은 상상하기 어렵습니다. 그렇기에 기업의 본질 또한 이런 맥락에서 해석되는 것이 당연합니다. 그렇다고 이것이 기업에 부당한 책무를 떠맡기는 압력으로 해석되어서도 안 될 것입니다. 기업은 다양한 사람들의 이해관계가 교차하는 복잡한 조직으로서 우리가 생각하는 것보다 훨씬 더 중요한 역할을 할 수 있으며, 실제로 해야 한다는 점을 강조하려는 겁니다.

이런 관점에서 한국의 기업을 바라볼 때 재벌 문제를 언급하지 않을 수 없습니다. 정권이 바뀔 때마다 재벌 개혁 문제로 잠깐 소란스럽다가 흐지부지되는 일이 반복되고 있습니다. 한국이 세계의 변방에서 중심으로 나아가려면 누구보다도 세계적 차원에서 경쟁해온 기업이 선봉에 서야 하는데, 현재의 재벌 중심 체제로는 명백한 한계가 있습니다. 다시 말하자면, 재벌 산하의 대기업들이 거버넌스, 즉 지배구조를 근본적으로 개혁함으로써 기업의 체질을 완전히 바꿔야 한다고 봅니다. 이것은 매우 어려운 과제이기에 대기업의 대주주, 최고경영자 및 임직원들이 에고의 한계를 뛰어넘는 의식 수준에 도달했을 때 비로소 가능합니다. 이기동 교수님이 제안하시는 한마음 경영이란 바로 이런 의식 수준에 도달했을 때 가능하다고 봅니다. 또한 이는 기업의 본질을 훼손시키는 것이 아니라 오히려 기업의 위상을 높일 수 있는 방법입니다.

기업은 기업만의 독자 논리가 있지만 그 이전에 사회의 일원으로서 결코 사회를 해체시키는 방향으로 경영되어서는 안 될 것입니다. 이를 위해서는 기업이 추구하는 가치와 사회가 추구하는 가치가 서로 조화를 이루도록 기업의 본질을 재조명해볼 필요가 있다고 봅니다. 지금이 바로 그런 시기라는 신호가 곳곳에서 감지되고 있습니다.

**최수**   저는 다소 다른 관점에서 기업 이야기를 하고자 합니다. 인간은 탄생한 순간 그 자체로 가치를 갖습니다. 그렇게 태어난 인간에겐 가풍과 법, 사회적 윤리가 존재하게 됩니다. 대부분의 인간은 그것들을 지키면서 살아가지요. 그러나 인간의 존재 가치가 가풍이나 규범, 법에 의해 부정될 수는 없습니다. 기업도 마찬가지입니다. 기업은 기업 자체로서 분명히 존재 이유가 있습니다. 물론 기업이 반사회적, 반환경적이면 안 되겠지요. 그렇다고 해서 사회적인 역할과 책임의 준수가 기업의 존재 이유가 될 수는 없습니다. 기업의 존재 이유는 '부의 축적'이라는 사회적인 기능을 수행하는 것이며, 그러기 위해서는 생존과 지속적 성장을 이루어 내는 것이 우선시되어야 합니다. 즉 기업의 모든 에너지가 우선적으로 '성장'에 집중되어야 하는 것입니다. 이것이 초기술 사회, 초경쟁 사회의 엄연한 현실입니다.

이러한 1차적인 존재 이유가 실현되어야만 2차적인 존재 이유인 사회적 역할을 실천해갈 수 있습니다. 현실적으로 세상의 어떤 기업도 1차적인 존재 이유로부터 자유로울 수 없습니다. 기업을 위협하는 위기는 시도 때도 없이 찾아옵니다. 그리고 현실에는 상상 이상으로 기업의 성장을 방해하는 장애물이 수없이 많습니다. 기업은 세계 시장에서 이러한 위기에 대응하기도 벅찹니다. 조금도 여유가 없습니다. 사실 2차적인 존재 이유의 영역은 법의 영역입니다. 기업이 법을 준수하면서 1차적인 존재 이유를 실현하면 그것만으로도 존재 가치는 인정된 것입니다. 우리의 역군들에게는 관용이 필요합니다. 그리고 한국의 재벌 기업들에 대해서도 인내심을 갖고 상기의 인식을 적용해주길 기대합니다. 이제 한국의 재벌 대기업도 시대의 요구사항을 적극적으로 수용해갈 것입니다.

**이영환** 최 회장님 견해와 제 견해가 근본적으로 다르지 않고 단지 관점의 차이라고 생각합니다. 개인이나 기업, 국가, 나아가 우주적 관점으로 대상을 확대하더라도 공통적으로 적용되는 원리가 있습니다. 모두 일정한 제약 아래서 움직인다는 것이지요. 예컨대 물질 우주는 네 가지 힘의 상호작용이라는 제약하에서 작동합니다. 여기에는 어떤 예외도 없지요. 기업으로 말하자면 자원의 제약, 법적 제약, 자금의 제약 등 개별 기업에 고유한 제약과 공통적인 거시적 제약을 바탕으로 자신의 목표를 추구합니다. 이 점은 개인도 마찬가지지요. 이것이 이른바 도구적 합리성instrumental rationality의 핵심 메시지로서, 분석 대상을 객관적으로 조명하는 데는 어느 정도 효과가 있습니다. 저는 이런 관점에서 어떤 기업이든 제약 조건들의 변화를 냉정히 인지하는 가운데 자신의 고유한 목표를 추구해야 한다고 말하는 것입니다. 그리고 이것이 자유계약에 기초한 기업의 본질과 상충되는 것은 아니라고 봅니다.

이와 같이 제약과 목표를 동시에 고려하는 가운데 비로소 기업이 존속한다고 할 때 최 회장님은 목표(예컨대 지속 가능성)에 좀 더 비중을 두면서 말씀하신 것이고, 저는 기업이 직면한 제약들(특히 법적, 제도적 제약)에 더 초점을 맞추었다는 차이일 뿐입니다. 지금 세계적으로 부각되고 있는 ESG 경영은 바로 이런 제약에 초점을 맞추면서 기업으로 하여금 이를 따르도록 압력을 행사하고 있는 것입니다. 그렇다고 최 회장님이 지적하신 대로 ESG 경영이 기업의 본질이라는 것은 아닙니다. 이런 다소 포괄적이고 모호한 제약이 주어지더라도 이를 감안하면서 지속 가능성을 높이는 것이 기업의 본질임은 분명합니다. 앞으로 한국에서도 이런 면에서 세계를 선도하는 기업이 많이 등장했으면 합니다. 그런데 애플과 같은 세계 최고의 기업이 본사를 아이슬란드에 두면서 정작 미국에는 법인세를 전혀 납부하지 않는다고 하는데, 이것은 권장할 만한 기업의 모습이 아닙니다. 이런 점에서는 일본 자본주의의 아버지라고 불리는 시부사와 에이이치渋沢栄一의 경영철학에서 배울 점이 있다고 봅니다.[13] 『논어와 주판』이라는 그의 저서에 잘 정리되어 있는 것처럼 도덕과 비즈니스는 양립할 수 있습니다. 그는 정당하게 돈을 벌어야 한다는 원칙을 평생 고수한 것으로 유명합니다. 정당하게 비즈니스를 하면서도 성장할 수 있다는 것을 한국의 기업들이 보여준다면 더 말할 나위가 없겠습니다.

**최수**   동의합니다. 사회규범이나 법을 즉 지키지 않는 기업은 근본을 착각하고 있는 것입니다. 기업은 법인입니다. 그리고 기업은 자신의 생존을 스스로 책임져야 합니다. 기업은 본질적으로 고독하며 자생력에 근거하여 생존합니다. 기업은 환경을 정글로 생각합니다. 정글 속에서 살아가는 인간에게는 도시와 다르게 야성이 필요하듯 기업도 난관을 극복하는 생명력이 필수적입니다. 기업은 국부를 창출하는 주체입니다. 이것으로 기업은 존재 이유가 충분합니다. 이러한 기업의 생명력을 국가와 법이 인정하고 격려해주는 친기업 정서가 필요합니다. 다시 말해 법이 아니고서는 기업의 생명력을 훼손해선 안 된다는 것입니다. 그것이 기업의 성장력과 창조성, 생산성을 고취시키며, 결과적으로 기업의 역할을 성공적으로 수행하도록 만들 것입니다.

**이기동**  기업에서 제일 중요한 것이 생존이란 말씀에 참으로 공감합니다. 생존은 기업뿐만 아니라 사람들 개개인의 삶에서도 마찬가지일 것입니다. 사실 생존하기 싫은 사람이 없고, 생존하기 싫은 기업이 없을 것입니다. 그러나 생존하고 싶다고 해서 다 생존하는 것은 아닙니다. 『맹자』에 다음과 같은 말씀이 있습니다.

하늘을 따르는 자는 살고, 하늘을 거스르는 자는 망한다.[14]

하늘이란 여러 가지 의미로 생각할 수 있습니다. 우선 분위기와 흐름으로 이해할 수 있습니다. 분위기를 파악하지 못하고, 흐름에 역행하면 생존하기 어렵습니다. 그 외에도 하늘을 따르는 것에는 여러 가지가 있습니다. 완벽하게 하늘을 따르기 위해서는 하늘마음을 회복해야 합니다. 하늘마음은 사람이 본래부터 가지고 있는 한마음입니다. 한마음은 본래부터 가지고 있던 마음이므로, 마음만 먹으면 누구나 회복할 수 있습니다. 앞으로의 시대는 한마음 회복이 매우 중요해질 것입니다. 한마음으로 살아야 개인도 생존할 수 있고, 기업도 생존할 수 있을 것입니다. 한국인이 한마음을 회복하여 한마음 경영을 하면 한국의 기업이 위력을 발휘할 것이고, 세계 기업의 모범이 될 것으로 생각합니다.

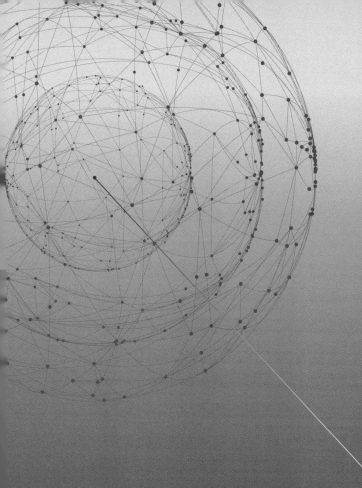

2장

# 통합의식으로
# 가는 길

# 1

## 우리를 억압하는
## '파편의식'

**이영환**　　　우리의 모든 선택과 행동은 우리의 정신세계를 반
영합니다. 이것은 삶이 단순했던 선사시대 이래 지금까
지도 변함없는 사실입니다. 현대에는 너무 많은 요인들이 선택
과 행동에 영향을 미치고 있습니다. 그것을 하나하나 분리하여 이해
하기 어렵기 때문에 우리는 간혹 착각하기도 하지만 결국 그 모든 것
은 우리의 정신, 즉 의식 상태가 좌우합니다. 이런 관점에서 우리가
어떤 의식 상태에 있는지 이해하는 것은 형이상학적인 논의 이상의
의미를 갖는다고 생각합니다. 한 가지 부연하자면 논의를 단순화하
기 위해 정신, 마음, 그리고 의식이라는 단어에 내포된 미묘한 차이

를 무시하고 대체로 이것이 같은 의미를 갖는 것으로 상정하고 이야기하겠습니다.

앞에서 잠깐 언급했듯이 모든 문명의 흥망성쇠는 정신과 물질의 조화에 의해 결정되어왔다고 볼 수 있습니다. 물질적 풍요가 번영의 필요조건임은 분명하지만 정신적·도덕적 가치에 의해 뒷받침되는 경우에만 지속 가능했습니다. 우리는 지금 물질적 측면에서는 유사 이래 최고의 수준에 도달했습니다. 이는 각종 통계자료가 보여주는 객관적 사실입니다. 짧은 기간 동안 한국이 이룬 경제적 성과는 국내보다 해외에서 더 경이롭게 평가되고 있습니다. 현재 한국을 선도하는 기업들의 다양한 제품은 세계 곳곳에서 최고의 상품으로 인정받고 있습니다. 특히 4차 산업혁명의 핵심 부품이라 할 수 있는 반도체 분야에서는 독보적인 위상을 차지하고 있지요. 1980년대 초반까지 한국이 반도체 불모지였다는 사실을 감안할 때 이는 실로 놀라운 성과입니다.

그럼에도 불구하고 우리의 잠재력을 고갈시키고 미래를 불안하게 만드는 요인들이 우리의 정신세계에 부정적인 영향을 미치고 있다는 우려를 떨치기 어렵습니다. 다시 말씀드리면 우리의 의식을 억압하고 있는 여러 가지 요인들이 여전히 기승을 부리고 있다는 겁니다. 이것이 그저 기우이기를 바라지만 현실에서 벌어지는 여러 사태들을 보면 그렇지도 않은 것 같습니다. 예를 들어 얼마 전 위안부 문제와 독도 문제로 일본과 갈등이 커졌을 때 우리의 입장은 극단적으로 양분되었습니다. 우리의 무의식에 남아 있는 식민지 경험이 사람마다 다른 방식으로 의식세계에 영향을 미치고 있기 때문입니다. 또한 북핵 문제를 비롯해 통일 문제에 대해서도 사람들의 견해가 첨예하게 대립하는 것은 이데올로기 갈등이 여전히 우리의 무의식에 잠재되어 있기 때문이라고 생각합니다. 그리고 가진 자의 '갑질'이 종종 사회문제로 부각되고 있는데, 이는 결코 이례적인 현상이 아니라는 생각이 듭니다. 500년 넘게 지속되었던 조선시대 신분제 사회의 폐단이 우리 무의식에 문화적 유전자로 남아 있기 때문인 것으로 보입니다. 과거 억압받았던 감정이 무의식에 많이 남아 있는 사람일수록 더 쉽게 '갑질'의 충동에 휩싸이게 되는 것이지요. 그밖에도 빈부의 양극화 현상과 교육 문제 등 미래를 좌우할 주요 문제들에 대해 아직 건설적 합의에 도달할 수 있는 사회적 분위기가 형성되어 있지 않습니다.

이런 상황을 벗어나지 못하는 이유는 우리의 의식이 '파편화'되어 있기 때문이라고 생각합니다. 여기서 파편화란 개개인이 에고에 지나치게 집착함으로써 편견과 독선에 빠져 의식이 조각조각 분리되고 통합적인 사고가 이루어지지 않는 상태를 말합니다. 즉, 사고체계가 분열되어 있다거나 조각나 있다는 의미로 해석하면 되겠습니다. 이러한 상태에서는 자신의 에고 충족을 방해하는 모든 요소들을 배척해버리기 때문에 견해가 다른 사람과는 의미 있는 대화가 불가능하게 됩니다. 달리 말하자면 극단적인 확증편향에 사로잡혀 있는 셈이지요. 이처럼 의식이 파편화된 사람에게는 공감이나 배려를 기대하기 어렵습니다. 저는 이것을 '파편의식'이라고 정의하고 싶습니다.[15]

이에 반대되는 것이 '통합의식'입니다. 이것은 서로의 관점을 수용하는 가운데 정반합적인 과정을 거쳐 개인적으로나 사회적으로 더 나은 선택과 행동을 할 수 있도록 매사를 '전체적인 관점'에서 알아차리자는 의미입니다. 통합의식 상태를 지향하는 것은 비단 지금의 갈등을 치유하기 위해서만이 아니라 앞으로 닥칠 어려운 시대를 대비하기 위해서도 필요하다고 봅니다. 이것은 정신과 물질의 조화를 위한 전제조건입니다. 따라서 통합의식을 향한 사회적 차원의 노력이 없다면 우리의 미래는 결코 순탄치 않을 것으로 예상합니다.

**이기동**     이 교수님께서 '우리를 억압한다'는 말씀을 하셨는데, 그 의미를 어떻게 이해해야 할까요? 좀 더 설명을 듣고 싶습니다.

**이영환**     제 생각은 간단합니다. 우리가 자유롭게 사고하면서 타인과 소통하기 위해서는 무엇보다 편견이나 독선에서 벗어나 무조건 상대를 부정하는 자세를 먼저 버려야 합니다. 이는 매우 간단한 원칙이지만, 잘 지켜지지 않는 것 같습니다. 예를 들어 우리는 대화할 때 보통 상대방의 말에 주의를 집중하기보다는 자신의 주장을 정당화하는 데 신경 쓰느라 상대방이 무슨 말을 하는지 제대로 이해하지 못한 상태로 상대의 견해를 반박하는 경우가 많습니다. 이런 경우 진정한 의미의 '공감 대화'는 이루어질 수 없기 때문에 대화를 통해 문제를 해결하고자 했던 원래의 취지는 실종되고 맙니다. 노사 간 대화, 정치적 논쟁은 물론 가족 간 대화, 직장 동료 간 대화에서도 이런 일이 흔히 벌어집니다. 이와 같이 공감 대화가 어려운 이유는 우리의 의식세계가 파편화되어 있기 때문이라고 생각합니다.[16] 이것이 우리를 억압하는 셈이지요. 좀 더 분명한 예로 종교인들 간의 대화를 생각하면 실감할 수 있을 겁니다. 자신이 믿는 교리만이 진리라고 생각하는 사람들 간에 진정한 대화는 불가능하지요.

이처럼 우리를 억압하고 있는 파편의식 상태를 극복하려면 우선 자신의 무지無知를 인정해야 합니다. 모든 것을 알고 있는 사람은 과거에도 없었고 지금도 없으며 앞으로도 없을 것입니다. 과학적 문제든 사회적 문제든 집단지성을 이용해 문제를 풀어가는 것이 최선이라는 것은 누구도 부정하기 어려운 진실입니다. 그런데 현실은 그렇지 않습니다. 에고의 벽에 갇혀 있다고 볼 수밖에 없는 일들이 우리 주변에 가득합니다. 자신의 생각만 옳다는 편견과 오만에 기인한 소모적인 갈등이 서로를 괴롭히고 있습니다. 그러면서 한편으로는 자신의 억울함을 호소하는 데만 관심이 있습니다. 자만과 자학은 모두 자기를 더 알아달라는 몸부림이라는 점에서 동전의 양면이라고 할 수 있습니다. 이런 현상이 한국인에게만 나타난다는 뜻은 아닙니다. 아마 전 세계 대부분의 사람들이 이런 의식 상태에서 벗어나지 못하고 있을 겁니다. 제가 강조하려는 건 한국인의 의식을 파편화시키는 특별한 요인을 인식할 필요가 있다는 것, 그리고 이를 극복해야만 세계의 중심으로 나아갈 만한 의식 수준에 도달할 수 있다는 것입니다.

**이기동** 잘 알아들었습니다. 대화와 소통의 문제에 관해서 말씀해주셨는데요. 소통의 어려움은 세계 어느 나라 사람이나 다 함께 겪고 있는 공통의 문제라고 생각합니다만, 그 중에서도 특히 한국인들에게 문제가 더 많은 듯합니다. 그 근본 이유는 한국인의 정서에 기인하는 것으로 생각됩니다. 예를 들어보겠습니다. 한 그루의 나무에 수많은 잎이 약간씩 다른 모습을 하고 다른 곳에서 독립해서 존재하고 있습니다. 그 잎들이 만약 하나의 뿌리로 연결되어 있다는 것을 모른다면 그 잎들은 모두 남남이 됩니다. 모두 남남끼리 모여 있으면 서로 싸우고 다툴 일이 많아지니 생존은 더 어려울 것입니다. 그런 상황이 되면 잎들은 몹시 불안할 것입니다. 잎들이 안심하고 살 수 있으려면 함께 사는 방안을 찾아야 합니다. 함께 사는 방안은 모두가 논의를 거듭하여 찾아야 하므로, 자기의 의견도 제대로 제시하고 남의 의견도 신중하게 들으면서 합의점에 도달해야 합니다.

그러나 잎들이 하나의 뿌리로 연결되어 있다는 것을 안다면 문제가 달라집니다. 잎들은 근본적으로 모두 하나이므로 다투려 하지도 않을뿐더러 불안하지도 않을 것입니다. 함께 사는 방안을 따로 찾을 필요도 없습니다. 그러나 잎들이 뿌리가 있다는 사실을 잊어버릴 때 문제가 생깁니다. 뿌리를 잊는 순간 바로 잎은 남남이 되고 다툼이 일어날 것입니다. 그러나 잎들이 뿌리를 잊었다 할지라도 그것이 의식의 밑바닥에 남아 있으므로, 다툼이 일어나도 크게 불안하지는 않을 것입니다. 따라서 잎들은 함께 사는 방안을 마련하기 위해 신중하게 대화하려 하지 않을 것이고, 그로 인해 혼란한 현실을 바로잡기 어려울 것입니다. 잎들이 안정을 찾는 근본 방법은 뿌리와 하나라는 의식을 회복하는 것입니다. 잎들이 뿌리와 하나임을 알면, 다른 잎들이 남이 아니라는 것을 깨닫고 스스로 화합하려 할 것입니다. 결국 잎들의 세계를 평화롭게 하는 가장 좋은 방법은 잎들이 뿌리와 하나라는 의식을 회복하는 것입니다. 이 방법을 제쳐두고 대화를 통해 함께 사는 방법을 찾는 것은 어렵기도 하거니와 바람직하지도 않습니다. 한국인은 뿌리와 하나라는 것이 마음속에 남아 있는 이 잎들과 같다고 생각합니다.

한국인의 정서는 다른 나라 사람들의 정서와 다릅니다. 한국인들은 모두가 하나가 되려는 한마음을 가지고 있습니다. 한마음이 많이 남아 있을 때 한국인들은 남과 다투는 것을 싫어했습니다. 그러나 한마음이 많이 사라진 지금은 그 자리에 욕심이 대신 들어서 빈번하게 다툼이 일어나고 나라가 혼란해졌습니다. 그렇지만 앞에서도 이야기한 것처럼 한국인들에게는 아직도 한마음이 무의식에 남아 있어서 불안하지 않기 때문에, 사회를 안정시키기 위해 진지하게 대화를 하지도 않습니다. 그러면서 한국의 정치인들은 법 제정을 통해 모든 것을 해결하려 합니다. 이렇게 가면 한국은 점점 더 혼란해질 수밖에 없을 것입니다. 다시 말하지만 한국의 안정을 위한 근본적인 방법은 한마음을 회복하는 것입니다. 한마음을 회복하면, 너와 내가 하나라는 것을 알기 때문에 너를 위해 내가 희생할 수도 있지만, 한마음을 회복하지 못한 채 너와 내가 하나라는 정서가 잠재해 있으면 도리어

지극한 자기중심주의에 빠집니다. 다시 말해 한마음에서 멀어질수록 한국인은 자기중심주의에 빠지게 됩니다. 자기중심주의에 빠진 한국인들은 자기와 다른 것을 받아들이지 못합니다. 자기와 다르게 생각하는 사람을 용납하지 못하고, 자기를 비판하는 사람을 인정하지 못합니다. 한국인들이 대화를 잘 진행하지 못하고, 남의 의견을 귀담아듣지 않는 이유도 이 때문입니다. 한국인들에게 서양인처럼 대화와 토론을 원만하게 진행하기를 바라는 것은 무리입니다.

방법은 한 가지밖에 없습니다. 잎들이 한 뿌리임을 확인하면 서로 하나가 되듯이, 마음이 하나가 되면 말하지 않아도 통하고 함께 있지 않아도 통하게 됩니다. 그러나 문제는 한마음을 회복하는 것이 어렵다는 데 있습니다. 한마음을 회복하기 위해서는 먼저 한마음이 무엇인지 알아야 하고, 한마음이 욕심에 가려졌음을 알아차린 뒤 욕심을 걷어내기 위해 노력해야 합니다. 이러한 노력을 옛 한국인들은 21일간의 동굴 수련으로 해결했습니다. 불교가 한국에 들어온 뒤에는 불교를 통해서 수련했고, 유학이 들어온 뒤에는 유학을 통해서 해결했습니다. 한국의 기독교는 다른 나라의 기독교와 달리 산에 동굴을 짓습니다. 산속의 기도원이 동굴 역할을 하는 것입니다. 그러나 일부 기독교인과 여타 종교인을 제외한 일반인들은 오늘날 수련하지 않습니다. 수련하지 않는 한국인들은 소통하기 어렵습니다. 한국인에게 수련은 원초적인 과제입니다.

서양인들은 진지하게 대화하여 공존의 방법을 찾아내므로 일견 한국인보다 우수한 것처럼 보입니다만, 실상은 그렇지 않습니다. 서양인들이 진지하게 대화하는 것은 함께 사는 방법을 찾기 위해서입니다. 서양인들에게는 한마음이 거의 남아 있지 않습니다. 서양인들은 대부분 욕심을 마음의 본질이라고 생각합니다. 따라서 사람은 욕심을 채우기 위해 노력하는 존재로 정의됩니다. 자기의 욕심만 채우려고 하면 남들과 충돌하여 생존하기 어려워지므로, 생존을 위해 타협하지 않으면 안 됩니다. 그렇게 남들과 타협하는 과정이 대화이고 토론입니다. 서양인들이 남들과 타협을 잘하는 이유는 자기가 하고 싶은 대로 하다가는 남들의 공격을 받기 때문입니다. 만약에 자기가 하고 싶은 대로 했을 때 반발하는 타인을 제압할 수 있는 압도적인 힘을 가지고 있으면, 타협하지 않을 뿐만 아니라 그전에 타협하여 만들어놓은 규칙이나 예법도 파기합니다. 그러므로 서양인들이 만든 규칙이나 조약 등은 힘의 균형이 깨지면 쓸모없는 폐기물이 되고 맙니다. 이 외에도 서양인의 정서에는 근본적인 문제가 있습니다. 서양인들이 아무리 정밀하게 예법과 조약을 만들어 안전한 사회를 만들어도, 한마음을 회복하지 못해서 일어나는 문제들을 해결하지 못합니다. 한마음을 회복하지 못하면 허무주의와 쾌락주의에 빠지는 등 많은 문제가 일어납니다만, 서양인들은 그런 문제들을 해결하지 못할 것입니다. 그리고 그로 인해 서양을 중심으로 한 온 세상이 근본적인 혼란에 빠지게 됩니다.

**이영환** 　한국인과 서양인의 의식세계를 그런 방식으로 대비한 것이 무척 흥미롭습니다. 이 교수님이 지적한대로 우리가 마음 깊은 곳에 '나는 원래 하늘이라는 의식'을 갖고 있는 것이 사실이라면, 이는 제가 강조한 통합의식과 일맥상통하는 것처럼도 보이는데요. 통합의식 상태에서는 모두가 소통하고 공감하면서 문제를 해결할 수 있기 때문입니다. 그런 생각이나 느낌이 단순히 우리의 희망회로가 아닌 문화적 유전자에 깊이 새겨져 있다면 이는 정말 고무적입니다. 그런데 그런 문화적 유전자가 어떤 역사적 과정을 거쳐 우리의 무의식에 각인되었는지 궁금합니다.

**이기동**  하늘 의식이 우리에게 자리 잡게 된 데는 여러 가지 원인이 있을 것으로 생각합니다. 긴 역사를 통해 이어져 온 유전자의 영향도 들 수 있을 것입니다. 저는 여러 가지 원인 중에서 가장 중요한 것은, 환경과 기후라고 생각합니다. 같은 지역에 있는 사람들이 오랫동안 같은 환경과 같은 기후의 영향을 받으면 거의 같은 삶의 방법을 터득하게 되고, 같은 정서가 형성되는 것으로 보입니다.

동양에서 서양인보다 더 서양적인 마음과 정서를 가진 사람들로 일본인을 들 수 있습니다. 일본인은 한국과 중국인 틈에서 살면서 정서적으로 한국인 및 중국인과 달랐으므로, 한국인과 중국인에게 그다지 인정받지 못하고 살았습니다. 그러다가 서양인이 세계를 지배하여 세상이 서양 중심으로 돌아가게 되었을 때, 일본인들은 매우 잘 적응했습니다. 그들의 문화가 서양의 문화와 매우 많이 닮았기 때문입니다. 서양문화를 접한 일본인들은 한국과 중국에 무시당해서 생긴 열등감을 해소하기 위해, 일본은 아시아가 아니라 유럽이라고 선언하면서 열등감을 우월감으로 전환하였습니다. 제가 일본에서 만 6년간 살아본 경험으로 미루어볼 때 기후와 환경은 사람의 삶에 지대한 영향을 미친다고 생각합니다. 일본에는 태풍이 매우 많이 상륙하고 지진이 자주 일어납니다. 또 습기가 높아 건강관리를 철저하게 하지 않으면 생존하기 어렵습니다. 저의 경험담인데요. 저는 시골에서 자랐습니다. 당시 시골에서 자라는 어린이들은 거의 목욕하지 않았습니다. 여름에 강에서 멱은 감지만, 그것은 목욕이 아니라 놀이였습니다. 저는 시골에서 자랐으므로, 서울에서 학교 다닐 때도 남들처럼 목욕탕에 자주 가는 편이 아니었습니다. 그런 제가 일본에서 생활할 때는 하루도 목욕탕에 안 간 적이 없었습니다. 저녁에 목욕하지 않으면 몸이 칙칙하여 아무것도 할 수 없고, 잠도 잘 수 없습니다. 또 햇빛이 나면 이불을 꺼내 베란다에 말려야 합니다. 그렇지 않으면 이불이 눅눅해져 밤에 덮고 잘 수가 없습니다. 저는 게으른 편인데도 매일 목욕하고 수시로 이불을 말렸습니다. 그때 저는 기후 조건이 사람의 삶에 지대한 영향을 미친다는 사실을 깨달았습니다. 이처럼 어려운 기운 조건에서 살아남기 위해, 몸 관리에 온갖 신경을 곤두세우다 보면 마음을 생각할 여유가 없습니다. 특히 마음 깊은 속에 있는 한마음을 확인하기는 더욱 어렵습니다. 일본의 기후 조건이 한국 및 중국의 기후 조건보다는 서양의 기후 조건과 유사하다고 볼 때 이러한 연유로 일본인이나 서양인의 경우 몸 중심의 삶이 발달한 것으로 보입니다.

이에 비해 한국의 환경은 전혀 다릅니다. 한국에는 태풍이 자주 상륙하지 않고 지진도 거의 없습니다. 습기가 많지 않아 몸의 생존을 위해 크게 신경 쓸 것이 없습니다. 한국인들은 안락한 자연환경에서 살며 자신의 본질을 생각할 여유가 있었습니다. "나는 누구인가?", "나는 어디서 왔다가 어디로 가는가?" 등의 근본 질문을 할 수 있었던 것으로 보입니다. 한국인들은 오랜 역사 속에서 인생에 관한 근본 질문을 거듭한 결과, 한마음이 삶의 주체이고 본질임을 알게 된 것으로 보입니다. 지금도 한국 대중가요의 가사를 들어보면 철학적인 내용이 상당히 많다는 것을 알 수 있습니다. 이는 한국인에게 삶의 본질을 추구하는 정서가 있음을 말해주는 것이라 하겠습니다.

**이영환**     이 교수님이 강조하신 한마음은 결국 인간의 마음은 본질적으로는 모두 같다는 의미로 이해됩니다.[17] 우리가 분리된 몸을 갖고 있기 때문에 서로 본질적으로 다른 마음을 갖고 있다고 생각하지만 이는 착각이라는 것이죠. 이것은 마치 인간의 외모는 매우 다릅니다만, 게놈 프로젝트를 통해 밝혀졌듯이 인간의 유전체는 인종을 불문하고 거의 차이가 없다는 사실과도 일맥상통하는 것 같습니다. 보기에는 천차만별이지만 근본적인 차원에서는 사실상 차이가 없다는 것이지요.

이런 점을 고려할 때 이 교수님이 말씀하신 한마음은 충분히 공감할 수 있는 개념으로 보입니다. 그런데 우리가 에고의 벽에 갇혀 있는 한 이런 연결 상태를 이해하기는 결코 쉽지 않습니다. 마음 혹은 의식이 서로 연결되어 있음을 깨닫기 위해서는 그에 준하는 에고의 한계를 넘어서는 체험이 필요하기 때문입니다. 이런 의미에서 알베르트 아인슈타인이 강조했던 '우주에 대한 외경畏敬'이 중요한 역할을 할 수 있으리라 생각되는데요. 그는 시공간에 대한 우리의 인식을 근본적으로 바꾼 것 외에도 인간 이성의 한계와 우주의 신비에 관한 통찰을 담은 많은 글과 명언을 남겼습니다.[18] 그의 명언 중 하나를 소개하면 다음과 같습니다. "영원과 생명의 신비 그리고 실재의 놀라운 구조의 신비를 숙고하는 사람은 경외감을 느낄 수밖에 없다. 매일 이러한 비밀의 실타래를 한 가닥씩 푸는 것으로 충분하다. 신성한 호기심을 절대 잃지 말라." 또한 아인슈타인은 자신의 종교관을 요약한 '우주적 종교Cosmic Religion'라는 에세이에서 우주적 종교를 체험한 사람을 다음과 같이 묘사했습니다. "이런 경험을 한 사람은 인간의 욕망과 목적의 헛됨을 느끼며 또한 자연과 사색의 세계를 통해 드러나는 고결함과 놀라운 질서를 느낀다. 그런 사람은 인간의 운명을 하나의 구속으로 느끼며, 또한 의미로 충만한 통합으로서 존재의 전체성을 경험하고자 한다." 이 얼마나 멋진 말인지요. 우리는 이성의 힘을 믿으면서, 동시에 이성의 한계를 깨달음으로써 에고에 집착하는 자신의 한계를 넘어설 수 있습니다. 다시 말해 아인슈타인의 메시지는 에고의 벽을 넘어서야 비로소 보이는 더 넓고 신비한 세계에 대한 암시라고 생각합니다. 앞에서 잠깐 언급했던 캐나다 정신과의사인 리처드 버크가 신비체험을 한 후 느꼈던 우주의식은 아인슈타인이 말한 우주에 대한 외경감과 별반 다르지 않다는 생각이 듭니다.

우주의식은 인간에 한정되지 않고 우주만물이 모두 하나로 연결되어 있다는 것을 알아차리는 의식 상태이기에 한마음보다 더 넓고 깊은 의식 상태를 말하는 것으로 보입니다. 하지만 궁극적으로 대동소이하지 않을까 싶습니다. 이러한 관점에서 볼 때 한국인들은 일찍이 다른 어떤 민족보다 앞서 우주의식의 개념을 마음에 품고 살아왔으므로 세계의 변방에서 중심으로 나아가는 데 중요한 철학적·사상적 근거를 제공할 수 있다는 생각이 듭니다.

# 2

## 조각난 개체에서
## 연결된 전체로

**이영환**    앞의 논의에 이어서 정신적으로 우리를 억압하고 있는 요인들에 대한 논의를 계속했으면 좋겠습니다. 한 가지 덧붙이자면 제가 파편의식이라는 표현을 통해 강조하려는 것은, 오랜 세월을 거치면서 우리의 사고가 지나치게 편향되고 자기중심적으로 흐르는 바람에 공적 영역에서 발생하는 문제들을 사회적 담론을 통해 해결할 수 있는 능력이 현저히 부족해졌다는 점입니다. 이는 우리의 의식을 억압하고 있는 여러 요인들 때문인데, 결국 억압된 의식은 곧 파편의식과 같은 맥락에서 이해할 수 있습니다.

**최수**　　　파편의식이란 표현이 저에게는 다소 생소합니다. 말씀에 따르면 파편의식이란 전체의 개념이 아직 형성되지 않은 상태에서 부분적인 지식 등에 의해 형성된 편견이 자신의 에고와 결합하여 형성된 편향된 의식이라고 이해되는데요. 그렇다면 파편의식은 다른 부분과 조화를 이루지 못하고, 전체의 흐름과도 어긋나며, 전체에 대한 이해가 부족한 상태에서 각자의 욕구에 편승함으로서 객관적이고 합리적인 사고보다는 자신의 주장을 중시하는 '설익은' 의식으로 풀어 말할 수 있겠습니다. 이러한 파편의식은 사회의 흐름으로부터 자신을 유리시키고, 사회적인 소통을 약화시키며, 사회적 시너지를 구축하는 데 부정적으로 작용할 것입니다. 또한 사회가 다원화되거나 혼란이 가중되면 더욱 확대될 것입니다.

　물론 파편의식이 통합의식으로 향하는 과정에서 형성된 것이라면 지식의 축적과 사회적 성숙도에 따라 상당 부분 해소될 수도 있습니다. 그러나 파편의식이 지혜의 부족이 아닌 사욕을 위한 의도적인 것이라면 상당한 저항에 직면하지 않고서는 계속될 것입니다. 그런데 이러한 파편의식도 긍정적인 관점에서 보면 사회를 도약시킬 만한 에너지를 내포하고 있다고 봅니다. 부정적이고 사적인 파편의식이라도 교육과 의미 있는 대화를 통해 긍정적인 에너지로 전환될 수 있기 때문입니다.

**이영환**     최수 회장님께서 파편의식의 핵심을 잘 요약하셨습니다. 다소 생소하게 들리겠지만 파편의식 또는 의식의 파편화라는 용어를 사용하려는 이유는 우리를 억압하고 있는 것들을 논하는 데 있어 적합한 표현이라고 생각하기 때문입니다. 우리의 모든 행동은 의식을 통해 이루어지기 때문에 의식이 파편화되면 마치 무언가 불가항력적인 힘에 의해 통제되고 있는 것같이 행동이 자유롭지 못하게 됩니다. 자신의 의식이 파편화되어 있는 사람은 이런 상황을 힘들어하지요.

수많은 데이터 속에서 확증편향적으로 매순간 자신에게 유리한 데이터에만 의존하여 판단하게 된다면 그 의식 세계는 매순간 조각난 상태를 벗어날 수 없다고 봅니다. 이런 상황에서는 개인과 사회 모두 발전은커녕 퇴보를 우려하지 않을 수 없습니다.

우리 주변에는 이에 해당하는 사례가 무척 많습니다. 우선 현재 한국을 평가할 때는 두 가지 극단적인 사실이 대비됩니다. 하나는 세계 10위권의 경제대국으로서 1인당 GDP가 선진국 수준에 도달했다는 사실이고, 다른 하나는 OECD 국가 중 자살률이 가장 높은 나라인 동시에 미국 못지않게 부와 소득 불평등이 매우 심한 나라라는 사실입니다. 특히 토지 소유 면에서는 미국보다 훨씬 더 불평등합니다. 이와 같이 극단적으로 대조되는 두 가지 사실 중 하나만 택해 자신의 입장을 대변한다면 이는 파편의식 상태에 머문다는 증거입니다. 따라서 이 두 가지 사실을 모두 수용하는 가운데 문제를 해결하려면 통합의식이 전제되어야 한다고 봅니다.

**이기동**　　　　이 교수님께서 말씀하신 파편의식과 관련해 제가
　　　　　　이해한 것을 바탕으로 말씀드리겠습니다. 파편은 전체가
　　　　되지 못할 때 생기는 것으로 보입니다. 사람은 한마음을 회복
하지 못하면 각각 남남이 되는 개체적 존재입니다. 개체적 존재는 근
본적으로 파편일 뿐입니다. 그러나 서양인들은 공존의 방식을 찾아
내어 파편끼리 공존하는 데 익숙해져 있습니다. 그렇다고 해서 그 파
편이 온전하게 하나로 연결되어 있는 것은 아닙니다. 아무리 파편끼
리 어울려 있어도, 파편에서 벗어나는 것이 아니므로, 파편으로서의
고독이 깊이 잠복해 있습니다.

　한국인은 잠재의식 속에 한마음을 가지고 있으므로, 근본적으로
는 파편이 아니지만, 한마음을 잊어버리면 현상적으로 파편처럼 되
어버립니다. 한국인은 파편처럼 되어도 하나라는 잠재의식이 작동
하므로, 서양인처럼 남과 공존하는 방식을 찾아내지 못합니다. 한국
인은 의식 속에 남아 있는 '남과 하나'라는 의식을 알아차려서 밖으
로 드러내야 하는데, 그렇지 못하면 '남과 하나'라는 의식이 잠재적
으로만 작동하여, 남이 자기와 같아야 한다고 고집부리게 됩니다. 오
늘날의 한국인들 중에 자기와 다른 사람을 용납하지 못하는 사람이
많은 이유가 이 때문입니다. 남을 용납하지 못하는 사람끼리 함께 있
으면 분열할 수밖에 없습니다. 한국인들이 분열하면 타협점을 찾기
어렵습니다.

　이외에도 한국인이 파편화되어 나타나는 부작용에는 여러 가지가
있습니다. 한국인은 자신이 근본적으로 파편으로 나눌 수 없는 본질

이라는 것을 알고 있으므로, 파편으로 나뉜 자기를 용납할 수 없습니다. 파편이 개인의 마음에 해당하고, 파편이 되기 전의 전체가 하늘마음에 해당하는 것으로 이해하면, 한국인의 파편의식을 잘 파악할수 있을 것입니다. 한국인은 본래 하늘이었으므로, 파편처럼 되어 있는 자신을 용납하지 못하여 한이 맺힙니다. 또한 남들에게 하늘 같은존재로 대접받지 못해도 한이 맺힙니다. 한국인은 한을 풀어야 합니다. 한국인이 한을 풀지 못하면 화병에 걸리지만 한을 풀기만 하면하늘의 능력을 발휘할 수 있습니다. 한을 푸는 방법은 한마음을 회복하여 조화로운 세상을 건설하는 것입니다.

**이영환** 이 교수님이 우리의 고유 사상을 바탕으로 파편의식을 설명하신 데 전적으로 공감합니다. 표현 방식은 다르지만 정신세계에 대해서는 세계 공통의 원리가 작동하고 있는 것 같습니다. 그런데 이 교수님 말씀은 심리학 용어로 표현하자면무의식에 숨어 있는 강한 동기가 의식에 큰 영향을 미치는 경우에 해당된다고 할 수 있겠습니다. 무의식에 있는 한마음이 의식적인 조각난 마음, 즉 파편화된 마음을 압도해 '너는 원래 그런 사람이 아니니무시하라'고 명령하는 것으로 볼 수 있습니다. 이른바 의식에 대한무의식의 반란이지요. 이에 대해 의식이 거부하면서 의식과 무의식의 갈등이 심해지면 정신적으로 문제가 발생할 수 있다고 봅니다. 저는 현재 한국인들이 이런 갈등 상황에 처해 있는 것은 아닌지 우려하고 있습니다. 따라서 지금은 무엇보다 파편의식 상태를 인정하고 이와 함께 통합의식 상태를 추구함으로써 이러한 갈등들을 해소하려는 노력이 절실히 필요하다고 봅니다.

**이기동** 맞습니다. 한국에서 일어나는 갈등과 분열은 파편의식에서 비롯된다고 할 수 있을 것입니다. 파편의식에서 벗어나 통합의식을 회복하기만 하면 됩니다. 한국인이 통합의식을 회복하여 한을 풀기만 하면 잠재력이 폭발할 것입니다. 한국인은 통합의식으로 살다가 통합의식을 잃고 파편의식을 가지게 되었습니다. 이를 비유하자면, 고향에서 살다가 타향살이로 바뀐 것과 같습니다. 한국인은 타향살이에 대한 한이 있습니다.

서양인들은 사람이 본래 통합의식을 가지고 살았다는 것을 기억하지 못하는 듯합니다. 마치 타향에 오래 살던 사람이 고향을 잊어버린 것과 같다고 할 수 있을 것입니다. 고향에 대한 기억을 잊어버리면 타향살이에 대한 한이 없습니다. 고향이 있었다는 것을 알지 못하는 사람은 타향에서 원만하게 사는 방안을 찾기 위해 노력할 것입니다. 타향에서 원만하게 사는 방안은 이성의 힘으로 찾아냅니다. 서양인들은 이성의 힘을 중시합니다. 그들에겐 이성으로 판단하는 것이 합리적 판단입니다. 이성을 통해 남과 함께 긍정하는 것이 '객관'이고, 이성의 힘으로 찾아낸 공존의 방법을 잘 준수하는 것이 '교양'입니다.

**이영환**　　　이 교수님의 말씀은 한국인들은 애초부터 자신이 전체라고 인식하고 있기에 의도적으로 다른 사람들과의 연대를 모색하지 않는다는 것으로 들립니다. 한편 서양인들은 처음부터 각자가 전체의 일부인 파편으로 인식하고 있기에 서로 협력하지 않으면 물질적 성취를 이룰 수 없다는 것을 알고 있고요. 따라서 서양인들은 그 이상의 사고를 할 수 없기에 물질적 안락함을 추구하는 데 그치고 만 것으로 볼 수 있겠습니다. 반면 우리는 각자가 한마음, 즉 전체라고 생각했기에 서로 협력해야만 가능했던 물질적 풍요를 달성하는 데 어려움을 겪었다고 볼 수 있겠네요. 적어도 과거에는 그랬다는 말입니다.

**이기동**　　　네, 맞습니다. 한국인은 통합의식인 한마음을 회복하지 못하면 한이 맺히고, 한이 맺히면 한을 풀어야 합니다. 한풀이가 안 된 한국인은 물질적인 풍요를 누리기 위해 전력투구하지 못합니다. 한국인은 물질적 풍요를 누린다 해도 그것으로 한이 풀리지 않습니다. 때문에 한풀이가 우선시되어야 합니다. 앞에서도 살짝 언급했지만 한국인은 한이 풀리면 물질적 가치를 추구하는 데 전력투구할 수 있습니다. 세종대왕 때는 한국인에게 한이 풀린 시대였습니다. 세종대왕 때의 한국은 물질적으로 풍요로웠습니다. 농사 기술이 발달했고, 과학이 발달했으며, 문화예술도 발달했습니다. 한국인은 한을 풀지 못하면 지리멸렬하다가도 한을 풀면 위대한 능력을 발휘합니다.

**이영환**     말씀을 들으니, 동학에 의해 재현된 "사람이 하늘이다. 人乃天"라는 우리 고대사상은 인도 베단타 철학에서 "그대가 바로 그것이다. tat tvam asi"라는 말로 압축되는 우주적 사유 못지않은 깊이와 전통을 가지고 있었는데, 중간에 단절되었다는 생각이 듭니다.[19]

**이기동**     그렇습니다. 한국인의 하늘마음은 완전히 사라지지는 않았습니다만, 서양의 합리주의를 추종하는 과정에서 의식의 밑바닥으로 숨어버렸습니다. 한국의 전통은 서양 문화를 기준으로 보면 비합리적이고 미신적인 것으로 보이기 때문에, 스스로 외면하면서 우리 고유의 것을 부정하고 남의 것을 높이는 것이 당연한 것처럼 되어버렸습니다.

**이영환**     서양이 세계를 선도하게 된 이유는 무엇보다도 과학문명이 먼저 발달하면서 이것이 산업혁명으로 이어졌기 때문이라고 봅니다. 그런데 과학혁명은 방법론적으로는 환원주의에 입각해 모든 사물을 그것을 구성하는 기본 단위로 쪼갠 후, 그 성질을 분석하는 과정을 거쳐 전개되어왔습니다. 이와 같이 사물을 부분으로 나누는 작업은 필연적으로 파편의식으로 이어지게 된다고 봅니다.

이런 상황에서 우리가 서양 문명에 익숙해지다 보니 통합적 관점에서 사물을 바라보는 것이 주류에서 밀려나게 된 것 아니겠습니까.

현재 물질 중심의 문명에서 쾌락을 추구하기 위해서는 매사 분석하고 따지는 것이 유리하다고 생각합니다. 이러면 통합적인 관점에서 사물을 이해하고 인간관계를 바라보려는 노력을 포기하게 됩니다. 바꿔 말하자면 이 교수님이 강조하시는 한마음이 설 자리를 잃어버렸다는 얘기입니다.

**이기동**　　그렇습니다. 지금 학계에서는 '하늘', '하느님', '한마음', '인내천' 등을 거론하는 것이 금기사항처럼 되었습니다. 지금의 학문은 서양 근세사상을 바탕으로 하고 있습니다. 지금의 학계에서는 학문을 통해서 하늘과 하나인 자기 본래 모습을 회복한다는 목적이 거의 사라졌습니다. 지금 사람들이 추구하는 학문은 우리의 전통적 학문과는 거리가 멉니다. 이제 우리는 각성해야 할 때가 왔습니다. 우리가 관심을 가져야 할 것은 우리가 금기시했던 것들입니다. 우리의 내면세계로 파고들어 내면세계에 잠재해 있는 우리의 본질을 회복해야 할 때가 되었습니다.

**이영환**　　맞는 말씀입니다만, "내가 왜 그런 데 관심을 가져야 해?"라는 것이 지금 사람들의 보편적인 정서인 것 같습니다. 지금 살아가는 방식에 불만이 없는데, 자신이 왜 바뀌어야 하는지에 대해 의문을 갖는 사람들이 대부분일 겁니다. 예를 들어 스마트폰이 세상 만물을 조각조각 분석해서 잘 보여주는데 자신이 왜 스마트폰을 버리고 뜬금없이 모호한 내면세계에 더 관심을 가

저야 하는지 의아해하며 반발하는 게 당연시되는, 그것이 지금의 현실입니다. 그래서 안타깝다는 것이지요.

**이기동**　조선시대에 한국은 중국의 주자학을 받아들였습니다만, 중국 주자학의 출발점인 격물치지는 받아들이지 않았습니다. 격물치지는 사물의 분석을 통해 나의 내면에 있는 본질을 알고자 한 것입니다. 격물格物이란 다른 것에 다가간다는 뜻이고, 치지致知란 내 속에 있는 본질을 안다는 뜻입니다. 나의 본질은 남의 본질과 하나이고, 만물의 본질과 하나이므로, 만물의 본질을 분석하여 만물의 본질을 알면 그것을 미루어 나의 본질을 알 수 있습니다. 한국인들은 만물을 분석하지 않아도 자기의 본질을 알 수 있다는 자신감이 있었기 때문에, 만물을 분석하지 않고 바로 자기의 본질을 회복하려 한 것입니다. 그러나 지금은 달라졌습니다. 한국인들도 과학의 힘에 끌려 자기를 돌아볼 시간을 가지지 못하고, 서양을 기준으로 자기를 부정해왔기 때문에, 자기 마음속에 있는 한마음이 희미해졌습니다. 이제 격물치지의 방법으로 외부 세계의 내용을 분석할 필요가 있게 되었다고 생각합니다.

**이영환**　저도 공감합니다. 격물치지가 최종 목표라기보다는 마지막으로 겪어야할 과정이라고 생각합니다. 즉 철저하게 분석하고 따지는 과정을 거쳐야 전체의 진면목을 제대로 파악할 수 있다는 뜻이지요. 이런 의미에서 환원주의reductionism와 전일주의holism는 상보적이라는 생각이 듭니다. 우리의 문제는 전일주의만 강조하는 바람에 꼭 거쳐야 할 과정을 생략한 데 있다고 봅니다. 즉 전체를 제대로 이해하려면 부분에 대한 정확한 이해가 선행되어야 함과 동시에 부분의 합이 전체가 아니라는 인식을 공유해야 한다고 생각합니다.

**이기동**  공감합니다. 지금 우리는 격변기에 살고 있습니다. 모든 것이 급격히 변하기 때문에 사람들은 정신을 차리기 어렵습니다. 수많은 정보의 홍수 속에서 외부의 변화에 따라가느라 자기를 돌아볼 시간이 없습니다. 그러다가 정신을 차리고 보면 이미 때가 늦습니다. 정신을 바짝 차려서 자기를 잃지 않기 위해 안간힘을 써야 할 것입니다. 그래야 한마음을 회복하여 후회하지 않을 인생을 살게 됩니다.

**이영환**  그런데 안타깝게도 우리는 환원주의적 사고의 영향으로 서로가 철저하게 분리되어 있다고 느끼며 '만인의 만인에 대한 투쟁' 속에서 살고 있습니다. 이런 상황에서 사람들은 오직 돈을 매개로 연결되고, 필요에 의해 서로 거래를 할 뿐입니다. 경제가 발전할수록 이런 경향은 더욱 심해지고 있습니다. 돈으로 모든 것을 살 수 있다는 현실이 이를 방증합니다. 여기에 대한 근본 해결책이 한마음을 회복하는 데 있다는 것을 무의식적으로는 이해하고 있지만, 의식적으로는 이를 실천할 수 있는 방안을 찾지 못하는 것으로 보입니다. 바꿔 말씀드리면, 지금의 삶이 자신이 원하는 삶이 아님을 알고 있음에도 현실의 덫에 걸려 이러지도 저러지도 못하는 상태이지요. 그 결과 적어도 외형적으로 우리는 가장 개인주의적이면서 파편화된 삶을 살아가고 있는 실정입니다.

**이기동** 맞습니다. 우리는 우리를 돌아보고 우리가 처한 근본적인 문제가 무엇인지를 찾아야 할 것입니다. 우리는 서양을 추종하고 있지만 서양처럼 되지도 못하고, 우리의 것을 잊어버려서 우왕좌왕하고 있습니다. 옛날 춘추전국시대 때 중국 연나라의 시골 청년이 조나라의 수도인 한단 사람들은 걸음걸이가 세련되었다는 말을 듣고, 한단 사람들의 걸음걸이를 배우기 위해 한단으로 갔다고 합니다. 그러나 한단 사람들의 걸음걸이를 배우지 못하고 오히려 자기의 걸음걸이를 잊어버리는 바람에 결국 기어서 돌아왔다는 이야기가 있습니다. 지금 한국인들이 우왕좌왕하는 것은 연나라 청년처럼 되어버렸기 때문일 것입니다. 한국에서 일어나는 총체적인 혼란을 해결하는 방안은 한마음을 회복하는 것, 이것 하나로 귀결되리라 생각합니다.

**이영환** 그렇지요. 그런데 한국인들은 자기는 일상의 규칙에 의해 통제당할 사람이 아니라는, 일종의 선민의식이 저변에 깔려 있는 게 아닌가 하는 생각이 듭니다. 이 교수님은 이런 선민의식을 한마음의 모태로 보고 계신 것 아닌지요. 제 생각에 원래의 정신, 또는 원형原型이 아무리 훌륭해도 악마적인 것으로 변형될 소지가 있다고 봅니다. 즉 자기만 존중받아야 한다는 극단적으로 에고를 옹호하는 입장으로 말입니다. 그러면 처음부터 파편화된 존재로서 한계를 인식하고 서로 필요에 의해 협력하는 자세를 갖추지 못한 채 자신은 온전하고 다른 사람들은 파편화된 상태에 있다는 편견이 지배하는 세상이 되지 않겠습니까.

이런 상황에서 중요한 것은 각자 어디에 의미를 부여하면서 살 것인가에 대해 진지하게 고민하는 겁니다. 내가 비록 어렵게 살고 있지만 이것이 내 진면목이 아니라는 믿음이 있는 한 끝까지 무언가를 추구할 수 있을 겁니다. 그런데 세속적인 의미에서 성공하지 못한 사람에 대한 사회적 시선이 이들의 사기를 완전히 꺾어놓고 있는 것이 지금 우리의 현실입니다. 아마 한국이 자살률이 가장 높은 이유가 거기에 있을 겁니다. 존중받지 못하는 삶은 인간이 가장 견디기 어려운 감정인 '수치심'에서 벗어나지 못하게 만듭니다. 지금 한국 사회는 이런 수치심을 조장하고 있다는 것을 부정하기 어렵습니다. 따라서 현실적으로 한마음의 원형을 당장 회복하는 것이 어려운 상황에서는 사람들이 단계적으로 수치심을 덜 느끼도록 해주어야 합니다. 이런 노력을 꾸준히 함으로써 한마음의 원형을 회복할 수 있는 풍토가 조성될 수 있다고 봅니다. 따라서 지금 우리가 파편화된 마음, 조각난 마음의 상태에 있다는 것을 인식하는 것이 한마음을 회복하기 위한 첫 단계라는 생각이 듭니다.

**이기동**　　　서양 근세 사람들은 파편의식에서 출발하여 공존을
　　　　　　위한 훈련을 했지만, 우리는 서양을 따라가면서 의식만
　　　　파편화되었을 뿐, 서양식 훈련을 하지 않았습니다. 왜냐하면
본래 우리는 모두 하나라는 의식이 남아 있기 때문이었습니다.

**이영환**　　　지적하신 대로 우리 무의식에 남아 있는 한마음의
　　　　　　원형을 찾아서 매사에 의식적으로 적용할 수 있다면 파
　　　　편화된 상태를 극복할 수 있다고 봅니다. 그런데 우리는 한마
음을 잊어버린 채로 해결을 위한 의식적인 노력조차 하지 않습니다.
그렇기에 서양보다 더 분열된 것과 같은 현실에 직면하게 된다고 생
각합니다. 비유하자면 왕년에 부자였다는 어렴풋한 기억에 매달려
현재의 가난을 극복하려는 노력은 하지 않으면서 남을 원망하는 것
과 같다고나 할까요.

　그런데 이와 같은 부정적인 요인들에도 불구하고 한국이 세계가
인정하는 경제 발전과 민주화를 이루었다는 사실은 다분히 역설적
입니다. 이것은 뭔가 우리가 인지하지 못하는 어떤 응집된 힘이 분출
되었다고 보지 않으면 이해하기 어렵습니다. 그 응집된 힘의 원천이
이기동 교수님이 강조하신 한마음이라고 해석할 수 있다고 봅니다.
최근 한국 대통령을 포함한 민관 사절단이 미국을 방문했을 때 과거
와는 전혀 다른 융숭한 대접을 받았습니다. 이는 국제사회에서 한국
의 위상이 엄청나게 달라졌다는 것을 상징하는 사건입니다. 미국의
경우 전통적으로 외교는 국내 정치의 연장선상에서 보아야 합니다.

이런 면에서 미국 내에 한국을 강력한 우방으로 간주하는 정치 세력이 형성되고 있다는 생각이 듭니다. 개인적으로는 지금이 일본에 편향되었던 미국의 입장을 한국 쪽으로 선회시킬 수 있는 좋은 기회라고 생각합니다. 또 미국과 중국의 패권전쟁이 계속되는 상황에서 한국의 미래를 위해서는 미국과의 관계를 더 우호적으로 발전시킬 필요가 있다고 봅니다. 이것은 친미를 하자는 것이 아니라 용미用美를 잘하자는 것입니다. 이를 위해서 한국의 파워 엘리트들은 더 큰 틀에서 미래를 내다보는 안목을 키워야 할 것입니다. 한국이 동북아시아의 한계를 넘어 미국과 함께 새로운 세계 질서를 만들어가는 최상의 동반자라는 인상을 심어주어야 합니다. 그리하려면 먼저 우리의 의식이 파편화된 상태에서 벗어나야 합니다.

**최수**　　　파편화의 예를 들자면 국론의 분열을 들 수 있겠습니다. 국가적인 이슈에 대해 여론이 극단적으로 분리된 경우, 일부의 옳은 주장도 상대 주장과의 통합을 거부함으로써 국론은 더욱 극단화되고 분열됩니다. 이러한 상황은 국가적인 에너지를 비생산적으로 소모시키고 국가의 발전을 저해합니다. 이러한 관점에서 파편화는 사회적 혼란의 주범이라 할 수 있습니다. 시대적 이슈인 '통합'은 이러한 파편화를 극복함으로써 달성할 수 있으리라 봅니다.

덧붙이자면 파편화는 통합의식 내지 한마음의 기조에서 일탈된 하나의 사고방식이므로, 의미 있는 대화와 교육 그리고 자기성찰을 통해서만 극복될 수 있으리라 생각됩니다. 그러나 이때 유의해야 할 점은, 사회적 소수 집단의 이해관계를 대변하는 소수의 사고들은 이 파편화와 구별되어야 한다는 것입니다. 정당성을 지닌 소수의 이해관계는 현실적으로 존재합니다. 이는 생존권의 행사일 수 있기 때문입니다.

**이영환** 최 회장님이 파편화의 부작용을 잘 지적하셨습니다. 이와 관련해 일제 강점기의 사례를 들어보겠습니다. 한국은 35년간 식민지를 경험했고 이로 인해 식민지의 후유증이 아직도 망령처럼 우리 주변을 배회하고 있습니다. 일부 학자들은 식민지 근대화론을 주장하고 있지만 우리가 여전히 식민사관이나 식민지 의식과 관련해 소모적인 논쟁을 하고 있다는 것 자체가 엄청난 사회적 손실이라고 생각합니다. 식민지 근대화론을 주장하는 사람들은 실증자료에 입각해 양적, 제도적 측면에서 일제가 한국 사회 전반에 긍정적인 영향을 미쳤다고 주장합니다. 그러나 불순했던 일제의 의도를 모른 척하고, 연구의 대상이 아니라는 이유로 그들의 활동이 한국을 영구적인 식민지로 종속시키기 위한 책략이었다는 점을 배제하는 건 중대한 과오가 아닐까요? 인간은 결국 감정의 동물입니다. 한국인의 정서에 지금까지도 그토록 큰 타격을 주고 있는 식민지 경험은 어떤 이유로도 정당화하기 어렵습니다.

그런데 지금도 식민사관 자체를 인정하지 않는 사람들이 적지 않은 현실에서 사회적 담론을 통해 식민지 경험의 공과를 총체적으로 이해하려는 노력은 찾아보기 어렵습니다. 예를 들어 단군신화와 관련된 토론을 하자는 제안은 식민사관과 유사한 입장에서 소고조선론을 주장하며 단군 이야기는 근거 없는 신화에 불과하다고 생각하는 사람들에 의해 철저하게 무시되고 있는 실정입니다. 이와 같이 한국 고대사에 대해 어떤 합의된 결론을 도출하지 못하는 현실은 파편의식 상태를 보여주는 단적인 사례로 여겨집니다.

다양한 사람들로 구성된 사회에서 서로 견해가 다른 것은 지극히 정상입니다. 하나의 견해만 있는 사회는 북한과 같은 전체주의 사회일 겁니다. 제가 파편화를 말하면서 반대 개념으로 제시한 통합은 획일화와는 전혀 다릅니다. 이것은 다양성을 포용하는 가운데 모두가 공유하는 가치 체계가 있어야 한다는 의미입니다. 바꿔 말하자면 한 사회를 지탱하기 위해서는 공통의 가치 또는 공동선common good이 반드시 필요합니다만, 의식이 파편화된 상태에서는 달성하기 어렵습니다. 인간은 이기심을 바탕으로 움직이면서도 한편으로는 이타심도 갖고 있는 양면적인 존재인데, 파편의식 상태에서는 이기심이 늘 이타심을 압도하게 됩니다. 이런 상태에서 대의명분이나 공익을 내세우는 것은 결국 사익의 위장된 형태에 불과합니다. 우리는 이런 사례들을 너무 많이 경험했으며 지금도 경험하고 있습니다. 이제는 이런 의식 수준에서 벗어나야 할 때가 되었습니다. 위선이 득세하는 사회는 진정한 의미에서 선진 사회가 아닙니다.

**최수**　　　앞부분에서 언급하신 식민지 근대화론과 식민사관에 대해서는 저도 이영환 교수님과 생각이 같습니다. 식민지 근대화론은 우리 민족의 자생력을 부정하면서 결과적으로는 우리의 경제 발전이 식민정책에 의해 축적된 기술과 자본을 바탕으로 이루어졌다는 주장인데, 이것은 35년 세월의 착취와 동족의 희생, 그리고 민족정신의 파괴 등을 자신들의 기억에서 삭제한 자들의 파편적인 주장일 뿐입니다. 다시 말해 의식이 극히 파편화되고, 의도가 있는 지엽적이고 왜곡된 주장이지요. 이러한 식민사관은 우리의 잠재력을 깨워 세계의 중심으로 가는 데, 가장 먼저 극복해야 할 장애요소입니다. 사실 저의 이 대담은 이러한 식민사관에 대한 분노로부터 시작했습니다. 그리고 저는 이 대담을 통해 우리가 한마음으로 노력한다면 확실히 이 식민사관을 극복할 수 있으리라는 희망을 갖게 되었습니다. 이에 대한 확인은 향후 충분한 연구를 통해 머지않아 이루어지리라 생각합니다.

그런데 이영환 교수님이 이야기하신 파편화에 대해서는 조금 의견이 다릅니다. 공적인 관점을 배제하고 자신의 이익을 위해서 표현하는 의견들 중에는 파편화라고 단정하기 어려운 다른 것들도 있기 때문입니다.

**이영환**　　　예를 들면 어떤 걸 말씀하시는 건가요?

**최수**     의견이 충돌할 경우 그것이 비록 개인을 대변하는 소수 의견이라도 그것들을 파편화로 단정하지 말고 인내심을 갖고 경청하여 그 주관적인 사고들을 대화를 통해 주류로 흡수하는 포용성이 필요하다는 이야기입니다. 많은 경우 인간의 사고는 에고로부터 출발하기 때문입니다.

**이영환**     그 점에는 저도 동의합니다. 말씀하신 소수 의견을 포용하기 위해서라도 다시 대화라는 주제를 가지고 제 생각을 보충해볼까 합니다. 안타깝게도 한국인은 대부분 진정한 의미에서 대화할 준비가 되어 있지 않다고 봅니다. 여기서 진정한 대화란 앞에서 언급했던 공감 대화를 의미합니다. 그런데 제가 보기에 일단 한국에서는 사회적 담론의 장이든, 친구 간이나 심지어 가족 사이에도 진정한 대화가 이루어지는 경우가 매우 드문 것 같습니다. 우리는 은연중에 상대에게 자신의 생각을 강요하는 경향이 있으며, 상대가 이야기하는 중에도 자신의 입장을 방어하려는 생각에 상대의 말을 제대로 듣지 않는 경우가 흔합니다. 그러다 보니 상대의 말을 제대로 이해하지 못한 채 대화 도중 언성을 높이거나 불쾌한 감정을 갖고 헤어지는 일도 꽤 많지요. 이런 상황을 초래하는 원인은 대화에 참여한 사람들의 의식이 파편화되어 있기 때문이라고 봅니다. 그래서 대화를 통해 해결책을 모색하는 것이 불가능하게 되고 모두 우왕좌왕하게 되는 겁니다.

여기서 저는 이런 현상이 과연 한국인에게만 해당되는 것인지 궁금합니다. 의도적으로 한국인의 취약점을 강조할 이유는 없습니다만, 만일 이런 점이 한국이 세계의 중심으로 나아가는 데 큰 걸림돌이 된다면 결코 외면해서는 안 될 문제라고 생각합니다. 덧붙여 오직왕권과 사대부의 특권을 유지하기 위해 소중화에 빠진 채 500년간지속되었던 조선시대가 남긴 가장 큰 폐해는 면면히 이어 내려오던한국의 고유사상을 말살한 것이라는 점을 지적하고 싶습니다. 우리가 식민지의 고난을 경험한 것도 이와 무관하지 않습니다. 그밖에 남북 분단에 따른 이데올로기 갈등도 마찬가지입니다. 만약 이런 요소들이 문화적 유전자로 사회 저변에 남아 젊은 세대의 무의식에 영향을 미치고 있다면, 이는 결코 가볍게 볼 문제가 아니라고 생각합니다. 경제력만으로는 한국이 세계 중심으로 나아갈 수 없습니다. 인류 모두가 공감할 수 있는 정신적 가치가 탑재되어야 합니다. 저는이런 과제를 수행하기 위해서는 한 차원 높은 수준의 의식, 즉 통합의식이 반드시 필요하다고 생각합니다. 따라서 우리 의식을 파편화시키는 요인들을 제거해야 합니다. 만약 무의식에 귀천의식 내지 봉건의식이 남아 있다면 우리의 의식은 파편화를 극복할 수 없습니다. 저는 아직도 우리 주변에는 이런 의식 수준에 머물고 있으면서 은밀하게 이를 즐기는 사람이 많다고 생각합니다. 이런 사람들이 크고 작은 각종 조직에서 힘을 갖게 된다면 이는 불행한 일입니다.

# 3

# 한마음을 향한 구심력과
# 파편을 만드는 원심력

**이기동** 　　　파편의식은 모든 사람이 다 가지고 있는 의식이라 생각합니다. 다만 서양인이나 일본인은 파편의식을 본래 부터 가지고 있는 것처럼 여기는 듯합니다. 그러나 한국인은 원래부터 가지고 있던 통합의식이 아직 남은 상태로 파편의식을 가지게 된 겁니다. 이는 다른 것입니다. 본래부터 파편의식을 가지고 있는 사람들은 서로 상충되는 판단을 하면서 살아간다면 사회가 혼란하여 위험에 빠진다고 생각하므로, 위기에서 벗어나기 위해 진지하게 논의합니다.

제가 일본 유학 시절에 있었던 일 하나를 소개해드리면 이해에 도움이 되리라 생각합니다. 일본에서 대학원을 다녔던 당시 대학원생들이 대학원 학생 휴게실에 커피세트를 마련하기로 하고, 연회비를 2000엔으로 할 것인가, 1500엔으로 할 것인가를 결정하기 위해 회의를 한 적이 있습니다. 그들 중 한 학생이 20~30분가량 발언하면 나머지 학생들이 모두 진지하게 경청합니다. 그 뒤에 어떤 학생이 발생할 수 있는 문제점을 찾아 또 20~30분가량 발언을 하고 나머지 학생들이 모두 경청하는 방식의 회의를 두 시간가량 진행하는 것을 본 적이 있습니다. 한국의 대학원에서 그런 일이 있었다면 아마 회의도 하지 않고, 집행부에서 일방적으로 통보할 것입니다. 만약 그런 주제를 가지고 회의하면 학생들은 진지하게 회의에 임하지도 않겠지요.

일본인들은 긴 회의를 통해 규칙을 정하고, 그 뒤 정한 규칙을 철저하게 지키도록 훈련합니다. 그들이 얼마나 규칙을 지키는 훈련을 하는지를 알 수 있는 사례를 한번 들어보겠습니다. 저는 일본에서 딸아이를 낳았습니다. 생후 8개월이 되면 마을 단위의 보육원에서 무료로 맡아주기 때문에, 부모가 모두 학생인 저희는 아이가 8개월이 되었을 때 보육원에 맡겼습니다. 일본에서는 아이들 옷을 두껍게 입히지 않았습니다. 겨울인데도 아이들에게 반팔로 된 속옷을 입혀 바깥에서 놀게 했습니다. 아이들은 얼굴이 파랗게 되고 코가 입에 들어갈 정도로 흘렀습니다. 점심 식사 때가 되면 보모 선생님이 아이를 방으로 데려가 휴지를 주면서 코를 닦으라고 합니다. 아무것도 모르는 아이는 휴지를 버립니다. 그러면 다시 쥐여주고, 아이가 버리면 다시 쥐여주고를 되풀이하곤 했습니다. 그러다가 큰 아이가 코를 닦으면 그 큰 아이를 칭찬합니다. 이를 본 우리 아이도 코를 닦는 시늉을 합니다. 그것을 본 보모 선생님은 우리 아이를 극진히 칭찬합니다. 우리 아이는 다시 코 닦은 휴지를 버립니다. 그러면 보모 선생님은 그 휴지를 쥐여주며, "휴지통에 버려야지, 거기에 버리면 안 돼." 라고 말을 합니다. 영문도 모르는 우리 아이는 다시 코 닦은 휴지를 버립니다. 그러면 보모 선생님은 다시 휴지를 쥐여주고, 아이는 다시 버리고를 되풀이합니다. 그러다가 큰 아이가 휴지통에 휴지를 버리는 것을 본 보모 선생님은 또 극진하게 큰 아이를 칭찬합니다. 그것을 본 우리 아이는 휴지통 있는 데를 엉금엉금 기어가서 휴지를 버립니다. 그것을 본 보모 선생님은 우리 아이를 극진히 칭찬합니다. 저는 우리 아이를 훈련하는 보모 선생님의 모습이 하도 극진하여 그 보모 선생님의 이름을 아직도 기억하고 있습니다.

보육원에서 훈련받은 우리 아이는 집에 와서도 휴지통이 없으면 손에 쥐고 있는 휴지를 버리지 못하고 종일 쥐고 있었습니다. 아이들이 기계처럼 될 때까지 훈련했기 때문이라 생각합니다. 한국인은 아무도 그렇게 훈련하지 않을 것이기에 규칙을 지키는 면에서 유럽인이나 일본인을 따라갈 수는 없을 것입니다.

일본인과 유럽인이 앞서가는 시대에 한국인은 제대로 적응하지 못해 나라도 유지하지 못했습니다. 일본인과 유럽인이 계속 앞서간다면 한국의 고난은 계속될 것입니다. 그러나 지금은 달라졌습니다. 사계절이 순환하듯이 역사도 순환합니다. 물질문명이 극에 달하여 인성이 파괴되면 사람들은 혼란에 빠지고, 혼란에 빠진 사람들은 한마음에서 나는 향기를 맡으려 합니다. 한국인들에게는 아직도 한마음에서 나는 향기가 있습니다. 한국 경제가 급격히 발전하게 된 원동력은 한마음을 바탕으로 한 희생정신 덕분입니다. 한국인들은 한마음으로 하나가 되고 싶어 하는 열정이 있습니다. 누군가가 한국인들에게 하나가 될 수 있는 촉매제가 되어준다면 우리는 하나가 되어 기적을 일으킬 수 있습니다. 1970년대의 한국인들은 경제 발전을 위해 한마음이 되었습니다. 형들이 사막에 가서 일해 번 돈으로 동생들의 학비를 보냈고, 누나들이 먼 나라에 가서 일해 번 돈으로 동생들의 학비를 보냈습니다. 회사원들은 회사를 위해 밥 먹듯이 밤샘을 했고, 회사는 국가를 위해 헌신했습니다. 이러한 희생정신으로 한국은 경제 기적을 이루었습니다. 최근 한국인들이 만든 문화예술은 세계를 열광하게 합니다. 한마음이 사라지고 인성이 파괴되어 외로워진 사람들이 한국의 문화예술을 접하면 마음이 치유된다고도 합니다. 한국인은 사랑하는 사람을 위해 자신을 희생합니다. 사랑하는 사람을 위해서라면 목숨도 기꺼이 바칩니다. 이러한 한국인의 희생정신은 외로운 사람들의 마음을 위로할 수 있습니다.

한국의 문화예술이 세계를 움직인다는 것은 세계가 한마음을 챙기는 방향으로 전환되었음을 의미합니다. 한마음을 계속 유지해온 나라는, 제가 과문한 탓인지는 모르겠으나, 아마도 한국뿐이라고 생각합니다. 일본인은 애초부터 한마음을 잘 이해하지 못하고, 중국인은 지금 한창 물질문명에 젖어 있으므로 역시 한마음을 잘 이해하지 못합니다. 지금 세계 역사의 흐름은 서양이 주도하고 있고, 서양의 역사는 한마음을 챙기는 방향으로 선회하고 있습니다. 이럴 때 동양의 나라 중에서 서양과 소통할 수 있는 나라는 한국이 으뜸입니다. 한국은 이제 서양인들과 소통하면서 세상을 이끌어갈 수 있는 시대를 맞이한 것입니다.

**이영환** 파편의식과 한마음의 관계에 대한 이 교수님 해석이 흥미롭군요. 저는 통합의식 상태를 유지하는 것이 궁극적으로 한마음으로 가는 길이라고 생각합니다. 이런 의식 상태를 유지해야만 에고의 벽을 뛰어넘을 수 있고 이것은 한마음으로 가는 필요조건이기 때문입니다.

그런데 현실적으로 우리가 감각 기관을 통해 받아들이는 정보는 모든 것을 분리되어 있는 것처럼 느끼게 합니다. 신경과학이 밝힌 바에 의하면 우리가 외부에 존재한다고 생각하는 모든 것은 실제로는 우리 뇌에서 일어나는 시뮬레이션의 결과물에 지나지 않는다고 합니다. 즉 세상은 저 밖에 존재하는 것이 아니라 우리 뇌 안에 이미지로 존재할 뿐이라는 겁니다. 우리가 명백히 실체로 인식하는 대상들이 사실은 환상에 불과하다는 것이죠. 그런데 현실은 이런 과학적 사실조차 상식에서 벗어난 것으로 여깁니다. 그러면서 현실을 마치 지구가 자전하지만 해가 동쪽에서 뜬다는 식의 감각으로만 해석합니다. 서로 분리된 존재로서 말이지요. 이런 감각에 종속되어 있는 한 한마음 상태를 유지하는 것은 사실상 불가능합니다.

그럼에도 우리는 때때로 무의식 깊숙한 곳에 자리한 한마음과, 일상에서 작동하는 파편의식 상태라는 두 극단의 연결고리를 희미하게나마 감지합니다. 예를 들어 무심코 사용하는 "우리 집에 가자."라든가 "우리 엄마가 날 찾는다."라는 말들이 우리에겐 조금도 어색하지 않지요. 심지어 "우리가 남인가?"라는 표현도 종종 씁니다.

그런데 한편으로는, 한마음의 흔적을 사익을 도모하는 데 이용하려는 이들이 있어 우려도 됩니다. 정치 영역과 사이비 종교 영역은 특히나 그래 보입니다. 이들은 말로는 한마음의 전도사인 것처럼 떠들지만 사실 이들에게 중요한 것은 사익을 챙기는 것이지요. 그래서 저는 이기동 교수님의 견해에 동조하면서도 과연 이런 마음을 우리가 온전히 회복할 수 있을지 의문입니다.

**이기동**　　너무 걱정하지 않아도 좋을 것 같습니다. 서양인들에게 주목을 받으면 한국인들은 한국인의 장점을 알게 될 것이고, 그 장점을 점점 더 개발할 것입니다. 한국인이 주목을 받을수록, 한마음을 회복하는 방법을 스스로 찾아낼 것입니다. 한마음을 회복하는 방법은 문헌에 나와 있습니다만, 한국인은 무시당할 때 한마음을 회복할 필요성을 느끼지 못하기 때문에 찾아내지 않습니다. 그러나 한국인이 주목받는 시대가 되면 한국인은 과거에 있었던 한마음 회복 방법을 참고하여 오늘날에 맞는 방법을 찾아낼 것입니다.

**이영환**　　　　　그렇다면 정말 다행스러운 일이지요. 최근 기계적
세계관이 우리의 마음과 의식 세계를 제약하고 있으며
이에 대한 부작용이 심각하다는 반성이 서양 과학계 일각에서
일어나고 있습니다. 이는 일부 진취적인 과학자들의 '탈물질주의 과
학 선언Manifesto for a Post Materialist Science'을 통해 주도되기 시작했는데,[20]
이 선언의 핵심은, 아이작 뉴턴의 물리학과 르네 데카르트의 철학에
기초한 기계적 세계관은 이미 수명을 다했다는 것입니다. 그리고 이
런 세계관을 상징하는 것이 바로 뇌가 마음(의식)을 생산한다는 것인
데, 이것이 더 이상 과학적 사실이 아니라는 겁니다.

　그러면서 이들은 마음(의식)은 시공간적으로 무한하게 확장 가능
하다는 이른바 비국소성non-locality을 강조했습니다. 이러한 견해가 과
학적 실험과 관측을 바탕으로 한 주장이기는 하나 조만간 주류 과학
계에 의해 수용될 것 같지는 않습니다. 그러나 이런 움직임이 인류사
에 있어 커다란 변화의 서곡이 아닌가 하는 생각이 듭니다.

　탈물질주의 선언의 핵심 메시지를 한 단어로 압축한다면, 바로 한
마음One Mind 또는 비국소적 마음non-local mind으로서, 이기동 교수님이
강조하시는 한마음과 본질적으로 다르지 않을 듯합니다. 오히려 이
들이 주장하는 한마음과 이기동 교수님이 강조하시는 한마음은 상
호보완적입니다. 그들이 실험과 관측이라는 과학적 방법론을 이용
해 이 주장을 입증하려고 노력해왔던 반면, 우리 선조들은 뛰어난 직
관과 통찰을 통해 우리의 바탕에 한마음이 자리하고 있음을 알아차
렸다는 점에서 그렇습니다. 이른바 과학과 영성의 절묘한 조화라 할

수 있습니다. 이런 관점에서 분석심리학의 창시자 칼 융이 말한 '마음의 원형'이 한마음이라는 것을 우리 인류가 수용한다면, 천동설에서 지동설로의 패러다임 전환보다 더한 충격과 변화를 줄 수 있습니다. 따라서 저는 한국이 세계의 중심으로 나아가기 위해서는 서양에서 태동하고 있는 탈물질주의 노력에 관심을 가질 필요가 있다고 봅니다. 과학철학자 토머스 쿤이 저서『과학혁명의 구조』에서 명쾌하게 지적했듯이 패러다임 전환은 종교의 개종改宗과도 같습니다. 한마음은 이런 어려움을 극복하기 위한 역사적, 문화적 배경을 제공할 수 있을 것으로 기대합니다.

특히 향후 본격적인 인공지능시대의 도래를 대비하기 위해서도 한마음 사상을 널리 알리는 것은 인류사적 의미가 있다고 생각합니다. 인공지능이 주도하는 경제는 극단적으로 효율을 강조하는 경제입니다. 이것은 효율을 위해서는 인간을 얼마든지 소외시킬 수 있다는 것을 암시합니다. 즉 인간은 인공지능에 중심을 내주고 변방으로 밀려나는 것이지요. 그러면서 인공지능을 장악한 소수의 인간은 마치 신처럼 행동할 가능성을 배제하기 어렵습니다. 지금도 이 분야를 선도하는 소수는 그와 유사하게 행동하고 있지요. 그들은 인류가 기술적 유토피아에서 최고의 만족과 즐거움을 향유할 것이라고 말하면서 자신들의 예측을 전폭적으로 믿을 것을 역설합니다. 그러나 미래는 그들이 주장하는 대로 전개되지는 않을 겁니다. 그 이유는 인간이 더 이상 변방으로 밀려나는 것을 외면하지 않으리라 예상하기 때문이지요. 이는 인간의 존엄성 문제이기도 합니다. 그런데 인공지능의 가공할 힘에 대항해 인간의 존엄성을 유지하기 위해서는 조각난 마음, 즉 파편의식을 가지고는 역부족입니다. 이것이 바로 한마음을 회복해야 하는 진정한 이유입니다. 이런 맥락에서 한국이 세계의 중심으로 나아가는 것은 필연적으로 보입니다.

**최수**　　　한국인의 한마음 사상이 인공지능시대 인간 소외 문제에 대한 하나의 해결책이 될 수 있다는 것은, 우리 한민족에는 세계의 중심으로 도약할 수 있는 동인動因을 제공하며, 나아가 인류에는 위대한 발견이 될 듯합니다. 또 이를 통해 사라져가는 우리 민족에 대한 자신감을 환기시킬 수 있다면 세계의 중심에서 한민족의 특성인 '신바람' 또한 일으킬 수 있지 않을까요? 우리의 고질적인 파편의식이 잠재력과 능력을 구현해가는 과정에서 상당 부분 극복될 것이라 믿습니다. 물론 여기에는 국가적인 노력이 필수적이겠지요.

**이영환**　　　여기서 다시 한번 정리하고 넘어갔으면 합니다. 한국인의 의식 세계를 심각하게 제약하는 요인들은 분명 존재합니다. 그렇다고 이것이 한국인에게만 해당된다는 것은 아닙니다. 어느 나라든 이런 문제가 있지요. 일본인, 중국인, 미국인, 독일인, 유대인 등 어느 나라, 어느 민족의 경우에도 그들의 의식 세계를 짓누르는 요인들이 있을 겁니다. 문제는 이것을 어떻게 극복해왔는가 하는 것이죠. 이 점에서 우리는 많은 문제를 안고 있다고 봅니다.

저와 같은 세대의 사람들은 어떤 삶을 살았든 의식을 파편화시키는 여러 요인들의 영향을 받았습니다. 그래서 젊은 세대는 이것들로부터 자유로웠으면 합니다. 한국 사회에서는 근거 없는 주장들이 일정 세력의 지지를 받고 있는 가운데 자신들만 옳다는 독선을 확대 재생산하고 있는 실정입니다. 이를테면 실체가 불분명한 보수세력 대 진보세력 간의 비생산적인 논쟁이 대표적인 사례입니다. 최근 다시 점화되었던 친일파 논쟁도 같은 맥락으로 볼 수 있습니다. 이런 논쟁을 조장하는 세력들은 한국인의 의식 수준을 높이는 데는 조금도 관심이 없고 오직 자기 세력을 불리는 데만 관심이 있습니다. 젊은 세대는 이런 영향으로부터 자유롭기 바라는 마음입니다.

**최수**      지지 세력을 바탕으로 독선을 확대 재생산하여 보수세력 대 진보세력 간의 비생산적인 논쟁이 계속되고 있고, 친일파 논쟁도 또한 같은 맥락이라는 이영환 교수님의 해석이 정곡을 찌릅니다.

현재 우리 한국인의 의식은 더욱 파편화되는 것처럼 보입니다. 그리고 그렇게 생각하게 만든 좋지 않은 경험들도 있지요.

이기동 교수님 말씀을 들으면 한국인들은 제대로 된 매개체가 있을 경우 오히려 한마음이 발현되고 통합하려는 것으로 보이는데요, 현실은 조금 다른 듯합니다. 더구나 역사적으로 외세가 의도적으로 조장한 분열적 조치들에 의한 '원심력'으로 인해 한국인들은 더욱 파편화되었고, 지금도 그 영향을 받고 있습니다. 우리 민족의 '구심력'이 약화된 건 원심력의 위력을 감안할 때 당연한 현상이 아닌가 합니다. 그러나 이기동 교수님 말씀대로라면 우리의 무의식에는 한마음이 잠재되어 있으므로, 방향만 제대로 잡는다면 언젠가는 우리 본성을 회복해 훨씬 빨리 마음을 하나로 모을 수 있다고 생각합니다.

**이영환**  최수 회장님이 구심력과 원심력 비유를 통해 한마음을 향하는 힘과 이를 저지하는 힘을 대비한 것은 무척 흥미롭군요. 어쨌든 제가 볼 때 중요한 것은 앞으로 한국을 이끌어갈 젊은 세대에 어필할 수 있도록 한마음 개념을 보완하는 것입니다. 예를 들면 제가 앞에서 언급했던, 서양의 탈물질주의 운동에서 강조하는 한마음 개념을 우리의 전통적인 한마음 개념에 접목시키는 것도 한 가지 방법이 될 수 있다고 봅니다. 그리고 몸과 마음의 연장선상에서 스마트폰을 애지중지하는 젊은 세대에 '한마음=연결된 마음'과 같이 인식하도록 알리는 것도 좋을 것 같습니다. 결국 핵심 메시지는 우리 모두 에고의 한계를 조금이라도 극복할 수 있는 의식 수준 내지 열린 마음을 갖자는 것입니다. 이는 저절로 얻어지는 것이 아닙니다. 각자 부단히 자신의 정체성에 대해 고민하는 동시에 에고를 극복하려고 노력하는 사람들이 존중받는 사회 분위기가 형성되어야 합니다.

다시 강조합니다만, 향후 본격적으로 전개될 4차 산업혁명 시대에는 물질문명이 극한에 달하게 될 것입니다. 정보기술을 바탕으로 하는 각종 기술혁신은 인간의 수명을 연장시키고, 높은 수준의 삶, 감각적 쾌락의 극대화, 극도의 편리함, 물질적 풍요의 절정 등을 경험하도록 할 것입니다. 일부 미래학자들은 이런 세상을 기술적 특이점technological singularity[21]으로 묘사합니다. 이런 상황에서 우리 인간은 선택의 여지가 없는 극단으로 내몰릴 것입니다. 기술적 특이점은, 단지 기존의 법칙과 제도가 적용될 수 없는 상황만을 의미하는 게 아니라, '극소수의 포스트휴먼'과 '대다수의 쓸모없는 인간'이라는 두 개의 종種으로 분화될 수 있는 극단적인 상황을 의미하기도 합니다.[22] 이는 결코 인류의 진보라 할 수 없습니다. 우리 모두 번영을 공유하는 세상을 만들려면 인공지능의 부작용을 상쇄해주는 새로운 기술이 필요합니다. 그리고 이는 우리의 의식 세계를 바꾸는 기술이어야 합니다. 나아가 한마음을 회복하도록 인센티브를 제공하는 기술이어야 할 것입니다. 따라서 이런 인센티브 시스템을 하루 빨리 고안하여 제도화할 필요가 있다고 생각합니다. 그러면 일부가 포스트휴먼으로 진화하더라도 이들과 함께 공존할 수 있는 사회를 만들어갈 수 있을 겁니다.

이것은 인류를 위한 인공지능 연구에 헌신하고 있는 MIT의 우주물리학자 맥스 테그마크Max Tegmark가 저서 『라이프 3.0』에서 강조한 호모 센티엔스Homo Sentiens 개념과도 연결됩니다.[23] 그가 강조했듯이 인류는 '호모 사피엔스'에서 '호모 센티엔스'로 진화해야 합니다. 이런 진화를 통해 앞으로 닥칠 어려운 시대를 견딜 수 있는 정신적 가치를 공유해야 할 것입니다. 저는 젊은 세대가 걷잡을 수 없이 빠르게 발전하는 기술혁신을 따라가는 데 에너지를 소진하는 대신 이런 기술혁신이 자신에게 무슨 '의미'가 있는지를 먼저 고민하며 살아갔으면 하는 바람입니다.

**최수**　　인공지능시대가 진행되어 초인공지능시대가 오면, 기술적 유토피아에 살 수 있을 것이라는 환상적인 비전과 함께 초인공지능으로 인해 인간의 소외가 극심해질 것이라는 비관이 현재 공존하고 있습니다. 그렇기에 더욱 인공지능의 부작용을 극복할 새로운 해법으로써 인간의 정신적 가치를 추구하고 한 마음을 고취시키는 것은 대단히 의미 있는 접근이라고 봅니다. 그러한 대안을 현실화하기 위해서는, 파편의식을 통합의식으로 조화롭게 끌고 갈 수 있는 '사회적인 포용력'과 그 시간을 감내할 수 있는 '지구력'이 필요합니다. 다시 말해 반도체 분야에서 즐겨 사용하는 용어인 '관용Tolerance'이 필요한 것입니다. 여기서의 '관용'이란 기준은 벗어났으나 품질 유지에는 별 문제가 없기에 그 벗어남을 끌어안고 프로세스를 계속 진행하는 것을 말합니다. 첨단 기술에서 용인하듯이 인공지능시대에도 그 개념을 원용할 수 있습니다. 우리 사회에서도 파편의식과 통합의식이 공존하는 만큼 그 바람직한 기준점을 강화함으로써 파편화를 수용하고 기다려주는 포용력이 중요한 것 같습니다. 그래서 너무 빨리 한쪽으로 치우치지 않도록 하고, 더불어 모두 함께 가는 것이야말로 바람직한 사회로 나아가기 위한 중간 과정이 아닌가 생각합니다.

**이영환**　당연한 말씀입니다. 자기와 다르다고 다른 사람을 무시하거나 자기 의견을 강제하는 것은 전체주의 사회이므로 마땅히 배척되어야 합니다. 그렇지만 각자의 자유와 주체성을 유지하는 가운데 모두에게 좋은 대안이 무엇인지 모색하는 것은 사회구성원으로서 당연한 책무라고 생각합니다. 이런 이유로 모두가 동의하는 기본적인 가치 체계로서 '공동선'에 대한 합의가 필요한 것입니다. 구성원들이 최소한의 도덕적·정신적 가치를 공유할 수 없는 사회는 더 이상 사회라 할 수 없지요. 개인주의와 공동선은 충분히 양립 가능할 뿐만 아니라 진정한 개인주의를 지키기 위해서는 공동선이 필요하다고 봅니다. 그렇지 않으면 사회적 약자들은 자유를 쉽게 박탈당할 겁니다.

기업의 경우에도 같은 논리가 적용된다고 봅니다. 기업을 법적 인격을 부여받은 조직으로 볼 때 개인주의 원칙이 기업에도 적용되겠지요. 그렇다고 이것이 기업이 원하는 것이면 무엇이든 자유롭게 할 수 있음을 의미하지는 않습니다. 이상적으로 볼 때 포용적인 법과 제도의 틀 안에서 기업이 자유롭게 비즈니스를 영위할 수 있다는 원칙은, 개인주의와 공동선의 조화를 존중한다는 것을 달리 표현한 것이라 할 수 있습니다. 오늘날 기업은 더 이상 기업의 입장만을 고집할 수 없습니다. 지속 가능하지 않기 때문입니다. 기업의 궁극적 목표가 지속 가능성이라면 어떻게 행동해야 할지 분명합니다. 나아가 이것은 '적응'이라는 진화론의 관점에서 볼 때도 타당하다고 봅니다.

진화심리학의 관점에서 보면 인간은 자신에게 유리한 타인의 행동을 모방하면서 적응합니다. 다시 말해 특정한 행동을 하는 사람들의 비율이 임계치를 넘어서면 그다음부터 사람들은 상황에 적응하기 위해 그런 행동을 모방하게 됩니다. 그러면서 이런 행동 원칙이 하나의 '밈', 즉 문화적 유전자로 각인되어 후대로 전해집니다. 이런 맥락에서 볼 때 한마음 정신을 구현하고자 하는 사람들의 비율이 얼마나 되는가는 매우 중요합니다. 이들의 비율이 최소한 임계치를 넘어서야 나머지 사람들도 한마음 정신을 실천하는 쪽으로 기울게 됩니다.[24]

이런 의미에서 저는 사회운동과 교육이 매우 중요하다고 생각합니다. 그런데 지금까지 한국 사회에서 영향력을 행사했던 시민단체들은 대부분 본연의 역할을 하지 못했지요. 이런 단체의 핵심 인사들은 사회 정의나 경제 정의 등 그럴듯한 구호를 내세우면서 도덕적 우위를 선점하는 데는 성공했으나, 이렇게 얻은 영향력을 사익을 추구하는 데 이용했다는 비판으로부터 자유롭지 못합니다. 이들이 저지른 치명적인 실수는, 권력과 명예에 대한 욕심이 너무 컸기에 자신들의 본심을 끝까지 숨기지 못했다는 것입니다. 이들은 파편의식의 한계를 극복하지 못했던 것이지요.

그렇기에 한국인들이 파편의식 상태를 극복하고 공동선과 한마음을 향해 나아가기 위해서는 진정한 시민운동과 더불어 새로운 교육시스템이 필요합니다. 이제부터 시민운동은 사익을 철저하게 배제할 수 있는 도덕적·정신적 역량이 있는 사람들이 주도해야 합니다. 교육 문제 또한 지금까지 계속 반복되어온 미봉책으로는 더 이상 희망을 꿈꿀 수 없습니다. 사람들의 의식 상태를 바꾸기 위해서는 경쟁과 배제가 아닌 창의성과 존엄성에 바탕을 둔 새로운 교육이 필요합니다. 장기적인 관점에서 국가 비전을 제시하는 정치 세력이 등장해 근본적인 교육 개혁을 추진하는 것 외에는 해결 방안이 없다고 봅니다.

우리는 교육 문제를 해결할 수 있는 마지막 시점에 와 있다고 할 수 있습니다. 본격적인 인공지능시대에 들어가기 전에 창조성과 존엄성에 역점을 둔 교육 개혁은 불가피하기 때문입니다.

**최수**　　　창조성과 존엄성을 제고하기 위해서는 어떻게 해야 하겠습니까? 사회를 개혁하는 경우를 분석해보면 두 가지로 분류할 수 있다고 봅니다. 하나는 단점을 잡기 위해서 장점을 부각시키는 방법이고, 다른 하나는 단점을 없애기 위해 단점을 부각시키는 방법입니다. 전자는 대부분 성공하지만 후자는 대부분 반발과 혼란만 초래합니다. 어떤 사회문제를 해결하려면 장점을 살려 활용함으로써 단점이 그냥 흡수되어 사라지도록 하는 것이 가장 효과적입니다. 단점을 단죄하는 것도 사실은 장점을 살리기 위한 고육책입니다. 교육을 포함한 대부분의 사회적인 개혁에서 이러한 긍정적인 방법이 경시되는 것은 파편의식에 연유하는 것일 수 있습니다. 중심을 향하는 '구심력'이 파편으로 만드는 '원심력'에 밀린 것이지요. 우리는 구심력을 강화하여 스스로에 대한 존엄성을 높이고 창의성을 펼쳐야 할 것입니다.

예컨대 민주화와 경제 발전이 과연 한국인의 의식 상태를 파편화로 내몰았는가를 생각해봅시다. 파편화냐 통합화냐에 답하기 전에 분명한 것은 이 두 과정은 개인의 정체성을 먼저 부각시켰다는 점입니다. 다시 말해 개인이 얼마나 중요한지를 알고 그 개인의 권리와 편의를 증대시키는 방향으로 작용했다는 것이지요. 그럼에도 불구하고 민주화나 경제 발전이 파편화를 초래했다면, 그것은 민주화나 경제 발전 자체의 문제가 아니라 중심을 이끌어가는 기본적인 생각, 즉 리더들의 의식과 역할이 제대로 작동하지 않았기 때문입니다.

우리가 설득력 있는 시대정신을 세우고 밝혀주면, 파편화 문제는 저절로 해결될 것으로 예상합니다. 한마음 정신도 분명 그 시대정신의 큰 축 중 하나일 것입니다.

# 4

# 한마음 회복과
# 기업의 역할

**이영환**     물질과 정신의 조화를 강조해온 제 입장에서도 물
질적 풍요가 우리에게 갖는 가치와 의미를 폄하할 생각
은 추호도 없습니다. 물질적 풍요의 바탕 없이는 정신적 성숙
도 고급문화도 뿌리를 내리지 못하니까요. 물질적 풍요를 상징하는
것이 돈인데, 그 자체는 더러운 것도 깨끗한 것도 아니지 않습니까.
돈을 벌고, 쓰고, 축적하는 과정에서 개인적으로, 나아가 사회적으로
돈의 의미에 대해 조금 더 성찰한다면 개인의 삶과 사회 전체에 큰
변화가 있을 것임을 강조하고 싶습니다.

과거 조선시대와 같이 대부분의 사람들이 빈곤을 탈피하지 못한

상태에서 정신적 가치를 강조하는 것은 극소수 지배층의 권력을 강화하는 수단 이상의 의미를 가질 수 없었습니다. 그러나 지금은 경제 발전과 민주화가 상당히 진행되었고, 그 결과 대다수의 사람들이 빈곤에서 벗어났으며 민주주의의 기본 원리를 이해하고 있습니다. 이런 상황에서 정신적 가치를 무시한다면 우리는 탐욕이 이끄는 대로 행동하게 됩니다. 더 큰 아파트로 이사하고 더 비싼 외제차를 타지 않으면 불행하다고 느끼는 사람들이 많아진다는 건 병든 사회의 징후입니다. 그런데 이런 징후가 한국 사회 곳곳에서 발견되고 있습니다. 이것을 단순히 개인주의의 발로라고 간주하기에는 문제가 많습니다. 앞으로 4차 산업혁명이 진행됨에 따라 물질적 풍요는 더욱 우리의 관심사가 될 것이고, 따라서 돈에 대한 염원은 더욱 강해질 것입니다. 이런 미래를 고려할 때 우리가 어떤 정신적 가치로 무장할 것인가는 매우 중요한 과제라고 생각합니다. 이는 우리의 무한한 탐욕을 어떻게 절제할 것인가 하는 문제와 직결됩니다. 그리고 이것은 결국 외형적으로 보이는 것과 달리 우리는 분리된 존재가 아니며 깊은 차원에서는 모두 연결되어 있다는 의식으로 이어집니다. 그래서 저는 줄곧 통합의식을 강조하는 것이지요. 파편의식 상태에는 결코 우리 모두 연결되어 있다는 생각을 할 수 없기 때문입니다. 생각하지 못하는 것을 실행하는 사람은 없습니다.

**최수**　　물론 말씀대로 물질의 풍요가 더욱 진전된다면 부정적인 측면으로 갈 위험성도 증가할 수 있습니다. 그러나 자연의 모든 현상은 긍정과 부정을 동시에 내포하지 않습니까? 요는 방치하면 흐트러지는 이 상태를, 어떻게 흐트러지지 않도록 만들어주느냐, 이것이 관건입니다. 부정을 억제하고 긍정을 발현시키는 데는 당연히 에너지가 필요합니다. 에너지가 제대로 투입된다면 장기적인 분산도 긍정적인 질서로 귀결될 것입니다. 이것을 시장 기능에만 맡기지 말고 국가가 나서서 큰 방향을 잡아주어야 합니다.

**이영환** 　최 회장님 말씀대로 자연 상태는 그대로 두면 무질서로 향하게 되어있습니다. 이는 보통 '엔트로피 법칙'으로 더 널리 알려져 있지요.[25] 여기서 중요한 것은 엔트로피는 일할 수 없는 에너지, 즉 쓸모없는 에너지를 상징한다는 점입니다. 이런 관점에서 사회 전반에 에너지를 공급하는 주요 원천으로서 정부와 기업의 역할을 생각해볼 수 있습니다.

사회적 관점에서 볼 때 일할 수 있는 에너지는 새로운 가치를 창출하는 것에 비유할 수 있습니다. 이런 가치가 창출되지 않는 사회는 결국 쇠퇴하게 되지요. 그런데 기업은 직접적으로 새로운 가치, 즉 부가가치를 창출하는 주체입니다. 반면 정부는 법과 제도를 정비해 간접적으로 가치 창출을 도와주지요. 그런 의미에서 서로 상호보완적으로 작용해야 한다고 봅니다. 최근 일할 수 있는 에너지를 공급한다는 측면에서 정부의 역할에 대한 비판이 고조되고 있는데, 특히 코로나19 사태를 맞이해 이런 경향이 더욱 두드러지고 있습니다. 슈퍼파워인 미국이 그 대표적인 나라입니다. 정부는 직접 일할 수 있는 에너지를 창출하지는 않습니다만 부적절한 정책과 제도를 통해 이를 방해할 수 있는 힘이 있습니다.

한국은 지구상에서 미국을 가장 닮은 나라일 것입니다. 해방 후 모든 면에서 미국의 제도가 이식되었다는 사실, 그리고 한국을 움직여온 파워 엘리트 대부분이 미국에서 공부했거나 미국과 인연이 있다는 사실에 비추어볼 때 이는 피하기 어려운 일이었지요. 그런데 한국이 진정 세계의 중심으로 나아가기 위해서는 무엇보다 미국이 더 이상 우리가 따라야 할 롤 모델이 아니라는 사실을 깨달아야 합니다. 우리는 우리 실정에 가장 적합하면서도 세계 모든 나라가 공감할 수 있는 에너지 시스템을 새로 구축해야 합니다. 기업, 정부, 그리고 시민사회라는 세 개의 축이 절묘한 견제와 균형을 유지하는 시스템을 모색해야 한다는 뜻입니다. 저는 이런 시스템만이 지속 가능한 방법으로 일할 수 있는 에너지를 사회에 공급한다고 믿습니다.

**최수** 맞습니다. 이영환 교수님의 말씀처럼 '에너지를 공급하는 사람들'의 역할은 무척 중요합니다. 그런데 그 복잡하고 심도 깊은 일을 해낼 수 있는 사람은 극소수입니다. 그 소수가 개인의 이해를 넘어 새로운, 그리고 활기 넘치는 에너지를 조직 속에 불어넣는다면 그 조직은 원활하게 돌아갈 것입니다. 결국 대다수를 위한 소수의 리더들이 보다 건전하고 바람직한 역할을 맡을 수 있다면, 우리 사회의 흩어져 있는 여러 가지 파편, 민주화나 경제 발전에서 오는 다양하지만 분산된 아이디어를 보다 폭발적으로 에너지화할 수 있습니다.

이런 방법들은 멀리 있는 것이 아닙니다. 우선 리더 그룹이 리더십을 더욱 잘 발휘할 수 있도록 모두가 같은 문제에 공감해야 합니다. 더불어 리더들이 보다 자신감을 갖고 다수를 조직화하여 바람직한 방향으로 이끌어가면 됩니다.

**이영환** 맞는 말씀입니다. 정부와 기업 모두 사람들로 이루어진 조직이고 이를 움직이는 핵심은 소수입니다. 이런 점에서 이들의 리더십은 중요합니다. 그런데 리더십 또한 구성원들의 의식 수준에 의해 크게 영향을 받습니다. 예를 들어 한국 정부의 수준은 국민의 의식 수준에 의해 결정되며, 기업의 수준은 임직원들의 의식 수준과 고객들의 의식 수준의 상호작용의 결과로 해석할 수 있다고 봅니다.

에너지는 우주의 근본 요소이며, 생명은 에너지와 정보, 그리고 이를 조절하는 의식으로 이루어져 있습니다. 인간을 포함한 모든 유기체의 행동은 의식 수준에 의해 결정됩니다. 의식 수준에 따라 에너지와 정보를 취득하고 사용하는 방법이 결정되기 때문이지요.

이런 의미에서 에너지 순환은 개인적으로나 사회적으로 매우 중요합니다. 그런데 에너지 순환의 관점에서 이 둘 사이에 갈등이 생길 수 있습니다. 예를 들어 공익을 내세우면서 속으로는 은밀하게 사익을 추구하는 사람은 개인적으로는 엔트로피를 줄이는 데 성공하겠지만 사회적으로는 엔트로피를 높이는 데 일익을 담당하게 됩니다. 문제는 자신이 그런 부작용을 일으킨다는 점을 조금도 인식하지 못한다는 데 있습니다. 특히 정부와 기업에서 핵심적인 지위에 있는 사람들이 이런 상태에 머물러 있다는 것이 한국 사회의 현주소가 아닌가 하는 생각이 듭니다. 그리고 이들이 바로 한국 사회의 엔트로피를 증가시키는 주범이기 때문에 이들의 태도가 바뀌지 않는 한 한국은 세계의 중심으로 나아가기 어렵습니다. 다시 한번 강조하지만 이런 교착 상태를 극복하기 위해서는 우리의 사고체계를 뒤흔들어 놓을 새로운 사상과 철학이 필요합니다. 인간은 결국 스스로 납득할 수 없으면 변하지 않는 존재입니다. 그런 후 이런 변화된 상태를 유지하는 것이 자신과 사회에도 이롭다는 것을 이성적으로 납득해야 합니다.

**이기동** 에너지의 관점에서 볼 때도 돈이란 참으로 중요합니다. 돈이 없어 먹고사는 것이 힘들어지면 한마음을 회복하는 것은 엄두도 낼 수 없습니다. 최소한의 의식주를 해결할 정도만 되면, 돈의 노예가 되어 돈에 끌려가지 말고 곧바로 한마음 회복에 주력해야 합니다. 사람은 돈이 많을수록 돈의 노예가 되기 쉽습니다. 돈의 노예가 되면 한마음을 회복할 기회도 영영 사라지고 맙니다. 그렇게 되면 가장 중요한 것을 잃어버리는 것입니다. 예수는 "낙타가 바늘귀를 통과하는 것보다 부자가 천국에 가는 것이 더 어렵다."라고 했습니다. 돈의 노예가 되어 천국에 가는 기회를 영영 놓친다면 돈은 불행의 씨앗이 되는 것입니다.

돈이 아무리 많이 생겨도 돈의 노예가 되지 않기 위해서는 돈이 생기기 전에 미리 마음의 그릇을 키워놓아야 합니다. 1억 정도를 운용하던 사람의 마음은 1억 정도를 담는 그릇의 역할을 합니다. 그러다가 어떤 변수가 생겨 100억 정도가 들어오면 마음은 100억을 담지 못하고 100억이라는 돈에 매몰되고 맙니다. 사람의 마음은 삶을 운용하는 그릇입니다. 마음이 접시 정도의 그릇이라면 조그만 돌멩이 하나가 떨어져도 마음이 흔들립니다. 그러나 마음이 바다만큼 크다면 태산이 흘러 들어와도 꿈적하지 않습니다.

마음을 기르는 데는 고전 공부가 효과적입니다. 고전은 하늘마음을 회복하는 방법을 가르칩니다. 고전 공부를 통해 마음을 하늘마음으로 바꾸면 마음 그릇은 하늘처럼 커집니다. 마음 그릇이 하늘만큼 커지면 많은 돈이 들어와도 돈이 불행의 씨앗이 되지 않습니다. 그 돈은 남을 위해서 쓰이고 세상의 평화를 위해 귀하게 사용됩니다.

가난했을 때 한국인들은 한마음을 가지고 있었습니다. 한마음에서 나오는 희생정신이 경제 발전의 원동력이 되었습니다. 그러나 경제가 발전한 지금 우리는 자신도 모르는 사이에 돈의 노예가 되어가고 있습니다. 7년쯤 전에 〈국제시장〉이라는 제목의 영화가 상영되었습니다. 영화의 내용은 형과 누나들이 외국에 가서 모진 고생을 하면서 번 돈을 가족을 위해 송금하는 내용이었습니다. 연로한 사람들은 영화를 보면서 많은 눈물을 흘렸지만, 젊은 사람 중에는 "바보같이 왜 희생만 하고 살아?"라면서 분개하는 사람도 있었다고 합니다. 지금 우리 사회에는 아예 손해 볼 짓을 하지 않는 계산적인 사람이 늘어나고 있습니다. 결혼하는 것이 손해라고 판단되면 결혼도 하지 않고, 아이를 낳는 것이 손해라고 판단되면 아이도 낳지 않습니다. 이처럼 이기주의가 팽배하면 발전을 기약하기 어렵습니다. 돈의 노예가 되어 돈에 끌려가면 종착역은 불행한 파멸입니다. 지금 우리 주변에는 돈의 노예가 되어 우왕좌왕하는 사람들이 많습니다. 매우 우려되는 일입니다. 이를 경각시키기 위해 깨우쳐야 합니다. 그리고 우리의 대담이 조금이라도 깨우침의 역할을 할 수 있으면 좋겠습니다.

덧붙여 최 회장님께서는 한마음에서 나오는 우리의 잠재력을 결집하기 위해서는 정부가 나서는 것이 좋겠다고 말씀하셨습니다만, 정치인들에게 기대하기는 어려울 듯합니다. 정치인들은 늘 지지를 받을 수 있는 일에 관심을 두기 때문에 효과가 늦게 나오는 교육에 관심을 가지는 사람이 적을 것입니다.

제가 생각해보니 한국인들에게 저력을 발휘하게 하는 방법으로 세 가지 정도가 떠오릅니다. 하나는 축의 시대Axial Age에 나온 위대한 인물과 같은 영향력 있는 인물이 지금 한국에 다시 나타나게 하는 것입니다. 옛날에는 한 곳에서 한 사람의 성인이 나왔지만, 지금은 여러 사람의 협업을 통해서 배출될 수도 있을 것입니다. 두 번째로는 한마음을 회복하기 위해 작은 교육기관을 만드는 것입니다. 어느 개인이 단군 조선 때의 교육 방법을 오늘날에 맞게 복원하여 시행하는 것이지요. 세 번째로는 기업이 나서는 것입니다. 기업은 운영자가 장기적으로 교육할 수 있습니다. 기업의 연수원을 교육기관으로 활용하여 한마음 회복 교육을 하면 매우 효과가 빠를 것으로 생각합니다.

**이영환**  이 교수님이 강조하시는 것을 간결하게 표현하면 '온고이지신溫故而知新'이라는 생각이 듭니다. 제가 우려하는 것은 앞으로 한국을 이끌어갈 젊은 세대에 옛 지혜를 효과적인 방법으로 전수해주는 것이 중요한데, 과연 효과적인 방법이란 것이 있는가 하는 점입니다. 이 교수님이 역설하시는 한마음도 이런 관점에서 검토해볼 필요가 있다는 생각입니다. 한마음 정신에 대해서는 한국인이라면 모두 공감하는 부분이 있을 것입니다. 그런데 그것은 한국인의 무의식 깊은 곳에 숨어 있기 때문에 이것을 의식으로 불러내려면 여러 장벽을 통과해야 합니다. 그렇기 때문에 단순히 '온고이지신'하려는 노력만으로는 달성하기 어려운 과제라는 생각이 듭니다.

그렇다고 우리 고유의 정신을 회복하려는 노력을 그만두자는 것은 아닙니다. 단지 전략적으로 접근해야 한다는 점을 강조하고 싶은 것입니다. 특히 앞으로 본격화될 인공지능시대를 고려할 때 더욱 그런 생각이 듭니다. 사람들은 대체로 근시안적으로 행동하는 경향이 있습니다. 당장 이익이 되고, 당장 즐거움을 주는 대상에 집착합니다. 이들에게 이 모든 것은 부질없는 일이니 너의 무의식 깊은 곳에 자리한 한마음 정신을 일깨우라고 말하는 것은 도덕적 우월감을 과시하려는 오만으로 간주될 수 있습니다. 그래서 전략적인 접근을 강조하는 것입니다.

전략적 접근이란 사람들에게 지금 당장은 다소 만족감이 덜할 수도 있으나 장기적으로는 훨씬 더 많은 만족감을 줄 것이라는 점을 호소하는 것인데, 이는 결국 개개인의 이성에 호소하는 것입니다. 모든 사람에게는 이성적으로 사유할 능력이 잠재되어 있다고 생각하기 때문입니다.

사회생물학 분야를 창시한 생물학자 에드워드 윌슨Edward O. Wilson은 진화 과정에서 개체 수준의 자연선택과 집단 수준의 자연선택이 상호작용한 결과 우리가 현재에 이르게 되었다는 점을 역설했습니다.[26] 전자는 이기심, 후자는 이타심으로 해석해도 무방합니다. 이런 맥락에서 그동안 개체 수준의 자연선택이 우세했으며, 이와 동시에 물질적 풍요가 이루어지고 개인주의 또한 팽배해진 게 아닐까요? 다시말해 집단 수준의 자연선택이 제대로 역할을 하지 못하면서 사회가 점점 해체 위기에 직면하게 된 것이라 해석할 수 있습니다. 그리고 향후 인공지능시대가 본격화되면 이런 경향은 더욱 강화되겠지요. 이에 대비하기 위해서라도 이 교수님이 강조하시는 한마음 정신을 회복하는 것은 중요합니다만, 더 중요한 것은 이를 위한 실천 가능한 전략을 마련하는 것입니다.

**이기동**　그 점에서 저는 낙관적입니다. 한국인에게는 한마음 회복에 대한 강한 갈증이 있기 때문입니다. 고향을 잊어버린 사람은 향수가 별로 없지만, 고향을 잊지 않은 사람은 고향에 대한 향수가 없을 수 없습니다. 다른 나라 사람들이 한마음이란 말을 사용하지 않는 것을 보면 그들은 한마음을 거의 잊어버린 것으로 보입니다만, 한국인은 아직도 한마음이란 말을 일상적으로 사용하고 있습니다. 이를 보면 한마음을 잊어버리지 않고 있는 것이 확실합니다. 한마음을 잊어버리지 않으면 한마음으로 살고 싶은 마음이 강렬할 수밖에 없습니다. 한마음은 '하늘마음'입니다. 하늘마음으로 사는 사람은 하늘 같은 사람입니다. 앞에서도 잠깐 이야기했지만 한국인은 하늘같이 살지 못할 때 한이 생깁니다.

한국인들은 한을 푸는 기회가 오면 무섭게 집중합니다. 지금은 눈부신 물질문명의 발달에 현혹되어 한을 풀지 못하고 있습니다만 누군가 이를 깨우치고 한을 푸는 기회를 제공한다면, 한국인의 힘은 다시 폭발할 것입니다. 지금 우리의 대화도 한국인의 한을 푸는 기폭제가 되기를 기대합니다.

**이영환**  그 말씀을 들으니 한마음이 한국인의 무의식 깊은 곳에 있는 것이 아니라 의식과 무의식의 경계에 있어 조금만 자극을 주면 의식 위로 튀어 올라올 것 같다는 생각이 듭니다. 그렇다면 정말 다행스러운 일이지요. 복잡한 전략을 세울 필요도 없겠습니다.

그런데 저는 여전히 이 점에 대해 다소 회의적입니다. 특히 대다수가 동시다발적으로 이런 변화를 경험해야만 효과가 있다는 점에서 더욱 그러합니다. 극소수의 사람들이 한마음 정신을 회복하는 것만으로는 의미 있는 변화를 주도하기 어렵습니다. 적어도 임계치, 예컨대 20퍼센트 정도의 사람들에게 이런 변화가 일어나야만 향후 뭔가 획기적인 변화를 기대할 수 있을 것입니다. 단언컨대 우리의 의식 수준이 높아지지 않는다면 어떠한 변화도 불가능합니다. 예컨대 현 정부에서 줄기차게 외쳐온 '적폐 청산'이 안 되는 이유는 이를 추진하는 세력이나 공격 대상 모두 의식 수준에 변화가 없기 때문입니다. 달리 말하면 그들의 뇌 가운데 적폐 현상과 관련된 신경회로가 바뀌어야 하는데 이에 상응하는 변화가 없다는 겁니다.

모두가 모두를 감시하는 사회, 그리고 정보 홍수 속에서 가짜 뉴스가 판을 치는 시대를 맞이해 사람들은 자신의 진면목을 감춘 상태에서 다수의 지지를 받는 사회적 기술을 습득하는 데만 전력투구하고 있습니다. 그래서인지 그 사람이 어떤 사람인지 진면목을 제대로 파악하는 것이 점점 어려워지고 있습니다. 그렇지만 한 가지 분명한 것은, 그 사람이 보여준 크고 작은 행동 하나하나에 그의 속내가 반영되어 있다는 점입니다. 이런 맥락에서 우리는 한마음 정신과 그 행동의 특징이 무엇인지 정확하게 알아야 합니다. 위선적인 행동과 한마음에 입각한 행동을 구분하기 어려운 경우가 많기 때문입니다.

**최수** 지금의 한국은 참으로 가짜 뉴스가 많습니다. 정치와 사회의 양극화가 심화되면서 국가가 '다극화'로 몸살을 앓고 있습니다. 이런 넘쳐나는 정보 속에서 진위를 파악하여 올바른 선택을 하는 것이 점점 더 어려워지고 있습니다. 우리의 밝은 미래를 위해 사실을 사실대로 냉철하게 인식하는 지혜가 절실하게 요구됩니다.

**이기동** 　　　저는 최근 하나의 경험을 통해 한국인의 특징을 확인했는데요. 얼마 전 중학교 1학년 50여 명을 대상으로 강의한 적이 있습니다. 처음에는 학생들이 강의 내용을 못 알아들을까 걱정했습니다만, 막상 강의를 시작하니까 매우 잘 이해하고 집중했습니다. 요새 청소년들에 대해 걱정하는 사람들이 꽤 있는 걸로 알고 있습니다만, 기우였음을 깨달았습니다. 오히려 기성세대가 청소년을 제대로 깨우쳐주지 않은 것이 문제라고 생각합니다. 그런 점에서 보면 청소년의 문제는 기성세대의 문제에서 비롯된 것임을 알 수 있습니다.

**이영환** 　　　그렇게 느끼신 이유는 아마도 요즘 청소년들이 기성세대보다 한국의 과거사에서 비롯된 파편의식 상태를 덜 경험했기 때문이 아닌가 합니다. 즉 조선시대의 신분제 의식이나 일제로 인한 식민지 의식, 그리고 남북분단으로 인한 분단 의식의 영향을 덜 받았을 거라 예상됩니다. 그런데 한편으론 그들이 기성세대보다도 원하는 삶을 누리지 못하는 부분도 있지요. 예를 들어 하루 종일 이 학원, 저 학원을 전전하면서 보낸 사교육에 찌든 유년 시절은 그들의 의식을 상당히 파편화시킬 수밖에 없을 것입니다.

우리는 이제 우리를 상처입히는 상태에서 벗어나야 합니다. 그러려면 통합의식을 지향해야 하지요. 이는 이기동 교수님이 강조하시는 한마음 정신을 회복하는 것과 다르지 않습니다.

**이기동** 　　 그렇습니다. 내친김에 또 다른 사례를 말씀드리겠습니다. 어떤 아주머니께서 제 책을 들고 와서 본인이 밑줄 친 부분을 보여준 적이 있습니다. 아마도 공감한 부분이었겠지요? 밑줄 친 부분은 "제비꽃도 우주의 주인공이다."라는 대목이었습니다. 제비꽃도 우주의 주인공인데, 하물며 사람이야 말할 것도 없을 것입니다. 그런데도 많은 사람들이 그것을 모르고 열등감에 시달리고 있습니다.

　우리나라 사람들은 한마음 회복에 대한 열정이 강합니다. 이제 한국인의 열정에 불을 붙여야 합니다. 정부가 그 일에 앞장선다면 좋겠지만, 정치인들에게 그것을 기대하기란 어려울 듯합니다. 한국인의 열정을 이해하는 사람이라면 누구나 나서야 할 것입니다. 전에는 경제학자와 기업인의 대화에 유학자가 합류한다는 것은 상상할 수 없는 일이었습니다. 그런데 지금 우리의 대화가 성사된 것은 희망의 싹을 보여주는 출발이라고 할 수 있습니다.

**이영환** 　　 그렇습니다. 그러나 가끔은 파편화된 마음이 너무도 강렬해 어떤 힘도 이를 저지하지 못할 것 같다는 두려움이 들기도 합니다. 물론 이것은 한국인들에게만 적용되는 것이 아니라 물질문명이 극에 달한 지금 전 세계적인 현상으로 보입니다.

　그럼에도 최근 세계적으로 기업의 목적은 주주가치를 극대화하는 것이 아니라 이해관계자가치를 극대화하는 것이라는 내부 반성이 일고 있습니다. 이는 중대한 변화의 조짐이라는 생각이 듭니다. 앞에서도 잠깐 언급했습니다만, 미국을 대표하는 대기업 최고경영자들의 모임인 '비즈니스라운드테이블'은 2019년 8월 '기업의 목적은 이해관계자가치를 추구하는 것이다'라는 취지의 성명서를 발표했습니다. 2020년 1월 세계경제포럼에서 발표한 '다보스 선언'도 같은 내용을 담았습니다. 최근 세간의 주목을 받고 있는 ESG 경영도 마찬가지입니다.

물론 이들과 같은 보수적인 단체가 성명서의 내용을 제대로 실행에 옮길지는 여전히 의문입니다. 그래도 저는 기업의 변신에 큰 희망을 걸 수밖에 없다는 생각이 듭니다. 이해관계자가치를 추구한다는 것은, 바꿔 말하면 환경을 포함해 사회구성원 모두의 가치를 존중한다는 말이기 때문입니다. 그리고 이것은 바로 한마음 정신으로 연결되어 있습니다. 따라서 소비자들이 이해관계자가치를 제대로 추구하는 기업을 선별해 이들 기업의 제품을 구매하는 행위가 바로 한마음 정신을 공유하기 위한 전략의 일부가 될 수 있습니다. 이런 의미에서 정부보다는 기업이 한마음 정신을 회복하는 데 있어 전략적으로 중요한 위치에 있다고 봅니다. 한국에서 국제표준에 가장 근접한 것이 기업 부문입니다. 따라서 한국이 세계의 중심으로 나아가기 위해서는 우리 모두 전략적 관점에서 기업의 변신을 격려하고 도와야 합니다. 만약 재벌 산하 기업들이 이런 변신의 선두에 선다면 별도로 재벌 개혁을 추진할 이유가 없습니다. 이미 내부에서 자발적으로 재벌 개혁이 일어난 것이나 다름없기 때문입니다. 그리고 이것이 진정 한국과 한국인의 미래를 위한 개혁입니다.

**이기동**   저도 공감합니다. 우리를 변화시키는 가장 효과적
인 방법은 기업이 나서는 것입니다. 지금 우리의 대화에
기업인인 최 회장님이 함께해주시는 것을 보더라도 저는 그 가
능성을 확신합니다.

기업이 한마음의 중요성을 깨달아 한마음 경영을 하게 되면 그로
인해 한마음 회복 운동은 급물살을 탈 수 있을 것입니다. 기업이 한
마음 경영을 하면 기적을 일으킬 수 있습니다. 기업이 한마음 경영을
하면 인간관계가 달라지고, 생산성이 향상되며, 창의력이 폭발할 것
입니다. 무엇보다도 중요한 것은 '한마음 경영'이 모두를 위한 '행복
경영'으로 바뀐다는 사실입니다.

**이영환**   맞는 말씀입니다. 한마음 경영이나 이해관계자가치
를 추구하는 경영은 본질적으로 차이가 없다고 봅니다.
중요한 것은 실천적인 측면에서 이 둘 중 어떤 것이 사람들에
게 더 호소력이 있는가 하는 점이겠지요. 오늘날 미국식 기업 경영의
가장 큰 문제는 기업 경영을 맡은 최고경영자를 비롯해 임직원들의
도덕적 해이입니다. 소유와 경영이 분리된 대기업의 경우, 이 문제를
해결하기 위해 단기적인 성과에 바탕을 둔 인센티브 시스템을 도입
했습니다. 이러한 현상은 금융자본의 시장 지배력이 커짐에 따라 대
세를 이루며 두드러졌습니다. 2008년 금융위기는 이런 문제들이 총
체적으로 드러난 사건이었습니다. 이러한 사실은 도덕적 해이를 해
결하기 위해서는 다른 방안이 강구되어야 한다는 것을 시사합니다.

그런데 지금도 대부분의 기업들은 미국식 전통에 따라 단기성과에 바탕을 두고 금전적인 보상을 이용해 인센티브를 제공하고 있는 실정입니다. 금융위기에서 배운 게 전혀 없는 셈이지요. 이런 상황에서 한마음 경영 또는 이해관계자가치 중심의 경영이 대세로 자리 잡을 수 있다면, 이는 실로 대단한 변화의 원동력이 될 수 있습니다. 이를 통해 기업은 도덕적 해이의 함정에서 벗어날 수 있기 때문입니다. 한국 기업들이 이런 변화를 선도하면 좋겠습니다.

**이기동**   한마음을 가진 사람은 하늘 같은 사람입니다. 한마음을 가진 사람이 경영하는 것은 하느님이 경영하는 것과 같습니다. 하느님이 경영하는 것은 사람이 경영하는 것과 비교가 되지 않습니다. 다만 한마음을 가진 사람이 계속 나타나기 어렵다는 것이 문제입니다. 그러나 한마음을 가진 경영인이 나타나 기업의 인력개발원에서 대중적인 한마음 회복 운동을 벌인다면 이 문제 또한 해결할 수 있을 것입니다. 그런 의미에서 기업이 나서는 것이 바람직하리라 생각합니다. 그렇지 않고 정부의 역할을 믿으면 실망할 일이 많을 것입니다.

**이영환**   물론입니다. 정치는 그 시대 국민의 보편적인 의식 수준을 반영합니다. 우리가 형편없는 정부를 가지고 있다면 우리의 보편적인 의식 수준이 낮다는 것을 암시합니다. 그렇기에 틈만 나면 정부를 비방하는 것은, 마치 자신도 자동차를 몰면서 자동차를 모는 다른 이들을 교통체증 유발과 지구온난화를 촉진하는 사람이라 비난하는 것이나 다름없지요. 이런 사람들은 정부를 가혹하게 비판할수록 자신의 냉철한 이성이 빛날 것으로 착각합니다.

단순한 비판이 아닌 직접적인 개선을 위해서 각자가 해야 할 첫 번째 일은, 자신의 주변에서부터 작게나마 민주적 질서를 회복하는 것입니다. 예컨대 가정에서, 직장에서, 그리고 음식점을 비롯한 공공장소에서 만나는 모든 사람들을 민주적으로 대하는 태도를 습관화한다면, 머지않아 더 나은 정부를 선택할 수 있는 안목도 갖게 될 겁니다. 단지 이런 변화는 오랜 시간을 필요로 하지요. 따라서 저는 파워 엘리트 내부에서 먼저 변화가 일어나 그 기간이 단축되기를 바랄 뿐입니다.

**이기동**  오늘날 정치제도는 여러 가지 문제점을 내포하고 있다고 생각합니다. 그뿐만 아니라 오늘날의 정치제도로는 욕심 많고 꾀 많은 사람이 정치 지도자가 될 가능성이 큽니다. 노자는 정치가의 수준을 네 가지 단계로 나누어 설명한 적이 있습니다. 정치가를 어린이 놀이터 관리인이라고 가정할 경우, 최고의 관리인은 어린이가 놀이터에서 놀기 전에 놀이터를 돌아보고, 유리 조각이나 돌부리를 없애서 어린이가 다치지 않게 합니다. 그러면 어린이들은 종일 즐겁게 놀지만, 그 관리인의 고마움을 알지 못합니다. 두 번째 수준의 관리인은 어린이가 다치지 않도록 해놓지는 못하지만, 어린이가 다치고 난 뒤에는 정성을 다해 치료합니다. 이 경우 어린이들은 부모에게 고마워하듯 그 관리인에게 고마워하며, 그 관리인을 지극히 존경합니다. 세 번째 수준의 관리인은 두 번째 수준의 관리인처럼 어린이들에게 존경을 받고 싶어서 미리 유리 조각이나 돌부리를 놀이터에 깔아놓고 기다렸다가 어린이들이 다치면 정성을 다해 치료합니다. 이 경우 어린이들은 관리인을 무서워합니다. 네 번째 단계의 관리인은 미리 유리 조각이나 돌부리를 깔아놓지만, 다친 어린이들을 치료하지 못합니다. 이 경우의 어린이들은 관리인을 우습게 여기며 무시합니다. 지금의 선거제도로 선출된 정치인은 거의 세 번째 아니면 네 번째일 것입니다. 또 선거 전략이란 것은 거의 세 번째 방법입니다. 아마 세종대왕이 계신다 해도 지금의 선거제도로는 정치가가 될 수 없을 것입니다. 아니, 출마하지도 못할 것이고, 출마해도 당선될 수 없을 것이며, 만에 하나 당선되더라도 한글 같은 위대한 글자를 만들 수 없을 것입니다.

**최수**     이영환 교수님이 정부가 직접 그런 역할을 하는 것보다 기업이 주도적인 역할을 하는 것이 효율적이라고 하셨는데, 저도 동의합니다. 버거운 역할이긴 하지만요. 기업은 태생적으로 목표지향적이고, 그 목표는 정부의 목표와는 달리 단순하고 구체적입니다. 그러한 목표를 세우고 달성하기 위해 집중하는 것, 그것이 기업의 본성입니다. 이것을 위해 사람들이 모인 겁니다. 따라서 기업만큼 목표 추구에 있어 효율적인 조직은 없지요.

어떤 특정한 목적을 달성하기 위해서는 집중이 중요합니다. 목적과 관련된 자원은 유한하기 때문입니다. 경제적으로 무한한 자원은 없습니다. 기업도 귀중하고 유한한 자원입니다. 따라서 정부는 큰 흐름을 읽고 유한한 자원인 기업들이 국가적 과제를 충실히 수행할 수 있도록 이끌어줘야 합니다. 우리 기업은 지금까지 내수가 아닌 수출로 성장해왔습니다. 정부의 수출 위주 경제정책은 우리 경제 체질의 본질을 꿰뚫은 해법입니다. 우리는 수출을 통해 세계적인 경쟁을 경험했으며, 그 과정에서 경쟁력을 키우고 글로벌 네트워크를 구축할 수 있었습니다. 더 치열해지는 글로벌 경쟁에서 우리가 생존하는 한편 현재의 경제 규모를 감당하기 위해서는 대기업의 역할이 중요합니다. 경쟁 상대는 거인 골리앗입니다. 아무리 꾀 많은 다윗이라 하더라도 어떻게 그 거인을 장기적으로 감당할 수 있겠습니까? 현대의 골리앗은 현명하기까지 합니다. 또 허점도 찾기 쉽지 않습니다. 특히 중소기업이 '남의 마당'에서 그 시장을 장악하고 있는 대기업과 경쟁해서 생존할 수 있겠습니까? 중소기업은 극히 제한된 영역에서 생존할 수 있을 뿐입니다.

물론 한국의 대기업들은 우리의 자랑이며 경제정책의 성공적인 결과들입니다. 그러나 이는 대기업 임직원들의 초인적인 노력의 결과물이기도 합니다.

세계가 부러워하는 성장 모델의 한가운데에 우리 대기업이 있습니다. 세계적인 한류도 그 중심에는 대기업의 성공적인 성장이 자리하고 있다고 생각합니다. 이렇게 중대한 역할을 담당하고 있는 대기업을 사회적인 악의 축으로 간주하고, 지나간 행위에 대해 현재의 새로운 기준으로 재단하면서 대책도 없이 폄하한다면, 우리의 미래는 공정과 정의 이전에 성장은 물론 생존조차 위협받을 것입니다.

규모의 경제를 말할 필요도 없이 심오한 기술, 방대한 정보, 풍부한 보유자원, 축적된 기술을 보유한 세계적인 회사들과 다원화된 세계시장에서 무한경쟁을 뚫고 성장하면서, 국가적 과제를 구현해내는 것은 대기업이 아니고서는 불가능합니다. 우리가 그러한 역할을 할 수 있는 여러 대기업을 보유한 것은 참으로 다행이고 자랑스러운 일입니다. 이러한 기업들의 활약으로 이제 우리는 효율성뿐 아니라 공정성을 논할 수 있게 되었습니다. 여기에 도달하기까지는 우리 정부의 뛰어난 리더십이 있었습니다. 특히 뛰어난 관료들의 역할을 결코 가볍게 평가해선 안 됩니다.

이제는 이러한 리더십을 더욱 갈고닦아 이를 중심으로 국가가 역할을 새롭게 정의하고, 기업과 사회가 함께 발전해가는 시스템을 구축할 필요가 있습니다. 단지 저는 그 과정에서 기업의 자유로운 성장 추구 본능을 충분히 인정해주고 자유로운 활동 영역을 확보해주는 것이 선결과제라고 볼 뿐입니다.

차제에 한국 대기업에 대해 한 말씀 드리겠습니다. 한국 대기업은 한국 경제의 산물입니다. 한국 경제는 원시적인 기술, 열악한 자본, 협소한 시장 그리고 기업 경영에 대한 경험 부재 등 열악한 경제 여건하에서 60년 만에 기적처럼 세계적인 수준으로 발전했습니다. 그리고 세계경제의 주역으로 성장해가고 있습니다. 이러한 놀랄 만한 경제 기적의 두 주역은 국가와 기업입니다. 이들은 세계 시장에서 최고의 상대들과 경쟁하면서 한국 경제를 견인하고 유지해가야 할 막중한 책임을 안고 있습니다. 그러나 현실은 냉혹합니다. 한국 10대 기업의 총 가치가 미국 4대 기업 중 하나의 가치에도 미치지 못하고 있습니다. 그럼에도 한국 대기업은 해외 시장에서 세계의 최고 기업들과 완전경쟁하면서 한국 경제를 견인하기 위해 힘겨운 싸움을 계속하고 있습니다. 그리고 이러한 혼신의 도전에도 세계 시장에서의 성공은 장담할 수 없습니다. 시장은 불확실하고 한국 기업은 여전히 충분하게 성숙하지 못했기 때문입니다.

그런데 이런 상황에서 성장 속도에 피로감을 느낀 우리 사회는 치열한 글로벌 경쟁 현실과 그 위기를 망각하고 대기업에 과도한 요구를 하기 시작했습니다. 물론 대기업을 계도하고 법으로 순치하는 것은 당연히 국가의 영역입니다. 그리고 기업은 당연히 그 법을 수용하고 준수해야 합니다. 하지만 반기업적인 정서와 법에 근거하지 않는 무리한 요구로 기업의 생명력을 약화시킨다면, 그리고 그로 인해 기업의 과제를 수행하기 어려워진다면 그 피해는 기업뿐만 아니라 국가와 국민들이 고스란히 감내해야 합니다. 세계적인 시각에서 보면 불행하게도 이러한 상황은 상대를 더욱 강하게, 우리를 더욱 약하게 만듭니다. 이것은 결코 국가가 바라는 상황이 아닙니다. 대기업에 대한 우리의 시각은 국내적 관점을 벗어나 세계적 관점에서 형성되어야 합니다. 특히 첨단 기술의 축적과 막대한 자본력이 경쟁력의 핵심인 4차 산업혁명 시기에는 더욱 그러해야 합니다. 세계 시장에서 생존하기 위해 한국 대기업은 기업 생존력을 한층 강화해야 합니다. 어떻게 생존력을 강화해서 4차 산업혁명의 기술적 장벽과 자본적 한계를 성공적으로 극복하느냐가 한국 대기업의 최우선 과제입니다.

**이영환** 최 회장님 말씀은 다소 의외로 다가옵니다. 기업을 설립한 후 모든 난관을 헤쳐온 설립자이자 최고경영자로서 정부의 부당한 규제에 대해 상당히 부정적인 견해를 가졌을 것으로 예상했는데, 뜻밖에 정부의 긍정적인 역할을 옹호하시는군요. 지적하신 대로 한국이 여기까지 오는 데는 정치인이 아니라 뛰어난 관료들의 역할이 컸다는 점에 동의합니다. 그렇지만 그들이 기술 관료로서 명백한 한계가 있었다는 점 또한 간과해서는 안 된다고 봅니다.

예를 들어 1997년 외환위기는 정부 정책 실패에 따른 인재人災의 성격이 강합니다. 정부가 국제 금융 동향을 예의 주시해 적절하게 대처했다면 외환위기를 초래한 통화 불일치와 만기 불일치라는 두 가지 미스매치를 해결할 수 있었을 거라는 생각이 듭니다. 그런데 금융 당국이 국제 금융 동향에 무지했거나 혹은 직무를 유기한 탓에 결국 외환위기가 발생했습니다. 그런데 더욱 놀라운 점은 고위관료들 가운데 어느 누구도 외환위기에 대한 책임을 지지 않았다는 사실입니다. 이런 점을 감안할 때 미래의 관료는 과거와는 달라야 합니다. 무엇보다도 공익에 헌신하는 데 대한 철학적 성찰이 없는 관료는 더는 중용되어서는 안 됩니다. 나아가 창조적 마음을 갖고 기술혁신의 시대를 내다볼 수 있는 안목을 겸비해야 합니다. 이런 두 가지 덕목을 모두 갖춘 관료라면 더 바랄 나위가 없지요.

그렇지만 어떤 이유로도 정부의 역할을 무시하기는 어렵습니다. 현실적으로 정부가 시장경제의 상당 부분을 차지할뿐더러, 이제 시장이 제 역할을 못하는 영역이 점점 많아지기 때문입니다. 경제학에서는 이것을 '시장 실패market failure'라고 부릅니다. 예를 들어 기후변화와 팬데믹은 대표적인 시장 실패의 사례입니다. 이런 문제들은 결코 시장을 통해서 해결될 수 없기 때문에 정부가 일정 역할을 맡아야 합니다. 그런데 한국에서 정권이 바뀌어온 과정을 보면 정말 실망스럽습니다. 지난 정권의 실정으로 새 정부가 들어서고, 그런 후 다시 다음 정권은 기존 정부의 실정으로 인해 등장하는 악순환이 되풀이되고 있습니다. 헌법에 따라 선거가 치러지기는 하지만 이것이 더 나은 정부로 이어지는 선순환에 접어들었다는 징후는 없는 듯합니다. 오히려 국민을 볼모로, 무책임한 정책을 남발하는 소모적 경쟁이 일상화된 것 같아 안타깝습니다.

정부도 일정한 이해관계를 지닌 개인들의 집합체입니다. 이것이 엄연한 현실이지요. 이들에게 항상 공익을 최우선하는 사명감이나 철학적 성찰을 기대하는 것은 무리입니다. 또한 정부의 정책은 연속성을 갖기 어렵습니다. 그렇다고 정부의 역할을 모두 부정하는 것은 아닙니다. 단지 불완전한 시장을 제대로 규제함으로써 시장경제의 부작용을 최소화하고, 국민의 복지 수준 향상에 기여하는 그런 스마트한 정부를 만들기 위해서 우리가 무엇을 해야 하는지 고민해야 한다는 점을 강조하고 싶습니다.

저는 정부와 기업, 나아가 NGO의 역할을 둘러싼 논의는 한국과 한국인의 잠재력을 극대화하는 데 초점을 맞추어야 한다고 생각합니다. 이를 위해서는 교육 제도를 근본적으로 개혁할 수 있어야 하며, 기업의 잠재력을 극대화하는 기업 정책을 추진해야 할 것입니다. 그렇다고 기업만능주의를 지향하자는 것은 아닙니다. 고용, 투자, 연구개발 등 기업이 국민경제 전반에 미치는 장기적인 효과를 극대화하기 위해서는 기업과 정부의 긴밀한 대화가 필요합니다. 이것은 기업과 정부가 대등한 파트너로서 서로를 존중해야 가능합니다만, 한국의 경우 경제개발과정에서 정부가 각종 자원을 독점한 가운데 기업의 존속에 지대한 영향력을 행사했던 통렬한 기억이 있기 때문에 대등해지기 쉽지 않습니다. 기업도 이런 트라우마를 극복해야 하지만, 동시에 정부도 부가가치 창출의 주역인 기업의 위상을 존중해야 합니다. 나아가 정부 조세수입의 주요 원천이 기업이라는 명백한 사실을 존중한다면, 기업과 정부의 대화는 훨씬 더 동등한 입장에서 이루어질 수 있을 겁니다.

이런 맥락에서 볼 때 한국인의 잠재력의 근원은 외형적인 데 있는 것이 아니라 서로의 내면세계를 존중하는 데서 찾아야 한다는 생각으로 더 기울게 됩니다. 한국인은 역사적, 문화적, 사회적 이유로 다른 사람들의 시선을 몹시 중시하는 경향이 있습니다. 이는 자신의 내면보다는 외부에 더 신경을 쓴다는 의미에서 부정적으로 평가받아 왔습니다. 진정한 자신을 상실한 채 살아가는 삶이기 때문이지요.

그런데 이 문제를 다른 각도에서 바라본다면 이것이 오히려 엄청난 에너지의 근원으로 바뀔 수 있습니다. 종전과는 달리 외부의 시선을 통해 성별, 나이, 직업의 귀천, 지위의 고하를 막론하고 상대방을 존중하며 신경 써주는 겁니다. 그러면 자연스럽게 모두의 무의식에 자리한 한마음 정신, 또는 통합의식을 일깨우게 됩니다. 이런 정신적·철학적 각성 없이는 현실적으로 지속 가능한 변화를 이루기 어렵습니다.

**최수**　　　한마음은 훌륭한 개념이고 단순 명료한 개념으로 보입니다. 그렇기에 다른 사상보다도 선하고 아름답게, 그러나 더욱 강력하게 끌어당기는 힘이 작용하리라 봅니다. 제가 이해한 한마음은 결과적인 용어가 아닙니다. 따라서 한마음 안에 숨어 있는 동력을 이용해 우리가 이를 어떻게 이루어가는가가 중요하다고 생각합니다. 그러려면 결과적으로 자기의 정체성이 무엇인가를 먼저 질문하지 않을 수 없습니다.

**이영환**　　　그 점에는 저도 동의합니다. 우선 한마음의 본질이 무엇인가에 대한 사람들의 공감대가 형성되어야 할 것입니다. 그다음 이런 한마음을 회복하기 위해서는 우리가 무엇을 해야 하는가에 대한 사회적 담론이 필요할 것입니다. 훌륭한 사상이라도 사회적 논의를 거쳐 하나의 사회철학으로 자리매김해야만 더욱 강력한 힘을 발휘할 것입니다.

**최수**     물론 핵심은 사회적인 담론에 있습니다. 그 과정을 거치면 공감대도 커질 것입니다. 먼저 한마음이 어디서 유래하는가를 밝혀주어야 합니다. 그러면 한마음을 더욱 명확히 인식할 수 있습니다. 여기에서 출발한 질문을 통해 한마음의 본질이 무엇인가라는 질문에 더욱 구체적으로 답할 수 있다고 봅니다.

# 5

## 물질적 풍요는
## 정신적 퇴보로 이어지는가?

**이영환** 　자연현상이든 사회현상이든 조화 내지 균형 상태에
있을 때 지속 가능할 뿐만 아니라 다음 단계로의 도약을
위한 에너지를 비축할 수 있다고 생각합니다. 끊임없이 부조화
내지 불균형 상태에 있는 시스템에서는 의미 있고 가치 있는 성과를
달성하기 어렵겠지요. 이런 관점에서 한국의 근대사에서 정신과 물
질의 조화가 갖는 의미를 다시 한번 생각해볼 필요가 있습니다.

　한국이 압축 성장을 통해 세계사적으로 찾아보기 어려울 정도로
빠르게 성장한 것은 주지의 사실입니다. 문제는 이 과정에서 물질적
풍요와 조화를 이룰 만큼 정신적으로 성숙하기는커녕 오히려 퇴보

하지 않았나 하는 것입니다. 물질적 탐욕이 다른 모든 가치를 압도하는 상황이 오랫동안 지속되다 보니 개인적으로뿐만 아니라 사회적으로도 정신적 가치를 폄훼하는 분위기가 형성되었으며, 이로 인해 정신과 물질의 조화라는 근본 원리가 무너진 것 같습니다. 저는 이것이 의식의 파편화로 이어졌다고 봅니다. 최 회장님은 오랫동안 기업 경영의 최전선에서 활동해오셨으니, 이런 관점에서 좀 더 현실적인 진단을 해주시면 좋을 것 같습니다.

**최수**        저는 한국 경제가 짧은 기간 동안 경이로운 성장을 이룬 것에 긍지를 갖고 있습니다. 그런 성장 과정에서 의식의 변화를 포함하여 많은 변화가 있었던 것은 자연스러운 현상입니다.

공업화 물결에 몸살을 앓던 저의 초등학교 시절인 1960년대, 제가 살던 고향 마을의 많은 젊은이들이 시골을 떠나 서울로 올라갔습니다. 심지어 한 가족이 보따리를 싸서 새벽에 함께 사라지는 일도 있었습니다. 그들은 주로 영등포나 구로에 소재한 공장에 취직하는 것을 목표로, 사실상 대책 없이 어깨너머로 들은 한마디 정보를 믿고 서울행을 선택했습니다. 시골에 남아 있던 사람들은 앞으로 시골이 어떻게 될지 몰라 몹시 불안해하며 침체해 있었지요. 그러나 얼마 안 돼 서울로 간 젊은이들이 공장에 일자리를 구하여 잘 있다는 편지를 보냈고, 몇 년이 지나자 돈을 부쳤습니다. 남아 있던 가족들은 그 돈으로 논과 밭을 샀고 그로 인해 지긋지긋한 가난으로부터 벗어날 수 있었습니다. 저는 침체해 있던 시골이 오히려 활기를 되찾고 풍요로워진 것을 느꼈습니다. 이 경우는 물질이 정신을 구한 것이라고 볼 수 있습니다.

우리가 물질적 발전을 지속적으로 더욱 추구해야 한다면, 그런 물질의 추구에 적합한 새로운 인프라를 구축해야 합니다. 이런 인프라의 핵심은 정신이며, 정신의 고양을 통해서 물질적으로 더욱 풍요로워질 수 있습니다.

그러나 물질과 정신의 조화는 발전의 단계에 따라 달라져야 합니다. 지금 우리의 현실을 들여다보면, '지나친 물질 추구로 인해 정신과 물질의 균형이 무너졌다'는 주장에 저는 의견을 조금 달리할 수밖에 없습니다. 조화나 균형에 대한 우리의 조바심은 조금 지나쳐 보입니다. 과유불급이라고 하지요. 저는 아직은 물질을 더욱 치열하게 추구해야 하는 시기라고 보기 때문입니다. 아니 오히려 더욱 집중하여 한 단계 더 물질적 도약을 이루어야 하지 않나 생각합니다. 정신과의 부조화를 우려하는 사람들도 과거로 회귀하는 것에는 동의하지 않을 것입니다. 또한 경제 발전 없이 현 상태를 유지하는 것에도 동의하지 않을 것입니다. 그들은 물질적인 풍요가 제공하는 혜택을 잘 알고 있으며, 그것이 그냥 자연적으로 얻어지는 것이 아니라 희소한 자원 확보를 위한 노력의 결과라는 것을 잘 알고 있습니다. 거기에는 절제와 비용 그리고 다툼이 존재할 수밖에 없습니다. 그에 따른 의식의 변화는 피할 수 없는 것입니다.

우리는 의식의 변화를 인정하고 그것을 전향적으로, 그리고 긍정적으로 수용해야 합니다. 아니면 물질의 발전을 포기하고, 유지 내지 축소하는 방향으로 선회해야 합니다. 그러면 의식은 그에 맞춰 점점 안정되어갈 수는 있겠지요. 그럼에도 우리가 미래에도 물질적 발전을 추구할 수밖에 없다면-물질은 희소성을 전제로 하기 때문에-그것의 획득을 위해서 의식은 불가피하게 파편화될 것입니다. 의식의 변화는 물질의 발전에 대한 일종의 비용인 셈입니다. 앞으로 자연 자원은 더욱 고갈될 것이고 우리는 이에 대한 새로운 대안을 끊임없이 찾아야 합니다. 그리고 여기에는 지속적인 동력으로서의 '의식의 변화'가 필요합니다. 의식이 그 동력을 공급해주어야 하는 겁니다. 발전에 공짜가 없지 않습니까?

문제는 그러한 의식의 변화를 어떻게 인간의 존엄성과 행복을 증진하는 방향으로 구현할 것인가 하는 것입니다. 그리고 이것이 바로 보이지 않는 손과 국가의 영역이며 교육의 역할입니다. 인간의 생존과 안전 앞에서 인간의 존엄한 가치가 후순위로 밀리는 것은, 냉혹해 보일 수 있겠지만 자연의 법칙에 벗어나는 것은 아닙니다. 그렇기에 그 의식의 변화가 인간의 존엄성이 유지되는 방향으로 나아가도록 국가와 교육은 더욱 더 맡은 바 역할에 충실해야 할 것입니다. 아직도 우리의 경제 발전 단계는 우리가 추구하는 물질적 풍요에 훨씬 미치지 못하고 있습니다. 또한 도처에 엄청난 위기가 도사리고 있기 때문에 물질적인 발전을 경시하는 낭만은 시기상조라고 봅니다. 오히려 우리의 탁월성을 발휘해 지속적인 물질의 추구에 맞는 정신적 조화를 이루어야 합니다. 또한 우리의 지성들은 이를 어떻게 지원할 것인지에 대한 지혜를 모아야 합니다.

변화는 항상 현재를 긴장시킵니다. 예측도 확신이 없습니다. 그래서 변화는 항상 두렵습니다. 우리와 관련된 환경이 변하는 데 그것을 거부한다는 것이 무엇을 의미하는지 우리 모두 정확히 알고 있습니다. 이런 상황에 어찌 휴식을 핑계로 변화에 대한 적응을 거부할 수 있습니까? 정신보다도 물질이 먼저 변합니다. 이것이 우리가 경제를 우선적으로 발전시키면서도 의식의 변화에 바탕을 둔 정신과의 조화를 추구해야 하는 이유라고 봅니다.

특히 기업가로서 저는 변화에 민감하게 대응해야 합니다. 개인적으로 변화는 분명 두렵습니다. 그러나 그 변화가 싫다면 기업계를 떠나야 하지요.

현재의 우리 상황은 장기적으로 봤을 때 좋을 수도, 혹은 기울어지기 시작하는 변곡점에 서 있는 것일 수도 있습니다. 즉 기회와 위험을 동시에 포함하고 있습니다. 새로운 변화는 피할 수 없습니다. 여기서 기회를 잡고 경제 발전을 이뤄낸다면 정신은 이러한 변화에 맞춰 새로운 균형점을 찾아갈 것입니다. 그렇기에 정신적 자산들이 메말라간다고 불안해할 필요는 없습니다. 이런 불안으로 물질을 저어하기보다 새로운 균형점을 찾아가도록 의식을 변화하는 것이 어떨까요? 다시 강조하지만 이러한 정신과의 조화에 대한 책임은 국가와 사회가 부담해야 합니다. 이를 위해 탁월한 지성의 역할은 필수적입니다.

**이영환**　　경제 발전 과정에서 물질적 가치와 정신적 가치의 위상 변화가 우리 의식에 미치는 영향을 구체적으로 실감 나게 묘사해주셨습니다. 지적하신 대로 경제 발전에 따라 의식의 변화가 일어나는 것은 지극히 자연스러운 현상입니다. 그럼에도 앞에서 한국의 경우 근대적 의미의 개인이 등장했고, 이에 따라 개인주의가 정착하게 된 것이 의식 변화에 따른 긍정적인 효과라 보시는 것 같은데, 이에 따른 부작용은 없었다고 보시는지요?

**최수**　　부작용은 동전의 양면처럼 같이 가는 것입니다. 의식의 다양화와 함께 권위와 정형화된 기준이 무너지고, 풍요와 자유의 영역이 넓어지면서 개인적인 이익 추구 또한 더욱 강화되었습니다. 그러나 이런 것들을 단지 부작용으로 치부하기보다 사회가 진화해가는 과정에서 불가피하게 발생하는 부산물로 보고, 어떻게 치유할지에 집중할 필요가 있겠습니다.

**이영환**　　그 말씀에 원칙적으로 동의합니다만, 오늘날 한국이 안고 있는 문제를 단지 발전 과정에서 수반되는 부작용 정도로 평가하기 어렵다는 생각이 듭니다. 앞에서 이기동 교수님이 언급하셨는데, 축의 시대라고 불리는 기원전 8세기부터 기원전 2세기까지의 시기에 세계 도처에서 인류의 정신적 사표가 될 만한 현자들이 동시다발적으로 출현했습니다. 영국의 비교종교학자 카렌 암스트롱Karen Armstrong은 저서『축의 시대』에서 인류는 이들의 영적 수준을 뛰어넘기 어려울 것이라고 말했습니다.[27] 이 시대에 이런 놀라운 영적 수준을 보여줄 수 있었던 것은 늘 청정한 자연을 접하고 물질적으로 단순하고 검박한 삶을 살았던 배경이 큰 역할을 했기 때문이라는 생각이 듭니다.

그런데 오늘날 한국을 비롯해 전 세계는 이와 극명하게 대조적인 상황에 처해 있습니다. 이로 인해 사람들은 점점 더 극단적인 개인주의로 흐르는 경향이 있습니다. 축의 시대에 현자들은 공통적으로 우리 모두 연결되어 있으므로 서로 사랑하고 자비롭게 대하라는 메시지를 남겼습니다. 이는 모두가 공유하는 가치, 즉 공동선이 없으면 실천하기 어려운 메시지입니다. 극단적인 개인주의는 가짜 개인주의로서 결국 공동체의 근간을 흔들어놓을 것입니다. 지금 미국을 비롯해 개인주의가 우세한 사회에서는 이런 현상이 나타나고 있습니다. 그래서 저는 이 시점에서 개인주의를 부정하자는 것이 아니라 공동선과 양립 가능한 개인주의가 필요하다는 점을 강조하고 싶습니다.

**최수** 　공동선과 양립 가능한 개인주의를 추구하고자 하시는 이영환 교수님의 사상은 우리 경제 발전이 지향해야 할 궁극적인 목표라고 봅니다. 단지 저는 지금의 상황을 경제 발전의 과정에서 불가피하게 발생하는 부정적인 현상이라고 단정하지 않습니다. 물론 장기적인 관점에서 경제 발전에 수반하는 현상일 수 있으나, 가치 창출이 기본 역할인 기업인이 부담해야 할 책임은 아니라고 본다는 의미입니다. 저 또한 이영환 교수님이 축의 시대의 지혜를 언급하시는 뜻을 잘 알고 있습니다. 60년 만에 세계의 최빈국에서 10대 선진국으로 성장한 지금, 이 교수님의 염려와 사상은 시대를 읽는 지혜입니다. 그러나 경제 발전이나 물질의 속성은 격물치지에서 배우듯이 본원적인 속성이 있습니다. 이것을 무시하고 전진할 수는 없습니다. 이를 이해하고 잘 활용했을 때 경제는 발전할수 있습니다. 경제학의 핵심 이론도 이것의 연장선에 있습니다.

우리가 세계의 중심으로 가기 위해서는 더욱 경제를 발전시켜야합니다. 지금에 안주할 수는 없습니다. 경제를 발전시키려면 경제 발전의 핵심 논리를 이해하고 이를 더욱 충실하게 실천해야 합니다. 기업인은 이를 실천해야 하고 경제학은 경제 발전의 핵심 논리를 더욱 발전시키고 개발해야 한다고 생각합니다. 아직은 '용비어천가'를 부를 시기가 아니라고 봅니다.

**이영환** 물론 그런 의미의 경제 발전을 부정하는 것은 아닙니다. 축의 시대 대부분의 나라들은 정치적으로는 왕정이었고, 경제적으로는 노예제 사회였으니 오직 소수만이 물질적인 풍요를 누렸으며 정치적으로 자유로웠을 것입니다. 이에 비해 지금 우리 대다수는 과거와는 비교할 수 없을 만큼 풍요로우면서 정치적으로도 훨씬 더 자유롭습니다. 근대 사회에 들어선 이후 인류가 이룩한 이런 발전은 놀랍습니다. 옛날의 왕이나 귀족들이 지금 일반인보다 물질적으로 훨씬 열악한 삶을 살았다는 명백한 사실만으로도 지금 우리가 얼마나 풍요로운지 알 수 있지요. 여기에 우리가 보편적으로 받고 있는 의료 서비스를 고려하면 격차는 더욱 벌어집니다. 그야말로 우리 대부분은 물질적으로는 과거 왕들보다 더 풍요롭다고 해도 과언이 아닙니다.

그런데 이런 물질적 풍요가 과도한 수준에 이르면서 우리의 정신세계는 오히려 퇴보하고 있다는 인상을 지우기 어렵습니다. 제가 축의 시대를 언급한 이유는 우리가 지금 당면한 문제를 푸는 데 있어 하나의 원형으로 삼았으면 하는 바람에서입니다. 물질적으로 풍요하다는 것이 반드시 정신적 퇴보로 이어진다는 철칙을 깨자는 것이지요. 이기동 교수님이 말씀하시는 한마음도 축의 시대가 전하는 메시지와 본질적으로는 같다고 생각합니다. 만약 한국과 한국인이 지금 축의 시대의 정신을 되살리는 데 앞장선다면 세계의 중심으로 나아가는 데 큰 영향을 미칠 것입니다.

**최수**   앞에서도 잠깐 언급했지만, 물질적 자산을 강조하는 이유를 제 경험을 토대로 '기업인'의 입장에서 좀 더 나눴으면 합니다.

한국이 본격적인 산업화를 추진한 건 불과 60년밖에 되지 않았습니다. 그러나 그동안 우리는 세계 상위권 국가로 도약했습니다. 60년 전에는 상상조차 할 수 없었던 일 아닙니까? 불가능하다고 여겼던 꿈을 우리는 60년 만에 달성한 겁니다. 어쩌면 지금의 한국은 우리 역사 속에서 고구려 이후 가장 영향력 있고 부강한 나라인지도 모릅니다. 그렇기에 이 시대의 한국인들은 은연중에 우리가 힘만 모으면 세계 최강의 반열에 올라설 수 있다는 자신감을 가지고 있습니다. 주변을 잘 살펴보면 이런 자신감을 보여주는 사례는 어디에나 있습니다.

제가 20년 이상 몸담았던 반도체 산업을 예로 들어 저의 생각을 부연하겠습니다. 반도체 산업을 시작한 것은 1980년대 초반입니다. 지금은 선두를 달리고 있습니다만, 그 이전 한국의 반도체 산업은 사실상 불모지였습니다. 그러나 불과 40년 만에 최첨단 산업으로 진입 장벽이 높고 4차 산업혁명의 핵심 분야인 반도체 산업에서 한국은 최선두를 달리고 있습니다. 그 과정이 어찌 순탄했겠습니까? 한 반도체 회사를 제외한 두 개의 반도체 회사는 그 과정에서 천문학적인 투자와 혹독한 시련을 이기지 못하고 결국은 한 회사로 합병되고 말았습니다. 이로 인해 두 대기업 그룹은 그룹 전체에 심각한 부담을 떠안게 되었고 아직도 그 후유증을 회복하지 못하고 있습니다. 왜 이런 시련이 있었을까요? 반도체 산업은 기술집약적이고 자본집약적이며 인재집약적이어서 당시 한국의 경제 규모가 감당할 수 없는 수준이었기 때문입니다.

그러나 저는 생각을 달리합니다. 근본적인 어려움은 기업 문화의 낙후함과 경영 및 기술진의 비교 열위에서 찾아야 한다고 생각합니다. 우리의 경영 능력과 기술 수준은 미국, 일본 및 유럽과 동일선상에서 비교가 불가능할 정도로 낮았습니다. 반도체 기술의 축적과 이해도는 물론이고, 세계 시장에서 대등하게 경쟁을 통해 성장한 경험이 거의 없었기 때문에 감당이 안 되었던 것입니다. 해외에 투자한 현지 법인은 밑 빠진 독에 물을 붓듯이 모두 부실화되었습니다. 천문학적인 자본을 쏟아부은 국내 시설 투자는 투자한 자본이 거의 완전 잠식될 때까지 단 한 장의 반도체 웨이퍼도 생산치 못한 상황까지 내몰렸습니다. 지식과 경험이 부족했기에 미국, 유럽 등 선진국 경쟁자들과의 경쟁, 그리고 글로벌 고객들과의 대등한 협상은 얼굴을 붉힐 정도로 상대가 되지 못했습니다.

그러한 상황이 1990년대 초반까지 지속되었습니다. 이러한 암담한 상황은 예상했던 것 이상으로 처절했습니다. 이 모든 것들은 지식, 데이터, 경험, 일의 방식 그리고 경영 능력 부족으로 인한 당연한 결과임을 인정해야 했지요. 그러나 반도체에 투자한 국내 재벌 총수들은 놀라울 정도로 과감했고 자신만만했습니다. 계속된 사업 성공에서 축적된 자본과 인재, 해외 사업을 통해 얻은 국제 사업 감각과 자신감, 거기에 그룹 간의 경쟁 심리, 그리고 국가에 대한 사명감과 기업가 정신은 그룹 총수들의 가슴을 뛰게 했습니다. 여기에 정부의 적극적인 산업화 정책, 금융 정책 및 뛰어난 기술 관료들, 그에 더하여 고등 교육을 통해 양성된 국내외 우수 인재들과 사회적인 헝그리 정신, 이 모든 것들이 한마음으로 뭉쳐 상승작용을 일으켰습니다. 우리 반도체 기업들은 이렇게 체력을 만들어갔습니다. 거기에 "하느님이 보우하사" 반도체 산업의 경기 순환성으로 반도체가 공급 부족에 처하자, 반도체 기업들은 잠식된 자본을 회복하면서 점차 안정을 되찾았습니다. 그 결과 1993년부터 3년간 한국 경제의 버팀목이 되어주었고, 이로 인해 침체된 1990년대 중반의 한국 경제를 부활시키는 데 크게 기여했습니다. 10년 만에 얻어낸 결실이었습니다.

이런 감동적인 스토리들은 시간이 흐르면서 잊혔습니다. IMF의 구제 금융을 받았을 때는 빅딜을 거쳐 3개사가 2개사로 합병 축소되고, 반도체가 과잉 공급으로 침체된 2000년대 초반에는 수년전 한국 경제의 중추였던 반도체 기업이 어이없게도 헐값에 해외 매각될 위기에 처하기도 했습니다. 다행히 한 반도체 회사의 결사 항거로 무산되어 지금은 세계 최강의 반도체 강국이 되었지만 말이죠. 이 모든 것이 불과 40년 동안 일어난 피와 땀과 눈물의 역사입니다. 이번 대담과 관련하여 간과해서는 안 되는 점은, 바로 오늘날 반도체의 세계적인 위상이 한국인의 우수성뿐만 아니라 한국 기업인들의 경영 능력과 기업 문화의 우수성으로 달성되었다는 사실입니다. 따라서 반도체 산업의 경쟁력은 상당히 견고합니다. 저는 이 모든 것을 반도체 산업의 한가운데서 목격하고 경험했기에 자신 있게 말할 수 있습니다.

우리가 40년 동안 일구어낸 반도체 산업은 40년 동안 치러낸 전쟁이라고도 할 수 있습니다. 작게는 기업 간의, 크게는 국가 간의 전쟁이라고 볼 수 있지요. 이 모두가 국가와 기업, 그리고 우리 국민들이 함께 만들어낸 것이니까요. 사실 어느 전쟁도 장기적으로 전투만 하는 것은 아닙니다. 대기도 있고 휴전도 있습니다. 그러나 한국의 반도체 산업은 40년 동안 한시도 쉴 틈이 없었습니다. 이러한 상황은 비단 반도체 산업만이 아닙니다. 우리의 정보통신, 자동차, 조선, 중공업, 제철, 원자력, 에너지, 건설, 소재, 화학, 섬유 등 많은 산업들이 짧은 기간 동안 현재의 세계적 위상을 구축하였습니다. 그리고 이러한 전쟁은 지금도 '생존'을 담보로 계속되고 있습니다. 그렇기에 모든 에너지가 생존에 대한 처절한 노력과 승리에 집중될 수밖에 없습니다.

아직도 한국 기업들은 세계경제 속에서 안정적인 위치를 확보하지 못했습니다. 사실 현재 몹시 불안한 상황입니다. 그렇기에 우리 기업들은 입지를 다지는 데 더욱 집중해야 합니다. 속도를 늦추어서도 안 됩니다. 아직은 우리가 방심할 상황이 아닙니다. 기업에 이러한 집중은 권장할 일이지 지탄해야 할 일이 아닙니다. 국가와 사회는 이러한 집중과 기업가 정신을 격려하고 권장해야 합니다. 결코 폄하하거나 그 중요성을 부정해서는 안 됩니다. 정신을 중요시함으로써 물질을 경시하는 우를 범해서는 안 됩니다. 물론 이러한 집중과 효율성, 효과성을 지속적으로 유지하기 위해서는 이에 적합한 기업 문화가 뒷받침돼야 합니다. 기업 문화가 부재된 지속적 성장이란 있을 수 없으니까요.

말씀하신 축의 시대에 등장한 성현들의 메시지는 오랜 시간이 지난 지금도 큰 울림을 가지고 있습니다. 그분들이 전하려 애썼던 사랑과 자비, 공감과 깨달음 등은 높은 영적 수준의 이야기로, 기본적으로 인간의 존엄성을 지켜주는 명제가 맞습니다. 그런데 그런 위대한 사상이 변화하는 현실에 녹아드는 과정에는 분명 넘어야 할 파도가 있다는 것을 말씀드리고 싶습니다.

**이영환**　　기업 간 경쟁은 그야말로 모든 것을 걸고 진행하는 치열한 전쟁과도 같습니다. 이런 상황에서 무작정 축의 정신으로 돌아가야 한다고 말하려는 것은 아닙니다. 그러나 우리는 여전히 성장 위주의 경제정책을 추진해야 하며 기업은 생존을 위해 더욱 집중해야 한다는 최 회장님의 말씀에는 전적으로 동의하기가 어렵습니다. 예컨대 말씀하신 것처럼 기업이 위상을 공고히 하기 위해 인수합병 전략을 이용하는 것은 불가피한 면이 있습니다만, 이를 이용해 산업을 독점화하는 것은 문제가 있다고 봅니다. 독과점이 시장경제의 장점을 모두 파괴한다는 것은 이론적으로나 실증적으로 검증되었기 때문입니다. 국가적으로는 계속 경제 발전을 추진하고 기업은 치열한 경쟁에서 생존하기 위해 모든 방법을 동원해야 한다는 원칙에는 동의합니다만, 이것이 곧 축의 시대로 상징되는 정신적 가치를 무시해도 좋다는 의미로 해석되어서는 안 된다고 봅니다.

**최수**  저도 이 교수님의 우려에 공감합니다. 당연히 문화적, 정신적 뒷받침이 없이는 지속적인 성장도, 현 위상의 유지도 어려울 수 있습니다. 그러나 이것이 단지 우선순위와 정도의 문제라고 보기 때문에 이 교수님과 생각이 다르다고 말씀드리는 겁니다. 저는 기업은 당연히 성장지향적이어야 하고 국민경제는 발전지향적이어야 한다고 생각합니다. 극단적인 경우, 환경의 변화는 위기를 초래할 수 있고 그 위기를 극복하지 못하면 생존을 위협받을 수 있는 것이 현실입니다. 우리는 가끔 이러한 발전은 비용을 전제로 한다는 것을 잊고 자연적인, 순리적인 과실로 생각합니다. 발전은 결코 우연히 순리적으로 이루어지지 않습니다. 오히려 발전은 강한 에너지를 필요로 합니다. 발전은 쟁취하는 것입니다. 발전 지향적이라고 해서 성현들이 추구하는 정신의 회복을 어렵게 하거나 반대 방향으로 간다고 생각하지 않습니다. 경제 발전과 건전한 정신의 회복은 같이 갈 수 있고, 같이 가야 합니다. 경제 발전을 저해하지 않고 더욱 효율적이고 건전하게 두 가지의 핵심 개념이 동행할 수 있는 방법은 국가적으로 풀어야 할 현실적인 과제입니다. 일은 자아실현의 기회이고 삶의 무대이며 노동은 휴식 못지않은 행복의 근원입니다. 경제 발전이 인간의 평화로운 휴식을 앗아가지 않도록 경제학과 경영학, 사회학, 철학, 문학 등 모든 학문 분야의 힘이 필요합니다. 그것이 학문의 존재 이유가 아닐까요? 경제 발전을 위축시키지 않으면서 그렇게 할 수 있는 길은 분명 존재합니다. 충분히 찾을 수 있고 찾아야 합니다. 그런 만큼 이 시대 지성들과 국가의 치열한 고민과 지혜가 필요합니다. 결코 게으름 피울 수 없는 엄중한 상황입니다. 그렇게 찾은 경제 발전과 정신의 균형을 하루 빨리 문화에 접목시키고 제도화하여 국민과 국가 전체가 한마음으로 단결할 수 있는 토대를 꾸려야 합니다.

개인적으로 경제 발전으로 인해 나타나는 부정적인 측면은 경제가 더욱 발전되고 사회가 더욱 풍요로워지면 어느 정도는 극복될 것이라 봅니다. 60년 동안 일어난 급속한 경제의 견인 과정에서 나타난 불가피한 현상으로 보고 있기 때문입니다. 소위 천민자본주의가 발현되었다고 볼 수도 있겠지요. 그러나 경제가 발전하고 사회가 성숙해지면 물질의 한계를 이해하게 되고, 문화와 정신적 자산의 가치 또한 함께 이해하게 됩니다. 이 과정을 통해 물질주의의 부정적인 파편들은 점차 극복되리라 봅니다. 경제 발전은 에너지의 집중과 창의적인 기술 도약, 경영 능력, 사회적인 시너지 등의 총합으로 구현되기 때문에 자체적으로도 정신적 승화를 동반합니다. 정부와 선구적인 시대의 지성들은 경제 발전의 방향과 그 영역을 정책과 법으로 제시함으로써 경제 발전이 궤도를 이탈하지 않도록 도와야 합니다. 사회적인 다양한 자원들을 효율적으로 활용할 줄도 알아야 합니다. 이는 편도되어 있는 반기업적인 태도를 지양하고 경제 발전을 우선해야 한다는 의미이기도 합니다. 경쟁과 생존을 위해서는 기술만이 아닌 종합적인 전략이 먼저입니다.

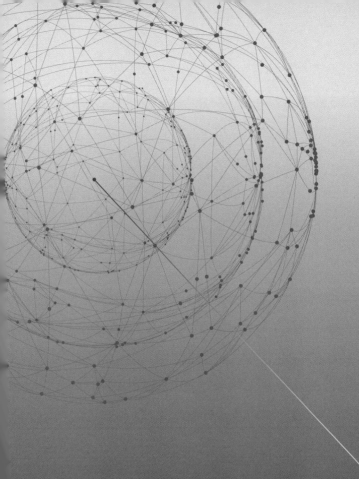

# 3장

# 전환의 시대,
# 잠재력 분출의 선결과제

# 1

## 우리 잠재력의 원천, 하늘마음

**이영환**  　지금까지 나눈 대화를 통해 한국인에게는 상당한 잠재력이 있다는 사실을 확인했습니다. 특히 경제 발전과 민주화의 측면에서 보여준 놀라운 성과는 그런 잠재력이 분출된 결과겠지요. 그렇다면 이런 잠재력의 원천이 무엇인지 살펴볼 필요가 있습니다. 이는 한국의 미래를 위해서만이 아니라 우리가 세계를 위해 뭔가 기여하는 데에도 중요합니다.

예를 들면 임진왜란, 병자호란, 그리고 근자에 일어난 1997년 외환위기 같은 국가적 위기에 직면했을 때 한국인이 보여준 놀라운 희생정신과 단결력은 정서적 측면에서 본 잠재력의 원천이라고 할 수 있습니다. 또한 높은 교육열과 타인에게 지기 싫어하는 경쟁심이 이성적인 측면에서 잠재력의 원천으로 작용했다고 볼 수 있습니다. 더불어 신분제 사회에서 극도로 억압되었던 성취동기가 심리적인 측면에서 잠재력의 원천이 되었다고 할 수 있습니다. 이와 같이 정서적, 이성적, 심리적, 그리고 경제적 측면을 망라한 여러 측면에 숨어있던 잠재력의 씨앗이 적절한 자극으로 인해 싹을 틔우면서 오늘의 한국을 만드는 데 결정적인 역할을 했다고 봅니다.

그런데 이러한 것이 지금 우리에게 당연한 것처럼 보이지 않습니다. 마치 '헝그리 정신'을 잃어버린 권투선수 같다고 할까요? 더 이상 고통을 감내할 이유가 없다는 생각에 사로잡히는 순간 우리의 잠재력은 점점 고갈될 것입니다. 이런 점에서 유대 역사는 우리에게 좋은 교훈을 줍니다.

유대인들에게는 두 명의 아버지가 있다고 알려져 있습니다. 믿음의 아버지인 아브라함과 교육의 아버지인 요하난 벤 자카이Johanan ben Zakkai입니다. 유대교와 기독교, 이슬람교의 공통 시조로 알려진 아브라함과 달리 벤 자카이는 일반인에게 거의 알려진 바가 없습니다. 놀랍게도 벤 자카이는 오늘날 막강한 유대인 파워의 원천을 만든 인물입니다.[28] 그는 서기 70년 제1차 유대-로마 전쟁에서 로마에 의해 이스라엘이라는 나라가 완전히 사라질 운명임을 직감하고 이에 기지를 발휘해, 토라와 탈무드를 중심으로 하는 유대인 교육 시스템을 온전하게 보존했습니다.

이 이야기를 언급하는 이유는 한 민족이 잠재력을 유지·강화하려면 모두가 공유하는 가치와 더불어 집단지성이 요구된다고 생각하기 때문입니다. 공유하는 가치가 없으면 필연적으로 공동체 구성원들 간의 갈등이 증폭되고, 집단지성이 빈약해지면 창조적인 아이디어가 고갈되어 더 이상 세계를 선도할 수 없습니다.

인간은 사회적 동물인 동시에 사유하는 동물입니다. 우리는 끊임없이 자신과 가족의 안위를 걱정하는 한편 사회구성원으로서 타인과의 관계에도 비상한 관심을 갖고 행동합니다. 따라서 개인적인 안위와 사회적 관계에 따라 개개인의 잠재력, 나아가 사회적 잠재력이 영향을 받게 됩니다. 이 말은 개개인의 잠재력의 총합이 사회적 잠재력이 아니며, 법과 제도에 따라 그 이하 또는 그 이상이 될 수 있다는 것입니다. 이런 의미에서 우리는 깊은 통찰을 통해 한국인의 잠재력을 억압하거나 고무시키는 요인들을 파악하고 이를 효율적으로 통제해야 합니다. 이것은 현시점에서 매우 중요한 작업이라는 생각이 듭니다.

**이기동** 참으로 중요한 말씀을 해주셨습니다. 한국인의 잠재력은 한마음과 연결되어 있기 때문에 발휘하려는 의지만 있으면 방법은 찾아집니다.

한국인의 잠재력은 몇 가지로 분류가 가능한데, 모두 한마음과 연관시켜서 생각할 수 있겠습니다. 첫째는 한을 풀기 위한 에너지입니다. 앞에서도 누차 이야기했지만, 한마음이 하늘마음입니다. 하늘마음을 가진 사람은 하늘입니다. 한국에는 사람이 하늘이라는 의미의 인내천人乃天 사상이 있습니다. 인내천 사상은 천도교의 교리이지만, 그 내용은 천도교의 교리에만 들어 있는 것이 아니라 한국인 모두에게 내재된 정서입니다. 한국 불교에서 말하는, '나는 본래 부처다'라는 사상, 한국 유학에서 말하는 '천인무간天人無間' 사상 등이 인내천 사상과 일치합니다.

본래 하늘인 내가 하늘의 모습을 하고 있지 않은 현재의 나를 보면 한이 맺힙니다. 하늘처럼 살지 못하고, 남에게 하늘처럼 대접받지 못하는 현재의 나에게 맺힌 한을 푸는 방법은 여러 가지 형태로 나타납니다. 가장 빠르게 한을 푸는 방법은 술을 마셔서 초라한 현재의 나를 망각하는 것입니다. 독한 술을 빨리 마셔서 취해버리면 한이 사라집니다. 한국에 유행하는 폭탄주 문화는 한풀이와 유관합니다. 다음으로는 음악을 통해 무아의 상태로 들어가는 방법이 있습니다. 내가 있는지 없는지를 망각할 정도로 꽹과리와 북을 시끄럽게 두드리면 나의 한이 사라집니다.

남에게 무시당할 때 한국인의 한은 극에 달합니다. 이를 해결하는 방법은 무시당하지 않도록 노력하는 것입니다. 지위가 남보다 낮아서 무시당한다고 생각하는 사람은 권력을 쟁취하기 위해 어마어마한 에너지를 쏟아붓습니다. 돈이 없어서 남에게 무시당한다고 생각하는 사람은 돈을 벌기 위해 엄청난 노력을 합니다. 새벽부터 가게 문을 열고 밤늦게까지 영업을 하기도 합니다.

이웃 나라의 침략을 받을 때는 한마음으로 뭉치기도 합니다. 마음의 세계에서는 1+1이 2가 되지 않습니다. 사람의 마음이 한마음으로 바뀌면 하늘마음이 됩니다. 하늘마음에서는 위력이 나옵니다. 1+1이 무한대가 된다는 뜻입니다. 『주역』에서는 "두 사람의 마음이 하나가 되면 그 날카로움이 쇠를 자른다."라고 했습니다. 을지문덕 장군과 연개소문 장군은 수나라의 대군을 물리쳤습니다. 이순신 장군은 12척의 배로 수백 척에 이르는 왜적의 배를 물리쳤습니다. 이는 모두 한마음으로 일으킨 기적입니다.

한국인의 잠재력은 문화예술 분야에서도 유감없이 발휘됩니다. 한국에 있는 뛰어난 예술 작품은 하늘마음으로 만든 하늘의 작품입니다. 석굴암의 본존불상, 불국사의 석가탑과 다보탑, 봉덕사의 범종 등은 인간이 만든 작품이 아닌 듯한 느낌을 받습니다.

이처럼 한국인에게는 놀라운 잠재력이 있지만 그 잠재력을 오늘날 발휘하지 못하면 의미가 없습니다. 이영환 교수님이 앞에서 말씀하셨듯, '한국인의 잠재력을 어떻게 되살릴 것인가?'에 대한 방법을 찾아내는 것이 오늘날 우리에게 주어진 과제입니다.

한국인의 잠재력을 오늘날 제대로 되살리기 위해서는 먼저 한국인의 잠재력이 되살아나지 않는 이유를 알아야 합니다. 우리는 과거 150여 년간 우리를 부정하는 분위기에서 살아왔습니다. 나라를 잃게 되자, 우리는 우리에게 있는 좋은 점을 생각할 겨를이 없었습니다. 계속 우리가 우리를 부정하는 분위기에서 살아야 한다면 우리의 앞날은 암담할 것입니다. 그러나 최근 한국인의 한마음을 결집하는 계기가 생겨 한국 경제가 비약적으로 발전하고, 한국의 문화예술이 세계에서 주목을 받기 시작하면서, 비로소 우리가 가진 장점을 돌아보게 되었습니다.

공자가 '온고이지신'이라 했습니다. 우리가 우리의 과거를 제대로 알면 앞으로 나아가야 할 방향도 알 수 있습니다. 우리는 과거 우리가 나라를 잃었다는 부끄러움으로 인해, 우리의 잠재력을 제대로 찾아보지 못했습니다. 우리가 나라를 잃은 데는 침략자들의 잘못도 큽니다만, 우리는 자신의 잘못을 자책하느라 침략자들의 잘못과 문제점을 추궁할 엄두도 내지 못했습니다. 이제 그들의 문제점을 정확하게 알아야 할 때가 되었습니다. 침략자들은 사람을 괴롭히고 자연을 괴롭혀 세상을 살 수 없는 지경으로 만들어가고 있습니다. 이러한 사실을 인지하면 그들의 문제점을 극복하는 방법이 오히려 한국인의 장점 속에 있음을 깨닫게 될 것입니다.

한국인의 장점은 단군시대의 한국 고유사상, 원효·보조국사로 이어지는 한국 불교사상, 목은 이색 선생에서 출발하는 한국 성리학, 한국 기독교 사상과 각종 신흥 종교의 사상 등에 일관되게 담겨 있으므로, 그 장점을 찾아내어 오늘날 되살리는 방안을 찾아내는 것이 우리에게 주어진 과제라고 생각합니다.

**이영환** 이기동 교수님은 잠재력의 궁극적인 원천으로서 한마음을 강조하시는 것 같습니다. 말미에 강조하신 여러 사상도 궁극적으로는 한마음을 회복하는 데 기여해야 할 것으로 이해됩니다. 이를테면 한마음은 여러 원천들의 원천이라고 할 수 있을 듯합니다. 그런데 요즈음 물리학자들 가운데 우주적 차원에서 신묘한 작용을 하는 에너지에 대해 이야기하는 사람들이 여럿 있습니다. 제가 이해한 바로는 이들은 양자장과 영점장이라는 개념을 통해 우주는 텅 빈 공간이 아니라 무한한 에너지의 바다라는 점을 강조합니다. 이런 에너지의 바다가 오랜 세월 요동치면서 생명이 탄생했고, 장구한 진화 과정을 통해 인간과 같은 고도의 의식을 가진 유기체가 등장했다는 것이지요. 이런 얘기는 끝이 없습니다만 굳이 언급하는 이유는, 인간을 포함해 우주만물은 겉보기보다 훨씬 더 깊이 연결되어 있음을 첨단과학이 알려준다는 것을 말하기 위해서입니다. 이것은 이 교수님이 역설하시는 한마음이 비과학적이거나 시대착오적인 개념이 아니라는 것을 뒷받침합니다.

그런데 문제는 우리 모두 감각기관을 통해 받아들이는 정보를 바탕으로 세상을 인식하고, 마음먹고, 행동한다는 데 있습니다. 감각기관은 우리에게 끊임없이 세상은 서로 분리된 수많은 존재들로 가득 차 있다고 말합니다. 이것이 우리가 알고 있는 '상식'입니다. 반면 양자물리학과 같은 첨단과학과 오랜 시간 전승되어온 신비주의적 관점은 우리가 감각적으로 인지하는 현실은 실재가 아니라 환영일 뿐이라고 말합니다. 아이러니하게도 과학과 영적 전통이 같은 결론을 지지하고 있는 것이지요. 그러나 이것이 우리의 감각 정보, 즉 '상식'을 넘어서기 어려운 것이 지금의 상황입니다.

이런 현실에서 한마음과 같이 우리 무의식 깊은 곳에 자리한 잠재력을 어떻게 끌어낼 수 있을까요? 어떻게 하면 현실에서 힘을 발휘하는 원천으로 활용할 수 있을까요? 만약 깨달음을 추구하는 특정

소수에 국한되지 않고 사회 전반에 걸쳐 많은 사람들이 한마음 회복에 참여하게 된다면 한국은 분명 세계의 중심으로 도약할 것입니다.

**이기동** 제가 청년 시절에 영천에 있는 동주 최석기 선생 문하에서 공부한 적이 있는데요. 그때 들은 말씀이 생각납니다. 오행으로 볼 때 동東은 목木이고, 서西는 금金입니다. 나무는 쇠에 닿으면 잘립니다. 동양이 서양에게 당한 형국은 나무가 쇠로 된 연장에 잘린 것과 같다는 말씀이었습니다. 그러나 나무가 자라고 나면 쇠로 잘라야 나무가 쓰임새를 발휘하게 됩니다. 이처럼 동양이 성장하고 난 뒤에는 서양이 동양의 가치를 발휘하는 데 도움이 된다고 말씀해주신 것을 기억합니다. 이 교수님의 말씀을 들어보니, 오늘날 우리의 사상을 펼치는 데 서양의 과학이 많은 역할을 할 수 있을 것으로 생각됩니다. 특히 이 교수님의 해박한 과학 지식은 매우 귀중한 자산이 되리라 생각합니다. 우리나라의 한마음 사상을 과학적으로 정리해주시면 국내외적으로 매우 설득력 있는 이론이 될 수 있을 듯합니다.

진리는 참된 삶의 도리입니다. 먼저 머리로 진리를 알아야 하고, 그다음 몸으로 진리를 체득해야 합니다. 수영하는 법에 비유해서 말한다면, 먼저 수영하는 법을 머리로 이해해야 하고, 그다음 몸으로 수영을 해낼 수 있도록 물에 들어가 체득해야 합니다. 한마음의 내용을 과학 이론을 통해서 확실하게 이해한 뒤에는, 한마음을 회복할 수 있도록 몸으로 하는 수련법을 개발해야 합니다. 몸으로 하는 수련법을 개발하려면 과거에 있었던 수련법들을 두루 섭렵하여 오늘날의 상황에 맞게 종합해야 할 것입니다.

**이영환** 저도 그렇게 생각합니다. 서양과학과 동양의 고대 철학이 통합될 때 인류의 미래를 위해 긴요한 새로운 사상과 철학이 정립될 것으로 기대합니다. 서양과학의 환원적 방법론과 동양철학의 전일적 방법론은 본질적으로 상호보완적이기 때문입니다. 그런데 현실적으로 적지 않은 장벽이 있다는 것은 서양의학과 동양의학의 관계를 통해 확인할 수 있습니다. 이 두 분야가 통합되지 못하는 근본적인 이유는 학문체계의 차이도 있습니다만, 본질적으로는 이해관계가 충돌하기 때문이라고 봅니다. 누가 주도권을 잡을 것인가 하는 문제지요. 이런 의식 상태에 머물러 있는 한, 서로 이질적인 요소들을 통합하려는 노력은 실현 불가능합니다.

그런데 지금 우리는 더 이상 개인적인 이해관계에 집착하다가는 모두 공멸할 수도 있는 '존재적 위험existential risk'에 직면해 있다는 사실을 인식할 필요가 있습니다.[29] 기후변화와 팬데믹은 이런 위험의 전조前兆에 해당됩니다. 개인의 자유와 개인의 이익 추구만을 지지하는 사상이나 철학은 더 이상 지지받기 어렵습니다. 그래서 우리가 알고 있는 가짜 개인주의를 극복하고 진짜 개인주의, 즉 공동선과 양립할 수 있는 개인주의를 널리 확산시킬 필요가 있다는 것이지요. 이는 동양과 서양, 과학과 철학 등 모든 분야에서 불필요한 대립을 지양하고 통합적 관점에서 지혜를 모아야 한다는 것을 의미합니다.

지금 서양에서 환원주의와 물질주의에 입각한 과학적 방법론에 대한 반성이 일어나고 있다는 사실은 고무적입니다. 왜냐하면 한마음 사상은 이런 움직임과 상호보완적이기 때문입니다. 어떤 면에서는 한마음 사상이 서양의 탈물질주의 움직임에 또 다른 사상적 기반을 제공할 수 있다고 봅니다. 그렇기 때문에 서양과 동양이 서로 협력해야 할 시점에 와 있다는 것입니다. 우리는 옛 가치를 회복함으로써, 서양은 옛 가치를 포기함으로써 서로 만나는 접점에 와 있는 것입니다. 이는 인류사에서 보기 드문 기회라는 생각이 듭니다. 특히 이미 알려진 위험 외에도 향후 인공지능으로 인하여 존재적 위기가 더해질 수 있기에 서양과 동양의 만남은 더욱 중대한 의미를 갖는다고 생각합니다. 이런 상황에서 한국의 역할이 매우 크다는 점을 우리 모두 인식할 필요가 있습니다. 아시아의 어떤 나라보다 한국은 통합적인 관점에서 서양과 협력할 수 있는 능력을 갖추고 있기 때문입니다. 여기에 한마음 사상이 회복된다면 더 큰 힘을 발휘할 수 있을 겁니다.

　　또 하나 고무적인 사실은 고대 그리스에서 아리스토텔레스가 강조했던 공동선 개념이 현재 서양에서 다시 각광을 받고 있다는 점입니다. 공동선은 한국의 고대사상인 홍익인간 사상의 서양 버전이라고 할 수 있습니다. 그런데 아리스토텔레스의 공동선보다 홍익인간 사상이 시대적으로 앞섰다는 사실은 우리가 세계의 중심으로 나아가는 데 큰 힘이 될 것입니다. 우리가 사상의 원류라는 건 중요한 의미를 갖기 때문입니다. 모든 과학적·철학적 개념과 사상이 서양의 영향력하에 있는 현 시점에서 우리 고유의 사상이 원류임을 널리 알린다면 우리의 잠재력을 활성화하는 데도 큰 도움이 될 것입니다.

**이기동**　인공지능이 등장하는 4차 산업혁명 시대의 도래에 대해 말씀해주셨는데, 인공지능의 등장은 인류 역사에서 큰 변화를 일으킬 것으로 예상됩니다. 역사의 흐름은 안정기가 있고 격변기가 있습니다. 사계절의 진행에서 보면 봄과 가을은 안정기이지만, 여름과 겨울은 급변기입니다. 봄은 기온이 따뜻해지는 방향으로 진행하고, 가을은 추워지는 방향으로 진행합니다만, 여름은 더워지는 방향에서 추워지는 방향으로 급변하는 계절이고, 겨울은 추워지는 방향에서 더워지는 방향으로 급변하는 계절입니다. 일정한 방향으로 진행하는 안정기에는 적응하기 쉽지만, 방향이 바뀌는 급변기에는 적응하기 어렵습니다. 스피드스케이트 선수들은 빙상 경기장을 여러 바퀴 회전하는데 일직선의 구간에서는 대부분 안정적으로 달리지만, 회전 구간에서는 넘어지는 선수가 많습니다. 선수들은 회전 구간에서 넘어져 탈락하기도 하고, 순위가 뒤바뀌기도 합니다. 회전 구간은 급변하는 구간이므로 조심해서 통과해야 합니다.

역사의 흐름에서도 급변하는 시기가 중요합니다. 역사의 안정기에는 순탄하게 살 수 있지만, 급변기에는 살아남기가 어렵습니다. 이제 인류는 인공지능의 등장으로 인해 급변기를 맞이하게 되었습니다. 급변기가 다가오면 사람들은 안정을 잃고 우왕좌왕합니다.

급변기에 살아남는 가장 좋은 방법은 미리 마음 그릇을 키워놓는 것입니다. 마음은 삶을 담는 그릇입니다. 마음 그릇이 작은 사람은 작은 변화만 일어나도 마음이 흔들리고 격렬한 변화가 일어나면 감당하지 못하여 도태되고 맙니다. 그러므로 격렬한 변화가 일어날 땐 당황하지 말고 빨리 마음 그릇을 키우는 데 집중해야 합니다.

한국인의 마음 그릇은 예로부터 무한히 컸습니다. 하늘마음을 담고 있는 하늘 같은 사람은 여하한 변화에도 흔들리지 않습니다. 포은 정몽주 선생은 죽음 앞에서도 흔들리지 않고, "이 몸이 죽고 죽어, 일백 번 고쳐 죽어, 백골이 진토 되어 넋이라도 있고 없고, 님 향한 일편단심이야 가실 줄이 있으랴."라고 노래했습니다. 죽음 앞에서도 초연한 마음은 급변하는 상황에서도 초연하게 대응할 수 있습니다. 하늘마음은 전지전능합니다. 어떤 변화에든 적응하여 능력을 발휘할 수 있습니다. 앞으로 한국인이 한마음을 회복해둔다면 급변기가 도래했을 때 큰 위력을 발휘할 수 있으리라 생각합니다.

**이영환**   이기동 교수님 말씀을 거들자면 1997년 외환위기 때 금 모으기 운동, 그리고 2002년 월드컵 당시 국민적 응원과 같은 사건들은 한마음이 표출된 대표적인 사례라 할 수 있겠지요. 평상시에는 이런 한마음이 잠재되어 있어서 확인할 수 없지만, 위기 시에는 드러난다는 점에 비추어 우리의 집단무의식 어딘가에 자리하고 있다고 볼 수 있겠습니다. 제가 염려하는 것은 이것이 언제까지나 집단무의식에 남아 있는 상태에 그칠지도 모른다는 점입니다. 아니, 에고에 집착하면서 살아갈 것을 부추기는 현실에서 한 마음은 더 이상 기대하기 어려울 수도 있습니다. 따라서 하루 빨리 우리 잠재력의 원천에 대한 더 심층적인 연구가 이루어져야 한다는 생각이 듭니다.

# 2

# 잠재력 분출의 열쇠를 쥔
# 대중의 힘

**이영환** 　다시 말씀드립니다만, 우리의 집단무의식에 있는
무언가가 작용하지 않았더라면 한국이 이처럼 단기간에
정치적, 경제적인 성과를 이루기는 어려웠을 것입니다. 이제
우리는 새로운 시대를 열어가는 문턱에 와 있습니다. 그리고 아직도
갈 길이 멀기에, 우리의 잠재력을 효과적으로 분출하는 전략에 대해
다각도에서 생각해볼 필요가 있습니다.

앞에서도 논의했듯이, 이를 위해서는 우선 우리 잠재력의 원천이
무엇인지 정확하게 파악해야 합니다만, 여러 가지 요인들이 복합적
으로 작용하기 때문에 간단한 문제는 아닙니다. 따라서 개별적인 요

인들을 확인한 후 각각에 적합한 전략을 수립하는 것이 하나의 방안이 될 수 있다고 봅니다.

그 첫 번째로, 저는 한국인이 지닌 강한 경쟁심과 그 바탕에 있는 자존감을 강조하고 싶습니다. 자신이 능력이 부족해 출세를 못한 것이 아니라 신분 때문에 또는 운이 나빠서 그랬다는 변명 속에는 강한 자존감이 내재해 있습니다. 이것은 이 교수님이 강조하신 한마음과도 연관이 있어 보입니다. 그렇다면 저는 한국인의 잠재력을 가장 효과적으로 분출시키는 방법으로 문샷 프로젝트Moonshot project를 추진할 것을 제안하고 싶습니다.[30] 이것은 원래 미국 항공우주국에서 인간을 달에 보내기 위한 프로젝트를 지칭하던 용어인데, 지금은 대중 공모公募를 통해 어려운 과제에 대한 해법을 찾으려는 시도를 말합니다. 기업으로는 구글이 이 아이디어를 가장 효과적으로 사용했지요. 그밖에도 이런 프로젝트를 주관하는 조직이 여럿 있지만, 우리나라에서는 찾아보기 어렵습니다. 개인적으로 문샷 프로젝트는 우리 실정에서 여러 가지 효과를 가져다줄 수 있는 방안이지 않을까 합니다. 무엇보다 일반 대중이 보다 적극적으로 국가적 과제에 관심을 갖도록 유도하여 대의민주주의의 한계를 극복하는 데 상당히 기여할 수 있을 겁니다. 여기서 자존감이 강한 우리나라 사람들이 스스로 문제를 해결할 수 있다는 자신감으로 각자가 모두 최선을 다해 문제 해결 방안을 찾아낼 것입니다. 예컨대 한국의 고질적인 문제인 부동산 투기나 교육 문제 등은 이런 방식으로 국민적 아이디어를 모으면 상당한 효과를 기대할 수 있을 겁니다. 정치인이나 관료들 스스로 민주적이라는 것을 입증하려면 이런 프로젝트를 과감하게 추진해야 할 것입니다.

이 외에도 국민들로부터 의견을 수렴하는 과정을 통해 우리 실정에 가장 적합한 전략을 검토하고 수립할 수 있을 겁니다. 이제는 관료나 일부 파워 엘리트가 정책을 독점하는 시대는 끝났습니다. 집단지성을 효과적으로 활용하는 정부와 기업은 생존할 것이고 그렇지 않는 정부와 기업은 도태될 것입니다. 이런 관점에서 우리는 더 적극적으로 그리고 개방적으로 잠재력 촉진을 위한 전략을 추구할 필요가 있습니다.

**이기동** 이영환 교수님께서 중요한 말씀을 해주셨습니다. 가장 중요한 것은, 역시 어떻게 한국인의 잠재력을 폭발시킬 수 있을지 여부입니다. 이 교수님께서는 한 가지 방법으로 문샷 프로젝트를 예로 들어주셨습니다. 문샷 프로젝트 같은 정책을 실시하는 것은 매우 효과적이리라 생각합니다. 그러나 그보다 더 중요한 것은 정부의 안목입니다. 문샷 프로젝트 같은 것을 추진하더라도 정부 관료 중에 프로젝트에 참가한 국민의 진위를 판별할 수 있는 안목이 없다면 가짜 연구자들에게 헛돈을 쓰고 말 가능성이 있습니다. 따라서 정부에 좋은 방법을 추진하도록 촉구하는 것보다는 정부 관료들의 역량을 기르는 일이 선행되어야 할 것입니다.

세상을 바꾸는 위대한 사업은 언제나 정부가 해낸 것이 아니라, 민간인이 해냈습니다. 공자도 그랬고, 석가모니도 그랬으며, 예수도 그랬습니다. 따라서 세상을 바꾸는 사업은 사심이 없는 사람이 바른 생각을 가지고 추진하는 것이 좋습니다. 힘이 미약하여 당대에 성공하지 못해도, 결국은 후학들이 해낼 것입니다.

또한 한국인이 잠재력을 발휘하기 위해서는 직접 한마음을 설명하여 깨닫게 만들고, 우리 스스로가 우리 국민을 존중하고 우리 스스로가 하늘처럼 되도록 하는 분위기를 조성해야 합니다. 한국인의 하늘을 향한 열정은 강력합니다. 한국 건물에 있는 용마루의 선은 하늘을 향해 가고, 여인들 버선코의 선 또한 하늘을 향해 갑니다. 이처럼 하늘을 향해 가고자 하는 한국인의 열정이 도처에 표현되어 있습니다. 이런 열정은 위기의 순간이 되면 저절로 폭발할 때가 많습니다. 그렇다고 해서 열정이 저절로 폭발할 때까지 기다릴 수는 없습니다. 한국인 스스로가 한마음을 폭발시킬 수 있는 분위기를 만드는 것이 더 중요합니다.

**이영환**  저 또한 문샷 프로젝트를 정부가 추진해야 한다고 강조하려는 것은 아닙니다. 이기동 교수님이 지적하신 대로 관료들의 안목이 먼저 바뀌어야 할 것이고, 그 전에 진정 공익을 위하는 마음이 있어야 합니다. 중요한 것은 한국인의 잠재력을 효과적으로 분출하도록 하는 전략입니다.

이기동 교수님 말씀은 위기 시에는 한마음을 바탕으로 하는 전략이 더 효과적이라는 것으로 들립니다. 이순신 장군이 12척의 배를 가지고 수백 척에 이르는 왜적을 물리친 역사적 사건의 경우처럼 말입니다. 원칙적으로 맞는 말씀인데, 문제는 우리가 늘 위기에 처한 것은 아니라는 것입니다. 주어진 위기에 대처한다기보다는 앞으로 닥칠 어려운 상황에 대비한다는 차원에서 잠재력을 효과적으로 분출시키는 전략을 논하는 것은 의미 있는 일이라고 생각합니다. 문자 그대로 전략이란 불확실한 미래에 대비하는 합리적인 계획을 의미하니까요. 불확실성의 원인이 우리의 환경인지 아니면 우리의 경쟁자인지, 아니면 둘 다인지 불문하고 말입니다.

이런 관점에서 특히 유의할 사항은 앞으로 도래할 인공지능시대에 우리의 잠재력을 분출하는 전략입니다. 향후 인공지능 패권을 둘러싸고 미국과 중국은 양보할 수 없는 싸움을 하고 있습니다. 이 싸움은 이론과 응용이라는 두 가지 측면에서 이루어지고 있는데, 중국을 대표하는 인공지능 전문가 리카이푸李開復의 주장에 의하면 이론면에서는 미국이 앞서가고 있지만 빅데이터를 기반으로 하는 응용면에서는 지금도 중국이 미국을 압도하고 있으며 앞으로 그 격차는 더욱 벌어질 것이라고 합니다.[31] 빅데이터를 이용한 딥러닝, 즉 심층학습을 통해 인공지능 알고리즘을 업그레이드한다는 사실에 비추어볼 때 중국이 향후 인공지능 패권을 장악할 가능성이 매우 높다는 점을 유념해야 합니다.

이 모든 사항을 고려할 때 우리의 잠재력을 효과적으로 발휘하는 것은 비단 우리의 생존 차원을 넘어 인류에 새로운 가능성을 제시하는 과제와도 연관되어 있다고 봅니다. 기업 차원에서는 당연히 생존을 위해서도 잠재력을 극대화하는 전략을 추구해야 할 것이기에 더 이상 설명이 필요 없습니다. 문제는 정부입니다.

구태의연한 방식으로 정책을 추진해서는 인공지능시대에 비교우위를 점하기 어렵습니다. 중국은 우리보다 매년 10배 이상의 엔지니어를 배출하고 있으며, 정부와 민간의 투자 규모 또한 한국의 10배가 넘습니다. 양적으로는 도저히 중국과 경쟁하기 어려운 상황입니다. 더욱이 한국의 경우 인공지능 생태계가 조성되지 않았기에 삼성전자를 비롯한 일부 대기업에 지나치게 의존하고 있는 형편입니다. 따라서 우리에게 가장 절실하게 필요한 건 국민 모두가 우리의 잠재력을 억제하는 정서적, 제도적, 문화적 요인을 제거하는 데 앞장서는 것입니다. 이런 면에서 정부가 제 역할을 하지 못한다면 기업과 시민사회가 나서야 할 것입니다.

**이기동**     인공지능에 대한 연구자의 수와 연구비 규모에서 미국과 중국의 경쟁이 치열하다는 말씀을 듣고 걱정이 앞섭니다. 중국은 우리보다 매년 10배 이상의 엔지니어를 배출하고, 10배 이상의 투자를 하고 있다는 말씀을 들으니 충격을 금할 수 없습니다. 그나마도 우리는 삼성전자에 의존하는 것이 크다는 말씀도 충격적이었습니다. 이미 선두에 있는 사람들이 더 빨리 달리면 후발 주자들은 따라잡을 수가 없습니다. 우리는 인공지능의 등장으로 격변하고 있는 4차 산업혁명 시대를 맞아 전 국민이 일치단결하여 대응해야 합니다. 그러나 우리 국민은 진보와 보수, 좌파와 우파로 편을 나누어 이전투구 하느라, 미래를 걱정하는 분위기를 찾아

볼 수가 없습니다. 이런 상황에서 정부의 역할을 기대하기는 어려워 보입니다. 긴 역사에서 보더라도 정부가 먼저 미래의 문제에 대비하여 해답을 내놓는 경우는 세종대왕 시대를 제외하고는 찾아보기 어렵습니다. 이제 시민이 나서서 방법을 찾아야 할 것입니다.

**이영환** 　네. 맞습니다. 덧붙여, 여기서 제가 말하는 시민은 이성적으로 사유하면서 개인의 자유와 함께 사회 발전을 추구하는 사람을 말합니다. 이런 시민이 이기동 교수님이 말씀하신 한마음의 열정을 바탕으로 행동한다면 더욱 바람직한 일이겠지요. 이들 시민이 신바람 나서 행동하게 만든다는 말은 곧 자존감을 살려준다는 것을 의미합니다. 그리고 이것은 서로를 존중하고 협력하는 것을 전제로 할 때 가능합니다. 그렇다면 경제적으로든 문화적으로든 가치 있는 것을 독점하지 않고 서로 공유하려는 태도로 이어질 수 있습니다. 이런 여건에서 사람들은 조금만 칭찬해주어도 신바람이 나서 최선을 다할 것이고, 이는 곧 잠재력의 극대화로 이어질 것입니다.

그런데 한국의 특수한 역사적, 지정학적 여건으로 인해 한국인들은 자존감과 모멸감 사이에서 교묘한 긴장을 느끼면서 살아왔다는 생각이 듭니다. 이로 인해 신바람과는 정반대 상황이 벌어지는 경우가 흔합니다. 예를 들면 소설가 이청준 선생님의 작품 「병신과 머저리」에 보면 낮에는 국군, 밤에는 공비가 출몰하는 마을이 나옵니다. 여기 사는 주민들의 경우 누군가 한밤중에 침입해 불시에 손전등을

들이밀면서 어느 편이냐고 물었을 때 잘못 대답하면 개죽음을 당할 수 있습니다. 이는 우리의 무의식에 남아 있는 불안감을 잘 묘사한 것으로 여겨집니다. 그밖에 줄을 잘 서면 출세하고 잘못 서면 패가망신했던 많은 사례들이 우리의 의식과 무의식에 영향을 미치고 있습니다.

기업이라는 조직의 관점에서가 아니라 독립된 개인의 관점에서 잠재력을 키울 수 있는 방안을 모색하는 것도 중요합니다. 특히 한국과 같이 세계적으로 유례없이 자영업자의 비중이 높은 사회에서는 더욱 그러합니다. 이들이 얼마나 취약한 상황에 놓여 있는지는 이번 코로나19 사태를 겪으면서 그대로 드러났습니다. 이런 상황에서는 잠재력에 대한 논의 자체가 무의미합니다. 이들의 상황을 고려하는 가운데 한국인의 잠재력에 대한 논의가 이루어져야 할 것입니다.

**이기동** 그렇습니다. 그런데 우리나라에 자영업자가 많은 것도 우리의 정서와 관계가 있습니다. 한국의 인내천 사상에서 알 수 있듯이 한국인은 모두 하늘입니다. 하늘은 만물의 중심이면서, 만물의 위에 있습니다. 이러한 정서로 인해 한국인은 자기가 속한 단체에서 최고가 되려고 하는 경향이 있습니다. 한국인들이 대기업에 취직하고 싶어 하는 것도 이러한 이유로 보아야 할 것이고, 기업의 사장이 되고 싶어 하는 것도 이러한 이유로 보아야 할 것입니다. 미국 이민자 중에서 중국 교민이나 일본 교민보다 한국 교민이 사장 수가 월등히 많은 것도 우리의 정서와 관련이 있습니다.

한국인들이 자존심이 강하고, 영웅심리가 많으며, 주인공이 되고 싶은 욕구가 유독 많은 것도 이러한 정서와 관련이 있는 듯합니다. 하늘과 내가 하나라는 의식이 한국인들에게 '하늘처럼 높아야 한다'는 자존심을 갖게 만듭니다. 자존감과 모멸감은 동전의 양면 같은 것입니다. 자존심이 지켜지지 않을 때 느끼는 감정이 모멸감입니다. 단순히 '아저씨'나 '아줌마'라고 불려도 모멸감을 느낄 수 있습니다.

우리는 우리의 독특한 정서를 알아야 합니다. 우리의 정서를 모른 채 한국에서 서양의 방식으로 일을 처리하면 통하지 않을 것이 많습니다. 이제 많은 사람이 공감하도록 한국인의 정서를 잘 정리할 필요가 있습니다.

한국인의 자존감을 훼손하는 것 중에 편 가르기가 있습니다. 내편, 네 편으로 편을 갈라서 싸우는 것은 하늘의 모습이 아닙니다. 정치인들에게 속아서 편을 갈라 싸우거나, 이념으로 나뉘어 대립하는 것 역시 하늘의 모습이 아닙니다. 하늘의 모습을 유지할 수 없는 분위기가 되면 한국은 침체합니다. 하늘은 하나입니다. 한국인의 잠재력은 모두가 하나가 될 때 폭발합니다. 한국의 발전을 위해서는 한국인 모두가 하나가 되어야 합니다. 한국인의 정서에서 보면 한국의 정당정치는 한국인에게 적합하지 않은 듯합니다. 한국 고대에 있었던 화백제도는 모두가 하나가 되는 것을 목적으로 하여 만든 것입니다. 이제 서양의 것이 우수하다는 선입관을 버려야 할 때가 되었습니다. 우리의 것 중에서 우리의 잠재력을 폭발시킬 수 있는 것을 찾아 오늘날에 되살리는 것이 우리에게 주어진 과제입니다. 우리는 우리의 정서에 맞는 정치·교육·경영 방식 등을 찾아내야 합니다. 이는 개인 차원에서 추진되어야 합니다. '수신·제가·치국·평천하'란 말이 있습니다. 세상이 바뀌는 것은 한 사람이 바뀌는 데서 출발합니다. 세상부터 바뀌어야 한다고 주장하는 사람이 있다면, 그는 잘못된 사람입니다. 세상이 바뀌기 전에 자기 자신이 먼저 바뀌도록 노력해야 할 것입니다. 먼저 자기가 바뀌고, 다음으로 가정이 바뀌고, 나라가 바뀌고, 세상이 바뀌는 것입니다.

**이영환**   바로 그 이유 때문에 이런 대담을 하고 있는 것 아니겠습니까. 이 대담을 통해 전하려는 메시지는, 우리 모두 상당한 잠재력을 갖고 있는데 사회 분위기와 제도적 한계로 인해 이를 제대로 발휘하지 못하고 있다는 것입니다. 특히 이런 논의가 더 이상 탈출구가 없다는 절망감에 자살을 시도하는 많은 사람들에게 희망의 메시지로 작용하기를 고대하는 마음입니다. 무능하고 무력한 인간은 없습니다. 그렇게 극한으로 내몰린 것뿐입니다. 누구나 적절한 동기가 부여되면 최선을 다해 잠재력을 끄집어낼 것입니다. 이런 맥락에서 사회구성원으로서 우리가 할 수 있는 최소한의 노력은 서로 수치심을 느끼지 않도록 하는 것입니다. 물론 이것과 한마음을 회복하는 것 사이에는 상당한 거리감이 있는 게 사실입니다. 그러나 인간의 의식 수준이 가장 낮은 단계에 머물 때, 즉 더 이상 추락할 곳이 없을 때 자살이라는 극단적인 방법을 생각합니다. 이를 고려할 때 수치심을 느끼지 않도록 하는 것은 중요한 의미가 있다고 생각합니다.[32] 더 많은 사람들이 수치심을 극복한다면 이는 곧 우리의 잠재력을 극대화하는 하나의 방안이 될 수 있기 때문입니다. 이를 위해서는 각자 보유하고 있는 잠재력을 일깨워주는 사회적 분위기 조성과 포용적인 제도가 선행되어야 할 것입니다. 한국 사회는 아직도 수치심을 조장하는 수준을 벗어나지 못하고 있다는 엄연한 사실을 유념할 필요가 있습니다.

# 3

## 명확한 개념을 추구하는
## 진정한 리더

**최수**　　우리는 지금 오천 년 역사 중 세계적인 위상 면에서 가장 높은 수준에 도달하지 않았습니까? 그것도 해방 후부터 고작 70년이 안 되는 짧은 기간에 이를 달성했습니다. 단기간에 이러한 세계적인 위상을 차지하게 된 것은 결코 우연이 아니며 이것이 바로 우리의 잠재력과 집중적인 노력의 결과가 아니겠습니까. 그런데 그것이 어디에서 왔습니까?

기본적으로 우리 민족은 단결심이 강합니다. 우리 민족은 유순하고 필요시에는 복종할 줄도 압니다. 반면 불의에 대해서는 분연히 일어나서 강하게 저항합니다. 근검하면서도 애국심이 강합니다. 게다가 창의적이지요. 이런 민족을 어디서 찾을 수 있겠습니까? 그것도 오천만이나 되는 사람들로 구성된 민족을 말입니다.

또한 우리에게는 기본적으로 남들을 이롭게 하려는 선한 마음이 근본에 있습니다. 이 홍익인간 사상은 오천 년의 역사 속에서 여러 굴곡은 있었지만 끊임없이 우리 마음의 바탕이 되어왔습니다. 이처럼 우리 역사에는 잊혔거나 우리가 미처 모르는 위대한 스토리들이 많이 숨어 있습니다. 안타까운 일이지요. 전 이런 것들이 우리의 잠재력이 아닌가 생각합니다.

지리적으로도 우리는 반도라는 특수한 상황이어서 대륙과 해양에 걸쳐 주변의 양대 세력의 흥망성쇠에 따라 많은 시련을 겪으며 위기에 강해졌습니다. 기후도 사계절로 나뉘어 물질적인 풍요와 함께 계속적인 변화에도 익숙해졌습니다. 이것은 우리에게는 생각보다 더큰 혜택이에요. 예를 들어 우리가 열대지방이나 한대에 있었다면 이런 민족성이 나오겠습니까? 이러한 기후적, 지정학적 특수성은 우리에게 하늘에 대한 감사와 존중을 갖게 하고, 자존심과 자신감을 불어넣어 주었으며, 외부 문명에 대한 개방성을 높였다고 봅니다. 뿐만아니라 우리는 과거 유교, 도교와 불교를 받아들일 때 우리의 특성을 잃지 않고 통합적으로 수용했습니다. 이것만 봐도 우리 민족이 무척 효율적이며 생산적인 민족임을 알 수 있습니다. 우리는 기본적으로 생각하고 궁리하는 것을 좋아합니다.

이러한 특성들은 4차 산업혁명 시대를 주도적으로 헤쳐나가는 데 큰 잠재력으로 작용할 것입니다. 앞에서도 이야기하셨지만, 우리의 과제는 어떻게 이러한 잠재력을 시대적 도전에 효과적으로 활용할지 하는 것입니다. 다행스럽게도 우리는 과거의 상처를 극복하고 우리 스스로 자신감을 회복했습니다. 이러한 자신감이 우리의 열망과 함께 상승한다면, 미래에 엄청난 에너지로 결집되면서 4차 산업혁명을 주도적으로 극복하는 원동력이 될 것입니다.

단군시대부터 포함한 우리 역사에서 우리 가슴 속에 절대적으로 양보할 수 없는 개념 하나가 있습니다. 바로 '가족'입니다. 지금은 비록 대가족에서 핵가족으로 변화했지만 우리의 기본 가치관, 즉 마음 한가운데에 깊게 자리 잡고 있는 것이 바로 가족입니다. 가족의 개념은 공동체의 출발이며, 행복의 근원이고, 노동과 희생의 즐거움이며, 삶의 존재 이유입니다. 나만 살겠다는 것이 아니라 같이 살겠다는 겁니다. 그런 것들이 하나의 열망으로 나타남으로써 지금과 같은 발전을 이룩할 수 있었다고 생각합니다. 사실 이런 것들은 모든 국가가 고취시켜야 할 정신적 핵심 가치인데, 우리는 다행히도 이미 많은 역사적 사례들을 통해 그 존재를 확인했습니다.

따라서 우리는 본격적으로 우리의 장점들을 4차 산업혁명 시대에 어떻게 구현해낼 것인가, 이것을 어떻게 극대화시킬 것인지에 대해 아이디어를 모아야 하겠습니다. 다시 말해 우리의 정체성을 재확인하고, 우리 자신을 더욱 확실하게 이해함으로써 미래의 변화를 주도해가야 할 것입니다.

그러면 우리의 장점들, 즉 민족성을 구체적으로 구현하기 위해서는 어떻게 해야 할까요? 이와 관련해 저는 세 가지를 이야기하고 싶습니다. 제 나름으로 표현하자면, '3C'로 정리할 수 있겠는데요, 우선 '클리어 콘셉트clear concept', 즉 명확한 개념을 강조하고자 합니다. 지금 세계는 여러 문화가 다양하게 어우러져 있고 변화의 속도와 깊이를 종잡을 수 없습니다. 해박한 지식과 고도의 집중 없이는 상황의 변화 속에서 길을 잃고 휘둘릴 수밖에 없습니다. 이런 혼란 속에서 승자는 명확한 개념을 갖고 있는 사람입니다. 이것은 지식과 감성만으로는 충분하지 않습니다. 현장 속으로 깊이 들어가 같이 숨 쉬고 고통을 나누며 자신의 에고를 극복하고 집중해야 현실적이고 명확한 개념이 도출됩니다. 이러한 명확한 개념이 조직을 바른 방향으로 힘차게 이끌 수 있습니다. 문제의식을 포함해 상황에 대한 명확한 개념과 이해가 변화의 속도에 있어 핵심입니다.

두 번째는 이러한 명확한 개념을 분명하게 전달하는 것, 즉 '클리어 딜리버리clear delivery'입니다. 헷갈리지 않게 정확하게 전달해주어야 합니다. 그래야 효과적으로 움직일 수 있습니다. 가짜 뉴스를 가지고 물 타지 말고 정확하고 진솔하게 전달해줘야 합니다. 마음에 와닿게, 공감할 수 있도록 해야 합니다.

마지막으로는 분명한 평가, 즉 '클리어 리뷰clear review'입니다. 지난 일들의 공과를 분명히 가린 후 공정하고 적절한 보상을 해주어야 합니다. 때론 벌도 분명하게 주어야 합니다. 이기동 교수님 말씀대로 존중해주는 것, 네가 최고다, 네가 정말 잘했다고 분명하게 말해주는 것, 그것이 사람을 신나게 하고 자신 있게 만들어줍니다. 따라서 이 것을 분명한 평가라고 한 것입니다. 이 세 가지 개념을 명확하게 해준다면, 그리고 사회가 지속적으로 이런 것들을 공정하게 실현해준다면, 우리 국민은 다시 활활 타오를 수 있을 겁니다.

**이영환**  최 회장님이 제시한 방안에는 치열한 기업 경영 일선에서 느꼈던 생생한 체험들이 녹아 있는 것 같습니다. 한국인이 가지고 있는 여러 장점과 단점들 중에 최 회장님이 유독 장점만을 강조하신 의도 또한 충분히 이해됩니다. 우리의 단점이나 약점에 초점을 맞춰 스스로를 비하하거나 소외시키는 건 분명 현명한 방법이 아니니까요.

말씀대로 집중해야 할 것은 우리의 장점을 제대로 살리는 방안을 강구함과 동시에 우리의 약점 또한 치유할 수 있는 처방을 구하는 것이겠지요. 이런 의미에서 최 회장님이 강조한 '클리어 콘셉트', 즉 명확한 개념은 무엇보다 중요합니다. 이를 바탕으로 명확한 전달, 즉 의혹의 여지가 없는 소통을 강조하신 점, 마지막으로 일어난 일들에 대한 분명한 평가를 강조하신 점 모두 충분히 공감합니다. 사실 저 역시 지적하고 싶었던 한국인의 취약점 중 하나가, 명확한 이해 없이 개념을 마구 사용하는 바람에 혼란을 가중시켜온 것입니다. 예를 들어 오늘날 많은 정치인들이 이구동성으로 자유시장경제를 지지하고 있는데, 이 가운데 몇 사람이나 이 개념의 진정한 의미를 이해하고 있는지 의문입니다. 또한 이들은 걸핏하면 진보나 보수를 운위하는데 이 단어의 뜻을 제대로 파악하고 있는지도 의문입니다. 자신들이 사용하는 개념에 대한 명확한 이해가 없으니 이로 인해 각종 오해가 발생하고 불필요한 논쟁이 그치지 않는 실정입니다.

이런 점에서 최 회장님은 한국인의 잠재력을 극대화하는 데 가장 걸림돌이 되고 있는 세 가지를 언급하신 셈입니다. 이들은 장점을 극대화함으로써 자연스럽게 해소할 수 있는 단점이 아니라는 의미에서 별도의 조명을 받아 마땅합니다. 저는 여기에 덧붙여 진정한 의미에서 포용적인 제도, 공과 사를 제대로 구분하는 사람과 그렇지 않은 사람을 명확하게 구분하도록 해주는 선별기제,³³ 그리고 실질적으로 기여한 사람들을 제대로 보상해주는 인센티브 제도 등이 보완되어야 한다고 생각합니다.

이 모든 노력을 통해 우리가 추구해야 할 것은, 한국인들 스스로가 내면으로부터 최선을 다해야겠다는 동기를 유발하도록 하는 것입니다. 지금과 같이 복잡한 사회에서는 많은 것들이 타인에게 위임됩니다. 이것은 위임받은 사람이 위임해준 사람보다는 자신을 위해 더 많이 노력할 가능성이 있음을 의미합니다. 이것이 정보경제학의 주요 쟁점인 '대리 문제agency problem로' 이어집니다. 우리가 알고 있는 도덕적 해이는 대리 문제의 한 가지 유형에 해당됩니다. 금전적 인센티브를 통해 이 문제를 어느 정도 해결할 수 있다는 것이 경제학의 기본 아이디어입니다.

그런데 최근 여러 심리학 실험을 통해 밝혀진 바에 의하면, 창의적인 과제를 수행하는 경우 자발적으로 최선을 다하고자 하는 동기, 즉 내재적 동기가 더 중요하다고 합니다. 이것은 어쩌면 당연한 결론입니다. 아무리 돈을 많이 준다 해도 내키지 않는 일에 최선을 다한다는 것은 애초부터 기대하기 어렵기 때문입니다. 저는 개인적으로 한국 사회에 가장 부족한 부분이 내재적 동기를 유발하는 사회 분위기가 형성되지 않았다는 점이라고 생각합니다. 자기와 다르다는 이유로 사람을 왕따시킨다거나, 학연이나 지연을 바탕으로 차별화하는 행위, 그리고 돈이 없다는 이유로 수치심을 유발하는 사회적 분위기 같은 요소들은 내재적 동기를 말살하는 것들입니다. 한국인의 잠재력을 극대화하기 위해서는 이런 요소들도 제거되어야 합니다. 최 회장님이 강조하시는 명확한 개념이 이 모든 노력을 위한 첫 단계가 될 수 있다고 생각합니다. 우리 모두 동일한 의미의 개념을 공유하는 것이 모든 행동의 출발점이 되어야 하기 때문입니다.

**최수**　　그렇습니다. 대리 문제는 인간이 만든 모든 조직에 잠복해 있는 암적 요소로서 인간의 본성과 연결되어 있기에 쉽게 근절되지 않습니다. 심지어 기업의 경우 오너 경영자에게까지 만연해 있습니다. 우리의 잠재력을 극대화하기 위해서라도 이 문제는 반드시 적절한 수준에서 통제되어야 합니다. 이를 위해서는 이 교수님이 지적하신 대로 금전적 인센티브에 그치지 말고 내재적 동기를 유발해야 합니다. 저는 이를 위한 전제조건으로 명확한 개념을 강조한 것입니다. 우리는 입력된 대로 산출되는, 백의민족이라는 표현이 상징하는 바와 같이 투명하고 선한 민족이라고 생각합니다. 명확한 가치 개념으로 이끌어주면 웅비할 수 있는 민족입니다. 그런데 이러한 명료함의 가치를 이해하지 못하고 우리의 본질에 자리한 선함을 폄하하는 것은 정말 잘못된 것이라고 생각합니다.

**이영환**  다시 말씀드립니다만, 최 회장님이 강조하신 명확한 개념이 특히 한국인에게 중요하다는 데 동의합니다. 그런데 이것은 한국인이 감정적인 반면, 이성적으로는 취약하다는 점을 우회적으로 표현한 것으로 볼 수 있지 않을까요? 저는 현대인이라면 이성적으로 행동하는 것을 원칙으로 삼아야 한다고 믿는 사람이지만, 이것이 인간의 본성을 반영한다고 보지는 않습니다. 오랜 진화 과정을 거쳐 많이 순치되었기에 이성적으로 사유하고 행동하는 것이 자연스럽게 느껴지지만, 현실에서는 포유류의 뇌라고 불리는 변연계limbic system가 인간의 행동에 미치는 영향이 절대적이라는 생각이 들기 때문입니다. 변연계는 흔히 구피질로 불리는 뇌의 영역으로, 기억을 담당하는 해마와 고통과 두려움 등 감정을 담당하는 편도체가 중심입니다. 우리는 엄청난 정보의 홍수 속에서 합리적으로 살아가려고 노력하지만 최종적인 판단의 주체는 감정입니다. 우리의 이성은 이런 감정적인 행동을 사후적으로 정당화하는 방향으로 진화해온 것 같습니다.

그런데 서양은 계몽주의 시대를 거치면서 이런 문제점을 보완했기에, 서양인들은 매사를 냉정하게 이성적으로 처리하는 전통을 확립하기 수월했을 것입니다. 오늘날 경제학의 기본 원리라 할 수 있는 도구적 합리성도 이런 노력의 일환으로 볼 수 있습니다. 주어진 여건에서 자신의 목적을 최대한 효율적으로 달성한다는 것이 바로 도구적 합리성이기 때문입니다. 여기에는 모든 감정적 요소가 배제됩니다. 그러나 앞에서도 언급했지만 이것이 인간의 본성에 부합하는 것은 아닙니다. 인간은 감정적으로 판단하고 행동하면서 실수도 하고 나중에 이를 정정하는 그런 존재입니다.

이런 점에서 최 회장님이 명확한 개념을 바탕으로 모든 일을 진행하고 리뷰한 후 보상해야 한다는 원칙은 우리의 취약점을 보완하는 좋은 처방이라고 생각합니다. 다만 여기에는 단계적으로 여러 가지 법과 제도를 통해 성문화된 매뉴얼이 필요할 것입니다. 그리고 이에 앞서 철학적 관점에서 왜 우리 모두 이런 대의를 따라야 하는지 알리는 것도 중요한 의미가 있다고 봅니다. 달리 말하면 한국의 지식인들은 자신의 지식을 활용해 사익 추구에 전념하는 데 집착하지 말고, 보다 많은 사람들이 정확한 지식을 공유하도록 하는 데 더 노력할 책무가 있다고 생각합니다. 이들이 지식인으로 입지를 구축하는 과정에서 알게 모르게 사회로부터 많은 도움을 받았을 테니까요. 따라서 지식인들의 적극적인 참여를 통해 사회 여러 분야에서 명확한 개념을 바탕으로 매사가 진행되는 관행이 확립되어야 합니다. 특히 정보의 홍수 시대, 가짜 뉴스와 탈진실post-truth이 범람하는 시대에 이것은 정말로 중요합니다.

**최수**　　　여기서 언급하는 지식의 의미에 대해서 조금 더 생각할 필요가 있습니다. 언급한 지식은 사회적인 이슈에 대한 이해, 그리고 그 해법과 관련된 지식입니다. 그러므로 지식인이냐 아니냐를 떠나 그만한 자격을 갖춘 이들이 움직여야 한다고 생각합니다. 그들이 누구인지에 대해 쉽게 대답할 순 없지만 다음과 같이 범위를 좁혀갈 수 있다고 봅니다.

첫째, 명확한 비전을 갖고 있는 사람이어야 합니다. 둘째, 현명한 사람이 해야 합니다. 복잡한 것을 꿰뚫어 보는 지식, 지혜가 있어야 해요. 혼란은 모호함에서 옵니다. 명확함은 혼란과 비효율을 방지하고 지루하지 않습니다. 지루하면 동력을 잃습니다. 셋째, 소수가 해야 합니다. 복잡성으로 인해 다수는 소수에게 위임하고 따라갈 수밖에 없습니다. 물론 정당성은 소수의 멍에입니다. 항상 그렇습니다. 넷째, 정직하고 솔직해야 합니다. 정직은 그 자체로 동력입니다. 그래야 공감합니다. 다섯째, 말에 그치지 않고 실행할 수 있는 연결고리와 열정을 가진 사람이 해야 합니다. 그런 사람이 해야 결국은 난관이 극복됩니다. 이러한 리더들이 자신의 명예를 걸고 조직 논리에 충실하면서 조직의 열망을 구현해내면 시대의 문제를 해결할 수 있다고 봅니다.

**이영환** 저 또한 '명확한 개념'에서 '진정한 리더'로 이어지는 최 회장님의 수미일관한 시나리오에 상당히 공감합니다. 사회 각 분야에서 명확한 개념이 확립된 후 이를 널리 전파하고, 이것이 실제 모든 행동의 기준이 된다면 우리는 그만큼 에너지를 결집할 수 있을 겁니다.

그런데 그런 리더는 갑자기 등장하는 것이 아니고 시대정신이 성숙했을 때 비로소 등장한다고 봐야 합니다. 한 나라를 운영하는 리더 및 주변 세력들은 결국 그 나라 국민의 보편적인 의식 수준의 산물입니다. 봉건의식으로 충만한 사람들이 득세하는 사회에서 진정한 민주적 리더가 권력을 잡는 것은 기대난망입니다. 한국에 진정한 민주주의가 정착했다고 보기 어려운 이유는 민주주의의 원리가 한국인의 의식과 무의식에 제대로 각인되지 못했기 때문입니다. 이런 의미에서도 '진정한 민주주의가 무엇인가'에 대한 명확한 개념을 공유하는 것은 중요합니다. 크고 작은 모든 일의 바탕에는 명확한 개념의 공유가 자리해야 함은 의심의 여지가 없습니다. 따라서 '톱다운top-down' 방식과 함께 '보텀업bottom-up'을 위한 시민사회의 노력이 병행되어야 한다고 생각합니다.

제가 시민사회의 역할을 강조하는 이유는, 한국적 경험 때문입니다. 무엇보다도 리더의 위치를 차지하고자 하는 세력들이 보수와 진보로 자신들의 프레임을 형성한 다음 현실 정치를 통해 명확한 개념을 널리 공유하도록 노력하기는커녕 혼란만 가중시켜왔습니다. 이제 이들이 사용하는 진보니 보수니 하는 말의 의미를 자신들은 물론 국민들도 제대로 이해하기 어려울 지경입니다. 이로 인해 사회적으로 부담해야 하는 쓸데없는 비용이 상당합니다. 또한 많은 시민단체들이 정치권력과 정부를 견제하려는 의도를 갖고 출범했지만, 유감스럽게도 이들 조직의 핵심 간부들은 제도권 정치 세력에 편입되는 것이 목표였음을 드러내고 있는 실정입니다. 이들 또한 명확한 개념 대신 혼동과 혼란을 가중시키는 부작용을 양산했다고 해도 과언이 아닙니다. 이 모두 공익을 빙자하면서 사익을 추구하려는 위선적 태도 때문입니다. 이런 일이 반복되면 한국인의 잠재력을 극대화할 수 없다는 것은 너무도 자명합니다.

**최수**   제가 강조한 다섯 가지 속성을 갖춘 리더들이라면 이영환 교수님이 염려하시는 그런 위선적인 태도를 찾아보기 어려울 것입니다. 그런데 여기에 한 가지 더 추가할, 참으로 중요한 게 있습니다. 그런 어려운 일을 하겠다고 자원하는 사람. 바로 '자발성'입니다. 이것이 없으면 사명감도 껍데기에 불과합니다. 자발성 있는 소수가 그러한 속성들을 집단화시켜야 합니다. 한두 사람이 할 일이 아니기 때문입니다. 사회에는 정당한 소명에 기꺼이 동조할 집단이 존재할 것입니다. 그러나 그런 집단은 자생적으로 탄생하지 않습니다. 누군가 집요하게, 동시에 지속적으로 촉발해야 합니다. 그런 소수의 지속적인 노력이 없이 동조 집단은 동기화되지 못하고, 동력도 얻지 못할 것입니다. 고대 서양의 많은 학파들도 자발적인 몇몇 소수들을 통해 탄생했습니다. 소크라테스가 없었다면 플라톤도 묻혔을 것이고, 플라톤이 없었다면 아리스토텔레스도 달라졌을 것입니다. 시대정신을 탐구하고, 그것을 새롭게 하며 통합하는 집단이 사회문제를 해결하고 사회를 발전시킵니다. 그런 소수의 지혜와 열정이 없다면 사회는 분산되고 의식은 파편화됩니다. 그리고 그러한 소수는 자발성을 가지고 있어야 합니다. 그래야 동력이 지속적으로 공급됩니다.

# 4

# 문화 강국의 사명,
# 고전으로 회귀하라

**이영환**　　앞에서 인공지능시대를 맞이해 우리의 잠재력을 극
대화하기 위해 먼저 해결되어야 할 과제에 대해 논의했
습니다. 여기서는 그다음 우리가 인공지능시대를 선도하려면
어떤 구체적인 전략이 필요한지 살펴보고자 합니다. 현재 미국과 중
국이 주도하는 인공지능 패권 경쟁에서 우리의 위상을 높이려면 기
존의 방법과 전략으로는 분명 한계가 있기 때문입니다.

　이런 의미에서 앞에서 최수 회장님이 제시한 전략과 제가 말하려
는 것은 방법론상으로는 차이가 있지만 지향점에서는 대동소이합니
다. 우리 모두 정확한 지식을 공유함으로써 명확한 개념을 바탕으로

매사를 처리한다면 내부 갈등을 최소화하면서 잠재력을 극대화할 수 있다는 점에서 말입니다. 또한 이를 주도하는 세력은 소수일 수밖에 없다는 점에서도 일치합니다만, 이들이 반드시 정치 세력일 필요는 없다고 봅니다. 오히려 이런 세력이 시민사회에서 자발적으로 출현해 방향성을 잃은 정치 세력을 압박한다면 더 나은 성과를 기대할 수 있다고 생각합니다.

그리고 이 과정에서 자발성이 중요하다는 점에도 공감합니다만, 여기에는 반드시 공익정신이 병행해야 한다고 봅니다. 인간은 누구나 타인의 명령이나 구속을 받지 않고 자유롭게 행동하고자 하는 본성을 갖고 있습니다. 자유의지는 인간의 가장 근원적인 본성 아니겠습니까. 그런데 이런 자발성은 공익 정신과 결합했을 때 비로소 진정한 가치를 갖게 됩니다. 이런 점에서 『장자』 인간세편人間世篇에서 공자와 안회의 대화에 나왔던 심재心齋라는 단어의 의미를 지금의 시각으로 재조명할 필요가 있다는 생각이 듭니다.[34] 개인적으로 심재라는 단어에는 자발성을 바탕으로 하는 최고의 공익정신이 내포되어 있다고 생각합니다.

그럼 이 시점에서 왜 우리가 이런 이야기를 나누어야 하는지 다시 한번 점검해봤으면 합니다. 지금 세계는 여러 면에서 거대한 전환의 변곡점에 와 있다는 생각이 듭니다. 이미 많은 사람들이 대전환이니 메가트렌드니 하는 표현을 쓰면서 앞으로 다가올 엄청난 변화를 예견하고 있습니다. 그리고 이 모든 논의의 중심에는 인공지능 기술이 존재합니다. 이들 가운데는 미래를 낙관적으로 보는 견해와 비관적으로 보는 견해가 공존합니다만, 현재로서는 결국 문제가 해결될 것으로 보는 사람들이 우세합니다. 물론 비관적으로 예측하는 사람들도 적지 않습니다. 특히 얼마 전 작고한 영국의 물리학자 스티븐 호킹Stephen Hawking이 유작『호킹의 빅 퀘스천에 대한 간결한 대답』에서 인류가 직면할 존재적 위험에 대처하는 유일한 방법은 빠른 시일 내에 새로운 행성으로 이주하는 것이라고 제안한 것은 가장 비관적인 예측에 해당됩니다.[35]

여기서 미래에 인류가 직면하는 모든 문제들이 기술혁신을 통해 해결될 수 있다고 믿는 사람들은 모두 철저한 물질주의자들이라는 사실이 중요합니다. 이들은 심지어 초인공지능이 출현해 기술적 특이점이 도래하면 인류의 영원한 로망인 '불멸immortality'도 가능할 것으로 믿습니다. 그러면서 기계생명의 출현을 자연스럽게 받아들이고 인간과의 공존을 위한 방안을 모색해야 한다고 말합니다. 이런 주장을 펼치는 사람들의 예측은 그간 정보기술이 기하급수적으로 발달했다는 사실에 근거하고 있으며, 이런 추세가 당분간 지속될 것으로 예상합니다. 게다가 조만간 양자컴퓨터를 본격적으로 활용해 현재 교착상태에 빠진 기술적 난제들을 해결해나간다면 이들의 예측은 더욱 힘을 받게 될 것으로 보입니다. 이런 '기술 만능의 시대'가 과연 인류에는 축복일지 아니면 재앙으로 드러날지 지금으로서는 단언하기 어렵습니다. 제가 보기에 소수에게는 축복이고 대다수에게는 재앙으로 귀결될 가능성을 배제하기 어렵습니다.

이런 미래를 고려할 때 정신과 물질의 관계에 대한 새로운 해석이 절실하다는 것이 제 생각입니다. 이 말은 단지 물질만능주의를 경계해야 한다는 차원을 넘어 물질세계에 대한 정신의 우위, 영어로 표현하자면 'Mind over Matter'를 확립해야 한다는 것입니다. 그런데 현재 기술혁신을 주도하고 있는 서양이 자발적으로 이런 원칙을 실행할 것으로 기대하기 어렵습니다. 그러면 자연스럽게 동양에서 이런 역할을 선도할 수 있는 나라가 등장하는 것이 역사의 순리입니다. 동양에서 이런 역할을 맡을 정도의 역량을 가진 나라는 중국, 일본, 그리고 한국입니다. 중국은 경제적으로는 미국과 패권을 다툴 정도로 성장했지만 공산주의 체제로서의 한계 때문에 세계가 공감할 수 있는 대안을 제시할 수 없습니다. 일본은 어떻습니까? 일본은 지금도 여전히 군국주의의 망령에서 헤어 나오지 못하고 있는 실정입니다. 게다가 일본 파워 엘리트들의 철학적·사상적 배경은 너무 협소하기에 세계무대에 적용할 수 없습니다.

그렇지만 한국은 다릅니다. 한국전쟁의 폐허에서 경제개발과정을 통해 기적적으로 부흥했을 뿐만 아니라 오랜 철학적·사상적 전통을 가지고 있습니다. 그것도 세계를 상대로 적용하는 데 전혀 무리가 없는 홍익인간 사상을 갖고 있습니다. 비록 권력 찬탈과 유지를 위해 소중화에 중독되었던 조선시대 500년의 굴절된 역사와 일제의 왜곡으로 인해 우리의 고대사상이 부정되고 폄훼당하는 수모를 겪었지만, 이는 충분히 극복 가능합니다. 한국은 경제적 성공과 더불어 높은 수준의 정신적 자산을 세계와 공유할 수 있는 저력을 갖춘 나라가 될 수 있다고 봅니다. 이런 점에서 백범 김구 선생님이 저서 『백범일지』에서 한국은 문화 강국이 되어야 한다고 말씀하신 게 우리가 장차 맡아야 할 역할을 예견한 것은 아닌가 하는 생각이 듭니다.

경제적인 성공을 계속 이어가더라도 한국이 미국이나 중국에 버금가는 경제 대국이 될 수는 없습니다. 이 점은 특히 인공지능시대를 맞이하면서 더욱 분명해지고 있습니다. 그렇다면 우리가 입지를 다질 수 있는 분야는 결국 문화라는 결론이 나옵니다. 현재 우리의 경제력을 유지하기만 한다면 이는 충분히 가능한 목표입니다. 한국이 세계의 변방에서 중심으로 간다는 것은, 과거 서양과 같이 제국주의적으로 행동하겠다는 것이 아닙니다. 물질만능주의가 더욱 인간을 소외시키는 시대를 예견하면서 철학적·사상적 근거를 제공하는 나라로 자리매김하겠다는 것입니다. 우리는 인간의 존엄성을 유지하는 기술혁신및 경제 발전을 추진하도록 세계인을 설득하는 역할을 맡아야 합니다.

그리고 앞에서도 말했듯이 거듭 강조하고 싶은 것은, 다양한 분야에서 문샷 프로젝트를 추진해야 한다는 것입니다. 정부가 적극적으로 이것을 추진한다면 정치적으로 민주주의 창달에 기여할 것이고, 기업이 주도적으로 이런 프로젝트를 추진한다면 기업 내 민주주의는 물론 사회와의 교류도 활발해질 것입니다. 시민 단체가 이를 추진한다면 대의민주주의의 한계를 극복하고 참여민주주의의 장점을 극대화하는 데 기여할 것입니다. 이것은 하나의 아이디어에 불과하지만, 이런 발상을 통해 한국이 나아갈 방향을 재조명할 수 있다고 봅니다.

**이기동** 작고한 영국의 물리학자 스티븐 호킹의 예측은 우리를 참으로 우울하게 만듭니다. 지금 미국을 중심으로 추진 중인 화성 탐사는 지구 탈출의 일환이라는 설들이 있습니다. 이영환 교수님의 말씀대로 철저한 물질주의자들만이 기술혁신을 통해 미래의 모든 문제를 해결할 수 있다고 믿지만, 그것은 무리인 듯합니다. 이 교수님께서 물질세계에 대한 정신의 우위를 확립해야 한다고 하시고, 그 주역은 서양이 아닌 아시아의 나라이며, 그중에서도 일본과 중국을 제외한 한국이 나서야 한다고 보신 것은, 진정탁견으로 보입니다.

김구 선생님의 말씀대로 한국은 문화 강국이 되어야 합니다. 한국이 세계의 변방에서 중심으로 가는 것도 문화 강국이 됨으로써 가능할 것입니다. 한국이 문화 강국이 되기 위해서는 내부에서 혁신적인 변화가 일어나야 합니다.

한국이 처한 지금의 상황을 보면 문화 강국이 되기는 쉽지 않습니다. 지금 우리는 크나큰 혼란에 빠져 있습니다. 이를 바로잡는 일부터 시작해야 합니다. 우리는 자기의 판단으로 자기 삶의 주체가 되어 살아야 합니다. 그런데 지금은 오히려 남에게 놀아나고 있는 듯합니다. 예를 들어서 생각해보기로 하지요.

가령 홍길동에게 언어맞은 사람이 있다고 합시다. 그 사람은 '홍길동은 죽일 놈이다'라고 판단할 것입니다. 그는 자기만 그렇게 판단하지 않고, 자기가 만나는 사람에게 홍길동이 왜 죽일 놈인지 설득력 있게 설명합니다. 그 얘기를 듣고 설득당한 사람들은 홍길동을 보면

'죽일 놈', '죽일 놈' 하면서 분개합니다. 한편 홍길동에게 좋은 대접을 받은 사람은 '홍길동은 멋쟁이다'라고 판단할 것입니다. 그도 자기만 그렇게 판단하지 않고, 자기가 만나는 사람에게 홍길동이 왜 멋쟁이인지 설득력 있게 설명합니다. 그 얘기를 듣고 설득당한 사람들은 홍길동이 멋쟁이인 줄 압니다. 그리하여 사람들은 이제 홍길동을 사이에 두고 두 파로 나뉘어 치열하게 다툽니다. 정작 홍길동은 죽일 놈도 아니고 멋쟁이도 아닙니다. 때로는 나쁘기도 하고 때로는 멋있기도 합니다. 그런데 두 사람이 홍길동에 관한 잘못된 정보를 전달했고, 사람들은 그 잘못된 정보에 놀아나고 있는 것입니다. 오늘날 사람들은 진보와 보수로 나뉘어 다투고, 좌파와 우파로 나뉘어 다툽니다. 좌파는 카를 마르크스의 계급 투쟁론에 놀아나고, 우파는 막스 베버의 기독교 자본주의론에 놀아나고 있습니다.

남에게 놀아나는 것으로 피해를 보고 있는 나라로는 한국이 으뜸입니다. 한국은 지구상 유일하게 남북으로 분단되어 있고, 남한에서도 좌우로 편을 갈라 싸우고 있습니다. 둘 다 서양 근세사상에서 비롯된 것인데, 한국이 가장 큰 피해를 보고 있으니 딱한 노릇입니다. 우리는 이런 상황에서 벗어나는 것에서부터 시작해야 합니다.

남에게 놀아나지 않기 위해서는 고전으로 돌아가야 합니다. 공자는 자신을 설명하면서 옛것을 좋아하여 부지런히 구한 사람이라고 말한 적이 있습니다.[36] 오래되지 않은 것은 역사를 통해 검증되지 않은 것입니다. 카를 마르크스의 계급 투쟁론이나 막스 베버의 기독교 자본주의론은 한마음을 바탕으로 하지 않습니다. 두 이론은 모두 인간의 욕심을 바탕으로 하여 성립된 것입니다. 카를 마르크스의 계급 투쟁론은 프롤레타리아 계급이 부르주아 계급을 타파하여 능력에 따라 일하고 필요에 따라 분배받는 이상 사회의 건설을 목적으로 하고 있습니다. 프롤레타리아 계급은 부르주아 계급을 타파할 때까지는 일치단결합니다만, 목적을 달성하여 분배할 때가 되면 욕심이 커지므로, 서로 많이 가지기 위해 내분이 일어납니다. 공산주의가 실패한 원인은 욕심은 채울수록 커진다는 사실을 몰랐기 때문입니다. 막스 베버의 기독교 자본주의론은 칼뱅의 예정설을 바탕으로 합니다. 예수는 예정설을 주장하지 않았습니다. 「마태복음」 7장 7~8절에는 "구하라. 그러면 얻을 것이다. 찾으라. 그러면 찾을 것이다. 두드려라. 그러면 열릴 것이다."라고 했습니다. 심지어 예수는 "자신의 십자가를 짊어지지 않고서 나를 따르는 자는 내 제자가 아니다."라고 했습니다. 그런데 막스 베버에 따르면, 천국 가는 것이 예정된 사람이 천국에서 쓸 돈을 미리 교회에 예금한 것이 자본주의 발달의 밑거름이 되었다는 것입니다. 이는 예수의 사상을 왜곡한 것입니다. 이상에서 살펴보면 좌파의 이론과 우파의 이론이 모두 잘못되었음을 알 수 있습니다. 오늘날 사람들은 잘못된 이론에 '지적 사기'를 당한 것입니다.

우리가 '지적 사기'를 당하지 않기 위해서는 어떻게 해야 할까요? 그 방법은 고전으로 돌아가는 것입니다. 2천 년 이상 꾸준하게 읽힌 고전의 내용은 왜곡된 것이 없습니다. 역사의 흐름은 사계절의 흐름처럼 순환합니다. 역사의 흐름은 대개 2천 년 정도의 단위로 순환하므로, 2천 년 이전에 나온 이론 중에 끊임없이 읽혀온 고전은 역사의 검증을 거친 것입니다. 그런 고전들은 믿어도 됩니다. 사서삼경, 불교 경전, 기독교 성서, 도가의 경전 등의 내용은 왜곡된 것이 아닙니다. 고전들이 말하는 진리는 하나로 통합니다. 고전에서 말하는 진리는 한마음을 회복하여 한마음으로 사는 것으로 귀결됩니다. 한마음의 반대는 욕심입니다. 한마음으로 사는 삶은 참된 삶이고 행복한 삶이지만, 욕심으로 사는 삶은 헛된 삶이고 불행한 삶입니다.

오늘날 사람들은 씀씀이가 큽니다. 과학과 산업이 발달하여 새로운 기기가 계속 출시될수록 돈의 쓰임새가 많아집니다. 옛날에는 일정량의 돈만 있으면 살 수 있었습니다만, 이제는 일상생활에서도 많은 돈이 필요합니다. 그럴수록 사람들은 돈을 좇아가다가 자기도 모르는 사이에 돈의 노예로 전락합니다. 사람이 돈의 노예가 되는 순간 욕심에 갇혀 불행에 빠집니다.

우리는 이제 깨달아야 할 때가 되었습니다. 먼저 우리가 돈에 중독되었다는 사실을 깨달아야 하고, 다음으로 다른 사람들을 깨우쳐야 합니다. 중독된 사람은 행복할 수 없습니다. 중독된 사람의 행복감은 중독에 의한 착각입니다. 중독된 사람은 자신이 중독되었다는 사실을 잘 모릅니다. 사이비 종교에 중독된 사람도 그렇고, 독특한 철학 이론에 세뇌된 사람도 그렇습니다. 알코올·도박·니코틴·게임·마약·성 등에 중독된 사람들은 중독된 자가 소수이므로 자기가 중독자라는 것을 압니다만, 돈의 경우에는 다수의 사람이 중독되어 있으므로 자기가 중독자라는 사실을 알기 어렵습니다.

사람은 자기를 기준으로 판단하곤 합니다. 자기를 기준으로 판단하면 자기는 정상으로 보이고, 자기와 다른 사람은 비정상으로 보입니다. 자기를 정상으로 보는 사람은 자기를 바꿀 수 없습니다. 세상이 급속하게 변할수록 정신을 차리고 차분하게 자신을 돌아봐야 할 것입니다. 그렇지 않으면 변화에 휩쓸려 자신을 잃고 맙니다. 다시 한번 강조하지만 자신의 진정한 행복을 찾는 길은 고전에 들어 있습니다. 저는 고전을 읽는 것이 당연시되는 분위기가 널리 퍼지기를 바랍니다. 고전을 통해 하늘마음을 회복하지 않으면 급변하는 시대에 유연하게 대응할 수 없을 것입니다. 세상이 급변할수록 변화에 대응할 수 있는 마음의 여유가 필요합니다. 한국인에게 남아 있는 한마음은 급변하는 세상을 이끌어갈 저력이 될 것입니다. 그런 의미에서 우리의 대담이 한국인의 잠재력을 폭발시키는 촉매제가 될 수 있기를 기원합니다.

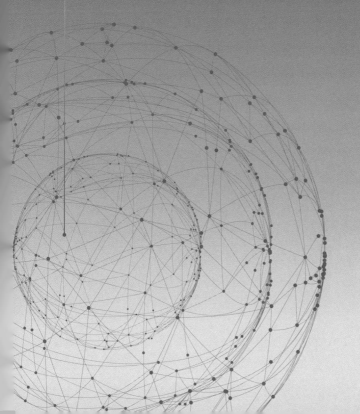

4장

# 인공지능시대,
# 불평등 완화와 번영의
# 공유는 가능한가?

# 1

# 우려와 기대가 공존하는
# 4차 산업혁명

**이영환**  21세기를 간단히 정의한다면, 4차 산업혁명의 시대라고 할 수 있습니다. 여러 전문가와 몇몇 연구소가 만든 보고서에서는 공통적으로 2030년을 4차 산업혁명의 1차 분기점으로 간주하고 있는 것 같습니다. 지금으로부터 채 10년이 남지 않은 짧은 기간 동안 엄청난 변화가 일어날 것으로 예측하기 때문입니다. 미국과 중국 간 인공지능 패권 경쟁이 어떻게 전개될지, 현재 글로벌 경제를 좌지우지하는 구글이나 애플과 같은 초국적기업들의 위상에 어떤 변화가 있을지, 그 누구도 예단할 수 없는 실정입니다. 따라서 지금부터 30년 후인 2050년에는 인류가 어떤 상황에 처해 있을지 궁금하기도 하고 불안하기도 합니다.

4차 산업혁명은 이미 우리의 일상에 널리 침투해 있습니다. 사실 이 용어는 2016년 세계경제포럼 연례회의에서 의장인 클라우스 슈밥이 처음 사용한 이래로, 우리 모두가 당연하게 받아들이고 있습니다. 그 직전만 해도 3차 산업혁명 시대라는 인식이 널리 공유되고 있었는데 말이죠.[37] 이 점을 굳이 언급하는 이유는, 이런 시대 구분 속에 서양이 계속 글로벌 경제와 기술혁신을 주도하겠다는 의도가 숨어 있다는 생각이 들었기 때문입니다. 아마 중국이 무섭게 치고 올라오는 것을 견제하려는 공감대가 서양 파워 엘리트들 사이에 형성되었던 것은 아닌가 짐작합니다. 이런 역학관계 속에서 우리는 무엇을 준비해야 할까요? 또 어떠한 준비가 이 거대한 흐름 속에서 우리가 생존을 넘어 세계를 선도할 수 있게 만들어줄까요? 지금부터 이에 대해 검토해보고자 합니다.[38]

주지하다시피 현재 4차 산업혁명을 상징하는 기술은 인공지능 알고리즘입니다. 그밖에 빅데이터, 사물인터넷, 로봇공학, 나노기술, 합성생물학, 생명공학 등 물리학과 생물학을 비롯한 여러 분야에서 개발된 다양한 기술들이 하나로 수렴함으로써 놀라운 신기술이 속속 등장하고 있습니다.[39]

그런데 4차 산업혁명이 과거와 두드러지게 다른 점은 파괴적 혁신과 승자독식입니다. 파괴적 혁신은 기존의 수많은 일자리가 기계로 대체된다는 우울한 전망으로 이어지며, 승자독식은 기술혁신의 과실을 최상위의 한두 기업이 독점하게 된다는 것을 의미합니다. 만약 이 두 가지 현상이 모두 현실화된다면, 엄청난 생산성의 향상으로 인해 물질적으로는 풍요로워지지만, 극소수가 그 모든 것을 독점하게 되면서 불평등과 양극화가 극단으로 치닫는 우울한 시나리오를 배제하기 어렵습니다.

일자리 소멸과 관련해서는 상반된 연구 결과들이 발표되어왔습니다. 2013년 옥스퍼드 대학교 마틴스쿨의 연구원 칼 프레이Carl Frey와 마이클 오즈번Michael Osborne이 미국의 경우 향후 10~20년 사이에 모든 일자리 중 47퍼센트가 인공지능으로 대체될 위험이 있다는 보고서를 발표했습니다. 그런데 이후 이를 반박하는 보고서들도 잇달아 발표되었지요. 반론의 핵심은 프레이와 오즈번이 직업과 직무를 혼동해 사라질 일자리를 과도하게 측정했다는 것으로, 오히려 일자리가 늘거나 적어도 줄지는 않을 것이라는 보고서들이 줄을 이었습니다.[40] 저도 관심을 가지고 이 문제와 관련된 최근 연구보고서들을 검토해왔으나 명확한 결론을 내리기 어렵다는 생각이 듭니다. 다만 그럼에도 두 가지는 거의 확실하다고 보는데요, 그 하나는 일자리가 크게 양분화될 것이라는 점입니다. 인공지능을 비롯해 4차 산업혁명을 주도하는 기술을 습득한 사람은 고소득의 일자리를 얻을 것입니다. 반면, 그렇지 못한 사람은 어쩔 수 없이 매우 낮은 소득을 얻게 되겠지요. 따라서 소득불평등은 더욱 악화될 것이 분명합니다.

다른 하나는, 장기적으로는 결국 일자리가 사라질 것이 거의 확실하다는 점입니다. 인공지능 알고리즘은 생산성을 향상시켜 비용을 절감하고 그럼으로써 경쟁 우위를 차지하는 데 결정적인 역할을 할 것입니다. 모든 기술혁신의 배후에는 경제 논리가 깔려 있습니다. 그렇기에 현재는 인공지능이 인간을 보조하는 역할 이상을 하기 어렵지만 머지않아 이런 제약들은 점점 해소될 것이고, 인공지능이 여러 과제를 동시에 수행할 날이 올 것입니다. 그러면 인간을 배려하지 않는 냉혹한 경제 논리로 인해 일자리는 사라질 것입니다. 그래서 향후 이 문제를 해결하기 위한 사회적 차원에서의 논의가 필요할 것입니다. 사회구성원 대부분을 소외시켜 쓸모없게 만드는 기술혁신이 무슨 의미가 있겠습니까. 이것은 기본소득제와는 별개의 문제입니다.

다음 우리가 관심을 가져야 할 것은, 현재 인공지능 분야는 미국과 중국의 양강 구도로 진행되고 있다는 사실입니다. 미국은 구글, 페이스북, 마이크로소프트 등 거대 기술기업들을 주축으로, 중국은 알리바바, 텐센트, 바이두 등 중국을 대표하는 정보기술기업들을 중심으로 인공지능 알고리즘 개발에 전력투구하고 있습니다. 물론 미국과 중국 정부는 이들 기업과 긴밀한 협력관계를 유지하고 있지요. 제 생각에 기업 측면에서는 미국이 중국을 앞서고 있지만, 정부 지원 측면에서는 중국이 미국을 크게 앞선 것으로 보입니다. 게다가 인공지능 이론의 관점에서는 미국이 중국보다 앞서고 있으나 빅데이터의 관점에서는 중국이 미국을 크게 앞서고 있습니다. 이런 여러 측면을 종합해볼 때 지금은 미국이 중국보다 조금 앞서 있을지 몰라도 시간이 지나면 중국이 미국을 추월할 가능성이 크다고 생각합니다.[41]

이 모든 상황을 고려할 때 과연 우리는 무엇을, 어떻게 준비해야 할지 그 길이 확실히 보이지 않습니다. 과연 이 난관을 제대로 극복할 수 있는 정책을 한국 정부가 추진할 능력이 있는지, 한국을 대표하는 삼성전자를 비롯한 대기업들이 과연 중국과 미국 기업들과의 전면전에서 승자로 살아남을 수 있을지 걱정입니다. 이와 관련해 기업 경영의 최전방에서 이런 변화를 직접 목격하고 계신 최수 회장님이 고견을 주시면 좋겠습니다.

**최수**　　4차 산업혁명을 논할 때 4차 산업이라는 표현에 상당히 주의해야 할 것 같습니다. 우리가 산업을 분류할 때 1차 산업, 2차 산업, 3차 산업으로 분류하고 있지만, 4차 산업이란 것은 아직은 구체적으로 정의되지 않고 있습니다. 그러나 논의의 편의상 4차 산업을, 현재의 산업 중 일부를 분리시켜 그것을 미래에 다가올 산업으로 묶는다는 전제하에, 4차 산업이 어떤 특성을 가지고 있는지를 얘기하는 것은 가능하지 않을까 합니다. 4차 산업은 3차 산업의 연장선상에서 분리·형성된 개념이기 때문입니다.

그리고 4차 산업을 인공지능이 생산 및 서비스를 주도하는 산업이라 정의한다면, 저는 이 인공지능을 '보조지능'이라고 표현하고 싶습니다. 다시 말해 현재 인간을 보조하기 위한 지능적인 기계가 인공지능이라는 겁니다. 보조지능은 이후 생산 과정 중 많은 부분을 주도할 것이고, 결과적으로 지식처리, 데이터과학, 자율주행, 무선화 및 자동화가 핵심이 되리라고 생각합니다.

인공지능이 주도하는 4차 산업혁명의 시작 단계인 현재, 우리는 다행스럽게도 몇 가지 분야에서 이미 세계의 변방에서 중심으로 진출해 있다고 생각합니다. 우리 기업의 세계적인 위상을 봤을 때 반도체, 철강, 소재, 화학 등 부품 산업, 그리고 TV, 스마트폰, 자동차, 선박, 가전 등 완제품 산업, 나아가 원자력, 전력, 배터리, 솔라셀 등 에너지 산업, 도로, 교통, 통신 등 인프라, 그리고 한글, K-팝, 드라마, 스포츠 등 문화 콘텐츠 산업, 심지어 데이터과학, 소프트웨어, 인공지능 등 지능 산업, 잠재 능력이 발현될 수 있는 바이오산업 등 이 모두를 아우르는 정보통신 산업 분야에서 우리 기업들 상당수가 이미 세계 중심에 근접해 있으며 실질적으로 국제적인 리더십을 발휘하고 있습니다. 이런 상황을 감안하여 4차 산업혁명 와중에 우리가 어떤 산업을 어떻게 집중적으로 육성할 것인가에 대해 말씀을 나누면 좋을 것 같습니다.

**이영환**     최 회장님 말씀을 들어보니 한국 기업들이 여러 분야에서 약진하고 있는 것 같아 다소 안심이 됩니다. 그렇지만 4차 산업혁명의 핵심 기술인 인공지능과 관련해 미국과 중국의 패권 다툼에서 우리가 과연 독자적인 입지를 구축할 수 있을까 하는 점에서는 여전히 불안합니다.

이에 대한 논의에 앞서 우선 최 회장님이 인공지능을 보조지능으로 해석하신 데 상당히 공감합니다. 아직까지 특정 분야의 과제만 수행할 수 있는 인공지능은 인간을 보조하는 단계를 벗어날 수 없기 때문입니다. 그리고 인공지능 대신 '기계지능machine intelligence'이라는 용어를 사용하자는 의견도 적지 않습니다만, 이미 인공지능이 사람들의 뇌리에 각인되었기에 바꾸기는 어려울 것 같습니다.

그런데 인공지능 관련 핵심 사항은 향후 인간 수준의 인공지능, 즉 범용인공지능AGI으로 발전하는 것인데, 그 과정에서 한국과 한국 기업이 과연 미국 및 중국과 대등하게 경쟁할 수 있을까요? 물론, 범용인공지능의 출현에 관해서는 의견이 분분합니다. 일부 전문가들은 범용인공지능은 결코 개발되지 않을 것이라고 주장하는 반면 머지 않아 범용인공지능이 등장할 것으로 예측하는 전문가들도 적지 않습니다.[42] 그런데 중도적인 입장의 대다수 전문가들은 언제쯤이라 단정할 순 없지만 앞으로 대략 50년 후 범용인공지능이 등장할 것으로 전망하고 있습니다.[43] 한 가지 분명한 것은, 인공지능 알고리즘을 둘러싼 개발 경쟁은 누구도 예측하기 어려운 속도로 진행되고 있다는 점입니다. 이런 극한의 경쟁 속에서 과연 한국의 기업들이 살아남을 수 있을지 최 회장님에게 묻고 싶군요.

**최수**       제가 답하기에는 너무 무거운 질문이지만, 제가 아는 선에서 최선을 다해 답을 드릴 수 있도록 노력해보겠습니다.

이미 우리는 인공지능의 시대에 깊이 들어가 있습니다. 인공지능의 핵심 산업이 바로 통신과 반도체, 그리고 데이터와 소프트웨어(알고리즘)입니다. 통신은 5G로, 반도체는 메모리로 대표되는데, 이 두 분야는 우리가 단연히 선두 그룹에 있습니다. 데이터와 소프트웨어는 선두라고 단언할 수는 없으나 이제부터 체계적으로 보완하면 선두에 진입할 수 있습니다. 이제까지 우리 민족의 성취나 우리 민족의 특성에 비추어본다면 충분히 가능합니다. 그리고 지금은 인공지능 시대의 초기니만큼 늦지 않았다고 생각합니다. 구축된 기반도 능력도 충분하다고 봅니다. 물론 우리가 미국이나 중국에 비해 인적 자원과 빅데이터가 부족함은 인정하지 않을 수 없습니다. 그렇다면 여기에 어떻게 대응해야 할까요?

이 문제에 대해서는 국가적 담론과 대책이 절실하게 필요합니다. 분명 인공지능시대는 다가오고 있고, 이 시대적 흐름에 탑승하지 않는다면 우리의 후손들은 상당한 대가를 치를 것입니다. 현재 우리 정부도 많은 대책을 수립하여 시행하고 있지만, 정책의 우선순위를 결정할 때 단기적인 과제에 치중하면서 중요한 타이밍을 놓치고 있지 않나 우려됩니다. 기업계는 미래의 지속성과 관련되어 있기에 집중적으로 대응하고 있으나 과연 그 정도의 집중도로 미국, 중국과 경쟁하면서 미래를 지킬 수 있을지 염려가 큽니다. 이 문제는 시대적 과제이기에 기업의 대책만으로는 해결할 수 없습니다. 교육, 국방, 보건, 문화 등 모든 분야의 유기적이고 종합적인 협력을 통해서만 해결 가능합니다. 이러한 공감대와 위기감이 문제 해결의 출발점일 것입니다.

다음으로 무한경쟁으로 진행될 4차 산업혁명 시대에 우리가 앞으로 어떤 산업에 집중해야 할 것인지에 대해 생각해보겠습니다. 산업을 구체적으로 명시하는 것보다는 산업의 선택 기준을 짚어보는 것이 더 적절할 것 같습니다. 우리가 선택하는 산업의 핵심 요소는 '생산성'과 '자율성'입니다. 생산성과 자율성으로 차별화할 수 있는 산업을 선택하여 집중적으로 육성해야 합니다. 생산성은 포괄적인 개념으로 지능화를 내포하고 있습니다. 이는 자율성과 함께 국가의 지속적인 발전에 필수적인 요소입니다. 인공지능은 정확성과 속도 및 처리 능력에서 차별화됩니다. 그런 능력이 발전하여 자동화와 무인화로 진화합니다. 저는 이것을 생산성으로 총칭한 것입니다. 이러한 생산성이 극도로 높아진다면 거기서 뒤처진 모든 산업은 경쟁력을 잃고, 장기적으로는 회복이 불가능한 상태에 이릅니다. 결국 뒤처진 국가는 타국의 발전된 인공지능을 도입하고 거기에 예속될 수밖에 없을 것입니다. 이렇게 예속된 국가의 미래가 결코 밝을 수 없겠지요. 우리는 타국의 힘에 예속되지 않고 독자적인 발전을 기약할 수 있도록 기술의 자율성을 충분히 끌어올릴 수 있는 산업을 발굴하고 발전시켜 나아가야 합니다. 이러한 생산성과 자율성이 산업 선택의 핵심적인 부분이며, 그런 속성을 가진 선두 산업을 계속해서 찾아 발전시키는 것이 우리가 해야 할 일입니다. 이를 통해 우리는 4차 산업혁명 시대에 흔들림 없이 세계의 중심으로 성큼 다가설 수 있습니다.

**이영환**　　　최 회장님 말씀에 전적으로 공감합니다. 생산성과 자율성이라는 두 가지 핵심 가치는 비단 기업의 생존 차원에서만이 아니라 미국과 중국의 패권 경쟁 시대에 한국과 한국인들이 입지를 확보하기 위한 최소한의 조건이라는 생각이 듭니다. 제 말씀은 여기에 더해 우리만의 고유한 핵심 가치를 개발할 필요가 있다는 것입니다.

저는 범용인공지능을 향한 인간의 노력은 결코 멈추지 않을 것으로 봅니다. 경쟁자보다 먼저 이 기술을 개발했을 때 얻을 수 있는 이득이 실로 엄청나기 때문이지요. 증권시장을 예로 들면 실감하실 수 있을 겁니다. 지금 미국 증권시장에서는 인공지능 알고리즘에 의한 고빈도거래High Frequency Trading(HFT)가 거래의 70퍼센트 이상을 차지하고 있습니다. 향후 인공지능 알고리즘은 거의 모든 거래를 담당할 것입니다. 이런 상황에서 다른 것보다 아주 미세하게나마 성능이 뛰어난 인공지능 알고리즘을 개발한다면 그 소유주는 사실상 금융시장을 지배하게 될 것입니다.[44]

인공지능 알고리즘이 발달하면 할수록 인간은 점점 사회의 중심에서 변방으로 밀려날 가능성이 농후합니다. 이런 이유로 중국은 인공지능시대에 자신의 국가자본주의가 미국의 시장자본주의보다 우월하다는 것을 보여줄 수 있다는 확신에 차 있습니다.[45] 인공지능 발달에 따라 불평등과 양극화의 심화가 불가피하다면 이를 외면하는 사회는 지속 가능하지 않을 것이기 때문입니다. 이런 점에서 미국과 같이 거대 정보기술기업 중심으로 인공지능을 개발하는 데는 분명 한계가 있다고 봅니다.

실리콘밸리의 혁신적 기업가들이 먼저 기본소득제를 거론한 것도 이런 맥락에서 이해해야 합니다. 미래 자신들이 모든 부를 거머쥐었을 때 예상되는 사회적 소요를 막으려면 대중에게 최소한의 삶이 가능할 정도의 소득을 보전해주어야 한다고 생각한 것이지요. 반면 중국은 어차피 공산주의 사회이므로 이런 사회적 소요는 적을 것이기에 지금처럼 프라이버시를 무시하며 인공지능 알고리즘을 업그레이드하는 데 필요한 빅데이터를 축적할 겁니다. 그렇게 생각하면 인공지능을 둘러싼 미국과의 패권 경쟁에서 중국이 우위를 차지할 가능성이 높습니다. 그렇지만 중국에서도 불평등과 양극화의 문제가 영원히 묻힐 수는 없을 것입니다. 이것이 인공지능시대의 역설입니다. 안면인식기술 등을 이용해 통제가 점점 쉬워지는 반면, 보다 많은 사람들이 더 쉽게, 더 많은 정보에 접근할 수 있기에 불만이 고조될 것입니다.

저는 미국식과 중국식 전략의 중도적 관점에서 정부가 주도하는 인공지능 프로젝트를 추진해야 한다고 봅니다. 물론 한국을 대표하는 기업들도 독자 생존을 위해 정부와 긴밀하게 협조하면서 자체적으로 인공지능 알고리즘을 개발하고 업그레이드해야 할 것입니다. 그런데 정부는 이런 기업들을 정책적으로 지원하는 데 그치지 말고 국민 모두가 공유자산으로 보유할 수 있는 인공지능 알고리즘을 개발하는 주체가 되어야 한다는 것입니다.

예를 들면 특정 기업이 인공지능 알고리즘을 개발하는 데 국가가 투자해 지분을 취득한 후, 이 기업이 성공해 수익을 내면 그중 일부를 배당금으로 받아 국민에게 나눠주는 것이죠. 정부가 직접 인공지능 기업을 설립해 개발을 완료한 후 수익을 배당금으로 나눠줄 수도 있습니다. 미국 알래스카 주정부가 유전 수입을 바탕으로 주민들에게 사회배당금을 지급하는 것과 같은 맥락입니다. 어떤 방법을 채택하든 정부가 스마트해야 한다는 것이 가장 큰 문제입니다. 아무튼 이런 정책이 성공한다면 한국 사회에서 사라진 공동선을 회복하는 데도 크게 기여할 것입니다.

나아가 인공지능시대에 적합한 정서적 가치를 함양하는 사회적 운동을 장려해야 한다고 봅니다. 인공지능시대에는 개인주의가 지금보다 훨씬 더 강화될 것입니다. 초연결사회임에도 불구하고 실제로 인간은 고립된 섬처럼 될 가능성이 크지요. 여기에 극단적인 양극화로 인한 계층 간 갈등은 이런 고립을 더욱 강화할 것입니다. 이를 극복하려면 우리 모두 공유하는 가치를 재확인하면서 정서적으로 서로 연대해 있다는 느낌을 유지하도록 해야 합니다. 이런 면에서 인공지능시대야말로 이기동 교수님이 강조하신 한마음 정신이 더욱 절실할 것으로 보입니다. 인간은 결국 감정의 동물입니다. 아무리 지능이 뛰어나도, 아무리 인공지능이 발달해도 궁극적으로 어떻게 느끼는가에 따라 개개인의 행복과 불행이 결정됩니다. 그렇기에 더욱 앞으로 닥칠 극도의 물질문명, 기술문명의 시대에 인간 소외를 상쇄시킬 수 있는 정서적 기술emotional skill을 개발해야 합니다. 이것은 감성지능EQ을 높이는 기술로서 감정의 노예가 아니라 주인이 되는, 자신뿐만 아니라 타인에게 불필요한 고통을 주지 않는 기술을 말합니다. 예를 들면 공감 대화 능력을 갖추거나 명상 훈련을 하는 것이 여기 해당된다고 볼 수 있습니다.

**이기동** 　　두 분이 4차 산업혁명 시대에 대해 나눈 말씀을 듣고 참고가 많이 되었습니다. 4차 산업혁명 시대에 인공지능의 발달과 놀라운 신기술이 속속 등장하고 있고, 한두 기업의 기술 독점이라든가, 소득 불평등의 문제 등에 대해 걱정이 되기도 합니다. 특히 인공지능 분야가 미국과 중국의 양강 구도로 진행되고 있다는 말씀을 들으니 앞으로 일어날 많은 변화에 우리가 어떻게 대처해야 할지 걱정이 앞섭니다. 구체적이고 세부적인 대안을 제시하기에는 제가 너무 문외한입니다만 철학자의 견지에서 몇 가지 말씀을 드리도록 하겠습니다.

　급변하는 시대에 살아남는 비결 중 하나는 유연성을 기르는 것입니다. 태풍이 많이 불어오는 곳에 있는 나무는 뿌리를 깊게 내린다고 합니다. 뿌리가 얕은 나무는 바람에 쉽게 뽑히지만, 뿌리를 깊게 내린 나무는 바람에 뽑히지 않고 잘 견딥니다. 세찬 바람이 불면 뻣뻣한 나뭇가지는 쉽게 부러지지만, 부드러운 나뭇가지는 바람에 따라 유연하게 대응하므로 잘 부러지지 않습니다. 나약해 보이는 버드나무 가지는 유연하게 대응하므로 태풍에 잘 부러지지 않습니다. 저는 권투선수들이 시합하기 전에 링에서 몸 푸는 장면을 보면, 이길 선수와 질 선수를 대충 맞힐 수 있습니다. 주먹을 뻣뻣하게 휘두르며 연습하는 선수보다, 유연하게 움직이면서 몸을 푸는 선수가 이길 확률이 높습니다. 유연한 선수는 상대의 주먹을 유연하게 피하므로, 상대 선수는 공격하다가 지칩니다. 세상이 복잡하고 변화무쌍할수록 유연하게 대처하는 사람은 살아남지만, 뻣뻣하게 대응하는 사람은 살아남기 어렵습니다.

복잡한 세상에 대처하는 유연성은 몸에서 나오는 것이 아니라 마음에서 나오는 것입니다. 마음이 비좁은 사람은 작은 변화도 감당하지 못하지만, 마음이 넓은 사람은 큰 변화에도 흔들리지 않고 평정심으로 대처할 수 있습니다. 하늘마음을 가진 사람은 변화에 흔들리지 않을 뿐만 아니라, 변화에 대처할 수 있는 지혜가 매 순간 솟아납니다. 그러므로 인공지능의 발달로 다가올 큰 변화의 시기에 대처하는 가장 좋은 방법은 하늘마음을 회복하는 것입니다. 한국인들은 하늘마음 회복 능력이 탁월합니다. 인공지능의 발달로 인한 급변의 시기에 한국인들이 한마음을 회복하기만 하면 엄청난 능력을 발휘할 수 있을 것입니다. 한국인들은 예로부터 하늘마음을 회복하는 노력을 했습니다. 동굴에 모여 쑥과 마늘을 먹으며 사람 되기 위해 노력한 것은 하늘마음을 회복하기 위한 것이었습니다. 이제 우리는 우리의 조상이 했던 것처럼 옛 방식을 오늘에 맞게 되살려서 하늘마음을 회복하는 노력을 해야 할 것입니다. 먼저 각각의 개인이 하늘마음을 회복하고, 기업인들에게 그 길을 안내해야 합니다. 제 말씀이 추상적으로 들릴지 모르겠습니다. 그러나 하늘마음 회복 운동은 개인 차원에서 먼저 시작되어야 합니다. 『대학』이라는 책에는 '한 사람이 나라를 일으키고, 한 사람이 나라를 망칠 수도 있다'는 말이 나옵니다. 한국을 살리는 일은 정치인이나 교육자 등이 해내는 것이 아니라, 선각자 개인에게서 시작될 것입니다. 우리의 대담이 하나의 계기가 될 수 있으면 좋겠습니다.

**이영환**　　　　이기동 교수님이 강조하신 유연한 마음은 자신의 에고에 집착하는 파편의식 상태에서는 불가능할 것입니다. 그래서 저는 줄곧 에고의 한계를 조금이라도 극복하기 위해 통합의식을 강조했던 것입니다. 그런데 이것도 여의치 않다면 대안으로 다른 사람들과 협력하면서 조화롭게 지내는 데 필요한 정서적 기술을 갖추어야 합니다. 정서적 기술을 습득하면 유연한 마음을 가질 수 있기 때문입니다. 기술에는 여러 가지 유형이 있는데 크게 나누면 물리적 기술과 사회적 기술이 있습니다. 제가 말하는 정서적 기술은 사회적 기술의 한 유형으로 볼 수 있습니다.

인간은 사회적 동물이면서도 프라이버시를 존중받고자 하는 역설적인 면을 갖고 있습니다. 이 두 가지 측면을 적절하게 조화시키려면 사회적 기술이 요구됩니다. 현재도 많은 사람들이 이런 기술 면에서 부족한데, 앞으로 인공지능시대에는 그럴 개연성이 더욱 높습니다. 그렇기 때문에 사회적 차원에서 이에 따른 문제를 해결하려는 노력이 필요합니다.

예를 들어 사회적 담론을 통해 공동선을 회복함으로써 연대와 협력을 강화할 수 있다면 개인의 고립감과 무력감을 극복하는 데 긍정적인 역할을 할 것입니다. 이를 위해서도 정서적 기술은 꼭 필요합니다. 서로 공감 대화를 나눌 수 있다면 그만큼 공동선을 회복하는 데 도움이 되기 때문이지요. 인공지능시대에 공동선의 회복이 절실하다는 사실은 우리가 처해 있는 역설적인 상황을 대변합니다.

**이기동** 다가올 변화의 시기에 대처하기 위해서 추구해야 할 일은 두 가지로 정리할 수 있을 것입니다. 첫째는 우리가 이미 서양적 정서에 익숙해져 있다는 사실을 깨달아야 한다는 것입니다. 서양적 정서를 가지고 서양문화에서 나타난 문제점을 해결하기는 어렵습니다. 우리는 한국인의 장점을 깨닫고 이를 극대화하는 방안을 찾아야 할 것입니다. 그것은 아까도 말씀드렸듯이 한마음을 회복하는 것입니다. 뜻 있는 사람끼리 모여 한마음 회복 방안을 찾아내면서, 동시에 한마음 회복 운동을 전개해야 할 것입니다. 둘째는 인공지능 전문가, 경제 전문가, 기업가, 교육자, 정치가 등 다양한 사람이 참여하여 함께 논의하는 장을 만들어나가는 것입니다. 그래야만 총체적인 해결책이 마련될 것으로 보입니다.

인공지능 전문가들만의 모임에서는 인공지능의 발달로 인해 파생되는 문제를 해결할 수 없을 것입니다. 인공지능을 활용한 감성 로봇은 인문학 분야에서도 많은 역할을 할 수 있을 것입니다. 앞으로 외로워지는 사람은 점점 많아질 것이나 따뜻한 마음을 가진 자가 점점 줄어, 외로운 사람들을 치유해줄 만한 사람이 많지 않을 것입니다. 훌륭한 정신과의사나 심리치료사도 점점 줄어들 것입니다. 따라서 앞으로는 외로운 사람이 사람에게 위로받기보다는 감성 로봇에게 위로받는 것이 훨씬 효과적일 수 있습니다. 그러나 감성 로봇이 어머니의 역할을 대신할 수는 없습니다. 사람들은 어머니에게서 가장 많은 위로를 받습니다. 자녀를 대하는 어머니의 마음이 하늘마음이기 때문에 그러합니다. 인공지능이 아무리 발달해도 하늘마음을 가진 감성 로봇은 만들지 못할 것입니다. 이러한 의미에서 본다면, 하늘마음을 회복한 사람은 인공지능이 할 수 없는 일을 해낼 수 있는 귀중한 사람이 될 것입니다.

**이영환** 맞는 말씀입니다. 앞으로 본격적으로 도래할 인공지능시대에 대비하기 위해서는 다양한 관점에서의 논의가 필요합니다. 비단 인공지능 전문가와 엔지니어뿐만 아니라 경제학자, 심리학자, 그리고 사회학자를 포함해 여러 분야의 전문가들이 논의에 참여할 필요가 있습니다. 앞에서 잠깐 언급했듯이 인공지능을 중심으로 하는 모든 기술혁신의 바탕에는 경제 논리가 깔려 있습니다. 그리고 인공지능시대에는 종전과는 매우 다른 사회적 관계들이 형성될 것입니다. 이런 이유로도 여러 분야의 전문가들이 참여해야 한다고 생각합니다.

무엇보다도 인공지능시대에는 생산성이 획기적으로 향상될 것이므로 이를 바탕으로 인류사에 전례 없이 풍요로운 시대가 도래할 것입니다. 예를 들어 농업 분야에서도 모든 작물의 수확량을 획기적으로 증가시킬 수 있을 겁니다. 의료 분야에서는 인간의 기대수명을 획기적으로 연장할 뿐만 아니라 질병을 예방하고 치유하는 신기술이 등장해 삶의 질을 획기적으로 높일 것입니다. 문제는 이런 기술적 유토피아를 모든 사람이 골고루 향유할 수 있는가 하는 것입니다.

지금이 초연결시대라고 하지만 이는 기술적 측면에서만 그럴 뿐 정서적으로는 오히려 더 멀어지지 않았나 하는 우려를 떨치기 어렵습니다. 과거 '군중 속의 고독'이라는 표현이 유행했는데 지금은 '연결 속의 단절'이라고 할까요. 이와 같이 물질적 풍요와 정서적 불안이 공존하는 사회는 지속 가능하지 않을 뿐만 아니라 인간다운 삶을 살기도 어렵습니다. 한국이 세계의 중심으로 나아가려면 반드시 이런 역설을 극복해야 할 것입니다. 이런 관점에서 최 회장님이 현실성 있는 대안을 말씀해주시면 좋을 것 같습니다.

**최수**　인공지능 관련해서는 다양한 생각과 우려가 공존한다고 봅니다. 그러나 저는 앞에서 인공지능을 보조지능이라는 다른 이름으로 부를 것을 제안했습니다. 생각해보니 보조지능은 달리 '서번트 인공지능servant AI'이라고 말씀을 드릴 수 있을 것 같네요. 사람이 '마스터'이고, 인공지능은 '서번트'라는 것이지요. 여기서 우리가 염려하는 것은 서번트 인공지능이 마스터인 사람을 넘어서는 시점인 싱귤래러티singularity, 즉 특이점이 왔을 때입니다. 여기에 두 가지 우려가 있는 거지요. 인간이 인공지능을 통제할 수 없는 경우가 올 것인가? 만약 그럴 위험이 있다면 그것이 언제쯤일까?

인공지능이 인간의 통제를 벗어날 수 있을 것인가에 대해서는 현재 다양한 의견이 오가고 있어 판단에 좀 더 시간이 필요한 것 같습니다. 그럼에도 이는 현실적으로 내재된 우려이므로 특이점의 시기가 언제 도래할 것인가에 대해 많은 분들이 관심을 갖고 있습니다.

그런데 50년 뒤인 2070년쯤 되면 그런 시대가 올 수도 있다는 의견에는 다소 회의적인 시각이 주를 이룹니다. 개인적인 판단으로도 그러한 시점은 오지 않을 거라 생각합니다. 인공지능의 본질적인 한계와 인간의 통제력 유지 능력에 근거한 판단입니다. 인공지능은 기본적으로 연산기능과 예측기능을 바탕으로 하여 외부에서 입력된 한계 논리로 작동됩니다. 뿐만 아니라 특이점은 그 자체로 너무 위협적이기 때문에 인간이 만든 법은 결코 어떠한 한계치를 벗어나는 것을 허용하지 않을 겁니다. 또한 혹시 찾아올 특이점에 대해 많은 안전장치를 마련할 겁니다. 그 안전장치의 핵심은 'Servantship', 즉 봉사정신을 유지하는 것입니다. 인공지능은 예측기능과 연산기능 면에서는 이미 인간의 능력을 추월하였습니다. 그렇다고 해도 우리가 우려하는 특이점의 시기는 오지 않을 것입니다. 인간은 마스터로서 서번트를 제어하는 능력을 유사 이래 오랜 세월 동안 축적해왔습니다. 또 앞으로도 그러한 관점에서 인간은 인공지능을 개발하고 활용할 것입니다. 우리는 인공지능에 대한 우려를 불식하고 인공지능을 더욱 육성시켜 산업에 적극적으로 활용하는 지혜를 발휘해야 할 것입니다.

**이영환**    최 회장님같이 인간 수준의 인공지능, 즉 범용인공지능이 결코 개발되지 않을 것이라 예상하는 전문가들도 적지 않습니다. 그렇지만 앞에서도 잠깐 언급했듯이 인공지능 기술이 어디까지 발전할 것인가에 대해서는 어떤 합의된 의견이 없으며, 여러 전문가들이 서로 다른 전망을 내놓고 있는 실정입니다. 예를 들면 얼마 전 작고한 물리학자 스티븐 호킹은 범용인공지능, 그리고 이어서 초인공지능이 출현할 것을 예견하면서 이로 인한 존재적 위험을 경고했습니다.[46] 그밖에도 테슬라의 최고경영자 일론 머스크와 마이크로소프트의 창업자 빌 게이츠를 비롯한 여러 저명인사들이 인공지능의 위험을 경고한 것은 이미 널리 알려졌지요.

반면 인공지능 알고리즘을 직접 연구하는 선봉에 있는 전문가들, 예를 들면 딥러닝 알고리즘의 대부라 할 수 있는 캐나다 토론토 대학교의 제프리 힌턴Geoffrey Hinton 교수나 몬트리올 대학교의 요슈아 벤지오Yoshua Bengio 교수와 같은 전문가들은 그 정도로 심각한 위협으로 느끼는 것 같지는 않습니다.[47] 아마도 이들은 자신들의 연구가 인류에 위협이 된다는 생각은 결코 하고 싶지 않기에 그런 입장을 취하는 건 아닐까 싶은 생각도 듭니다.

그런데 한 가지 분명한 건, 인공지능 기술은 계속 발전할 것이며 그것이 범용인공지능에 근접한 수준에 도달하리라는 것은 거의 확실하다는 겁니다. 따라서 범용인공지능과 그 이후 등장할 초인공지능시대로 인한 두려움과 불안은 잠시 제쳐두더라도, 인공지능과 인간의 관계와 관련된 문제는 여전히 남게 됩니다. 분명 인공지능은 점점 많은 분야에서 인간의 능력을 추월할 것입니다. 심지어 문학, 음악, 그리고 그림과 같은 예술 분야도 예외가 아닐 겁니다.

일부 전문가들은 인간은 '지능 증강Intelligence Augmentation(IA)'을 통해 인공지능에 맞설 수 있다고 합니다만, 이는 대다수의 사람들에게는 적용되기 어려울 것입니다. 이것은 뇌와 컴퓨터의 인터페이스를 통해 인간의 지능을 획기적으로 증강하는 방법인데, 일반인들에게 적용되는 데는 한계가 있기 때문입니다. 따라서 우리에게 필요한 것은 인간을 능가하는 지능을 가진 기계생명과 인간이 공존하는 시대가 온다고 하더라도 인간의 존엄성을 유지할 수 있는 구체적 방안을 강구하는 것이라고 봅니다. 일부 전문가들은 기계생명의 출현을 확신하면서 인간과 평화롭게 공존하는 방안을 제시하고 있습니다만, 이에 대한 논의는 초보적인 수준에 머물러 있습니다.[48] 이런 이유로 한국이 이 문제와 관련해 대안을 제시할 수 있으면 좋겠습니다. 결국 크게 보면 이것은 물질 대 정신의 문제로 귀결됩니다. 그래서 이기동 교수님이 강조하시는 한마음 정신을 포함한 정신적 가치를 바탕으로 인공지능시대를 선도할 모델을 제시할 수 있다고 봅니다. 이것이 한국이 변방에서 중심으로 나아가는 데 견인차 구실을 할 수 있을 겁니다.

다시 한번 강조합니다만, 다가오는 본격적인 인공지능시대는 인류에 기회와 동시에 위기를 초래할 수 있습니다. 기계가 중심이 되고 인간이 변방으로 밀려나는 전도된 상황이 벌어질 수 있는 것입니다. 이것이 물질문명의 종착점이고 기술혁신의 절정이라면 이보다 더 역설적인 일이 어디 있겠습니까. 우리는 모든 역량을 동원해 이런 역설적인 일이 벌어지지 않도록 해야 할 것입니다. 이를 위해서는 정부, 기업, 그리고 시민사회가 일체가 되어 인공지능시대에 인간의 존엄성을 유지하는 실천적 방안을 법과 제도에 반영해야 합니다.

구체적인 예를 든다면 앞에서도 잠깐 언급했듯이 인공지능 알고리즘을 개발하는 펀드를 조성해 이로부터 발생하는 수익을 사회배당금의 형태로 국민들에게 지급하는 것을 꼽을 수 있겠습니다. 이런 노력을 통해 인공지능은 더 이상 특정 기업의 전유물이 아니라 새로운 공유자원으로 모두를 위한 기술이 될 수 있습니다. 그리고 이런 방면에서 한국이 다른 나라보다 앞서간다면 이를 바탕으로 세계의 중심으로 나아갈 수 있을 겁니다.

**최수** 　인공지능에 대한 우려와 여러 의견들이 오고 간다는 건, 앞으로 인공지능이 모든 산업을 주도할 것으로 예측하고 있기 때문이겠지요. 인공지능시대를 맞이하며 우리 또한 그에 대한 다양한 준비나 적응 방안을 찾는 과정에서 다양한 예측이 나오는 건 어쩌면 당연한 현상입니다. 이에 대해 이영환 교수님이 말씀하신 대로 정부 차원에서 인공지능에 대한 종합적인 대응과 함께 각 기업 간의 역할 분담을 주도하는 건 대단히 바람직하다고 생각합니다.

사실 앞으로 찾아올 시대에 대한 두려움, 즉 인공지능이 '서번트'의 위치를 벗어나는 특이점의 시기가 올 수도 있다는 불안은 반대로 기업인들에게는 사업상 큰 기회입니다. 기업은 이런 추세에 대한 인식과 판단을 두려운 상황에 투사하여 기존 기업을 변화시키고, 새로운 분야에서 새로운 사업을 창출할 수 있는 기회로 활용하며 도전해야 합니다. 이러한 흐름을 잘 활용해야 4차 산업혁명 시대에 우리가 변방에서 중심으로 갈 수 있지 않을까 생각합니다.

**이기동**    인공지능과 관련된 두 분 말씀 잘 들었습니다. 저는 문외한으로서 자유롭게 느낀 점을 말씀드리겠습니다. 앞으로 다가올 인공지능을 중심으로 하는 4차 산업혁명 시대에는 공자의 철학이 위력을 발휘하겠다는 생각이 언뜻 듭니다. 공자는 사람의 범주를 군자와 소인으로 나누고, 소인을 군자가 되도록 하는 가르침을 펼쳤습니다. 군자와 소인의 차이를 물질적 가치를 바탕으로 이해하자면, 물질적 가치를 조절하는 사람은 군자이고, 물질적 가치의 노예가 되어 물질적 가치에 끌려가는 사람을 소인으로 이해할 수 있습니다. 물질적 가치를 돈으로 바꾸어 말하면, 인간의 삶이 행복할 수 있도록 돈을 다룰 수 있는 사람은 군자이고, 돈의 노예가 되어 돈에 끌려가는 사람은 소인입니다. 군자는 행복하고 소인은 불행합니다. 아무리 돈을 많이 가진 사람이라도 돈의 노예가 되어 산다면 결코 행복할 수 없습니다.

군자라는 개념은 원래 한국에서 출발했습니다. 한국에서는 옛날부터 사람을 사람과 짐승으로 분류했습니다. 한국인들이 쓰는 짐승이라는 말은 동물이라는 뜻이 아니라, 인간성을 상실한 사람을 폄훼하여 부르는 호칭입니다. 사람이 싸울 때, 한국인은 "네가 인간인가?", "제발 인간 좀 되어라."라고 말하기도 하고, "사람이 저럴 수는 없다.", "사람이 인두겁을 쓰고 어찌 저럴 수 있는가!"라고 한탄하기도 합니다. 예로부터 한국인들은 사람다운 사람, 인간성을 제대로 가진 사람을 사람이라고 하고, 그렇지 못한 사람을 짐승이라 했습니다. 사람과 짐승으로 분류하는 한국인의 표현 방식을 훗날 공자가 군자와 소인으로 바꾼 것입니다. 옛 한국은 공자 철학의 발원지입니다. 공자는 중국에서 뜻이 통하지 않을 때 중국을 떠나 구이九夷에서 살고 싶다고 한 적이 있습니다. 구이는 동이족을 통칭하는 말로 쓰였습니다만, 구이의 중심은 조선이었습니다. 『논어정의』라는 책에는 '구이는 조선을 지칭하는 말이다'라는 주석이 있습니다. 공자의 말을 들은 어떤 사람이 "구이는 누추한 변방인데 거기서 어떻게 살려 하십니까?"라고 묻자 공자는 "거기는 군자들이 사는 곳이니, 무슨 누추함이 있겠는가!" 하고 반문했습니다. 위의 문답은 『논어』 자한편子罕篇에 나옵니다. 공자의 말을 들어보면, 군자는 추상적인 인격자를 말하는 것이 아니라 원래 한국인을 지칭하는 말이었음을 알 수 있습니다. 군자는 참되고 행복한 삶을 사는 사람이고, 소인은 헛되고 불행한 삶을 사는 사람입니다.

물질적 가치를 기준으로 판단해도 군자와 소인의 구분은 뚜렷하지만, 앞으로 인공지능시대가 되면 그 구분이 더욱 뚜렷해지리라 생각합니다. 4차 산업혁명 시대에 군자는 사람을 행복하게 하려고 인공지능을 활용할 것이지만, 소인은 인공지능의 노예가 되어 인공지능에 끌려갈 것입니다. 4차 산업혁명 시대가 되면 군자와 소인의 구별이 뚜렷해지고 행복과 불행의 차이 또한 분명해질 것입니다. 부강한 나라가 행복한 나라이고, 빈약한 나라가 불행한 나라라는 구분은 소인이 내린 구분입니다. 공자는 "제齊나라가 한 번 환골탈태해야 노魯나라 수준에 이르고, 노나라가 한 번 환골탈태해야 진리에 이른다."라고 말한 적이 있습니다. 오늘날 미국과 중국이 4차 산업혁명 시대의 패권을 차지하기 위해 치열하게 경쟁하고 있습니다. 경제력과 국력을 기준으로 보면 한국은 미국과 중국에 미치지 못합니다.

중국 춘추시대의 상황으로 보면, 오늘날 미국과 중국은 제나라에 해당하고, 한국은 노나라에 해당한다고 볼 수 있습니다. 노나라는 국력과 경제력에서 제나라에 비할 바가 아니었습니다. 그런데도 공자가 "제나라가 한 번 환골탈태해야 노나라 수준에 이른다."라고 한 것은 경제력과 국력을 기준으로 말한 것이 아니라, 인간성을 기준으로 말한 것입니다. 노나라 사람들은 제나라 사람들보다 군자에 가까웠으므로, 제나라 사람들이 한 번 환골탈태해야 노나라 사람들 수준에 이른다고 한 것입니다. 그렇다고 해서 노나라 사람들이 다 군자인 것은 아니었습니다. 그래서 노나라 사람들도 한 번 환골탈태해야 군자의 수준에 이른다고 한 것입니다. 노나라 사람이 한 번 환골탈태하여 이르는 나라는 단군시대 때의 조선이었습니다. 조선은 원래 군자의 나라였습니다. 조선이 망한 뒤에 여러 부족으로 흩어져 사는 구이에 여전히 군자들이 살고 있었으므로 공자가 구이에 가서 살고 싶다고 한 것입니다.

옛날 사람들을 군자와 소인으로 분류하기란 쉽지 않았습니다만, 산업이 발달하고 인공지능의 역할이 커지는 시대가 되면 군자와 소인의 구분이 뚜렷해질 것입니다. 인공지능이 발달할수록 행복한 사람과 불행한 사람을 정확하게 분류해낼 수 있을 것입니다. 사람이 불행에 빠지면 억만금을 가져도 의미가 없습니다. 부처님은 『금강경』에서 '갠지스강의 모래알만큼이나 많은 칠보로 시주를 하는 것보다

마음 하나 잘 먹는 것이 낫다'는 뜻을 여러 번 말한 적이 있습니다. 사람이 불행해지면 갠지스강의 모래알만큼이나 많은 칠보도 소용이 없다는 뜻입니다. 예수가 낙타가 바늘귀를 통과하기보다 부자가 천국 가는 것이 더 어렵다고 한 말의 뜻은, 가난한 사람보다 부자가 더 물질의 노예가 되기 쉽다는 것을 깨우치는 말입니다. 부자가 되어 물질의 노예로 살기보다는 가난하더라도 참되고 행복하게 사는 것이 낫다는 뜻입니다. 이미 서양에서도 진정한 가치가 무엇인지에 대한 탐구가 시작되었습니다. 〈타이타닉〉이라는 제목의 영화에서는 타이타닉호가 침몰하기 전에 여주인공이 목에 걸었던 고가의 귀금속을 찾기 위해 미쳐 날뛰는 군중을 묘사하고 있습니다. 여주인공은 할머니가 된 뒤에 그 값비싼 귀금속을 바다에 던져버립니다. 사람이 죽음에 직면하게 되면 아무리 값비싼 귀금속이라도 허망한 것일 뿐입니다.

오늘날은 사람들이 많이 불행해졌습니다. 경쟁에서 낙오되어 불행해졌고, 경쟁에서 이긴 사람은 더 큰 경쟁에 시달리느라 불행해졌습니다. 자신이 물질의 노예가 된 줄도 모르고 물질적 가치를 향해 달려가는 것은 원초적인 불행입니다. 앞으로 인공지능이 발달하게 되어 경쟁이 치열해질수록 불행이 회오리바람처럼 강렬하게 사람을 엄습해올 것입니다.

4차 산업혁명 시대는 미국과 중국이 주도하는 세상이 된다고 확신할 수는 없습니다. 가을에는 기온이 계속 내려갑니다. 늦여름에서 가을까지만 사는 귀뚜라미는 기온이 계속 내려가는 줄만 알 것입니다. 그러나 일 년 이상을 사는 생물들은 기온이 계속 내려가다가 다시 따뜻해지는 봄이 온다는 것을 압니다. 물질적 가치가 주도하는 시대가 언제까지나 계속되리라는 판단은 귀뚜라미 수준의 판단일지 모릅니다. 가을에 기온이 계속 내려가다가 만물이 꽁꽁 얼어붙는 겨울이 지나면, 다시 따뜻해지는 봄날이 오게 마련입니다. 지금 물질주의 시대를 살아가는 사람들은 마음이 계속 얼어붙고 있습니다. 마음이 계속 얼어붙는 역사의 겨울이 지나면, 다시 마음이 따뜻해지는 역사의 봄날이 올 것입니다. 계속 얼어붙는 겨울이 지속되기만 하면 만물이 멸종하듯이, 인류의 역사 또한 사람의 마음이 얼어붙는 방향으로만 간다면, 인류는 멸종할 것입니다. 4차 산업혁명 시대는 올 것이고, 인공지능의 효용은 점점 높아질 것입니다. 그렇다고 해서 물질주의가 계속된다는 보장은 없습니다. 마음이 얼어붙은 사람들은 따뜻한 마음을 그리워할 것입니다. 따뜻한 마음은 공자가 말하는 군자의 마음이고, 한국인이 말하는 사람의 마음입니다. 앞에서도 계속 언급했지만, 오늘날 한류 문화에 세계가 열광하는 까닭은, 한국인에게는 아직 따뜻한 마음에서 나오는 향기가 있기 때문일 것입니다. 이를 이해한다면 우리에게 희망이 있습니다. 따뜻한 사람의 마음은 세상 사람들의 얼어붙은 마음을 녹일 수 있을 것입니다. 따뜻한 마음은 4차 산업혁명을 주도할 수 있는 역량이 되기도 할 것입니다.

문제는 한국인들도 물질적 가치를 추구하느라 따뜻한 마음이 점차 식어간다는 데 있습니다. 한국인 중에는 따뜻한 마음이 식어가는 것을 어렴풋이 느끼는 사람이 많습니다. 그런 한국인들은 자신의 삶에 대해 회의懷疑하기도 하고, 한을 가지기도 합니다. '이게 아닌데, 산다는 게 이게 아닌데'라고 자책하기도 합니다. 그런 한국인들은 참된 삶을 되찾는 길을 알기만 하면 조만간 군자가 될 '예비 군자'입니다. 공자는 '예비 군자'에서 '예비'를 떼고 그냥 군자라 불렀습니다. 공자의 정의에 의하면, 군자는 '참된 군자'와 '예비 군자'로 분류할 수 있습니다. 우리는 우선 '예비 군자'가 되어야 합니다. 그러다 보면 '참된 군자'가 되는 날이 다가올 것입니다.

**이영환** 이기동 교수님이 제시한 아이디어가 신선한 느낌을 줍니다. 지금으로부터 2500년 전 공자의 말씀 가운데 최첨단 인공지능 기술과 결합될 수 있는 아이디어가 있다는 것은 시공의 한계를 뛰어넘는 통합적 사고의 진수를 보여주는 것 같습니다. 그런데 인공지능과 군자, 소인 개념을 결합하는 데는 다소 조심할 필요가 있다는 생각이 듭니다. 이 교수님이 말씀하신 것처럼 인공지능의 노예는 소인, 인공지능의 주인은 군자라는 식의 이분법에는 조금 무리가 있는 듯해 보이기 때문입니다.

그래서 저는 좀 더 포괄적인 관점에서 다음과 같이 제안하고 싶습니다. 앞으로 인공지능 기술에 대한 접근성 정도에 따라 개개인의 경제적 보상이나 사회적 대우에 큰 차이가 발생할 수 있습니다. 이것은 곧 사익을 추구할 수 있는 기회가 기술적으로나 이론적으로 우위를 점한 사람들에게 집중될 것임을 의미합니다. 이런 상황에서 인공지능 기술을 단지 사익을 위해서 이용하는 사람은 소인으로, 그와 반대로 사익에 앞서 공익을 고려하는 사람은 군자로 분류할 수 있을 것 같습니다. 그 중간에 있으면서 사익과 공익을 적당히 안배하는 사람은 예비 군자로 분류하면 좋을 것 같습니다. 그렇다면 인공지능 전문가, 기업가, 엔지니어 등 이 분야에 종사하는 수많은 사람들이 소인보다는 적어도 예비 군자로 행동하는 것이 자연스러운 사회 분위기를 만들어야 할 것입니다. 이를 위해서는 정부, 기업, 그리고 시민단체가 혼연일체가 되어야 할 것이며, 그 바탕에는 인간의 존엄성에 대한 믿음이 자리해야 할 것입니다.

이런 노력을 통해 예비 군자가 점점 많아진다면 이 가운데 군자의 반열에 오를 수 있는 사람 또한 많아질 것입니다. 그렇다면 진화심리학의 논리에 따라 사람들은 '인공지능 군자'가 되고자 자발적으로 노력하는 분위기가 형성될 수 있을 겁니다. 그렇게 행동하는 것이 개체 차원에서도 유리하다는 것을 알게 될 것이기 때문입니다. 만약 이런 다소 비현실적인 시나리오가 실현될 수 있다면 이 교수님이 말씀하신 것처럼 그 옛날 공자가 한국을 군자의 나라라고 불렀던 상황을 머지않아 재현할 수 있을 겁니다. 이런 일이 벌어진다면 한국은 이미 세계의 중심에 있을 겁니다. 이것이야말로 진짜 가슴 뛰는 이야기입니다.

**최수**     지금 4차 산업혁명을 얘기하면서 인공지능의 역할을 핵심으로 설명하였지만, 그 전후방의 핵심 부품 산업의 발전 없이는 인공지능의 발전은 물론 4차 산업혁명의 동력을 얻을 수 없습니다. 4차 산업혁명이 성공적으로 진행되기 위해서는 그 핵심 가치인 생산성과 자율성을 제고하는 정보화 및 데이터 과학이 뒷받침되어야 합니다. 이를 위해서는 국가적인 전략과 선택에 따라 반도체, 정밀기기, 정밀화학 및 무선통신과 소프트웨어 등 핵심 부품 산업을 집중적으로 육성하여 종합적이고 균형 있는 발전을 도모해야 합니다. 그런 전략과 계획들이 상호작용하여 생산성과 자율성을 증진시킬 것입니다. 인간을 좀 더 풍요롭고 자유롭게 만들어주는 산업들을 끊임없이 발굴하여 육성하는 것이 4차 산업혁명 시대에 우리의 할 일이라고 생각합니다.

저는 우리가 이를 어떻게 추진할 것인가의 관점에서 물질에 중점을 두고 말씀을 드렸지만, 기업은 물질을 통제하는 정신이 바로 설 때 비로소 그 역량을 물질로 탁월하게 구현할 수 있다고 생각합니다. 그렇기에 우리가 세계의 중심으로 다가서기 위해서는 무엇보다 민족의 정체성을 재확립하는 한편, 우리의 지정학적, 역사적 한계를 극복하고 철저히 활용하는 강인한 정신력을 갖춰야 한다고 생각합니다. 그러려면 우리 삶의 본질과 형태에 대한 깊은 성찰이 이루어져야 합니다. 이를 통해 기업은 기업의 최고 자산인 인적 자원이 기업문화와 어우러져 종합적인 시너지 효과를 창출할 수 있도록 하는 방안을 끝없이 고민해야 합니다. 이러한 정신적 성장 없이 단순히 물질적 풍요를 추구하는 것만으로는 거대한 4차 산업혁명의 파고를 넘을 수 없습니다. 기업의 핵심 자산인 인적 자산을 한반도에만 국한시키지 말고 해외에서 치열하게 살고 있는 우리 동포들, 그리고 우리와 대치하고 있는 북녘의 동포들까지 포괄해 서로 협력할 수 있는 방안

대한민국, 변방에서 중심으로

을 찾아야 희소한 인적 자원을 종합적으로 잘 활용할 수 있다고 생각합니다.

그와 함께 우리가 세계의 중심으로 빠르게 진출한 이면에는 우리 국민이 가진 개인적 능력과 사회적 자산들이 있습니다. 이러한 능력과 자산, 특히 세계적인 네트워크를 국가적 에너지로 끌어내는 것은 4차 산업혁명을 성공적으로 이끄는 데 대단히 유효한 방안이라 생각합니다. 세계의 중심으로 나아가려면 이 같은 인적 자원을 어떻게 연계하고 활용할지 국가적 관점에서 더 구체적으로 검토해야 합니다. 동시에 국제적인 네트워크를 강화하는 방향으로 나아가야 합니다. 그리하여 우리가 단일민족이라는 자긍심을 한 차원 더 높이는 가운데 해외 노동력을 우리의 외연적 인적 자원으로 포용하고 활용하는 대범하고 현실적인 사고의 전환을 기해야 합니다.

이제는 우리 모두 단일민족으로서만 존재하기에는 세계가 너무 다양하고 밀접하게 연결되어 있다는 것을 잘 이해하고 있습니다. 단지 그러한 인식이 사회적, 제도적으로 충분히 반영되어 있지 않은 것뿐이지요. 우리가 다양한 민족들과 함께 살아가는 지혜를 터득할 수 있다면 다양성을 더욱 존중하고, 더욱 개방적인 민족이 될 수 있습니다. 저는 피동적인 단순 개방을 말하는 것이 아닙니다. 개방성에 대한 충분한 공감대를 바탕으로 습관적인 두려움에서 벗어나 국민이 주체적으로, 나아가 치밀하고 적극적으로 개방해 나아가야 합니다. 그래서 국가의 포용력, 국가의 그릇을 키워야 합니다. 이를 위해서는 국민적인 공감대를 갖고 건전한 사회규범을 확립해야 합니다. 또 교육을 통해서 그것을 확산시켜야 합니다. 결과적으로 이를 통해 문화의 주변성을 극복하고 그 중심으로 진입할 수 있을 것입니다.

대한민국, 변방에서 중심으로

# 2

# 기후변화, 팬데믹, 금융 지배, 불평등이라는 잠재적 재앙

**이영환**　앞에서는 주로 4차 산업혁명의 핵심기술인 인공지능과 관련해 한국과 한국인이 무엇을 준비해야 하는가 하는 문제에 대해 논의를 해보았습니다. 이 주제는 인류의 미래를 위해 워낙 중요한 문제입니다만, 여기서 짧은 논의를 통해 어떤 심오한 통찰을 얻기는 어렵습니다. 제가 바라는 것은 이런 논의를 통해 미국과 중국이 인공지능의 패권을 두고 다투는 시대에 패배의식에 사로잡히지 않고 우리의 입지를 확보할 수 있다는 자신감을 갖는 것입니다. 다시 강조합니다만, 인공지능은 물질 중심 기술문명의 절정을 보여줄 것입니다. 그렇다면 앞서 제가 강조했던 대극의 논리에 의해 사람들은 자연스럽게 정신적 가치에 대한 향수를 느끼게 될 것이므로, 이때 우리가 준비한 정신적 자산이 있으면 한국을 넘어 전 세계와 공유할 수 있을 겁니다. 저는 개인적으로 그럴 가능성이 있다고 봅니다만, 한국인들의 에너지를 결집하는 것이 관건이라는 생각이 듭니다.

그런데 4차 산업혁명의 진행 과정에서 의외의 변수로 작용할 요인들이 여럿 존재합니다. 예를 들면 기후변화, 펜데믹, 금융의 지배 그리고 불평등과 같은 요인들입니다. 이것들이 인공지능 기술과 상호작용하면서 인류에 어떤 결과를 가져다줄지 예측하기 어려운 부분이 있습니다. 만약 이런 요인들이 제각각 인류의 전반적인 복지에 악영향을 미치는 데 그치지 않고 상호작용을 통해 상황을 더욱 악화시킨다면 어떤 결과가 발생할지 매우 우려됩니다. 물론 인공지능 알고리즘을 이용해 기후변화를 효과적으로 저지하고 팬데믹의 창궐을 초기에 저지할 수도 있을 겁니다. 현재 인류가 해결하지 못하는 난제들을 향후 인공지능 기술이 해결할 것으로 전망하는 전문가들도 적지 않습니다.[49] 그렇다면 이것이야말로 인간에게 우호적인 인공지능의 전형이 될 것입니다.

단기적으로 볼 때 인공지능 기술이 인류에 가장 크게 기여할 부분은 기후변화와 펜데믹에 대처하는 효과적인 해법을 찾는 데 도움을 주는 것이라고 봅니다. 기후변화와 관련해서는 지금도 음모설이 식지 않고 있습니다. 기후변화란 존재하지 않는다는 것이지요. 게다가 기후변화와 관련한 논쟁들의 경우 문제를 정확히 파악하지 않은 채

소모적인 싸움으로 그칠 때도 많습니다.[50] 인공지능 기술은 빅데이터를 바탕으로 기후변화와 관련된 쓸데없는 논쟁을 종식시키고 가장 효과적인 대응책을 찾는 데 크게 기여할 것입니다. 마찬가지로 인공지능 기술은 코로나19 같은 펜데믹에 대처하는 데도 크게 기여할 것입니다. 다만 금융의 지배와 불평등 문제와 관련해서는 인공지능 기술이 현재보다 상황을 더 악화시킬 개연성이 매우 높다는 점이 심히 우려스럽습니다. 만약 인공지능을 주도하는 기술자본과 현재 세계 경제를 좌우하는 금융자본이 결탁한다면 이들의 시장 지배를 막을 방법이 없습니다.[51] 그러면 인공지능 기술로 인해 불평등 문제가 더욱 악화될 가능성이 매우 높습니다. 여기서 이런 모든 문제들에 대한 통찰을 제공하기는 어렵습니다. 그러나 최소한 우리가 무엇을 기여할 수 있는지 고민할 필요는 있다고 봅니다. 세계의 중심으로 나아가기 위해서는 경제력만으로는 턱없이 부족하기 때문입니다. 세계인들과 고통을 분담하고 그들의 문제와 공감할 수 있는 능력을 계발하지 않으면 안 될 것입니다.

**최수**      기술은 인간의 문제들을 해결하기 위해 개발되어 왔습니다. 인공지능도 인간이 개발하였기에 인간의 통제를 벗어날 수 없고, 인간의 미래에 긍정적인 역할을 하도록 개발될 것입니다. 인공지능의 위력에 대한 두려움 자체가 인공지능의 한계를 설정할 것입니다. 오히려 인공지능을 보조지능의 개념으로 이해하고 인간이 해결하지 못하고 있는 기후변화, 팬데믹, 식량 문제를 해결하는 데 적극적으로 활용해야 할 것입니다. 우리 한국이 4차 산업혁명을 성공적으로 극복하여 인공지능의 발전을 주도하고, 인공지능을 활용하여 이러한 인류의 문제들을 해결하는 데 선두에 서기를 기대합니다. 그리고 이 같은 역할은 우리가 세계의 중심으로 나아가기 위해서 반드시 필요합니다.

**이영환**  그렇습니다. 최 회장님이 지적하신 것처럼 전 지구적 차원에서 기후변화와 팬데믹이 미치는 영향을 무시하면서 세계의 변방에서 중심으로 나아가려 한다는 것은 언어도단입니다. 오직 경제 논리에 입각해 생산성과 자율성에 초점을 맞추고, 비교우위 원리에 입각해 다른 나라 기업보다 우위를 점하려고만 해서는 중심의 역할을 할 수 없을 것입니다. 결국 중요한 건, 물질적 기반을 갖춘 가운데 정신적 능력을 최대한 발휘해 모두의 공감을 불러일으키는 것입니다.

이번 코로나19 사태를 겪으면서 우리는 큰 경험을 했습니다. 한국의 경제력과 정보기술, 그리고 사람들의 협력을 유도하는 사회적 기술, 이 세 가지를 절묘하게 결합하면 코로나19와 같은 팬데믹도 일정 수준에서 통제할 수 있다는 것을 알았습니다. 한편 미국이나 영국, 그리고 인도와 같이 인구도 많고 경제력이 상당한 나라들도 공중보건 시스템의 취약성, 자발적 협조 정신의 부재, 정부의 늑장 대응 등 여러 악재가 겹치면서 의외로 큰 희생을 치렀습니다. 그렇다면 우리는 이제 자부심을 갖고 앞으로 어떤 유형의 팬데믹이 발발하더라도 이에 차분하게 대응하는 한편, 팬데믹에 대처하는 총체적 기술을 해외로 수출해 우리보다 어려운 나라들을 도울 수 있을 겁니다. 여기에 필요한 경제적 자원과 인적 자원을 확보하는 것은 그리 문제가 되지 않을 것으로 보입니다. 한국인 특유의 정情에 호소한다면 의외로 많은 사람들이 동조할 것입니다. 이제는 정 개념을 한국인이라는 민족적 울타리에 한정하지 말고 지구인 모두에게 확장할 시점입니다. 그리고 이것이 바로 세계의 중심으로 나아갈 때 중요한 덕목입니다. 이런 면에서 기후변화와 팬데믹 같은 전 지구적 재앙에 대처하는 데 앞으로 우리는 자발적으로 더 큰 역할을 떠맡아야 한다고 생각합니다. 지금 우리가 엉뚱하게도 개인주의의 덫에 걸려 신음하고 있지만, 우리의 무의식을 일깨우면 이 문제는 어렵지 않게 해결할 수 있을 것 같습니다. 이기동 교수님이 강조하시는 한마음 정신이 남아 있기 때문입니다. 이 한마음을 한국을 넘어 세계로 확산시키는 것은 전정한 의미에서 홍익인간 사상을 실천하는 길입니다.

**이기동** 두 분의 매력적인 말씀을 듣고 많은 도움이 되었습니다. 4차 산업혁명의 진행 과정에서 기후변화, 팬데믹, 금융의 지배, 불평등 등의 문제가 부수적으로 뒤따를 수 있겠습니다. 부수적인 문제가 극에 달한다면 차라리 4차 산업혁명이 일어나지 않은 것보다 못하겠지만, 역사는 그렇게 흐르지 않을 것입니다. 물질적 가치의 발전이 인간을 불행하게 만든다 해도 물질적 가치는 멈추지 않고 발전하는 방향으로 나아갈 것입니다. 다만 사람의 대응 여부에 따라서는 물질적 가치의 발전이 사람을 행복하게 하는 방향으로 나아갈 수도 있을 것입니다.

기후변화, 팬데믹, 금융의 지배, 불평등 등을 우려하는 것은 매우 바람직합니다만, 무엇보다 사람들의 마음 자세가 문제입니다. 욕심을 채우기 위해 기후변화, 팬데믹, 금융의 지배, 불평등을 우려한다면 이는 전혀 도움이 되지 않을 것입니다. 가령 기후가 변화하여 사람이 살 수 없는 지경이 될까 봐 우려하는 것은 사람의 욕심에서 나온 판단입니다. 욕심을 채우기 위해 내린 판단은 손해가 될 때는 지키지 않습니다. 만약 탄소를 계속 배출하여 지구온난화가 지속된다면 사람이 살 수 없는 지구가 될 것이라는 우려는 욕심에서 내린 판단입니다. 욕심은 이익을 좇아갑니다. 탄소를 배출하지 않으면 당장 살 수가 없고, 탄소를 배출하면 나중에 살 수 없다고 판단한다면, 욕심은 당장 살기 위해 탄소를 배출하는 결정을 내릴 것입니다. 팬데믹, 금융의 지배, 불평등 문제도 마찬가지입니다. 따라서 이런 문제들을 근본적으로 해결하기 위해서는 마음을 바꾸는 일이 선행되어야 합니다. 이런 문제들을 걱정하기 전에 먼저 한마음을 회복하면 이런 문제들은 저절로 해소될 것입니다. 한마음을 회복하면 지구와 내가 하나이고, 남과 내가 하나입니다. 한마음을 회복한 사람은 내 몸을 지키듯이 지구를 지킬 것이고, 내 몸을 보살피듯이 빈약한 사람들을 보살필 것입니다. 문제를 해결하기보다는 문제가 생기지 않도록 하는 것이 최선입니다.

불평등 문제를 해결하는 것에 대한 예를 들겠습니다. 한마음이 전제되지 않으면 아무리 해도 공평함이란 있을 수 없습니다. 어느 기업에서 100억의 이익을 달성했다고 합시다. 이 기업의 이익 분배를 둘러싸고 노사분규가 일어났습니다. 극단적으로 말하면, 노동자는 노동가치설을 주장하며 100억을 모두 요구할 것입니다. 반면 사용자는 노동자들에게 월급을 제대로 지급했으므로 이익금은 사용자가 가져야 한다고 판단할 것입니다. 이런 경우에 법과 제도를 마련하여 50억씩 나누어 가지라고 하면, 양쪽이 모두 불만일 수 있습니다. 사용자는 사용자의 몫이 너무 적다고 불만일 것이고, 노동자는 노동자의 몫이 너무 적다고 불만일 것입니다. 양쪽이 불만을 품고 대립할수록 서로 간에 적개심을 가지게 되고, 싸움이 지속될수록 인간성이 점점 파괴됩니다.

그러나 한마음을 회복한 사람의 접근 방법은 다릅니다. 한마음을 가진 사용자는 노동자를 적으로 보지 않습니다. 그에게는 노동자가 형제처럼 보이고, 가족으로 느껴집니다. 그럴수록 노동자의 고충을 이해하고, 노동자에게 고마운 마음을 가지게 될 것입니다. 그런 사용자에게, 노동자에게 50억을 주라고 하면, 그는 '노동자에게 더 주어야 하는데'라고 생각하면서 미안해할 것입니다. 노동자 또한 한마음을 회복한 사람이라면, 사용자를 적으로 여기지 않고 부모처럼 생각하기도 하고, 가족처럼 여기기도 할 것입니다. 노동자는 월급 받고 살 수 있게 해준 사용자에게 고마워할 것입니다. 그들은 사용자에게 50억을 주고 자신들이 50억을 가지는 것을 미안해할 것입니다. 노동자와 사용자 모두 상대에게 미안한 마음을 가지게 되었을 때 비로소 분배에 고마움을 느끼고 만족할 것입니다. 분배는 반드시 50억으로 결정되지 않습니다. 상황과 여건에 따라 0과 100억 사이에서 가장 알맞은 금액으로 결정하게 됩니다. 이러한 방식의 결정이 중용적 결정입니다. 중용에 의한 해결책이 아니면 평등함과 공정함이란 성립할 수 없을 것입니다.

**최수**　　　기후변화 문제와 팬데믹, 환경파괴 문제는 대단히 큰 잠재적인 재앙입니다. 이러한 재앙 요소들이 자연의 큰 순환 과정에서 불가피하게 야기된다는 과학자들도 있지만, 인간의 문명화와 산업화 과정에서 함께 진행됐음을 부인할 수는 없습니다. 이러한 문제는 산업화 과정에서 어쩔 수 없이 치러야 할 비용 문제인 것 같습니다. 그러나 이제는 이 비용이 사회가 감당할 수 없을 정도로 심각하게 커졌습니다. '어떻게 이 문제를 해결할 것인가?', '누가 이 비용을 부담할 것인가?', '이제까지 축적된 비용을 발생시킨 수익자에게 부담시킬 것인가?', '부담시킨다면 해결할 수 있을 정도의 가역적인 문제인가?', '지난 비용 문제는 유보하고 향후 발생하는 비용 문제 해결에 집중해야 하는가?' 등과 같은 문제들에 답을 구해야 할 것입니다.

결국 이미 발생한 비용은 국가와 사회가 해결하고 향후 발생할 비용은 수익자 부담의 원칙에 의해 해결하는 것으로 귀착될 것입니다. 그리하여 개인, 기업, 사회, 국가 등의 주체별로 비용을 적절하게 부담하는 시스템이 구축될 것입니다. 이러한 기후 환경 비용은 산업화가 진행될수록 규모가 커질 것이며, 결국은 기업과 국가가 대부분을 부담할 것입니다. 기업과 국가는 이러한 기후 환경 문제의 해결을 기술개발에서 찾을 것이며, 여기서 여러 가지 새로운 산업이 탄생할 수 있을 것입니다. 우리 기업들도 이 같은 세계적인 추세에 적극적으로 참여하여 인류의 존재적인 위험을 극복하는 데 기여하고 사업화에도 성공해야 합니다.

**이영환** 기후변화와 팬데믹과 관련해서는 이미 상당한 논의가 이루어졌기에 더 이상 말씀드릴 것은 없습니다. 다만 우리의 입장에서 특별히 관심을 가졌으면 하는 차원에서 한두 가지만 얘기하고자 합니다. 최근 기후변화 행동가로 세계적인 주목을 받은 스웨덴 소녀 그레타 툰베리Greta Thunberg는 2019년 유엔 연설에서 "우리 집이 불타고 있다.Our house is on fire."라고 하면서 도대체 어른들은 무엇을 하고 있느냐며 강하게 질타했습니다. 툰베리의 이 한마디는 마치 안데르센의 우화 「벌거숭이 임금님」에서 거리를 행진하는 왕을 보고 어느 누구도 벌거벗었다는 사실을 지적하지 못하고 있을 때 "왕이 벌거벗었다!"라고 외친 순진한 소년의 목소리와도 같습니다. 실제로 여러 나라 정부들이 2050 탄소 순제로net-zero 정책을 추진하기로 합의한 데는 툰베리의 이런 질타가 일정 부분 영향을 미친 것으로 보입니다.

이런 맥락에서 제가 말하려는 것은 기후변화와 팬데믹을 우리 모두 존재적 위험의 관점에서 심각하게 받아들이자는 것입니다. 다른 어떤 나라보다 더 진지하게 인류에 대한 심각한 위협으로 인식하자는 것입니다. 전에도 잠깐 언급했습니다만, 존재적 위험이란 비록 발생 가능성이 매우 낮더라도 일단 발생하면 인류의 멸종으로 이어질 수 있는 위험을 말합니다. 우리가 이런 문제의식을 갖는다면 그만큼 인류를 위한 해결 방안을 모색하는 데 더 많이 기여할 수 있을 겁니다.

기후변화와 관련해 한 가지 고무적인 변화는 세계 최대 자산운용사인 블랙록을 비롯한 대형 자산운용사들이 ESG 투자를 강조한 점입니다. 앞에서도 잠깐 언급했습니다만, 이들은 환경Environmental, 사회Social, 지배구조Governance를 존중하는 기업에 집중적으로 투자하겠다는 원칙을 천명함으로써 기업으로 하여금 기후변화를 저지하는 데 더 적극적인 역할을 하도록 유도하고 있습니다. 나아가 이해관계자들을 고려하는 기업에 더 투자한다는 원칙을 통해 기업이 이익만 추구하는 조직이 아니라 사회 발전에도 기여하는 조직으로 거듭나도록 촉구하고 있는 것은 바람직한 일입니다. 물론 이들이 이런 원칙을 천명한 것은 수익률 추구를 지상과제로 생각하는 금융자본의 목적을 포기한 것이 아니라 시대적 변화에 맞춰 적절하게 변신한 것으로 봐야 할 것입니다.

만약 금융자본이 추진하는 ESG 투자가 단지 립서비스에 그치지 않고 실제로 기업 경영에 큰 변화를 가져올 수 있다면, 이는 인류의 미래를 위해 정말 다행스러운 일입니다. 특히 이것은 개인주의의 폐단을 지양하고 공동선의 가치를 함양하는 데도 크게 기여할 수 있습니다. 앞으로 다가올 엄청난 변화의 시대에는 연대하고 협력하지 않으면 큰 위기를 벗어나기 어려울 것입니다. 예를 들면 기후변화가 본격적으로 영향을 미치기 시작한다면 가난한 사람들이 더 큰 피해를 보게 된다는 것이 정설입니다. 특히 대도시 저지대에 사는 저소득층 주민들 대다수는 모든 것을 잃고 난민으로 전락할 확률이 높습니다. 이런 상황에서 자신만 살겠다는 극단적인 개인주의로는 아무것도 해결할 수 없습니다. 오직 연대와 협력만이 문제를 해결할 수 있습니다. 한국이 세계의 중심으로 나아가려면 이런 측면에서 세계를 선도할 수 있는 어떠한 모델을 제시해야 합니다. 이런 취지에서 한마음 정신에 기반을 둔 프로젝트를 구상할 수 있다고 봅니다.

또한 이런 메가트렌드가 진행되는 와중에도 개인 차원에서는 일자리가 사라질까 봐 두려워합니다. 거시적 차원에서는 인류의 미래를 걱정하지만 미시적 차원에서는 자신의 안위를 걱정하는 것이 인간입니다. 두려움은 진화 과정에서 인간의 뇌에 깊이 각인된 본능입니다. 그래서 적당한 위로의 말로는 두려움을 제거할 수 없지요. 제가 말하려는 것은 두려움을 축소하지도, 과장하지도 말자는 것입니다. 거시적, 미시적인 위험 요인들이 우리의 삶을 위협한다는 사실을 있는 그대로 인정하면서 실존적 차원에서 자신이 무엇을 할 수 있는지 곰곰이 생각해야 한다는 점을 강조하고 싶습니다. 이를테면, 인간은 결국 죽음을 피할 수 없다는 엄연한 사실을 직시하는 가운데 자신만의 고유한 의미를 추구하는 삶이 최선의 대안이 될 수 있다는 것과 같은 맥락입니다. 두려움을 떨칠 순 없지만 노예처럼 끌려 다닐 필요도 없습니다. 정부도 사회도 해결하지 못하는 두려움에 최종적으로 맞서는 것은 결국 개인입니다. 이런 개인들이 연대와 협력의 의미를 이해하고 공동선을 추구하는 데 동참한다면, 어느 정도 두려움을 극복할 수 있습니다.

# 3

# 일자리 문제와
# 인간의 존엄성

**최수**　　인공지능시대를 맞이하면서 가장 관심을 받고 있는
건 역시 '일자리가 어떻게 될 것인가' 하는 점입니다. 일
자리 문제는 사실 인간 본연의 문제입니다. 그러다 보니 '굶주
리진 않을까?', '사회가 망하진 않을까?' 같은 공포를 불러오는 주제
들과 마찬가지로 일자리 문제는 시대를 초월하여 존재해온 관심거
리이기도 합니다. 또한 일자리는 인간의 행복과 직결된 삶의 본연의
이슈입니다. 이 문제가 불확실해지면 삶이 불확실해집니다.

그런데 인공지능은 과거의 '기계지능'과는 비교할 수 없을 정도이
므로 인공지능이 주도하는 4차 산업혁명은 2차 산업혁명과 달리 대

량실업의 위기와 폭풍 같은 사회변화를 가져올 거라 예상합니다. 이에 대한 부정과 긍정의 시각이 공존하지만 어느 쪽이든 우리는 이에 대비할 필요가 있습니다. 다시 말해 '어떻게 대비하고 극복할 것인가?'가 우리의 과제입니다. 인류 역사를 돌이켜보면, 도전에는 항상 극복하려는 노력이 뒤따랐습니다. 변화는 두려움을 잉태시키고, 두려움은 해결책을 찾게 만들었지요. 두려움은 문제를 해결해야 한다는 절박감과 의지를 불러일으키고 놀라울 정도로 에너지를 집중시킵니다. 위기는 번개처럼 순간에 오기도 하지만, 대부분 위기가 발생하기까지 오랜 기간 여러 가지 조짐을 보입니다. 따라서 '두려워하고 있다'는 것은 '위기를 인식하고 있다'는 것이며, 그 위기의 리스크는 인식하는 순간 이미 반으로 감소합니다. 위기는 부지불식간에 은밀하게 찾아오지만 햇빛이 들면 사라지고 마는 안개와 같은 성질을 갖고 있기 때문입니다. 그리고 나머지 반의 리스크는 해결하겠다는 의지와 집중력으로 없애야 합니다.

실업 문제도 인공지능으로 인해 발생하는 다른 여러 위기와 유사합니다. 우리는 이 위기를 절호의 기회로 간주하고 현명한 해법을 찾아야 합니다. 일자리는 시대에 따라 무수히 새로운 옷을 입고 등장합니다. 새로운 옷을 입고 등장한다는 속성은, 스스로 일자리를 창출한다는 것입니다. 인공지능시대에 얼마나 많은 아이디어와 얼마나 많은 기회가 생기겠습니까? 물론 사회적 변화에 대한 우려는 극히 자연스러운 것이고, 일자리 또한 끊임없이 변동되기에 우린 당연히 두려울 수밖에 없습니다. 그러나 바로 그 두려움이 새로운 일자리를 창출하는 원동력이라 생각합니다.

이에 덧붙여 일자리의 소멸에 대해 말씀드리겠습니다. 두 가지 측면에서 이야기할 수 있을 것 같습니다. 첫째, 없어져야 할 단순 일자리는 인간의 존엄성 측면에서도 장기적으로 사라지는 것이 옳습니다. 문제는 인간다운 일자리가 없어지는 것인데, 이것은 인간의 지혜를 동원하여 별도로 찾아야 하는 일자리입니다. 인간의 창조성은 기술이나 제품에서만이 아니고 새로운 일자리를 창출하는 데도 탁월하게 발휘됩니다. 일자리가 하나 없어지더라도 또 다른 일자리를 만들 수 있는 지혜가 우리에게는 있다고 생각합니다. 물론 이는 저절로 주어지지 않으니 지금 마땅한 아이디어가 없다고 좌절하지 말고, 우리의 창조성을 십분 발휘하여 일자리를 창출해야 합니다.

두 번째, 일자리는 있으나 사람이 그 일자리를 감당할 수 없는 경우입니다. 혹은 개인의 기대에 못 미치는 일자리를 자발적으로 거부할 수도 있습니다. 이를 '마찰적 실업'이라 합니다.

앞에서 말한 일자리 창출은 개인의 영역만이 아니고 인류와 국가 전체가 해결해야 할 과제라고 봅니다. 인공지능에 의한 노동 대체에도 불구하고 끊임없이 변화하는 산업들 속에서 새로운 일자리는 충분히 찾을 수 있습니다. 노동 영역도 전혀 새로운 서비스 영역과 깊은 바다, 저 먼 우주 등 상상할 수 없던 지역까지 계속 확대될 것입니다. 결론적으로 일자리의 다양성은 확대되고 노동 강도는 약해지며 노동 효율은 대폭 향상될 것입니다. 오히려 정보화와 인공지능이 이에 크게 공헌할 것입니다. 일자리는 인간의 지능과 인공지능의 성능에 의해 제약을 받겠지만 향후 지속적으로 창출될 것입니다. 인간은 그렇게 끊임없이 움직이도록 창조되었습니다.

두 번째의 마찰적 실업, 일자리와 개인이 맞지 않았을 때의 실업 문제는 우리가 풀어야 할 정말 큰 숙제입니다. 일자리를 원하는 개인들이 그 일자리에 적합한 능력을 갖추도록 업무 의욕을 키우고 끊임없이 자기의 전문성을 강화하며 정보를 취득하도록 독려해야 합니다. 이러한 정보를 제공하고 교육하는 데는 국가의 관심과 지원이 필요합니다. 따라서 정부나 사회 기관은 노동을 장려하는 한편 개인이 스스로 노동에 적합한 인재로 거듭나도록 동기화하고 교육해야 합니다. 이렇게 노동의 분위기를 고취하되 유효 노동력에 대한 실업 보조는 일시적으로 시행해야 합니다. 자기 스스로 일자리 문제를 해결하려는 의지를 약화하는 정책은 좋은 노동 정책이라고 할 수 없습니다.

**이영환** 일자리 관련해서는 앞에서도 언급했듯이 이미 많은 전문가들이 다양한 견해를 피력했습니다. 그래서 여기서는 우리가 조금 더 관심을 가져야 할 문제에 국한해서 이야기하고 싶습니다. 우선 일자리 문제는 인공지능 및 로봇과 관련해 가장 많이 논의되어왔습니다만 그밖에 기후변화, 팬데믹 그리고 금융 자본의 지배도 일자리 문제와 밀접하게 관련되어 있다고 봅니다. 이미 코로나19 사태로 인해 세계적으로 수많은 사람들이 일자리를 잃었습니다. 기후변화와 열대우림 훼손으로 서식지가 파괴된 여러 동물들이 인간과 접촉하면서 앞으로 어떤 무시무시한 바이러스가 인류를 공격할지 현재로서는 아무도 장담하지 못합니다. 이런 이유로 기후변화와 팬데믹도 일자리와 밀접하게 연관되어 있습니다.

이것은 금융자본도 마찬가지입니다. 금융자본의 지배가 시장경제에 미친 가장 부정적인 요인은 모든 분야에서 '금융화financialization'가 진행되었다는 사실입니다. 이것은 기업 활동의 기준이, 무엇을 어떻게 생산할 것인가에서 단기 수익률로 바뀌었다는 것을 의미합니다. 예컨대 과거에는 연구개발에 투자하였을 기업이 지금은 자사주를 매입하는 데 자금을 사용하는 것이 전형적인 금융화의 사례입니다. 이런 사고가 지배하는 한 기업이 일자리를 책임진다는 것은 시대착오적인 발상입니다. 금융화와 일자리는 양립하기 어렵습니다.

결국, 이와 같은 네 가지 요인들이 미래 일자리 문제를 매우 풀기 어려운 과제로 만들 것입니다. 그래서인지 많은 전문가들이 일자리 소멸을 기정사실로 하면서 보편적 기본소득제만이 유일한 해법이라는 듯이 말하고 있습니다. 그런데 기본소득제가 자동적으로 일자리를 만들어주지 않는다는 것 또한 역설입니다. 만약 이 제도를 실시해 대중 소비가 되살아나고 그래서 전에 없던 새로운 일자리가 생겨나 취업을 원하는 사람이 모두 일자리를 구할 수 있다면 얼마나 좋을까요? 그러나 기본소득제가 이런 선순환의 촉매가 된다는 보장은 없습니다. 그렇다면 일자리 문제를 진지하게 고려해볼 때 가장 널리 지지받을 수 있는 전략은 누구나 부정하기 힘든 '기본 원칙'으로부터 시작하는 것입니다. 그 기본 원칙은 바로 인간의 존엄성입니다. 인간은 모두 존엄한 삶을 추구할 권리를 갖고 태어난 존재입니다. 누가 이 엄숙한 선언을 부정하겠습니까. 만일 이를 부정한다면 그 사람은 스스로 존중받을 자격이 없는 인간임을 인정하는 셈입니다. 따라서 이런 기본원칙에 대한 만장일치 동의를 바탕으로 시작해, 다음 단계에서는 무엇을 해야 하는지 모두의 지혜를 모으는 과정이 필요합니다. 만약 많은 사람들이 이런 과정에 참여해 진지한 논의가 이루어진다면 기본소득제보다 더 나은 해법을 찾을 수 있다고 봅니다.

인간은 단지 먹고사는 데 필요한 소득만 있으면 만족하는 그런 존재가 아닙니다. 일자리 문제는 개인과 정부, 그리고 사회가 힘을 합쳐 해결해야 할 인간 존엄성의 문제입니다. 정부에 문제 해결을 강요해도 안 되고 개인에게 모든 책임을 떠넘겨도 안 됩니다. 인간은 지금과 같은 빠른 변화에 적응하면서 진화한 존재가 아닙니다. 우리 뇌는 매우 천천히 일어나는 변화에 적응하도록 진화해왔을 뿐입니다. 이런 생물학적 이유에서도 일자리 문제는 전적으로 개인의 문제가 되어서는 안 됩니다. 인간의 존엄성을 지킨다는 대전제하에서 우리 모두의 지혜를 모아야 할 문제입니다.

**이기동** 　두 분 말씀을 들어보니, 4차 산업혁명 시대에 일자리가 사라지기도 하지만, 새로운 일자리가 계속 나타나므로 일자리가 없어질까 걱정하지 않아도 될 것으로 보입니다. 그런데 많은 일자리가 사라지고 새로운 일자리가 생겨날 때, 사람이 갖추어야 하는 것은 새로운 일자리로 옮겨갈 수 있는 능력이라고 생각됩니다. 새로운 일자리로 옮겨갈 능력이 없는 사람은 자기의 일자리가 사라질 때 일자리를 잃기만 할 뿐, 새로운 일자리로 옮아가지 못할 것입니다. 새로운 일자리로 옮아갈 수 있는 능력은 새로운 일자리의 유형을 예측하고 대비한 사람만이 지닐 수 있습니다. 그러나 그런 일자리를 일일이 예측하고 대비하기는 어려울 것입니다. 따라서 새로운 일자리에 적응할 수 있는 근본 방법은 구체적인 일의 내용을 터득하기보다, 마음의 유연성을 기르는 것입니다. 유연성은 고정관념을 없애는 데서 생깁니다.

사람이 가지고 있는 고정관념에는 여러 가지가 있습니다만, 그중에서 '나'라는 관념이 으뜸입니다. '나'란 원래 없는 것입니다. 사람이 환경에 적응하기 어려운 이유는 '나'라는 고정관념 때문입니다. 물은 '나'라는 고정관념이 없으므로, 늘 주어진 상황에 적응합니다. 네모난 통에 들어가면 네모가 되고, 세모난 통에 들어가면 세모가 됩니다. '나'라는 고정관념이 없으므로 언제나 주어진 환경에 따라 자유자재로 적응할 수 있습니다. 어른보다 어린이가 새로운 환경에 잘 적응하는 까닭도 고정관념이 적기 때문입니다. 복잡한 변화에 적응하기 위해서는 고정관념을 없애는 노력으로 유연성을 기르는 것이 중요하리라 생각합니다. 참고로 말씀드리면 진리란 고정관념이 없어질 때 다가옵니다.

**최수**       맞습니다. 바로 그런 취지에서 제가 일자리 관련해 개인의 책임을 강조한 것입니다. 앞에서 새로운 시대적 변화가 있을 땐 항상 새로운 일자리가 생겨난다고 말씀을 드렸는데, 그럼에도 우리에게 일자리는 항상 걱정거리이지요. 정부와 전문가들이 나서서 새로운 일자리를 찾아주어야 합니다. 그런 노력 없이는 새로운 일자리가 생겨나기 어렵습니다. 저는 정부의 역할이 생각보다 대단히 크다고 봅니다. 물론 미시적으로 일자리를 창출한다는 것은 결국 개인 문제이지요. 그러나 국가는 그런 일자리를 찾아주고 일하려는 분위기를 제도적으로 구축해주어야 합니다.

앞에서도 잠시 언급했지만, 정부가 일자리를 찾고 만들어줄 때 우선적으로 해야 할 것은 개인들의 일할 욕구를 촉진하는 겁니다. 대단히 중요한 부분입니다. 반대로 일할 욕구를 약화시키거나 아예 일할 필요성이 느껴지지 않게 만드는 제도는 잘못된 일자리 정책이겠지요. 또 없는 자리를 일부러 만들어 고용을 늘리는 것은 특별한 상황 외엔 합당성을 확보할 수 없습니다. 그런 의미에서 조심스럽지만, 일자리 나누기는 일자리 창출과는 궤를 달리합니다. 복지정책으로서 평가받을 수는 있겠지만요.

기업가의 입장에서는 오히려 일의 욕구를 증진시켜 사람들이 좀 더 많은 일을 할 수 있도록 독려해주고, 이를 통해 사회적 부가 창출되며, 이것이 또 다른 일자리 창출하도록 만드는 '일자리의 선순환' 구조를 정착시키는 것이 올바른 고용 증대 정책이라고 생각합니다.

**이영환** 최 회장님 견해에 원칙적으로 공감합니다. 이에 덧붙이자면 앞에서도 밝혔듯 일자리 문제는 궁극적으로는 개인이 감당해야 하겠지만 정부와 기업, 그리고 사회가 함께 풀어야 한다고 봅니다. 이 말을 하는 이유는 여러 주체들의 이해관계가 첨예하게 대립할 때는 다시 기본 원칙으로 돌아가서 우리가 왜 사회를 구성해 살고 있는지 생각해봐야 해결의 실마리를 찾을 수 있기 때문입니다. 그리고 그 기본 원칙은 다름 아니라 인간의 존엄성입니다. 1948년 선포된 'UN세계인권선언'에는 존엄한 삶의 권리가 명시적으로 포함되어 있으며, 모든 민주국가의 헌법은 이 점을 강조하고 있습니다. 그런데 각종 환난이 발생하는 경우 이 원칙은 사문화되기 쉽습니다. 예를 들면 전쟁 중 인간의 존엄성은 흔적도 없이 사라집니다.[52] 그런데 지금은 평화 시임에도 불구하고 인간의 존엄성을 유지하기 어려운 경우가 비일비재합니다.

지금 우리는 기후변화와 팬데믹이라는 미증유의 환난을 체험하고 있습니다. 여기에 수익률 극대화를 추구하는 금융자본의 과도한 영향력과 인공지능으로 상징되는 파괴적 혁신이 가져올 급격한 변화에 대한 불안감이 겹치면서 앞으로 다가올 미래에 대한 두려움이 증폭되고 있는 실정입니다. 이런 상황에서 모든 책임을 개인에게 묻는 것은 정당하지 않을 뿐만 아니라 실효성도 없습니다. 그래서 인간의 존엄성이라는 기본 원칙에 입각해 우리 모두가 겪게 될 두려움을 조금이나마 줄이자는 것이지요.

그런데 우리는 인간의 존엄성을 실현하려 했던 고대사상을 가지고 있습니다. 바로 홍익인간 사상입니다. 이것은 그 옛날 단순했던 시대보다는 지금처럼 복잡하고 이해관계가 첨예하게 대립하는 사회에 더욱 필요한 사상입니다. 이런 의미에서 우리는 이 사상을 지금 실정에 맞게 업그레이드할 필요가 있다고 생각합니다. 이것은 향후 인공지능이 주도하는 시대에 승자독식의 냉혹한 논리가 사회를 지배하는 상황 속에서 이를 극복하기 위한 중요한 역할을 할 수 있습니다. 그리고 이것은 최근 서양에서 일고 있는 공동선 경제common good economy와도 밀접하게 연관되어 있습니다.[53]

일자리 문제는 결단코 분리해서 다룰 문제가 아니라 새로운 윤리적 자본주의라는 큰 틀에서 검토되어야 하기 때문입니다. 이를 위해서는 우리 고유의 홍익인간 사상과 서양에서 일고 있는 공동선 경제 운동을 하나로 묶어서 새로운 윤리적 자본주의를 위한 이론적·윤리적 근거를 만들어야 할 것입니다.


**이기동** 이영환 교수님께서 인간의 존엄성을 말씀하셨습니다. 인간에 대한 존엄성이 전제되지 않으면 인간의 문제에 관한 모든 해결책에는 문제가 생길 것입니다. 히틀러가 유대인을 학살한 것이나 폴 포트 정권이 수많은 인민을 학살한 것 등이 모두 인간에 대한 존엄성의 결여에서 빚어진 비극입니다. 한국 고대의 인간존중 사상으로 홍익인간을 언급하셨는데요, 홍익인간의 철학적 의미는 매우 심오하고 귀중합니다. 홍익인간이란 모두가 만족하고 모두가 행복해하는 세상을 말합니다. 모두가 만족하고 행복해하는 세상이 지상천국입니다. 개인주의가 바탕이 된 세상에는 지상천국이 도래하지 않습니다. 개인주의는 개인의 이익을 바탕으로 출발합니다. 개인의 이익은 타인과 공유할 수 없으므로 모두가 만족하는 세상을 건설할 수 없습니다. 홍익인간은 모두가 한마음이 될 때 찾아옵니다. 모두 한마음이 되면 자기에게 손해가 되는 일이 있어도 모두에게 이익이 되는 일을 따릅니다. 한국에는 전통적으로 그런 정신이 있었습니다. 정부가 학생들을 가르치기 위해 학교를 짓고자 하면, 땅을 가진 사람들은 기꺼이 땅을 내놓았습니다. 그러나 지금은 많이 달라졌습니다. 정부가 국민을 위해 추진하는 일에, 개인이 손해를 보면서까지 협조하는 일이 드물어졌습니다. 한국인들도 이제는 많이 변했습니다. 욕심이 들어와 한마음을 밀어내고 그 자리를 차지하게 되었습니다. 이제 우리는 욕심을 채우는 삶은 참된 삶이 아니며 행복한 삶이 아니라는 것을 깨닫고 한마음을 회복하기 위해 노력해야 합니다. 그래야 모두가 행복해집니다.

**이영환** 이기동 교수님이 풀어주신 홍익인간 사상에 전적으로 공감합니다. 만장일치와 관련해 아주 중요한 점을 지적해주셨습니다. 저는 한 개인의 세계관을 평가할 경우 진보니 보수니 하는 실체도 없는 내용에 의존하기보다는 사익과 공익이 충돌할 때 어떤 행동을 하는가가 더 중요한 기준이라고 생각합니다. 물론 진보라는 말의 함의가 사회적 약자를 돕고 불평등과 양극화를 극복하려는 의지를 상징하고, 보수는 공동체를 유지하고 기존의 문화적 전통을 계승하기 위해 노력한다는 입장을 의미한다면, 사회 발전을 위해서는 이 모두 필요합니다. 그러나 한국 사회에서는 이런 의미에서 진보와 보수가 경쟁했던 적이 없었습니다. 대신 정도의 차이는 있겠지만, 모든 정치 세력들이 공익을 내세우면서 사익을 추구했다는 점은 공통적이라고 봅니다.

바로 이런 점에서 홍익인간 사상과 실제 우리 행동을 연결시킬 수 있다는 점은 자못 의미가 큽니다. 이것은 포용적인 제도는 물론 이에 대한 우리의 태도와 직결되기 때문입니다. 저는 이것을 확인할 수 있는 사례로 세금에 대한 사람들의 태도를 들어볼까 합니다.

예를 들어 최근 한국에서 논란의 대상이 되었던 종합부동산세(종부세)의 경우를 생각해봅시다. 이로 인해 부담해야 할 세금이 늘어난 사람들은 모두 정부 정책을 원색적으로 비난합니다. 물론 단기간에 과도한 증세는 바람직하지 않으며 심하면 조세저항을 불러올 수 있기에 아무리 의도가 좋더라도 실행에 문제가 많을 겁니다. 따라서 여기서 제가 가정하는 것은, 대부분의 사람들이 충분히 감당할 수 있을 정도의 범위 내로 종부세가 인상되는 경우입니다. 이때도 무조건 정부 정책을 비난하는 사람들이 많다면, 이런 사회에서는 홍익인간 사상이 뿌리내리기 어려울 것입니다. 공익보다는 사익을 중시하는 사람들이 다수이므로 만장일치가 불가능하기 때문이지요.

반면 개인적으로는 전보다 세금을 더 내게 되지만 공익을 위해서는 불가피하다고 생각하는 사람들이 다수를 차지한다면 홍익인간 사상이 현실에서 구현될 수 있을 겁니다. 이런 사람들이 주류를 이룬 사회에서는 일련의 사회적 담론을 통해 사람들이 만장일치에 도달할 가능성이 높기 때문입니다. 지금 우리에게 필요한 것은 바로 이런 정신이라고 생각합니다. 이것은 어디까지나 한 가지 예에 불과합니다만 이런 과정을 거쳐 정부와 시민사회가 협력한다면 홍익인간 사상을 구현할 만한 다양한 정책을 개발할 수 있을 것으로 전망합니다. 이때 중요한 것은 스마트한 정부와 의식 수준이 높은 시민사회가 힘을 모아야 한다는 점입니다. 갈 길은 멀지만 방향은 맞는다고 생각합니다.

# 4

# 현재진행형 성공 신화,
# 한국 반도체 산업

**최수**   앞에서 4차 산업혁명 시대에 물질이 얼마나 중요한
의미를 갖고 있는지 말씀드렸는데, 여기서 우리나라 반
도체 산업을 중심으로 이와 관련해 추가 설명을 드리겠습니다.
우리가 4차 산업혁명 시대를 성공적으로 극복하기 위해서는 물질적
가치는 물론 정신적 가치가 대단히 중요하고, 그 가치의 실현을 통해
결과적으로 물질적인 풍요를 이룰 수 있다고 했습니다. 정신적 가치
의 공허 속에서는 어떤 물질적 성취도 장기적으로 지속될 수는 없습
니다. 정신적 가치는 물질의 주체인 인간의 정신을 지배함으로써 결
국 물질을 지배하게 됩니다. 그러면 그런 물질적인 가치를 누가 구현

해낼까요? 바로 기업입니다.

우리가 변방에서 중심으로 나아가려 할 때는 '확신'이 중요합니다. 확신이 기업의 성공을 구현하고, 그 성공이 스토리를 탄생시킵니다. 이러한 성공 스토리는 산업 전반으로 확산되어 우리를 세계의 중심으로 나아가게 만듭니다.

우리 산업의 대표적인 성공 스토리로서 반도체 산업을 설명하고 싶습니다. 저는 초창기인 1984년부터 2003년까지 20여 년에 걸쳐 반도체 부문에 종사했습니다. 지금은 우리가 반도체 강국이 되었지만 초기에는 기술도 없었고 모든 걸 해외에서 수입해야 했으며 몇몇 벤처기업 외에는 비중 있는 고객도 없었습니다. 가진 것은 정부의 의지와 기업가 정신, 그리고 열의와 애국심으로 가득 찬 임직원들뿐이었습니다. 이런 임직원들을 모아서 시작한 반도체 사업은 시작한 지 3년 만에 천문학적인 손실로 투자 자본이 완전히 잠식당할 위기에 처했습니다. 다행히 기적 같은 256K 디램(현 256G 디램의 1백만 분 1의 용량)의 품귀로 1년 만에 손실 자본금의 70%를 만회하면서 성장의 기반을 구축했습니다. 이렇게 축적한 기반을 발판 삼아 8년 뒤 1메가 디램, 4메가 디램에서 시장을 리드하기 시작했습니다. 1992년 미국 마이크론사가 제기한 반덤핑 제소를 기화로 1995년까지 3년간 반도체 산업은 한국 수출을 주도함으로써 침체의 늪에서 헤매던 한국 경제에 활력을 주었습니다. 사업 시작 10년 만의 쾌거였지요.

반도체 산업의 성공은 건설업과 조선업으로 구축한 한국의 해외 이미지와 시너지 효과를 내면서 세계 시장에서 한국 경제의 위상을 드높였습니다. 또한 반도체 산업의 성공은 한국 기업인들의 경영 능력을 세계적인 수준으로 제고시켜 주었습니다. 반도체 산업의 고객들과 기술 제공자 및 경쟁자들은 모두 세계적인 수준의 기업들이었습니다. 이들과의 치열한 경쟁을 통해 경영인들은 노하우를 쌓고 자신감을 다졌습니다. 이러한 기술과 경영의 위상 제고는 타 산업으로 확대되며 다른 사업에도 자극과 자신감을 주었고, 선순환적 상호 교류를 통해 한국 경제의 견인차 역할을 해냈습니다.

한번 최고점을 경험한 사람과 문화는 결코 그 감흥을 잊지 않습니다. 반도체 산업은 어려운 상황에서도 결코 꺾이지 않는 불굴의 용기를 확산하면서 전 산업의 발전을 이끌었습니다. 이제 우리는 반도체 선진국이었던 미국과 일본을 능가했고, 압도적인 세계 1위로 메모리 시장을 선도하고 있습니다. 그리고 곧 비메모리와 주문생산Foundry 분야에서도 세계적인 위상을 확보할 것입니다. 이번 한미정상회담의 성과에서도 확인할 수 있듯, 한국은 세계 최강의 반도체 강국입니다. 그리고 우리 반도체 산업은 앞으로 한동안 4차 산업혁명의 중심에 있을 것입니다. 더욱 다행스러운 것은, 반도체에서 시작한 한국의 위상이 배터리, 전기자동차 등으로 확대되고 있다는 겁니다. 우리는 이제 변방에서 헤매는 존재감 없는 무기력한 국가가 아니라 당당히 세계무대의 중심에 서서 대우받는 대한민국이라고 자신 있게 말할 수 있습니다.

그러면 우리의 반도체가 어떻게 여기까지 올 수 있었을까요? 저는 단순명쾌하게 우리의 유전자와 단결성 때문이라 말하고 싶습니다. 이러한 민족적 특성이 사심 없는 탁월한 리더를 맞이한다면, 우리는 세계의 중심에 더욱 우뚝 서서 주위를 내려다볼 수 있을 것으로 확신합니다.

우리의 유전자에는 최고를 향한 욕망이 새겨져 있습니다. 이에 대한 갈망은 교육열로 나타나고, 1등의 자리에서도 안주하지 않는 노력으로 드러납니다. 항상 1등을 지향하는 이 열정이 반도체 산업에서 구현된 것입니다. 여기에는 아무것도 없는 황무지에서 비전만으로 시작한 정부가 있고, 그 정책에 호응하여 황무지를 옥토로 바꾼 기업가 정신이 있습니다. 이 두 가지가 합쳐져 반도체에서 꽃을 피웠습니다. 여기에 덧붙이자면, 우리 민족의 대단히 섬세한 손재주도 한몫했다고 봅니다. 그래서 기술과 생산 수준의 척도인 고수율을 조기 달성할 수 있었지요.

여기서 특히 부연해서 이야기하고 싶은 것이 있습니다. 바로 우리 반도체 산업을 만들어낸 창업자들의 정신과 경영자들의 세계화된 경영 능력에 대한 겁니다. 그들이 가졌던 불굴의 의지와 지혜, 능력 없이는 오늘날의 반도체 산업은 존재하지 않았을 겁니다. 세계적인 기업들과 치열하게 경쟁하면서 1980년대 고난을 극복했고 1990년대 중반 큰 호황을 즐겼습니다. 그러나 1990년대 후반 외환위기를 맞아 생존이 불확실한 가운데 고전했지요. 그 여파로 2000년대 초반에는 혹독한 구조조정을 통해 국제적인 경쟁력을 회복함으로써 재도약의 기반을 구축했고, 30년간의 경험을 토대로 경영 능력과 지식 수준을 제고시켜 오늘과 같은 반도체 산업으로 성장할 수 있었습니다. 그리고 그 과정에 무수한 희생이 있었습니다.

이러한 엄청난 과정을 거쳐 우리 반도체 산업의 성공 스토리가 탄생했습니다. 이것은 우리 수천 년 역사상 가장 성공적인 스토리이고 혁명적인 쾌거라 할 수 있습니다. 우리는 이 성공 스토리를 좀 더 깊게 연구해서 다른 산업의 발전 모델로 삼아야 할 것입니다.

**이영환**　　말씀을 들고 보니 최수 회장님은 그야말로 우리나라 반도체 산업의 초기부터 지금까지 전 과정을 지켜보신 산증인이시군요. 그래서인지 반도체 이야기가 마치 한 편의 드라마처럼 하나하나 생생하게 느껴집니다. 이야기를 들으면서 성공의 이면에 가려진 수많은 실패 사례, 그리고 그 과정에서 문제를 해결하고자 임직원들이 흘렸던 땀과 뜨거운 정열을 조금이나마 느낄 수 있었습니다. 정말 대단한 이야기입니다. 어느 영웅담 못지않게 감동적입니다.

한국이 세계의 중심으로 나아가는 데는 반도체 산업의 성공 사례가 좋은 길잡이 역할을 할 것으로 기대합니다. 단순히 세계를 선도하는 산업으로 자리매김했다는 사실을 넘어, 우리 사회 전반에 획기적인 변화를 주도할 수 있는 에너지의 원천으로 말입니다. 이런 점에서 서양이 지금의 위상을 차지하게 되는 데 결정적인 역할을 했던 대항해시대가 떠오릅니다. 15세기 전후까지만 해도 중국 명나라는 세계에서 가장 발달한 나라였습니다. 한편 이 무렵 유럽은 작은 도시국가들로 나뉘어 있었고, 치열하게 경쟁하던 나라들은 경제적 자원을 획득하기 위해 인도로 가는 새로운 항로를 개척하고자 사력을 다했습니다. 그 결과 처음에는 스페인과 포르투갈, 그리고 이어서 네덜란드와 영국이 해상 무역의 패권을 장악하면서 많은 나라들이 이들의 식민지로 전락했으며, 당시 부의 상징이었던 금과 은은 모두 유럽으로 유입되었습니다. 경제사학자 니얼 퍼거슨Niall Ferguson이 명쾌하게 정리했듯이 서양은 이렇게 확보한 부를 바탕으로 경쟁, 과학, 재산권, 의학, 소비, 그리고 직업으로 대변되는 여섯 분야에서 포용적인 제도를 갖춤으로써 근대국가의 기틀을 마련했습니다.[54] 향신료를 비롯한 부가가치가 매우 높은 자원을 찾아 모든 위험을 감수하면서 지구 반대편에 있는 생산지로 먼 길을 떠났던 개척자들의 정신이 오늘날 서양을 만든 초석이 되었다고 생각합니다. 바로 이런 의미에서 반도체산업이 한국에서는 대항해시대와 같은 역할을 해왔으며, 향후 인공지능시대에는 더욱 큰 역할을 할 것이라는 생각이 듭니다.

최 회장님이 정확하게 지적하신 대로 반도체 산업은 크게 세 분야로 나뉘지요. 메모리 반도체에서는 삼성전자와 SK하이닉스를 보유한 한국이 거의 50%에 육박할 정도의 시장점유율을 유지하고 있는데, 극심한 구조조정 결과 더 이상 경쟁 기업이 없는 실정이지요. 비메모리 분야는 인텔이 여전히 세계 1위를 고수하고 있지만, 삼성전자와 SK하이닉스도 인텔의 아성에 도전장을 던진 것으로 알고 있습니다. 다음 파운드리(주문생산) 산업의 경우 대만의 TSMC가 현재는 세계 1위 기업이지만 삼성전자의 추격이 만만치 않아 머지않아 추월할 수도 있습니다. 특히 앞으로 사물인터넷의 보급과 인공지능 기술

개발이 가속화되면 인공지능 반도체에 대한 수요도 폭발할 것입니다. 이 모든 상황을 종합해볼 때 반도체 산업은 한국이 세계의 중심으로 나아가는 데 견인차 역할을 할 것이 분명합니다.

그런데 저는 우리가 세계의 중심으로 나아가려는 것은 단지 경제적 우위를 선점해 다른 나라에 무리한 조건을 강요하려는 것이 아니라 모두의 번영을 위한 새로운 모델을 제시하기 위함이라는 점을 널리 알려야 한다고 생각합니다. 우리는 반도체 산업의 육성 과정을 통해 모든 난관을 극복한 결과가 어떤 의미를 갖는지 잘 알게 되었습니다. 그렇기에 더욱 세계적인 성장이 막대한 이윤만을 목적으로 하는 것이 아닌, 전후방 연관 산업과 협력사, 그와 관련된 모든 사람들의 복지 향상에 기여할 수 있다는 사실을 알려야 합니다. 이것은 단순히 구호에 그치는 것이 아니라 그야말로 번영의 공유를 구현하는 것이며, 현대판 홍익인간 정신을 실천하는 것이기도 합니다. 이것은 고난을 극복하는 과정에서 고난의 진정한 의미를 체감한 민족만이 할 수 있는 일입니다. 저는 한국인에게는 이러한 열망이 잠재되어 있다고 봅니다. 우리는 이제 숨어 있는 이 열망을 끄집어내어 세계인 모두가 공감할 수 있는 언어로 바꾸어 알리는 노력을 해야 합니다.

대한민국, 변방에서 중심으로

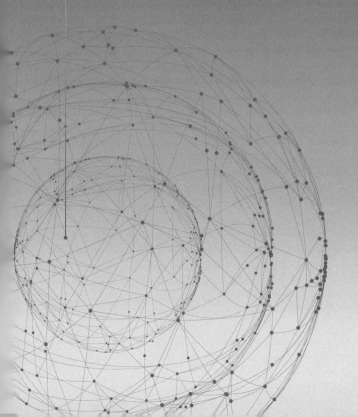

# 5장

# 물질만능주의는
# 극복 가능한가?

# 1

## 의식과 무의식을 관통하는 물질의 역설

**이영환**　현재 주류 과학의 패러다임은 '과학적 물질주의'라 불립니다. 이것은 우주의 근본 요소는 물질과 에너지로 구성되어 있으며, 인간의 마음이나 의식 등 일체의 정신 활동은 물질과 에너지의 상호작용에 따른 부산물로 간주하는 것입니다. 얼핏 보기에는 황당한 주장같이 보이지만 유감스럽게도 이것이 주류 과학계의 입장입니다. 이것을 극명하게 보여주는 것이 인간의 마음과 의식은 '뇌의 산물'이라는 주장입니다. 즉 '뇌=마음(의식)'이라는 등식이 성립한다는 것이지요.

　과학적 물질주의는 1차 산업혁명 이후 인류가 이룩한 모든 기술혁신의 원천으로서 물질문명의 창달에 크게 기여해왔습니다. 그런데 문제는 이로 인해 우리가 지금 역설적인 상황에 빠졌다는 데 있습니다. 과학적 물질주의는 모든 사물을 기본 단위, 즉 원자 및 아원자 수준으로 환원해 분석함으로써 지금과 같은 놀라운 물질문명을 이룩했습니다. 향후 4차 산업혁명이 본격적으로 진행됨에 따라 우리는 한층 더 놀라운 기술혁신의 혜택을 누리게 될 것입니다. 그런데 여러 분야에서 동시다발적으로 진행되고 있는 기술혁신이 전적으로 인간의 물질적인 욕구를 더욱 효과적으로 충족시켜주는 데 초점을 맞추고 있다는 사실이 마음에 걸립니다. 예를 들어 현재도 인공지능 비서의 도움을 받으면 원하는 것을 더 쉽고 빠르게 얻을 수 있습니다. 그리고 이런 발전 추세는 앞으로 더욱 더 비약적으로 강화될 것입니다. 예컨대 가상현실VR이나 증강현실AR을 이용해 우리는 현실보다 더 현실적인 다양한 상황을 체험함으로써 더 큰 만족을 얻을 수 있을 겁니다.

요즘 특히 메타버스metaverse가 자주 거론되고 있는데, 이는 머지않아 가상공간에서 벌어지는 사건이 실제 현실 공간에서 벌어지는 사건보다 우리의 삶에 더 큰 비중을 차지할 것임을 암시하고 있습니다. 그리고 자율주행차가 실제 운행되기 시작하면 우리는 더 많은 자유를 즐길 수 있을 겁니다. 이 모든 변화는 우리의 감각을 통해 느끼는 만족을 더욱 배가시켜줄 것이며 더 많은 여가 시간을 즐기도록 해줄 것입니다. 간단히 말해 기술혁신이 진행됨에 따라 우리의 물질적 욕구는 더욱 더 효과적으로 충족될 뿐만 아니라 과거에는 없었던 새로운 욕구 또한 생겨날 것입니다.

더욱이 생명공학, 합성생물학, 그리고 나노기술의 발달에 따라 늙지 않고 건강하게 오래 살 수 있는 혁신적인 기술이 속속 등장할 것입니다. 이것은 인류의 무의식에 잠재된 염원인 불멸의 가능성을 다시 점화할 것이고, 우리는 이를 얻기 위해 돈에 더욱 집착할 가능성이 매우 큽니다. 한마디로, 앞으로 물질만능주의와 이것의 일란성 쌍둥이인 금전만능주의는 지금보다 더 강력하게 인간을 구속하는 힘으로 작용할 가능성이 큽니다.

이처럼 물질만능주의가 사회를 지배하는 더욱 강력한 힘으로 작용한다면, 반대로 정신적 측면, 즉 인간의 내면세계에 대한 성찰은 점점 더 우리의 관심에서 멀어지게 될 것입니다. 이는 명상이나 기도 같은 영적 활동에 대한 관심이 약화되는 데 그치지 않고 타인에 대한 배려, 공감, 그리고 협력과 같이 공동체를 유지하는 데 필수적인 도덕적·윤리적 가치들이 주변으로 밀려나게 된다는 것을 의미합니다. 물질적 풍요와 정신적 결핍, 우리가 맞이할 미래가 이런 모습이라면, 이는 너무나 역설적이라고밖에 말할 수 없겠습니다. 아니, 정신적 성숙을 저해하는 물질적 풍요가 과연 지속 가능한지도 의문입니다.

제가 이 문제에 초점을 맞추는 이유는, 한국 사회는 전 세계에서도 보기 드물게 물질만능주의에 빠져 있다는 우려의 목소리가 곳곳에서 들려오고 있기 때문입니다. 우리나라에도 널리 알려진 하버드 대학교의 정치철학자 마이클 샌델Michael Sandel 교수의 주장에 비춰볼 때 한국은 어느 사회보다 빠르게 시장 사회로 전환되었고, 그 결과 돈으로 모든 것을 살 수 있는 사회가 되었다는 점은 분명하기 때문입니다.[55] 돈이면 안 되는 게 없다는 식의 사고가 사회 전반에 만연해 있는 것 또한 부정하기 어렵습니다. 돈의 위력에 빠져 도덕적 가치를 무시하는 일들도 다반사로 벌어지고 있습니다. 그런데 역설적으로 그렇기 때문에 상황이 반전될 가능성이 있다는 희망을 갖게 됩니다. 제가 강조했던 대극 반전의 논리에 의하면 그렇습니다.

우리의 무의식에는 여전히 물질이나 돈에 대해 높은 가치를 부여하지 않았던 문화적 전통이 남아 있다고 봅니다. 비록 의식적으로는 돈과 물질을 추구하지만 무의식적으로는 그런 자신을 경멸하는 경향이 있는 것으로 보입니다. 이런 이유 때문에 앞으로 다가올 물질 중심의 시대에 한국인들의 역할이 있다고 생각합니다. 우리의 무의식에 잠재해 있는 이런 요소를 새로운 시대에 맞춰 변형할 수 있다면 말입니다.

**최수** 4차 산업혁명의 성공을 말하기엔 아직 이르지 않나 합니다. 이는 현재가 아닌 미래의 이슈니까요. 미래는 불확실하고 급속한 변화로 불안합니다. 인공지능의 놀라운 능력을 예상하고 있는 현대인에게 미래는 기대와 두려움을 동시에 줍니다. 그러나 기업인의 관점에서 이런 두려움은 관리 가능하다고 보며, 앞에서도 잠시 언급했듯 그런 두려움 속에 기업의 큰 가능성이 존재합니다. 기업의 의지와 이를 이끌어줄 국가 정책이 결합되면, 인공지능은 인류의 미래 발전을 위해 큰 역할을 할 수 있을 것입니다.

급속히 변하고 있는 물질지향적인 사회에서 변화하는 물질의 본질을 세밀하게 관찰하고 정확하게 이해하면 정신과 물질의 균형적인 발전을 추구할 수 있습니다. 정신이 물질에 우선한다 하지만 정신의 변화를 이해하기 위해서는 물질의 본질이 어떻게 유지되고 변화하는가를 철저히 이해하는 것이 우선입니다. 정신은 결코 물질로부터 자유로울 수 없습니다. 물질은 정신을 담는 그릇이기 때문입니다. 물질의 흐름의 근본을 이해한다면 미래의 가공할 변화에 대한 우리의 두려움은 극복될 수 있으며, 더욱 자신 있게 과학을 발전시키고 활용할 수 있을 것입니다. 어떤 싸움이든 남의 칼로만 싸워서 이기는 경우는 없습니다. 자기의 칼이 필요합니다. 그래야 남의 칼도 활용할 수가 있습니다. 이와 같이 자기의 과업인 물질을 추구하면서 동시에 그 물질의 근본을 이해한다면 그 물질은 내재화되면서 정신을 더욱 정화시키고 숭고하게 할 수 있습니다. 이것이 바로 격물치지입니다. 기업인의 역할은 이 물질의 이해와 풍요의 창출입니다. 당연히 정신은 그 한가운데 자리합니다.

**이기동**　　　이영환 교수님께서 물질주의에 관해 잘 설명해주셨습니다. 현대의 물질주의적 사고에서는 물질을 존재의 본질로 간주하므로, 마음조차도 뇌에서 분비되는 물질로 판단합니다. 물질주의적 사고를 하게 되면 삶의 목표는 당연히 물질적인 욕구를 충족하는 것으로 귀결됩니다. 생명공학, 합성생물학, 그리고 나노기술 등의 발달에 힘입어 영생을 위한 사람들의 욕구는 돈에 더욱 집착할 가능성이 있습니다. 말씀하신 대로 물질만능주의와 금전만능주의가 일란성 쌍둥이라고 하는 지적은 외면할 수 없는 현실이 될 것으로 보입니다만, 그만큼 걱정이 뒤따르기도 합니다. 물질적 풍요와 정신적 결핍이 비례한다면 오늘날보다 정신적으로는 더욱 불행해질 것입니다. 특히 한국인들이 급격하게 금전만능주의로 빠져들고 있다고 지적하시면서 한편 한국인에게는 아직도 돈보다 마음을 더 중시하는 경향이 남아 있기에 그것이 미래의 희망일 수 있다고 말씀하셨습니다. 최수 회장님께서도 물질의 본질을 제대로 인식하는 일이 우선되어야 한다고 말씀하셨습니다. 저는 두 분의 말씀에 전적으로 공감합니다.

우리나라 사람들이 지금 금전만능주의에 빠진 부분은 일부 인정할 수밖에 없습니다. 그러나 한국인이 돈을 좋아하는 것은 돈 자체를 좋아하는 것이 아니라고 생각합니다. 제가 일본에 유학했기 때문에 일본인의 심성을 조금 알고 있습니다. 일본인은 원초적으로 물질주의에 빠진 것으로 보입니다. 일본인은 돈 자체를 중시합니다. 가게를 운영하여 돈을 번 사람은 돈을 귀중하게 여기듯이 그 가게도 귀하게 생각하여, 그 가게를 애지중지하면서 몇 백 년이라도 유지하려는 습성이 있습니다. 그러나 한국인은 좀 다르다고 생각됩니다.

한국인에게는 인내천 사상이 깔려 있습니다. 한국인의 인내천 사상에는 하늘처럼 대접받으려는 습성이 있습니다. 지금은 자본주의 시대이므로 대접받기 위해서는 돈이 있어야 한다는 사실을 한국인도 알게 되었습니다. 지금 한국인들이 돈을 좋아하는 것은 돈이 남에게 대접받는 수단이 되기 때문입니다. 그러므로 한국인들은 돈을 좋아하면서도 남들에게 돈을 좋아하는 사람으로 평가되는 것을 싫어합니다. 이는 한국인들에게 뇌물을 주는 방식에서도 나타납니다. 한국인들에게 노골적으로 돈을 주면 좋아하지 않습니다. 돈이 보이지 않게 책갈피에 넣어서 준다든가, 사과 상자의 사과 밑에 넣어서 주어야 합니다. 이는 한국인들이 금전만능주의에 빠져들지 않는다는 증거입니다. 한국인 중에는 가게를 하여 큰돈을 번 사람이 가게 문을 닫고 더 대접받기 위해 국회의원에 출마하는 경우도 있습니다. 돈을 많이 가지고 있으면 하늘처럼 대접받을 것 같고, 권력을 잡으면 하늘처럼 대접받을 수 있을 것 같지만, 그렇지 않습니다. 그것은 착각입니다. 정말 하늘처럼 대접받기 위해서는 자기가 하늘처럼 되어야 합니다. 하늘처럼 되면 돈이 없어도 대접받습니다. 하늘처럼 되면 남에게 대접받지 않아도 행복합니다. 이를 깨닫고 하늘처럼 되기 위해 노력하면 물질주의가 극에 달하는 세상에서 큰 역할을 할 수 있을 것입니다.

**이영환**      이 교수님이 일본인과 비교해 돈에 대한 한국인의 태도를 말씀하신 부분, 충분히 공감합니다. 그런 이유로 비록 한국인이 지금 금전만능주의에 빠져 있는 것처럼 행동하지만 이를 극복할 가능성이 있다고 판단하신 것이겠지요. 사실 한국인뿐만 아니라 누구라도 정도의 차이는 있겠으나 돈에 대해 역설적인 태도를 갖고 있다고 생각합니다. 이는 돈의 본질상 어쩔 수 없는 것 같습니다. 생존을 위한 물질적 욕구 충족을 위해 돈이 필요한 것은 분명합니다만, 일단 이런 욕구가 충족된 후 돈은 더 이상 절실하지 않을 수 있기 때문입니다. 단지 한국인의 경우 그 정도가 심한 것이 아닌가 하는 생각은 듭니다. 그 이유는 지나치게 빨랐던 경제 발전으로 인해 물질적 풍요를 다루는 방법을 제대로 체득하지 못했기 때문이라고 봅니다. 인간의 뇌는 이 정도로 빠른 변화에 적응하기 어렵습니다.

돈의 역설은 두 가지 형태를 띨 수 있다고 봅니다. 하나는 의식적으로는 돈을 경멸하면서도 무의식적으로는 돈을 탐한다는 역설입니다. 다른 하나는 반대로 의식적으로는 돈을 탐하면서도 무의식적으로는 돈을 경멸하는 것이지요. 한국인들에게서는 후자의 경우가 더 빈번하지 않나 하는 생각이 듭니다. 조선시대 사대부들에게는 전자의 역설이 적용되며, 상민이나 노비 등에게는 후자의 역설이 적용된다고 생각합니다. 그런데 이런 구분이 지금도 그대로 적용되어 정치인이나 관료들은 전자의 경우, 일반인들은 후자의 경우에 해당되는 듯 보입니다. 그렇기에 인간의 의식 세계가 대부분 무의식의 지배를 받고 있다는 사실에 비추어볼 때, 우리가 무의식적으로 돈을 가장 소중한 가치로 여기지 않는 한 물질만능주의를 극복할 가능성은 남아 있다고 생각합니다.

물질 내지 돈에 대한 역설을 극복하기 위해서는 의식과 무의식 간의 긴장 관계가 해소되어야 합니다. 그런데 한국인들은 의외로 주변 환경의 영향을 많이 받습니다. 이는 오랜 농경사회의 전통이 무의식에 남아 있기 때문이라고 생각합니다. 따라서 한국과 한국인이 세계의 중심으로 나아가기 위해서는 우선 의식과 무의식의 긴장 관계를 완화시켜주는 사회적 분위기가 형성되어야 할 것입니다. 이것은 사회지도층의 책임입니다. 결자해지結者解之라고, 이들에게는 이런 의무가 남아 있습니다. 만약 이런 역설을 해소하려는 리더들이 우리 주변에 많아진다면 더 많은 사람들이 용기를 낼 것입니다. 이런 이유로도 사회지도층의 역할이 중요합니다.

**최수**  돈은 기업인에게 경외의 대상입니다. 기업의 사명을 달성하기 위한 목표도 돈으로 표시됩니다. 물론 모든 기업 활동은 돈으로 기록됩니다. 돈은 가치의 척도이며 교환 수단입니다. 기업의 활동의 기초도 돈입니다. 돈처럼 중요한 것이 어디 있습니까? 이것이 현대 자본주의의 현실입니다. 노동과 창의, 위험 부담에 대한 정당한 대가, 합법적이고 정당한 돈의 사용은 어떤 경우에도 비난받을 수 없습니다. 개인과 기업인이 돈에 대해 정당한 관심을 갖는 것은 극히 옳은 것입니다. 물론 돈으로 인한 부작용 및 돈의 쏠림은 사회적인 문제를 야기할 수 있고, 돈에 대한 집착으로 도덕적 해이가 일어날 수 있습니다. 그것은 법과 문화의 측면입니다. 돈은 중립적입니다. 가치와 돈은 동전의 양면과 같은 것입니다. 가치를 존중하듯 돈도 존중하여야 합니다. 안빈낙도安貧樂道도 돈을 천시하는 것이 아닙니다. 돈이 없음을 수용하고 그 속에서 행복을 찾는 것입니다.

앞에서 한민족의 본성에 대해서 논의했는데, 여기서 다시 한번 이와 관련해서 이야기하고 싶습니다. 제가 초등학교 다닐 때는 한국인의 특성이나 본성을 은근과 끈기 그리고 한(恨)으로 설명했습니다. 그러다 보니 우리 민족은 대단히 수동적이고 소극적이며 순응적이라고 이해하게 되었습니다. 결과적으로 소심하고 자신감이 결여되었으며 미래가 불안한 민족으로 말이지요.

그런데 과거에 제가 배웠던 우리의 정체성으로는 현재 우리가 이룩한 국가적 성취, 국가적 위상을 설명할 수 없습니다. 그럼 무엇이 이것을 가능하게 했을까요?

첫째, 우리에게는 풍요로움에 대한 큰 갈증이 있습니다. 이는 지정학적인 상황에서 역사적으로 형성되었다고 생각합니다. 가족에 대한 책임도 하나의 원인으로 들 수 있습니다. 종합해보면 이 모두가 열악한 환경 속에서 생존해왔다는 걸 증명하는 것이 아닐까요. 이러한 상황 속에서 한으로 은닉된 우리의 열망이 사라지지 않고 우리의 정신과 문화 속에서 은근하게 오랫동안 숨 쉬고 있습니다.

둘째, 우리는 마음이 통했을 때 일치단결하는 뛰어난 단결력을 갖고 있습니다. 우리가 단결하지 못하고 흩어진다고 평가하는 것은 식민사관에 오염된 자기비하입니다. 우리가 분열했던 것은 시대정신과 비전을 공유하지 못했기 때문입니다. 우리는 분열하는 민족이 아닙니다. 이것은 국난을 당하면 일치단결했던 무수한 역사적인 사실들로 충분히 입증됩니다. 제 경험으로도 비전이 뛰어나고 정당하면 놀라울 정도로 많은 분들이 쉽게 뭉치고 팀워크를 발휘하는 걸 봤습니다. 여기에 훌륭한 리더가 더해진다면 고난을 기꺼이 신명나게 극복하는 게 '우리'입니다.

셋째, 우리는 대단히 슬기로운 민족입니다. 논리에 강하고, 변화에 잘 적응하며, 배움에 능숙하고, 손재주가 좋으며, 정의로움에 감동받고, 눈물이 많습니다. 또 영리하며 순한 민족입니다. 그런데 역동적이기까지 합니다. 외국인들이 우리를 언급하는 "빨리빨리"도 우리의 역동성을 보여주는 한 예입니다. 지난 88올림픽 당시의 표어인 '다이내믹 코리아Dynamic Korea'는 우리의 역동성을 긍정적이고 전향적으로 잘 표현했습니다.

우리는 빈곤에 익숙한 민족입니다. 그 빈곤 속에서 삶을 즐길 수 있는 여유마저 충분합니다. 안빈낙도는 그것을 입증합니다. 그리고 우리는 빈곤을 극복하는 능력도 탁월합니다. 전란에 멍들고 강대국에 시달리면서도 우리는 결코 거꾸러지지 않았습니다. 우리는 빈곤의 역학을 가장 잘 이해하고 있는 민족입니다. 빈곤에 굴하지 않고 끈기 있게 노력하여 빈곤을 극복함은 물론 빈곤을 잘 활용하여 새로운 도약을 이끌어냈다는 점에서 '빈곤의 역동성'을 잘 이해하고 있습니다.

우리의 과제는 이러한 우리의 민족의 역동성과 단결성을 향후 어떻게 점화시키고 발화시켜 세계의 중심으로 힘차게 전진할 것인가 하는 점입니다. 이에 대한 해법은, 세계의 중심으로 나아가야 한다는 공감대 형성과 시스템 구축, 그리고 시대정신을 구현할 수 있는 사심 없는 뛰어난 리더의 탄생입니다. 이 가운데 가장 중요한 것 하나를 꼽으라면 저는 주저 없이 국가의 비전을 추구하는 위대한 지도자 정신을 들고 싶습니다. 우리는 그러한 지도자의 출현을 갈망하고 있습니다. 물론 이러한 지도자는 하늘에서 떨어지는 것이 아니니 우리가 대망하면서 육성해야겠지요. 지도자가 탄생할 수 있도록 현재의 기본 제도와 도덕을 정비하면서 말입니다. 그리고 기업인들은 그런 지도자가 나타날 때까지 이러한 민족성을 잘 활용하여 어떻게 한국을 세계의 중심에 위치하게 할 수 있을 것인지 고민하면서 혼신의 노력을 다해야 할 것입니다. 저의 희망이 현실적이길 빕니다.

**이영환**     최수 회장님의 지도자론에는 다소 회의적입니다만, 한국인의 고유한 역동성과 에너지에 대해서는 충분히 공감합니다. 제가 돈의 역설에 대해 말한 내용을 이런 역동성과 에너지의 맥락에서 해석할 수 있다는 생각이 듭니다.

역동성이란 겉으로 드러난 강렬한 에너지의 흐름이라고 볼 수 있습니다. 그런데 이런 에너지의 흐름을 조절하는 것이 바로 인간의 의식 수준과 의식 상태입니다. 의식 수준이 낮고 의식 상태가 산만한 사람은 자신의 고유한 에너지를 역동적으로 표출할 수 없기 때문입니다. 보통 정신력을 강조할 때는 바로 이런 측면을 말한다고 봅니다.

따라서 우리가 지금까지 이런 역동성을 물질적 풍요를 달성하는 데 집중해왔다면, 앞으로는 다른 방향, 즉 정신적 풍요를 달성하는 데 집중할 수 있다고 봅니다. 단 이런 발상의 전환을 위한 전제조건이 있습니다. 물질적 풍요는 정신적 풍요에 기여할 때 비로소 가치가 있다는 공감대가 형성되어야 한다는 것입니다. 물질적 풍요에 취해 있는 상태에서 이를 말해봐야 효과를 기대하기 어렵습니다. 자칫하면 도덕적 우위를 점한 상태에서 명령하는 것으로 비춰질 수 있기 때문입니다. 그렇기에 우리가 기대할 것이 바로 역동성이라는 겁니다. 모방도 역동성을 필요로 하기 때문입니다. 주변에서 이런 원칙, 즉 궁극적으로 중요한 것은 정신적 가치라는 사실을 인식하는 사람들이 늘어난다면, 점점 더 많은 사람들이 이런 흐름에 동참할 것입니다. 이것이 바로 한국인에게 고유한 역동성을 최대한 효과적으로 활용하는 방안이라고 봅니다. 그럼으로써 물질적 풍요와 정신적 풍요는 상충적인 것이 아니라 상보적임을 만천하에 보여줄 수 있다면, 이는 인류사에 새로운 이정표가 될 것입니다.

**이기동**  한국인의 역동성과 에너지는 남다른 데가 있는 듯합니다. 외국인들은 한국인의 에너지가 어디에서 나오는지 잘 이해하지 못한다고 합니다. 새벽부터 밤늦게까지 가게 문을 열고 영업하면서도 지치지 않는 것을 이해하지 못하고, 밤늦게까지 술을 마시고도 아침에 회사에 늦지 않게 출근하는 것을 잘 이해하지 못한다고 합니다. 한국인은 외국인과 다른 정서를 가지고 있습니다. 한국인에게는 '나'가 둘입니다. '본래의 나'와 '현재의 나'입니다. '본래의 나'는 하늘입니다. 한국인은 '현재의 나'가 '본래의 나'와 달리 초라해지면 한이 맺힙니다. 한국인은 한이 많을수록 한을 풀어야 합니다. 한을 풀기 위한 한국인의 노력은 처절할 정도로 강렬합니다. 한을 풀기 위해 돈을 벌려고 할 때는 돈 버는 일에 엄청난 에너지를 쏟아붓습니다. 한을 풀기 위해 권력을 잡으려고 할 때는 권력을 잡기 위해 엄청난 에너지를 쏟아붓습니다. 그런데 한국인이 한을 푸는 확실한 방법은 하늘마음을 회복하는 것뿐입니다. 한국인이 하늘마음을 회복하기 위해 수양할 때는 철저하게 몰입합니다. 한국인의 이러한 에너지가 제대로 발휘되면 엄청난 일을 이룰 수 있을 것입니다.

'본래의 나'인 하늘을 잃어버린 한국인은 짐승으로 취급됩니다. 물질만능주의가 팽배해져서 물질적 가치에 끌려가는 사람은 짐승입니다. '본래의 나'를 회복하기 위한 한국인의 에너지는 짐승에서 벗어나기 위한 에너지입니다. 한국인은 짐승에서 벗어나기 위한 노력을 오래전부터 해왔습니다만, 오늘날 한국인들은 서양적 삶을 추종하느라, 짐승에서 벗어나기 위한 노력을 거의 하지 않게 되었습니다. 그러나 물질주의가 극에 달해 정신적으로 불행해지는 날이 오면, 짐승에서 벗어나기 위한 에너지가 되살아날 것입니다.

짐승에서 벗어나 인간이 되는 방법에는 여러 가지가 있습니다만, 가장 근본적인 방법은 수양하는 것이고, 생활 속에서 찾을 수 있는 제일 빠른 방법은 부모님께 효도하는 것입니다. 짐승에서 벗어나는 것은 욕심을 극복하여 한마음을 회복하는 것입니다. 사람은 근본적으로 모두 하나로 연결되어 있습니다만, 연결고리가 잘 보이지 않습니다. 마치 고기 잡는 그물의 코가 모두 연결되어 있지만, 물에 잠겨 있을 때는 연결된 끈이 보이지 않는 것과 같습니다. 그런데 모두 남남으로 보이는 사람 중에서 남으로 느껴지지 않는 사람이 있습니다. 바로 부모님입니다. 부모님을 대하면 남으로 느껴지지 않으므로, 나를 사랑하듯 사랑할 수 있습니다. 나를 사랑하듯 부모님을 사랑하는 것이 효도입니다. 부모님에게 효도하면 부모님과 내가 하나가 됩니다. 부모님과 내가 하나가 되면 부모님과 나를 하나로 연결하는 연결고리가 드러나는 것입니다. 물밑에 있는 그물의 코 하나를 물 밖으로 들어 올리면 하나로 연결된 모든 코가 밖으로 드러납니다. 말하자면, 서로 연결된 그물의 코 하나가 확인되면 모든 코가 하나로 연결되어 있다는 사실이 확인되는 것입니다. 인간의 관계도 이와 같습니다. 부모님과 내가 하나라는 것이 확인되면 부모님과 형도 하나라는 사실이 확인되고, 부모님과 형이 하나라는 사실이 확인되면, 형과 내가 하나라는 사실이 확인됩니다. 형제가 하나라는 사실이 확인되면, 삼촌과 내가 하나라는 사실이 확인되고, 삼촌과 내가 하나라는 사실이 확인되면, 사촌끼리 하나라는 사실이 확인됩니다. 이처럼 확대하면 모두가 하나임이 확인됩니다. 따라서 효도는 모두가 하나임을 확인하는 출발점입니다. 모두 하나 되는 것이 진리이므로, 효도는 진리를 얻는 출발점이 됩니다. 오늘날 효도의 의미가 잘못 알려져 있습니다. 마마보이를 효자로 착각하기도 합니다. 효도의 의미를 제대로 알고 실천할 필요가 있습니다.

효도 외에 남과 내가 하나 되는 방법이 또 있습니다. 바로 남녀 간의 사랑입니다. 남녀 간에 진심으로 사랑하면 사랑하는 사람이 남으로 느껴지지 않습니다. 남녀 간의 사랑에는 두 종류가 있습니다. 욕심을 채우기 위한 사랑과 진심에서 우러난 사랑입니다. 상대에게 나의 욕심을 채울 수 있는 조건이 있어서 사랑하는 것은 욕심 채우기 위한 사랑입니다. 욕심 채우기 위한 사랑은 사랑하는 사람에게 욕심을 더 채울 것이 없어지면 버리고 떠납니다. 그러나 진심에서 우러난 사랑은 다릅니다. 진심에서 우러난 사랑은 하나 되는 사랑입니다. 하나 되는 사랑을 하는 사람은 희생하는 사랑을 합니다. 사랑하는 사람을 위해 목숨을 바치기도 합니다. 희생하는 사랑을 통해 두 사람이 완전히 하나가 되면 물밑에 있는 그물의 코 하나가 밖으로 드러나는 것과 같아서 모든 사람과 하나 되는 마음이 싹틉니다. 따라서 사랑은 진리를 얻는 출발점이 됩니다. 남들과 심하게 다투는 사람은 효도하지 않는 사람이고, 사랑해보지 않은 사람입니다. 동물을 학대하고 초목을 하찮게 여기는 사람 또한 효도하지 않는 사람이고 사랑해보지 않은 사람입니다. 부모님께 효도하고, 남녀 간에 희생하는 사랑을 하는 사람은 사람을 사랑하고 동물을 애호하고 초목에까지 애틋한 정을 쏟아붓습니다. 효도와 사랑의 힘은 이처럼 위대합니다.

효도와 사랑 외에도 남과 내가 하나 되는 방법이 경전에 소개되어 있습니다. 원래 남과 나는 하나이지만, 사람들은 그것을 모르고 남과 하나가 되지 못하므로, 우선 남과 내가 하나라는 것을 염두에 두고, 남의 처지에서 모든 것을 판단하고 행동하는 것입니다. 그렇게 하는 것을 '서恕'라고 합니다. 서恕는 여如와 심心을 합한 글자입니다. 여如는 같다는 뜻이고, 심心은 마음이란 뜻이므로, 서恕는 '같은 마음'이란 뜻입니다. 나의 마음과 남의 마음은 원래 같은 것이므로, 내가 남의 마음이 되어서 판단하고 행동하는 것이 서恕입니다. 공자는 서恕를 "자기가 하기 싫은 것을 남에게 시키지 않는 것"이라 설명했고, 맹자는 "억지로라도 남의 마음이 되어 행동하는 것이 한마음을 회복하는 방법에 가깝다."라고 했습니다. 『대학』에서는 서恕를 '혈구지도絜矩之道'라고 표현했습니다. 혈구지도란 헤아려서 기준으로 삼는 방법이란 뜻입니다. 그 내용은 이렇습니다. "윗사람에게서 싫은 것이 있으면 아랫사람에게는 그런 방법으로 대하지 않는다. 아랫사람에게서 싫은 것이 있으면 윗사람에게는 그런 방법으로 대하지 않는다. 앞에 있는 사람에게서 싫은 것이 있으면 뒤에 있는 사람에게는 그런 방식으로 대하지 않는다. 뒤에 있는 사람에게서 싫은 것이 있으면 앞에 있는 사람에게는 그런 방식으로 대하지 않는다. 오른쪽에 있는 사람에게서 싫은 것이 있으면, 왼쪽에 있는 사람에게는 그런 방식으로 대하지 않는다. 왼쪽에 있는 사람에게서 싫은 것이 있으면, 오른쪽에 있는 사람에게는 그런 방식으로 대하지 않는다."라는 것입니다. 사람의 마음은 모두 하나입니다. 내가 좋아하는 것을 남도 좋아하고, 내가 싫어하는 것을 남도 싫어합니다. 따라서 내가 좋아하는 것을 남에게 하게 하고, 내가 싫어하는 것을 남에게 하지 않게 하는 것이 한마음을 실천하는 방법입니다.

한마음을 실천할 수 있는 또 하나의 방법은 내 마음속에서 드러나는 한마음을 확인하여 붙잡는 것입니다. 다른 사람과 어울려 경쟁할 때는 욕심이 작동하여 한마음이 가려지지만, 목욕탕, 화장실, 잠자리 등에서 멍하니 혼자 있을 때, 한마음이 불쑥 고개를 내밀 때가 있습니다. 낮에 욕심을 채우느라 채소를 파는 불쌍한 할머니에게 강압적으로 값을 깎아 싸게 산 뒤에, 집에 와서 잠이 들 때쯤 갑자기 그 할머니에게 미안한 마음이 떠올랐다면, 그때의 그 마음이 한마음입니다. 그 한마음을 잘 간직하여 다음에는 욕심을 채우지 않도록 주의하는 것도 하나의 방법입니다. 이를 『대학』에서는 '신독愼獨'이라 했습니다. 신독이란 혼자 있을 때, 한마음을 알기 위해 조심하는 것을 말합니다. 이처럼 직접 수양 공부를 하는 것 외에도 생활하면서 한마음을 회복하는 방법들이 있습니다. 이렇게 다양한 방법들이 있으므로, 잘 살펴 실천하면 좋겠습니다.

# 2

# 긍정적 욕망과 탐욕은
# 어떻게 구분되는가

**이영환** 　　다시 말씀드립니다만, 물질만능주의는 우리나라에
만 국한된 현상은 아니며, 인공지능시대가 성숙할수록
물질적 쾌락에 대한 인간의 집착은 더욱 강해질 것으로 예상됩
니다. 그리고 이것이 돈에 대한 집착으로 이어지는 것은 당연한 수순
이겠지요. 이런 상황에서 과연 우리가 무엇을 기여할 수 있는지 생각
해보는 것은 세계사적 관점에서 자못 의의가 크다고 생각합니다.

저는 이 문제를 '능력주의meritocracy'와 '돈의 내재적 역설'이라는 두
가지 관점에서 살펴보고자 합니다. 능력주의는 세습주의에 반대되
는 개념으로, 부모로부터 물려받은 재산이나 지위에 의해서가 아니

라 온전히 자신의 노력과 재능으로 돈을 번다는 원칙을 의미합니다. 이런 점에서 오늘날 능력주의는 자본주의 시장경제의 분배 원칙으로 널리 수용되고 있습니다. 그리고 돈의 내재적 역설이란, 돈은 궁극적인 사적 소유의 대상임과 동시에 사회구성원들의 합의에 의해서만 가치가 유지되는 상상의 질서라는 것을 말합니다. 즉 사적 소유와 사회적 합의라는 상반된 두 가지 측면이 공존한다는 것입니다. 그런데 이 두 가지 사실로부터 새로운 질서가 태동할 가능성이 존재합니다. 간단히 말씀드리자면 '계몽된 능력주의enlightened meritocracy'를 바탕으로 우리 모두 공유하는 상상의 질서인 돈을 공익을 위해 사용하는 여유를 갖자는 것이지요.

여기서 제가 제안하는 계몽된 능력주의는 자본주의의 근간을 유지하면서도 각자의 소득은 오로지 자신의 능력만으로 벌었다는 오만에 빠지지 말고 주변의 여러 사람의 도움을 받았다는 엄연한 사실을 인정함으로써 돈에 대한 배타적인 소유권을 주장하지 않는 것을 의미합니다.[56] 오마하의 현인으로 불리는 투자의 귀재 워런 버핏이 "내가 미국에서 태어나지 않고 인도에서 태어났다면 아마 지금쯤 구걸하고 있을지도 모른다."라는 취지의 발언을 했던 것은 정확하게 이런 이유 때문이었을 겁니다.

따라서 만약 우리가 기존의 능력주의를 계몽된 능력주의로 대체할 수 있고, 이를 바탕으로 공익을 위해 돈을 사용하는 사람들이 늘어난다면 이는 곧 에고의 벽을 허무는 데 크게 기여할 수 있습니다. 역으로, 만약 우리가 에고의 벽을 조금이라도 낮출 수만 있다면 계몽된 능력주의를 수용할 것이고 공익을 위해 돈을 사용하는 데 주저하지 않을 것입니다. 에고와 돈은 모두 분리의 상징이라는 점에서 동전의 양면입니다. 앞에서도 잠깐 언급했습니다만, 양자물리학을 비롯한 첨단과학과 동서양의 영적 가르침에 의하면 깊은 차원에서는 모든 인류, 나아가 우주만물이 모두 연결되어 있다고 합니다. 개인적으로는 이런 경지에 이르지 못했으나 조금씩 그렇게 연결되어 있음을 느끼고 있습니다. 조금만 더 생각해보면 고립된 개인으로서는 아무것도 할 수 없다는 사실을 인정하지 않을 수 없습니다. 이것이 바로 연결의식으로 이어지는 첫 단계인 셈입니다.

다가오는 본격적인 인공지능시대는 이런 에고의 벽을 허물 수 있는지를 가늠하는 기회가 될 것입니다. 만일 우리가 오랜 정신적 전승을 인공지능시대에 적합하게 복구함으로써 에고의 벽을 낮추는 데 기여할 수 있다면 세계의 중심으로 나아가는 원동력이 될 것입니다. 에고의 자기중심성을 극복하는 것은 정말 어려운 일입니다. 그렇지만 작은 것을 실천하면서 조금씩 그 벽을 낮출 수 있습니다. 그중 한 가지 방법은 능력주의의 오만을 극복함으로써 돈에 대한 태도를 바꾸는 것입니다.

**최수**   이영환 교수님께서 경제학자다운 핵심적인 말씀을 하셨는데, 저의 평소 생각도 그와 유사합니다. 돈은 '상상의 질서'라고 말씀하셨습니다. 맞습니다. 돈이야말로 인간이 창조한 것입니다. 돈은 사회적인 약속입니다. 전 인간 사회에서 가치를 표시, 관리, 구현하기 위해서 수량으로 대응시킨 것이 돈이라고 생각합니다. 결국 돈은 가치를 표현하는 수단으로 쓰일 뿐입니다. 따라서 돈을 추구한다는 것은 생각 속에 있는 가치를 추구하는 것이기 때문에 꼭 실물이 아닌 허구여도 됩니다. 대표적인 것이 '사이버머니'입니다. 대부분의 사람들은 돈의 추구와 가치의 추구를 동일시합니다. 금전만능주의는 일시적으로는 시대를 풍미할 수 있겠지만, 장기적으로 사회정신이 될 수 없습니다. 국가의 기능이 정상적으로 작동한다면 말입니다.

**이영환**     잠깐 다른 얘기를 할까 합니다. 영국의 보물로 존경받고 있는 방송인이자 동물학자인 데이비드 애튼버러 David Attenborough 경은 약관 20대부터 90세를 훌쩍 넘긴 지금까지 거의 70년 동안 지구 곳곳을 탐사해왔습니다. 그는 이를 통해 우리에게 자연의 경이를 소개해주었을 뿐만 아니라 최근에는 자신의 평생 경험을 바탕으로 지구가 어떤 위기에 처해 있는지를 여러 다큐멘터리 필름을 통해 생생하게 보여주고 있습니다.[57] 그리고 그것을 관통하는 한 가지 주제를 꼽으라면, 인간의 탐욕이 모든 것을 망치고 있다는 말로 압축할 수 있겠습니다.

인간은 욕망이 없으면 육체적으로나 정신적으로 살아갈 수 없습니다. 어떤 면에서는 삶을 지탱하고 있는 것이 욕망이라는 점에서, 욕망은 우리 본성의 일부라고 할 수 있습니다. 그런데 욕망이 지나쳐 탐욕으로 발전하면 문제가 달라집니다. 탐욕으로 인해 만들어지는 과도한 이기심은 에고 중심성의 발로일 뿐만 아니라 타인의 권리와 자유를 침해할 소지가 많기 때문입니다.

애덤 스미스 이래 주류 경제학에서는 인간의 이기심을 당연한 것으로 간주해왔습니다. 호모 이코노미쿠스Homo Economicus라는 '경제적 인간'은 이런 이기심을 표상합니다. 그런데 이런 이기심은 타인과의 상호작용을 철저하게 배제한 가운데 오직 자신의 계산에 따라 효율적으로 목적을 추구한다고 하는 도구적 합리성에 기초하고 있습니다. 이로 인해 사회는 단지 개인들의 집합에 불과한 허상으로 전락해버림으로써 실제로 발생하고 있는 각종 사회문제의 바탕에는 경제적 문제가 자리하고 있다는 엄연한 사실을 부인해왔습니다. 그 결과 우리는 지금 전대미문의 불평등과 양극화가 만연한 야만적인 사회에서 살고 있는 것입니다.

이 모든 사실을 종합해볼 때, 다가오는 인공지능시대에 욕망과 탐욕의 경계를 분명히 함으로써 물질적 풍요와 정신적 성숙이 조화를 이룬 이상적인 사회를 구현할 수 있을지 생각해보는 것은 자못 중요한 의미가 있다고 봅니다. 그리고 돈에 대한 우리의 태도를 다시 정립하는 것은 욕망과 탐욕의 경계를 명확히 하는 데 도움이 된다고 생각합니다. 우리나라에서도 상영되었던 영화 〈월 스트리트〉에서 기업사냥꾼 고든 게코가 "탐욕은 좋은 것이다.Greed is good."라고 말할 때의 탐욕은 분명 무한 축적을 향한 인간의 과도한 욕망을 표상합니다. 이것은 자기 자신은 물론 주변 사람들, 나아가 사회의 근간을 약화시킬 수 있는 악덕입니다.[58]

그렇다면 인간으로서 당연한 욕망을 어떻게 탐욕과 구분할 수 있겠습니까? 이에 대해서는 누구도 자신 있게 기준을 제시하기 어려울 것입니다. 개인에 따라 다른 기준이 적용될 수 있는 문제이기 때문입니다. 먼저 사전적 정의에 의하면 탐욕은 "부, 지위 및 권력에 대한 과도하거나 만족할 줄 모르는 갈망"을 말합니다. 그런데 이 정의에는 모호한 기준이 포함되어 있기에 자칫하면 순환론에 빠질 수 있습니다. 어쨌든 지금과 같이 사유재산제도가 확립되고 개인주의가 우세한 가운데 선택의 자유가 보장된 사회에서는 이런 모호한 기준으로 탐욕을 매도하면 사회적 공감을 얻기 어렵다고 봅니다. 여기서 불완전하지만 '탐욕'의 범주로 분류되려면 적어도 다음과 같은 기준을 충족해야 한다는 점을 밝히고 싶습니다.

　첫째, 조금도 망설이지 않고 노력한 것 이상을 갈구渴求하는 마음의 상태에 있어야 합니다. 애덤 스미스는 『도덕감정론』에서 사람은 자기의 내면에 '공정한 관찰자'를 가지고 있다고 했습니다. 얼핏 들으면 모호한 얘기 같지만 잘 생각해보면 웬만한 사람에게는 이런 측면이 있는 것 같습니다. 겉으로는 자기가 옳다고 우기는 사람이라도 돌아서서 곰곰이 생각해보면 자기가 틀렸음을 알 수 있을 것입니다. 이런 의미에서 탐욕스러운 사람은 이런 공정한 관찰자를 완전히 배제한 사람이라고 할 수 있습니다.

　둘째, 감각적 쾌락만이 중요하다고 생각하는 마음의 상태에 있어야 합니다. 이런 상태에 있으면 인간의 오감五感을 넘어서는 것은 그어떤 것도 존재하지 않으므로, 오감을 즐겁게 해주는 것은 선善이요,

그 밖의 것은 모두 악惡이라고 생각하게 됩니다. 이런 상태에 있는 사람에게 죽음은 곧 모든 감각의 소멸이고 영원한 침묵이므로 가장 외면하고 싶은 사건입니다. 따라서 이런 상태에 있으면 감각적 쾌락만이 궁극적 실체이고 나머지는 모두 허상일 것입니다.

셋째, 자신의 이익을 위해서는 다른 사람들은 단지 수단일 뿐이라는 마음의 상태에 있어야 합니다. 탐욕으로 가득 찬 사람에게는 자신의 이익 외에는 아무것도 보이지 않습니다. 나아가 에고 중심주의에 함몰되어 다른 사람들의 고통은 안중에 없습니다. 이런 의미에서 탐욕은 이기심과는 다른 차원의 문제를 야기합니다. 극단적인 경우 사회적으로 피해를 주더라도 자신의 이익을 우선하므로 공동선에 대한 존중은 전혀 기대할 수 없습니다.

이와 같이 과감하게 탐욕의 기준을 제시한 것은, 인간으로서 정당한 욕망과 구분하기 위한 것입니다. 또한 이 시점에서 탐욕을 경계하는 것은 단지 도덕적 차원에서가 아니라 다가오는 인공지능시대를 대비하기 위해서입니다. 인간은 장구한 진화 과정을 거치면서 생존에 유리한 본능을 발전시켜왔으며, 동시에 사회적 동물로서 자신의 입지를 견고하게 하는 데 도움이 되는 사회적 기술을 습득해온 매우 복잡한 유기체입니다. 이런 부인할 수 없는 사실을 바탕으로 탐욕의 문제와 에고의 문제가 앞으로 어떻게 전개될지 생각해보아야 한다고 봅니다.

모든 문제의 발단은 에고 중심성입니다. 분리된 주체로서 '나'가 분명히 존재한다고 믿는 한 인간은 그런 나를 지키기 위해 모든 수단과 방법을 다 동원할 것입니다. 따라서 어떤 종교적 믿음에 근거하기보다 누구나 수용할 수 있는 과학적 근거를 가지고, '분리된 실체로서의 나'란 존재하지 않는다는 것을 보여줄 수 있다면, 에고 중심성을 극복하는 데 도움이 될 것입니다. 이런 면에서는 고대 동양의 지혜와 최근 탈물질주의 과학 정신이 큰 역할을 할 수 있다고 봅니다. 고대 동양의 지혜는 통찰을 통해, 그리고 최신 탈물질주의 과학은 실증 자료와 관측 결과라는 객관적인 사실을 바탕으로 독립된 실체로서의 에고란 존재하지 않는다는 것을 입증하고 있습니다. 그럼에도 우리는 오랜 습관의 노예가 되어 자기 몸을 에고로 이해하면서 몸의 만족을 위해 탐욕을 포기하지 않습니다. 이제는 이런 굴레에서 벗어날 때가 무르익었습니다. 실로 방대한 문헌과 자료가 이런 사실을 뒷받침하고 있습니다.

**이기동**  물질만능주의가 심화될수록 물질적 쾌락에 대한 인간의 집착이 강해질 것은 분명합니다. 그럴수록 돈에 대한 집착이 강해지는 것도 분명합니다. 그에 대비해서 일어날 수 있는 부작용들을 최소화하는 방법도 찾아야 할 것입니다.

그러나 사람은 물질적 쾌락을 추구하는 방향으로 한없이 달려가지는 않는 듯합니다. 과거의 역사에서도 물질적 쾌락 추구가 극에 달한 뒤에는 엄숙한 정신주의가 되살아나곤 했습니다. 그렇지만 정신주의가 되살아나기 전에 지구가 사람이 살 수 없을 정도로 망가지는 것에 대한 걱정을 떨칠 수 없습니다. 이제 지구를 살리기 위해서라도 인공지능시대에 물질적 풍요와 정신적 성숙이 조화를 이루는 방안을 찾아야 합니다. 정신적 성숙은 긍정적인 욕망과 탐욕을 구분하여 긍정적인 욕망은 살리고 탐욕은 극복하는 노력을 해야 할 것입니다. 긍정적인 욕망은 한마음에서 나오는 욕망이고 탐욕은 한마음을 잃은 상태의 이기심에서 나오는 것으로 이해할 수 있습니다. 탐욕을 극복하고 긍정적인 욕망을 간직하는 노력이 수양의 핵심입니다.

탐욕을 극복하지 못하고 탐욕에 갇힌 사람이 소인입니다. 물질주의가 득세하면서 사람들은 대부분 소인으로 바뀌었습니다. 소인이 많아질수록 사람들은 소인으로 사는 것을 당연하게 받아들이고 그럴수록 소인에서 벗어나기가 어려워집니다. 소인이 소인으로 살면 불행하다는 것을 뼈저리게 자각할 때에만 소인에서 벗어나기 위해 노력하게 됩니다. 우리는 이제 사리 판단을 잘해서 어떻게 사는 것이 참되고 행복한 것인지를 돌아보는 시간을 가져야 할 것입니다.

한국인은 소인으로 살면 한이 생깁니다. 오늘날 사람들은 대부분 소인으로 살기 때문에 대부분 한을 가지고 살아갑니다. 어느 불교학자 이야기를 들어보니, 한국불교는 중국불교와 다르다고 합니다. 중국불교는 출발점이 '나는 중생이다'라고 합니다. 내가 중생이므로 고통을 받으니, 고통에서 벗어나기 위해 수양을 해서 부처가 되어야 한다는 논리를 펼친다고 합니다. 그러나 한국의 불교는 '나는 본래 부처다'라고 시작한답니다. 내가 부처인데 지금 부처의 모습을 하고 있지 않으므로 안타까워 견디기 어렵습니다. 안타까울수록 원래의 부처로 돌아가기 위해 수양한다는 것입니다. 이런 한국인의 열정은 미래 인공지능시대에 큰 역할을 하리라 생각합니다.

**이영환**　　이 교수님 말씀은 무척 고무적입니다. 앞에서 한국
인이 본래 군자였다고 말씀하셨던 것과 같은 맥락에서
이해할 수 있으며, 나아가 여러 번 강조하셨던 한마음과도 상
통하는 것으로 보입니다. 탐욕을 극복한 사람은 군자이면서 한마음
을 간직하고 있는 사람입니다. 만약 이런 정신을 지금 이 시점에 부
활시킬 수만 있다면 한국인은 에고 중심성을 극복한다는 측면에서
는 타의 추종을 불허할 것으로 보입니다. 그런데 제가 염려하는 것은
과연 이런 부활이 가능하겠는가 하는 점입니다.

그래서 이 문제는 전략적으로 접근하는 것이 무엇보다 효과적이
라고 생각합니다. 과학기술문명이 이 시대를 지배하고 있다는 것은
누구도 부정할 수 없는 사실이지요. 그런데 바로 이런 물질적 풍요를
가져다준 철학적 배경인 과학적 물질주의에 대한 비판이 점차 공감
대를 넓혀가고 있습니다. 앞에서 소개했던 '탈물질주의 과학 선언'이
대표적인 사건입니다. 그 외에도 과학적 물질주의를 반박하는 철학
적, 과학적 논의가 점점 더 확산되고 있습니다만, 한국 사회에서 이
에 대한 논의가 거의 이루어지지 않고 있는 것은 유감입니다. 구글
검색을 하거나 유튜브의 동영상을 살펴보면 이런 추세를 확인할 수
있는데, 한국에서는 서양의 각계각층 전문가들이 쓴 글이나 그들이
만든 동영상 중 일부를 소개하는 정도에 그치고 있을 뿐 독자적인 연
구가 전무한 상태입니다.

제가 '전략적'이라는 표현을 쓴 이유는 이 교수님이 제안하신 군자나 한마음 개념을 서양의 과학적 접근과 연결시킴으로써 보다 많은 사람들이 공감할 수 있도록 유도하자는 것입니다. 고전에 익숙한 사람보다는 과학적 사유에 더 친숙한 사람들이 대다수이기 때문입니다. 예를 들어 이 교수님이 한마음을 설명하실 때 사용했던 대나무 비유는 심층심리학depth psychology에서 여러 섬들이 수면 위에서는 분리되어 있으나 수면 밑에서는 모두 하나의 대륙으로 연결되어 있으므로 무의식의 세계에서는 하나로 볼 수 있다는 비유와 유사합니다. 이에 가장 적합한 개념이 아마도 칼 융이 제안한 집단무의식일 겁니다. 또는 초월심리학height psychology에서 제시하듯이, 에고를 초월하는 더 높은 차원에서 서로 연결된 비일상적인 의식 상태가 존재한다는 것을 알려줌으로써 한마음 개념에 대한 이해를 넓힐 수 있다고 생각합니다. 마찬가지 방법으로 군자의 경우 또한 전략적인 접근이 가능하다고 봅니다. 이와 같이 동양의 통찰과 서양의 분석이 시너지 효과를 발휘하도록 통합하는 작업을 한국인들이 해낼 수 있다면 인류사적으로도 중요한 의미가 있다고 봅니다.

**이기동**　　에고를 극복하는 것이 유학을 포함한 동양 철학의 핵심입니다. 공자는 자기를 극복하여 질서 있는 세계로 돌아가는 것이 한마음을 얻는 것이라고 했습니다. 자기를 극복하는 것이 곧 에고를 극복하는 것입니다. 공자는 한국인의 한마음을 인仁으로 설명했습니다. 공자의 핵심 사상인 인仁이 한국인의 한마음이므로, 공자가 말하는 군자의 표준은 한국인입니다. 한국인이 에고를 극복하기 위해 노력하면 큰 성과를 이룰 수 있을 것입니다.

사람들이 물질에 지배되고 기계에 지배될수록 인간성이 사라집니다. 인간성을 상실한 사람은 너무나 헛되고 불행합니다. 비인간적인 사람이 가득한 사회는 아비규환의 지옥처럼 비참해집니다. 이제 과거 어느 때보다도 참된 삶을 회복할 필요성이 커졌습니다. 우리나라는 예로부터 참된 삶을 회복하는 노력을 꾸준하게 해왔습니다. 옛사람들이 해온 노력을 오늘날 되살릴 때가 왔습니다. 이제 머리를 맞대고 논의하면 좋은 방법은 얼마든지 찾아질 것으로 생각합니다. 이런 의미에서 이 교수님 제안에 전적으로 공감합니다.

**이영환** 　 인공지능시대에 군자 개념을 접목시키자는 이 교수님의 제안이 매우 신선하고도 의미심장합니다. 『사피엔스』로 일약 세계적으로 주목받았던 이스라엘의 역사학자 유발 하라리는 저서 『호모 데우스』에서 인공지능 알고리즘이 지배하는 시대, 기계가 인간을 대체하는 시대에 대다수 인간은 '쓸모없는 계층useless class'으로 전락할 수 있다고 경고했습니다.[59]

물론 그의 경고가 디스토피아에 대한 우려를 과장하고 있다는 비판도 있습니다만, 현실화될 가능성을 완전히 배제하기는 어렵다고 봅니다.

여기서 그가 말하는 쓸모없는 계층의 의미는 참담하기 그지없습니다. 한마디로 정치적으로 무의미하고, 경제적으로 무가치한 인간이 되고 만다는 것입니다. 그렇다면 이것은 더 이상 존엄한 인간이라고 할 수 없는 그런 존재로 전락하는 셈입니다. 그래서 하라리는 앞으로 인류는 이종異種으로 분화할 수도 있다는 섬뜩한 경고를 합니다. 즉 신에 근접한 신-인간, 즉 '호모 데우스'와 쓸모없는 인간으로 말입니다. 이들 간에는 어떤 교류도 불가능하게 되어 결국 네안데르탈인이 절멸한 것처럼 쓸모없는 인간도 그들의 전철을 밟을 가능성을 배제할 수 없다는 것이지요.

이런 상황에서 인공지능시대의 군자 개념은 신선할 뿐만 아니라 대안으로서 검토할 가치가 있다고 봅니다. 간단히 말해, 소인은 오로지 사익만 추구하는 사람인 반면, 군자는 사익보다는 공익에 더 가치를 부여하는 사람이므로 오늘날 표현으로는 공동선을 추구하는 사람이라고 할 수 있습니다. 지금 서양에서 공동선을 함양하자는 운동이 상당한 지지를 받고 있는데, 이것이 우리의 고대 사상인 군자 개념이 부활한 것이라는 점을 부각시켜, 동양과 서양이 시공간을 초월해 동일한 가치를 공유하고 있다는 점을 널리 알리는 것입니다. 이러한 운동은 보다 많은 사람들을 동참시키기 위한 하나의 전략으로써 가치가 있다고 생각합니다.

인공지능시대에는 극단적인 개인주의 성향이 더욱 가속화될 가능성이 높습니다. 그러나 앞에서도 언급했듯 물극필반의 논리에 따라 결국에는 더 이상 유지되기 어려울 것입니다. 그 대안으로 공동체의 가치를 회복하려는 자생적인 운동이 일어날 것이고, 이런 운동이 지지하는 핵심 가치는 공동선이 될 것입니다. 이후 자연스럽게 공동선

운동에 앞장서는 사람들이 늘어날 것이고, 이들이 바로 인공지능시대의 군자로서 역할을 수행할 것입니다.

여기서 인공지능 기술을 갖추었음은 물론 군자 개념까지도 체득한 한국인들이 이런 과업의 선봉에 설 수 있다면 이는 정말 어떤 물질적 성취보다도 더 가치 있는 일입니다.

# 6장

# 물질과
# 정신의 조화

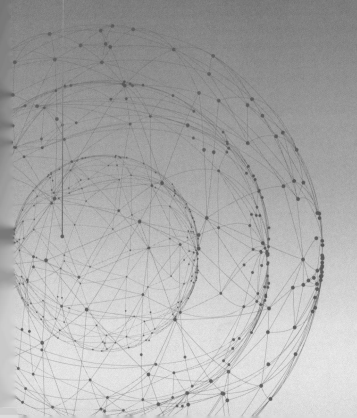

# 1

## 물질적 풍요가 전부다?
## 주류 경제학의 한계를 넘어

**이영환**　이 시대의 특징은 한마디로 '거대한 역설great paradox'이라고 할 수 있습니다. 우리는 전대미문의 물질적 풍요를 즐기고 있는데, 4차 산업혁명이 진행됨에 따라 이 흐름은 더욱 강화될 것입니다. 그러나 정치적으로는 세계 곳곳에서 민주주의가 퇴조하는 반면, 전체주의와 과두정치가 점점 득세하고 있습니다. 실제로 민주주의를 제대로 실천하고 있는 나라가 점점 줄어들고 있다는 것이 그 증거입니다. 경제적으로는 과거 모두를 위한 번영을 가져왔던 자본주의가 점차 퇴조하면서 지금은 불평등과 양극화를 심화시키는 약탈적인 자본주의가 그 자리를 차지하고 있습니다. 이것은 정말 지금까지 경험해보지 못한 세계적 규모의 역설이라 할 수 있습니다. 이러한 역설은 쉽게 해결되지 않습니다.

그런데 이런 상황에서 문제 해결을 위해 협력해야 하는 인문학, 심리학 그리고 종교 등 정신세계를 다루는 분야들이 각자 고유 영역의 경계를 정해놓고 자기 이익을 지키는 데 급급하다는 것은 정말 유감입니다. 지금 우리가 직면한 문제들은 집단지성이 아니면 해결의 실마리조차 찾을 수 없는 매우 어려운 것들입니다. 그렇기에 이제는 조각나고 파편화된 접근을 지양하고 통합적 관점에서 문제를 바라보아야 합니다. 한 가지 다행스러운 것은, 최근 기후변화와 코로나19 사태에 대처하기 위해 여러 분야의 전문가들이 힘을 모으고 있다는 사실입니다. 이는 통합적 사고가 조금씩 자리를 잡아가는 신호로 볼 수 있습니다.

저는 최근 통합적 사고 또는 통합적 접근이라는 말을 자주 사용하고 있는데, 우리가 직면한 문제가 통합적 관점에서 접근하지 않으면 해결책을 찾기 어려운 난제들이기 때문입니다. 이를테면 칼에 베인 상처는 외과적으로 간단하게 치료할 수 있지만, 종전에 없던 새로운 질병이 나타나면 여러 분야 전문가들이 지혜를 모아야 하는 것과 같은 이치입니다. 마찬가지로, 현재 우리가 직면한 개인 문제와 사회 문제도 통합적 관점에서 해결책을 찾아야 할 것입니다. 개인만 고려하거나 사회에만 초점을 맞춘다면 문제의 근본적인 해결은 어렵습니다. 예를 들면 불평등 문제, 자살 문제, 양극화 문제 등이 여기 해당됩니다.

이런 관점에서 볼 때 현재 주류 경제학인 신고전파 경제이론에는 심각한 오류가 있다고 봅니다. 도구적 합리성에 입각해 오직 개별 주체의 행위에만 초점을 맞추며 그 밖의 문제들은 모두 예외적인 현상으로 간주하기 때문입니다. 이런 이론으로는 더 이상 현실을 설명할 수 없을 뿐만 아니라 미래도 예측할 수 없습니다. 미래를 예측하는 데 도움이 되지 않는 경제이론은 이론으로서 가치가 없습니다. 예를 들어 신고전파 경제이론은 2008년 금융위기를 예측하지 못했을 뿐 아니라 이 이론에 의하면 원천적으로 금융위기가 발생할 수 없습니다. 이와 같이 이론을 현실에 맞추는 대신 현실을 이론에 맞추는 기이한 일은 더 이상 용납되기 어렵습니다.

또한 신고전파 경제이론에 의하면 분배 문제란 존재하지 않습니다. 모든 문제가 시장에서의 자발적인 교환을 통해 이루어지는데, 분배 문제와 같은 것이 원천적으로 발생할 수 없다는 것이지요.[60] 그러나 현실은 그렇지 않습니다. 부와 소득분배의 불평등은 자본주의 시장경제의 근간을 무너뜨릴 수 있다는 위기감이 고조되고 있는 실정입니다.[61]

현재와 같이 오직 수익률만을 추구하는 금융자본주의에서 불평등이 악화되는 것은 필연적입니다. 그럼에도 불구하고 신고전파 경제이론에서는 이것이 전혀 문제가 되지 않습니다. 이미 많은 전문가들이 지적했듯이 현재와 같은 불평등은 더 이상 지속 가능하지 않습니다. 세계적 빈민구호단체 옥스팜Oxfam의 최근 보고서에 의하면 상황은 더욱 참담합니다. 이 모든 걸 고려할 때 이제는 경제 문제를 통합적 관점에서 접근하는 경제이론이 필요한 시점입니다. 그러나 패러다임의 전환은 결코 쉬운 일이 아니기에 현재로서는 주류 경제학자들에게서 어떤 의미 있는 변화를 기대하기 어려운 실정입니다.

다행스러운 것은 최근 유럽에서 새로운 경제이론을 모색하려는 움직임이 활발하다는 사실입니다. 대표적인 사례로 앞서 잠깐 언급했던 공동선 경제를 지향하는 운동이 활발하게 전개되고 있는 것을 들 수 있습니다. 이것은 개인과 사회를 모두 고려하는 통합적 관점에서 새로운 윤리적 시장경제를 지향하는 운동입니다. 경제 문제는 통합적 관점에서 해결 방안을 모색해야 하는 대표적인 영역으로서, 이를 위한 새로운 경제이론이 절실히 필요한 실정입니다. 나아가 새로운 경제이론은 향후 본격적인 인공지능시대에 대비하기 위해서도 반드시 필요합니다. 인공지능 기술은 오직 효율성과 생산성만을 추구하므로 불평등 문제를 더욱 악화시키는 요인으로 작용할 것이 분명하기 때문입니다.

이제 우리는 다시 기본으로 돌아가서 경제 발전을 추진해온 이유에 대해 다시 생각해보아야 합니다. 경제적 풍요는 정신적인 평온함, 만족감, 그리고 안정감으로 이어질 때 비로소 진정한 가치를 구현할 수 있다고 봅니다. 즉 물질적 풍요와 정신적 가치는 동전의 양면과 같아서 분리해서 다루어서는 안 되는 것들입니다. 그렇기에 물질과 정신을 동시에 통합적으로 다루는 이론이 필요한 것입니다. 이 가운데 어느 하나만을 지나치게 강조하는 것은 결국 극단으로 치닫게 되어 대극의 반전을 불러올 것이고, 끊임없는 악순환에서 빠져나오기 어렵게 됩니다.

앞으로 우리는 경제학을 비롯한 모든 학문 분야에서 물질과 정신의 조화라는 과제를 비중 있게 다루지 않으면 안 됩니다. 심지어 물리학이나 생물학 같은 분야에서도 양적으로 측정 가능한 영역만을 학문적 대상으로 간주했던 전통을 극복해야 한다고 봅니다. 인간의 가장 근원적인 측면인 의식 문제를 배제하고서 우주와 생명을 논하는 것이 무슨 의미가 있겠습니까.[62]

이 모든 사실을 종합할 때 물질과 정신을 조화시키는 이론을 모색하기 위해서는 필히 통합적 관점이 요구된다는 것이 분명하게 드러납니다.

**최수** 경제학에 대한 이영환 교수님의 입장을 상세히 여쭤보고 싶은데요. 도구적 합리성을 추구하는 학문으로서 주류 경제학은 이미 그 한계를 노출하여 현대사회의 문제들을 해결하는 데 역할을 제대로 못하고 있다고 하셨습니다. 하지만 경제학이란, 국민을 빈곤으로부터 구제하고 인간의 행복을 제고하는 것을 대상으로 하는 경세제민經世濟民의 학문입니다. 그런 범위를 충실히 이행하면 되는 것이지, 그 범위를 넘어 정의를 실현하는 영역까지 확대해야 한다고 생각하시는지요? 경제학의 영역을 지나치게 확대하는 것은 아닐까요? 경제학은 분배보다 성장을 지향합니다. 분배는 경제학보다는 사회학 등 다른 학문의 영역이 아닌가요? 이 교수님 말씀을 들어보니 견해가 조금 다른 것 같은데, 이 점을 좀 더 부연해 설명해주면 좋겠습니다.

**이영환**　　좋은 지적입니다. 최 회장님이 언급하신 '경세제민'에서 경제라는 용어가 등장했지요. 즉 경제는 경세제민의 준말로 '세상만사를 잘 다스려 도탄에 빠진 백성을 구한다'는 의미가 담겨 있습니다. 이런 점에서 영어 'economy'를 경제로 번역한 것은 나름 타당하다고 봅니다. 경제학의 비조로 불리는 애덤 스미스도 『국부론』에서 이기심에 의해 추동되는 개인들로 구성된 사회가 어떻게 생산성을 극대화함으로써 모두의 번영을 이끌어냈는지 설파했기 때문입니다. 애덤 스미스도 경세제민을 염두에 두었다는 의미에서 경제라는 용어가 적절하다고 봅니다.

그런데 최근에는 이런 정신에 적지 않은 변화가 있었습니다. 우선 20세기 초 이래 '경제학은 대안적인 여러 용도 가운데 희소한 자원을 배분하는 방법을 연구하는 학문'이라는 정의가 널리 통용되어왔으며 지금도 유효합니다. 더욱이 지금은 '경제학은 인센티브를 연구하는 학문'이라는 매우 협소한 정의가 상당한 지지를 받고 있는 실정입니다.[63] 그러나 이와 같이 기능적 관점에서 경제학을 이해하려는 시도는 결국 실패할 것으로 보입니다. 여기에서는 인간을 단지 물질적 욕망만을 추구하는 존재로 인식하고 있기 때문입니다. 이것은 인간의 본성을 제대로 반영한 입장이라고 할 수 없습니다.

이에 대한 대안은 다시 애덤 스미스로 돌아가서 발견할 수 있다고 생각합니다. 스미스가 『국부론』에서는 인간의 이기심을 강조했으나, 그보다 먼저 출판되었으며 학문적으로는 더 높이 평가받고 있는 『도덕감정론』에서는 인간의 공감 능력을 강조했습니다. 이기심은 물질의 영역에서 중요한 역할을 하는 요소인 반면, 공감은 인간관계와 정신적 측면에서 매우 중요한 요소입니다. 이런 의미에서 스미스는 물질과 정신의 조화를 바탕으로 인간의 본성을 이해했고, 이런 바탕 위에서 모두가 번영을 공유하는 사회를 구상했던 것으로 보입니다. 바로 이런 그의 철학을 지금의 상황에 맞게 재조명할 필요가 있다는 것이 제 생각입니다. 앞에서 소개했던 공동선 경제도 스미스의 이런 정신과 무관하지 않다고 생각합니다. 태양 아래 새로운 것은 없습니다. 우리에게 필요한 것은 여러 현자들이 남긴 놀라운 직관과 통찰을 지금의 상황에 맞게 재해석한 후 이를 현실에 적용하는 것이라고 봅니다. '온고이지신'이란 바로 이런 의미라고 생각합니다.

**이기동** 최근 경제학의 연구 방향 또한 바람직한 방향으로 선회하는 것 같아 기대됩니다. 과거의 예로 볼 때, 모든 학문이나 사상이 강력한 목적을 설정할 때 심각한 문제가 생겼습니다. 동양에서는 대표적으로 묵자의 사상을 들 수 있습니다. 묵자는 평화를 달성해야 한다는 강력한 목표를 설정했습니다. 평화를 달성하기 위해서는 전쟁을 억제해야 했습니다. 묵자 사상의 핵심은 전쟁을 억제하는 것으로 귀결됩니다. 전쟁을 억제하기 위해서는 전쟁이 일어나게 되는 원인을 제거해야 합니다. 묵자가 전쟁이 일어나는 원인으로 찾아낸 것은 첫째, 남의 것과 자기의 것을 차별하는 것이었습니다. 묵자는 남의 것과 자기 것을 차별하고, 남의 아버지와 자기 아버지를 차별하며, 남의 나라와 자기 나라를 차별하여 남의 것을 자기의 것으로 만들려고 하고, 남의 나라 것을 자기 나라 것으로 만들려는 데서 전쟁이 일어난다고 본 것입니다. 이를 해결하기 위해 묵자는 겸애설兼愛說을 제창했습니다. 겸애란 남의 것과 자기 것을 똑같이 사랑하고, 남의 아버지와 자기 아버지를 똑같이 사랑하며, 남의 나라와 자기 나라를 똑같이 사랑하는 것입니다.

둘째는 이론과 주의 주장의 차이입니다. 주의와 주장이 다른 것이 원인이 되어 전쟁이 일어나므로, 전쟁을 억제하기 위해서는 아랫사람이 윗사람의 의견을 옳게 여기고 받아들여야 합니다. 이를 묵자는 상동尙同이라고 합니다. 상尙은 상上과 같은 뜻으로 윗사람을 말하고, 동同은 같다는 뜻이므로, 상동이란 윗사람의 의견에 동조하는 것을 말합니다.

셋째는 전쟁이 일어나는 원인이 물질이 부족하기 때문이라는 것이었습니다. 물질이 넉넉하면 전쟁이 일어나지 않을 것이므로, 묵자는 물질을 풍족하게 하는 방법을 찾았습니다. 운명론에 빠져서 일을 하지 않으면 물질이 부족해지므로 운명론에 빠지지 말고 열심히 일할 것, 음악이나 미술 같은 예술은 물질을 넉넉하게 하는 데 방해가 되므로 금지할 것, 장례식 등의 예식에서는 물질을 낭비하기 쉬우므로 각종의 예식에서 절약할 것 등을 주장했습니다.

전쟁을 막아야 하는 것은 너무나도 당연합니다. 그러나 전쟁을 막아야 한다는 목적의식이 너무 강하면 무리한 방법을 추구하게 되어

대한민국, 변방에서 중심으로

문제가 생깁니다. 모든 것은 자연스러워야 합니다. 묵자가 찾아낸 전쟁의 원인은 근본 원인이 아니었습니다. 그는 전쟁을 막아야 하는 성급한 목표 달성을 위해 전쟁이 일어나는 직접적인 원인만을 찾아낸 것입니다. 남의 아버지를 우리 아버지와 똑같이 사랑하는 것, 윗사람의 의견에 무조건 동조하는 것, 예술을 하지 않는 것, 예절의 비용을 줄이는 것 등은 자연스럽지 못합니다. 그러나 묵자는 전쟁을 막아야 한다는 강력한 목적을 달성하기 위해 자연스럽지 못한 방법을 강요했습니다. 마르크스의 계급혁명이론도 자연스럽지 못합니다. 자연스럽지 못한 것은 진리가 아닙니다. 목적의식이 강하면 수단과 방법에 문제가 생깁니다. 그렇기에 오늘날 경제학이 강력한 목적의식에서 벗어나 새로운 길을 모색한다는 말씀은 매우 고무적입니다.

지금 이영환 교수님께서 말씀하신 물질과 정신의 조화는 매우 중요합니다. 물질과 정신의 조화가 바로 중용입니다. 공자가 말했듯이 최선의 진리는 중용입니다. 물질과 정신의 조화는 개인적으로는 마음과 몸의 조화를 말하는 것입니다. 이는 나무의 뿌리와 잎의 조화에 해당하기도 합니다. 학문적으로는 철학과 경제학의 조화라고 말할 수도 있겠습니다. 물질과 정신의 조화는 평면적으로 이루어지는 것은 아닐 것입니다. 뿌리와 잎이 같은 비중으로 조화되는 것이 아닌 것처럼, 마음과 몸 또한 같은 비중으로 조화되는 것은 아닙니다. 정신이 물질을 지배하면 조화가 이루어지지만, 물질이 정신을 지배하면 조화를 이룰 수 없습니다.

술 마시고 싶은 몸의 욕구를 정신이 절제하지 못하면 중독자가 됩니다. 중독자의 삶은 조화롭지 못합니다. 술을 마시더라도 정신의 절제에서 벗어나지 않으면 조화로운 삶이 유지됩니다. 조화로운 삶은 궁극적으로는 하늘마음을 회복할 때 찾아집니다.

# 2

# 정신과 물질의 복합체로서의
# 기업의 역할

**최수**　　　저는 기업인으로서 이 대담에 참여하면서 현장에서
　　　　　　저의 경험과 생각을 조금 더 체계적으로 정리할 수 있었
　　　습니다. 이제 기업에 초점을 맞춰 제 경험을 바탕으로 기업에
대한 이야기를 해볼까 합니다. 기업은 과연 우리에게 무엇일까요?

　기업은 제품을 생산함으로써 인간의 욕구를 충족시킵니다. 욕구
불만이 지속되면 인간은 행복하지 못합니다. 욕구는 단계적으로 충
족되는데 이것을 잘 설명한 이론이 유명한 에이브러햄 매슬로의 '인
간 욕망의 5단계 이론'입니다. 욕구는 생리적인 욕구로부터 출발하
여 안전 욕구, 사회적 욕구, 존경을 받고 싶은 욕구를 거쳐 자아실현

의 욕구를 통해 절정에 이릅니다. 생리적 욕구의 충족 없이 안전을 추구하지 않으며, 불안한 가운데 사회적 욕구를 추구하지 않습니다. 존경이 수반되지 않은 자아실현이란 허구일 뿐입니다.

생리적 욕구로부터 자아실현 욕구까지의 인간의 제반 욕구를 충족시키는 것이 기업의 탄생 이유입니다. 욕구가 충족된 인간은 행복하고, 행복한 인간들이 모인 사회는 행복하며, 이러한 사회를 통해 행복 국가라는 유토피아가 건설됩니다. 이 바탕에는 기업의 역할이 있습니다.

기업은 가치를 창출하는 것을 기본 목적으로 합니다. 기업은 가치를 실현시킴으로써 존재할 수 있고, 이를 통해 기업 자체와 다양한 이해관계자들에게 기여하며, 나아가 국가적 차원에서 확대재생산을 지속해 나아가는 데 기여합니다. 이처럼 기업을 위해서, 투자자를 위해서, 가족을 위해서, 사회를 위해서 그리고 국가를 위해서 가치를 확대재생산하는 것이 기업인의 기본적인 역할이라고 생각합니다. 기업 활동 시 저는 기업의 모체인 국가라는 테두리 안에서 기업을 어떻게 성장시킬 것인가를 고민합니다. 그리고 이를 위해 한국인이라는 정체성을 분명히 하면서 제 개인의 능력을 최대한 발휘할 수 있도록 시간과 에너지를 집중하려고 노력합니다. 이런 노력이 기업의 파이를 키우고, 임직원과 가족, 나아가 사회와 국가를 '결핍'에서 자유롭게 만들 수 있습니다. 이처럼 가치를 확대재생산하며 기업의 본래 목적을 구현할 수 있다는 건, 저를 포함한 많은 기업인들에게 엄청난 동력이 됩니다.

그러면 여기서 이런 기업에는 어떤 특성이 있는지, 이 기업을 어떻게 성공적으로 경영할 것인지에 대해 이야기하면서 이영환 교수님이 주장하시는 '물질과 정신의 조화'에 관해서도 한번 이야기해보고자 합니다.

기업도 인간처럼 생로병사의 제약으로부터 자유롭지 못합니다. 이러한 기업의 숙명 속에서 유한한 기업이 어떻게 영속적으로 성장할 수 있을 것인가는 기업의 영원한 숙제입니다. 기업은 탄생하고 성장해가는 과정에서 두 가지의 큰 도전을 맞습니다. 그 첫 번째가 바로 기업이 탄생한 후 기술을 개발하고 양산화하는 과정에서 맞는 자금의 부족입니다. 이는 기술개발에 성공한 기업이 사업화 과정에서 겪는 고통으로, '죽음의 계곡Death Valley'이라고도 합니다. 다시 말하자면, 어려운 기술을 개발하여 완성한 후 사업화하려 할 때, 비축된 자금이 바닥나 그 사업을 지속하기 어려운 상황을 말합니다. 이러한 죽음의 계곡은 대부분의 신생 기업들이 맞이하는 숙명입니다. 충분한 자금이 비축되어 있거나 개발에 대한 자금 부담이 크지 않다면 쉽게 극복하겠지만, 많은 신생 기업들은 영세하여 외부 자금의 긴급 수혈 없이는 이를 극복할 수 없습니다.

그런데 외부의 도움을 받아 이 위기를 가까스로 극복한 회사들에는 더 큰 위기가 기다리고 있습니다. 기술개발을 완료하고 사업화까지 시켰으나 선발 거대 경쟁 업체와의 품질, 원가 경쟁에서 살아남아 생존의 발판을 확보해야 하기 때문이지요. 이것이 두 번째 장벽인 '다윈의 바다Darwinian Sea'입니다. 이처럼 악어와 해파리가 우글거리는 바다를 포함해 이들 두 장벽을 넘은 신생 기업은 비로소 시장에서 성장을 기대할 수 있는 최소한의 기반을 확보하게 됩니다. 이 생존의 기반에 상륙한 기업은 이제 '경쟁 시장Jungle'에서 성장을 위한 치열한 투쟁을 전개해야 합니다. 이것이 신생 기업들의 성장 험로입니다.

그러면 경쟁 시장에 상륙한 기업들은 어떻게 지속적인 성장을 추구해갈 수 있을까요? 행운을 타고난 기업이라면 쉽게 이 난관을 극복하고 성장할 수 있을 것입니다. 순풍에 돛을 단 것처럼 말이죠. 성공한 기업인들은 사업을 하면서 대개 그러한 행운을 가져다주는 귀한 손님을 한두 분 만납니다. 저는 그런 사람을 '귀인'이라고 부릅니다. 사업에 결정적인 도움을 우연히 주는 그런 귀인. 제 주위의 거의 모든 성공한 기업가는 절실한 때에 이런 귀인을 만났습니다. 그 귀인을 만나서 새로운 활력소를 찾아 곤란의 덫에서 벗어나곤 했지요.

귀인을 만난 다음에는 상황에 감사드리면서 자기의 정체성을 확실히 정립하고, 자기만의 필승 전략을 수립하여 집요하게 실천해가야 합니다. 그러한 전략을 끝까지 밀고 나갈 수 있는 역량과 조직이 있다면 그 기업은 성장할 수 있을 거라고 생각합니다.

성장하는 회사는 대부분 자기 한계에 직면하게 됩니다. 자신의 지혜가 어디까지인지, 그 이전에 어떻게 외부 지혜를 빌릴 수 있을 것인지, 어떻게 돌파할 것인지에 대해 끊임없이 묻게 됩니다. 그러다 결국 내부의 한계를 외부의 아이디어와 에너지로 극복하게 되는데, 이것을 '개방형 혁신Open Innovation'이라 합니다. 귀인을 만나고, 자신의 필승 논리를 개발하고, 내부의 한계에 부딪혔을 때 외부의 아이디어로 돌파하는 사람은 무엇보다도 열린 마음으로 눈을 열어서 외부를 탐색하고 귀를 열어서 경청합니다. 그런 개방이나 경청은 수동적으로 해서는 효과가 없습니다. 적극적으로 마음을 열고, 열 번이라도 찾아가서 경청을 해야 그 아이디어를 자기 것으로 만들 수 있습니다.

개방형 혁신을 하는 기업인들의 특징은 개방과 경청, 적극적인 탐구, 그리고 사람에 대한 친화력입니다. 특히 사람에 대한 친화력은 타인의 협력을 구하는 데 필수적입니다. 이 친화력의 핵심은 진지함, 즉 정직과 성실입니다. 거기에 절실함이 더해지면 금상첨화이지요. 이와 더불어 상대방을 존중해주면 됩니다. 사람과 친해지지 않고는 최고의 아이디어를 절대적으로 얻을 수가 없어요. 싫은 사람한테 좋은 정보를 주는 사람을 보셨습니까?

성공한 기업인들의 세 가지 특성, 귀인 상봉, 자기만의 필승 전략, 개방 혁신을 관통하는 공통 핵심어는 '사람'입니다. 모든 것은 사람 안에서 이루어지니까요. 스스로를 잘 파악하고 생산력을 효율적으로 끌어올리는 능력과 상대와의 깊은 교감을 나눌 수 있는 친화력, 그리고 성실과 성의, 이 모든 것이 성공하는 기업인의 핵심 자산이라고 할 때, 기업인들이 물질과 정신의 조화를 이루지 않을 이유가 전혀 없습니다. 신생 기업으로서 생존을 위한 투쟁의 단계에 있는 기업인은 말할 것도 없습니다.

**이영환** 기업의 핵심 요소와 관련해 최 회장님의 체험에서 우러나온 진솔한 얘기에 깊은 감명을 받았습니다. 앞에서도 강조하셨던 기업의 본질은 존속하는 데 있다는 말씀과도 맥을 같이하는 것 같습니다. 그러면서도 기업이란 인적·물적 자원의 결합체라는 다소 진부한 표현에 생동감을 불러일으키는 기업에 대한 해석은 많은 것을 생각하게 합니다.

경제학에서도 기업의 목적이나 기업의 본질에 대한 논의가 많습니다만, 모두 도구적 합리성의 관점에 기초한 논의이므로 한계가 분명합니다. 예를 들면 기업의 목적은 이윤 극대화에 있다는 주장에 대해 과거에는 별다른 반론이 없었는데, 이제는 이런 주장은 더 이상 지지를 받지 못하고 있습니다. 이 말은 기업이 이윤을 포기해야 한다는 것이 아니라, 단기 이윤에만 집착하면서 환경이나 종업원, 그리고 공동체를 무시하는 기업은 좋은 이미지를 구축할 수 없기에 장기적인 생존이 어려울 수 있다는 것입니다. 그래서 기업은 장기적인 관점에서 이윤을 추구해야 한다는 제안이 설득력을 얻고 있습니다. 이것은 곧 계몽된 주주가치 극대화, 나아가 이해관계자가치 극대화와도 맥을 같이하는 것으로 해석됩니다. 최 회장님이 강조하신 기업의 존속에 필요한 요소들은 기업이 장기적인 관점에서 목표를 설정하는 것을 전제로 할 때 의미를 더 잘 발현할 수 있다고 봅니다. 예를 들면 정직이나 성실성과 같은 덕목은 장기적인 관점에서 볼 때 기업에 도움을 주기 때문입니다.

또한 최 회장님 표현처럼 기업에서 가장 중요한 것은 사람이라는 데 이의를 제기할 사람은 없습니다. 더욱이 사람을 수단이 아니라 목적으로 대하라는 철학자 이마누엘 칸트의 유명한 정언명령을 실천하는 가장 이상적인 장소가 바로 기업이라고 생각합니다. 이해관계가 첨예하게 대립하고 있는 상황에서도 사람을 수단이 아니라 목적으로 대하는 훈련을 할 수 있는 조직으로 기업보다 더 나은 곳이 어디 있겠습니까. 이것은 곧 이상적으로 경영되기만 한다면 기업은 정신과 물질의 조화를 추구하는 가장 보편적인 조직으로 발전할 수 있다는 것을 시사합니다.

최근 많은 실험을 통해 확인된 사실은, 사람들은 특히 창조적인 업무인 경우 금전적 동기보다는 비금전적 동기에 더 적극적으로 반응한다는 것입니다.[64] 비금전적 동기에는 자발성, 칭찬, 격려 그리고 협력과 같은 덕목이 포함됩니다. 이것은 기업이 결코 물질적 측면만 다루는 조직이 아니라는 것을 보여줍니다. 기업이야말로 정신과 물질의 진정한 복합체라고 할 수 있습니다. 따라서 기업이 이 점을 어느정도 실현하고 있는가에 따라 그 사회의 수준이 결정된다고 봐도 무방합니다.

이런 의미에서 한국 사회의 재벌 산하 대기업은 중요한 위치에 있습니다. 무엇보다 재벌 총수와 대기업 최고경영자의 의식 수준이 매우 중요합니다. 만약 재벌 총수와 최고경영자가 의기투합해서 기업을 정신과 물질의 조화를 추구하는 최선의 조직으로 환골탈태시킨다면 더 이상 외부에서 재벌 개혁을 촉구할 이유가 없을 겁니다. 특히 한국을 대표하는 재벌들은 과거 국민들의 세금과 은행 예금을 통해 파격적인 지원을 받았다는 사실을 솔직히 인정하고, 이에 부응하는 행동을 하는 것이 마땅하다는 점을 인식해야 할 것입니다. 이를 실천하는 방법은 간단합니다. 재벌 산하 기업을 인간 중심의 장기적인 이윤을 목표로 하는 조직으로 만들면 됩니다. 여기서 우리 무의식에 내재한 한마음 정신이 일정한 역할을 할 수 있을 겁니다. 만약 이것이 실현된다면 한국은 물질적으로 안정적이면서도 정신적으로 강력한 사회를 구축할 수 있을 겁니다.

# 3

# 개체에서 전체로,
# 에고 10퍼센트 줄이기

**이기동**    앞에서 최수 회장님께서 기업의 핵심 요소에 대해 말씀하신 내용 잘 들었습니다. 기업 경영에서 제일 중요한 것은 존속입니다. 기업이 존속하지 못하면 다른 것은 말할 필요도 없습니다. 기업뿐만이 아닙니다. 사람의 삶에서도 생존이 우선되어야 합니다. 생존할 수 없는 삶을 강요하는 것은 죄를 짓는 것입니다. 생존이 진리입니다. 진리를 말하는 단어로 성性이라는 글자가 있습니다. 성性은 마음을 의미하는 심心과 삶을 의미하는 생生을 합한 글자이므로, '살고 싶은 마음' 또는 '살고 싶은 의지'라는 뜻입니다. 인간의 본성은 살고 싶은 마음입니다. 진리의 내용은 생존으로 수렴합니다.

다만 생존의 방식에 대해서는 따져야 할 문제가 있습니다. 내가 어떻게 생존해야 하는가를 따지기 전에 먼저 '나'란 무엇인가라는 문제부터 짚고 넘어가야 합니다. 참된 '나'는 나의 몸을 넘어서 모두와 하나인 나입니다. 모두와 하나인 나의 마음은 한마음입니다. 한마음은 참된 마음이고 욕심은 헛된 마음입니다. 모두를 죽여서라도 내 몸 하나만을 살리는 것은 헛된 삶입니다. 남과 내가 하나가 되면 모두를 위해 내 몸을 희생할 수도 있습니다. 모두를 위해 내 몸을 희생하는 것은 참된 나의 생존으로 이어집니다. 일본의 침략에 맞서 전 재산을 팔아 독립운동에 뛰어든 사람은 크게 생존하는 방식을 택한 것이었습니다.

따라서 생존의 문제에서도 개인과 전체의 문제가 늘 개입됩니다. 개인이 개인으로서만 산다면 헛되고 불행한 삶이 되고 말 것입니다. 하나의 나뭇잎은 뿌리와 연결되어 있습니다. 뿌리와 연결된 나뭇잎은 전체입니다. 그것을 모르고 하나의 나뭇잎으로만 존재한다면 이는 잘못된 것입니다. 사람의 삶도 이와 같습니다. 에고로 사는 사람은 잘못된 삶을 사는 것입니다. 에고를 넘어 전체가 된 상태로 살아야 참된 삶입니다. 사람이 에고를 넘어 전체임을 확인하는 일이 철학의 목표이며 핵심입니다. 개인이란 원래 없습니다. 원래는 내가 개인이 아닌데, 나를 개인으로 규정한 건 자기 자신입니다. 여러 개의 얼음덩어리가 호수에 떠 있지만 본래 모두 물입니다. 물이라는 점에서 여러 개의 얼음덩어리는 모두 하나입니다. 모두 하나이면서 여러

대한민국, 변방에서 중심으로

개의 얼음덩어리로만 존재한다면 그것은 잘못입니다. 하나의 얼음덩어리에 눈이 생기면 눈에 보이는 얼음덩어리를 '남'으로 여기고, 눈으로 보고 있는 얼음덩어리를 '나'로 여기게 됩니다만, 그것은 본질을 왜곡한 착각입니다.

사람도 마찬가지입니다. 본래 전체와 개체가 구분되지 않지만, 눈·코·귀·입 등의 감각기관으로 다른 것을 구별하여 '나'라고 하는 것을 만든 것입니다. 내가 '나'를 만드는 순간, '너'를 만들고, '그'를 만들며, '나무'를 만들고, '돌'을 만들며, '산'을 만들고, '물'을 만들며, 만물을 만듭니다. 만물은 나의 마음이 구별해낸 것입니다. 불교에서 말하는 '일체유심조一切唯心造'라는 말이 바로 그런 뜻입니다. 일체유심조란 '모든 것은 오직 내 마음이 만든 것'이라는 뜻입니다. '나'라는 개념이 생겼다는 것은 전체인 나를 전체와 분리하여 칸막이를 쳐서 그 속에 가둔 것입니다. 전체와 나를 분리한 칸막이는 나를 가둔 감옥입니다. 나는 나의 칸막이 속에 갇혀 있고, 너는 너의 칸막이 속에 갇혀 있다면 나와 너는 아무리 대화해도 소통되지 않습니다. 진정한 소통은 나와 전체를 가로막고 있는 칸막이를 제거하는 것입니다. 나를 가로막고 있는 칸막이를 제거하는 순간 만물을 가로막고 있는 칸막이가 일시에 제거됩니다. 모든 칸막이가 제거되는 순간 나와 모두가 하나가 되어, 나와 남이 모두 전체로 바뀝니다. 나와 남이 전체가 되면 대화하지 않아도 이미 소통되어 있습니다.

**이영환**　　　충분히 공감합니다. 이 교수님이 말씀하신 개인은 없다는 말은 곧 에고란 존재하지 않는다는 것으로 이해하면 된다고 봅니다. 제가 이 말씀을 드리는 이유는 개인이란 개념은 종종 사회에 대응하는 실체이기 때문에 자칫 오해의 소지가 있다고 생각하기 때문입니다. 예를 들어 1980년대 영국의 수상을 역임했던 마거릿 대처는 「우먼스 오운 Woman's Own」이라는 잡지와의 인터뷰에서 "사회는 없다. 오직 개인만 있을 뿐이다."라는 유명한 말을 한 것으로 알려져 있습니다. 여기에는 개인은 실체가 있는 반면, 사회는 실체가 없다는 의미가 깔려 있습니다. 사실 대처 수상이 이 말을 한 이유는, 모든 책임을 정부가 부담할 수 없으며, 일정 부분은 개인이 책임을 져야 한다는 점을 강조하려고 한 것이라 알려졌습니다.

　제가 굳이 이 일화를 인용한 이유는 어떤 관점에서 보는가에 따라 개인 또는 자아에 대한 해석이 크게 달라지기 때문입니다. 대처 수상의 경우처럼 사회적, 정치적, 그리고 경제적 관점에서 본다면 개인이든 자아든 사회를 구성하는 실체임은 분명하기에 결코 무시할 수 없습니다. 마찬가지 이유로 생물학적, 의학적 관점에서도 개인이나 자아를 부정하기 어렵습니다. 그렇지만 철학적 또는 신경과학적 관점, 나아가 종교적 관점에서는 다른 해석이 가능합니다. 우선 종교적 관점 가운데 특히 불교의 기본 교리가 무아無我와 연기緣起 아닙니까. 독립적으로 존재하는 실체로서 '나'는 존재하지 않는다는 것이 무아이며, 이는 자연스럽게 연기사상으로 이어집니다. 이 교수님이 언급하신 개인은 없다는 견해는 이런 불교 교리와 매우 유사하게 여겨집니다. 그리고 이것은 일부 서양 철학자들이 제기하고 있는 주장이기도 합니다. 예를 들면 인간의 의식은 실제로 존재하는 것이 아니라 환상일 뿐이라고 주장하는 철학자도 있습니다. 진화 과정에서 생존을 위해 필요하기 때문에 뇌를 이용해 의식을 만들어낸 것이라는 주장이지요. 그리고 이런 의식이 진화하면서 자아의식, 즉 에고가 탄생한 것이라고 말합니다. 따라서 에고는 환상이라는 것입니다. 신경과학자들 가운데 이런 생각에 동조하는 사람들도 있습니다.[65] 무아를 주장하는 불교의 교리가 첨단 신경 과학에 의해 지지를 받는다는 사실은 대단히 역설적입니다.

이 이야기를 하는 이유는 철학적·종교적 관점에서 에고는 존재하지 않는다는 주장이 현실적으로 받아들이기 어렵기 때문은 아닙니다. 오히려 어떻게 하면 사람들이 이 궁극의 진리, 깨달음의 경지에 도달하려는 의지를 갖도록 할 수 있는가 하는 문제를 전략적, 현실적 차원에서 살펴보자는 의도입니다. 그래서 저는 인간의 생물학적, 경제적, 사회적 측면을 좀 더 신중하게 살펴보자고 제안하는 것입니다. 이 모두 현실을 살아가는 주체로서, 그리고 가족에 대한 책임을 가진 주체로서 결코 외면할 수 없는 측면이기 때문입니다.

생물학적 측면에서 우리는 몸을 갖고 있으며, 건강을 유지함으로써 몸이 주는 위험으로부터 자유로워지려고 노력합니다. 경제적으로는 안정적인 생활을 위한 돈을 벌려고 노력합니다. 사회적으로는 무시당하지 않으면서 존중받는 삶을 살려고 노력합니다. 그런데 일상적으로 이루어지는 이런 노력들이 축적되면서 인간은 자기도 모르게 자아, 즉 에고를 형성하게 됩니다. 일단 에고가 형성되고 나면 과거의 기억과 새로운 기억의 상호작용으로 인해 점점 더 에고를 부정하기 어려워집니다. 우리는 모두 에고의 포로인 셈입니다. 누군가 "나는 에고를 넘어섰다."라고 선언하는 사람은 곧 깨달음의 경지에 도달한 사람일 것입니다. 그렇지만 이 말을 자신 있게 할 수 있는 사람은 거의 없을 것입니다. 이 말은 이기동 교수님이 제안하신 에고를 넘어선다는 것이 일반인들에게는 너무 어려운 과제라는 것입니다. 만약 우리 모두 에고를 넘어설 수만 있다면 물질적 가치에 종속되는 일은 절대로 일어나지 않을 것입니다.

그렇기에 더욱 더 보편적으로 실천하기 쉬운 차선책을 고려해보자는 것이 저의 제안입니다. 차선책이란 에고의 벽을 조금만 낮추자는 것입니다. 예를 들면 자기 주장이나 자기 권리를 10퍼센트 정도 양보하는 것입니다. 열 번 자기 권리를 주장할 것을 아홉 번만 주장하자는 것이지요. 타인과의 다툼이 있는 경우 자기가 맞는다고 생각하더라도 열 번에 한 번쯤은 양보하자는 것입니다. 이것은 실천하기 그다지 어려운 일이 아닙니다. 그래서 모든 사람들이 이런 기준을 충족하게 된다면 개인의 차원을 넘어 전체를 고려하는 사람들이 점점 더 많아질 것이고 이에 비례해 사회는 점점 더 살 만한 곳으로 변할 것입니다. 개인적으로는 이것을 '에고 10퍼센트 줄이기'라고 명명하고 싶습니다. 이상사회란 실현 불가능한 유토피아가 아닙니다. 각자 에고를 10퍼센트씩만 줄이면 이상사회를 지금 바로 여기서 실현할 수 있습니다.

**최수**  자아는 인간의 본능과 일상 속에서 형성되는 것인데, 성현이 아닌 보통 사람들은 이렇게 형성된 자아 속에서 충실하게 살아갑니다. 그러나 점차 물질에 치중하게 되는 사회 속에서 정신적인 균형을 위해 자아의 10퍼센트만 내려놓자는 이 교수님의 생각은 참으로 신선합니다. 특히 '자기 주장의 10퍼센트 양보하기' 제안은 탁월하면서도 극히 현실적인 해법으로 보입니다.

체중의 10퍼센트 감량은 건강에 무리를 전혀 주지 않을 뿐 아니라 인체에 불필요한 군살을 제거하고 건강한 신진대사를 촉진합니다. 자아도 10퍼센트 내려놓는다면 삶의 본질과 무관한 군더더기부터 내려놓게 될 것입니다. 이것은 오히려 자아를 건강하게 하고 자아들의 집합체인 사회를 건전하게 만들어줄 것입니다. 기업 경영에서 항시 주장하는 '10퍼센트 군살 빼기'의 개념과 아주 유사합니다. 이러한 현실적인 해법은 4차 산업혁명 시대에도 물질과 정신이 조화를 이루며 함께 건전한 사회를 형성해가는 데 도움이 될 것입니다. 뿐만 아니라 이영환 교수님의 '10퍼센트 자아 내려놓기'는 이 교수님의 미래에 대한 우려를 대부분 불식시킬 것 같습니다.

저는 여기서 개인과 전체의 관계에 초점을 맞추면서 우리가 우리 자아를 어떻게 극복할 것인지에 대해 경제학의 개념을 원용해보겠습니다.

우리 욕구는 사회적인 욕구를 포함하여 결국은 개체의 문제 아니겠습니까? 이 개체의 욕구를 어떻게 전체 문제로 연결시킬 것인가에 답하기 위해 '구성의 오류'라는 개념을 인용해보겠습니다. 구성의 오류란 개인의 이익이 집단 전체의 이익과 상반되는 경우를 말합니다. '영합사회zero-sum society'의 상황에서 개인 이익의 증가는 다른 누군가의 이익 감소를 의미합니다. 이런 경우 개인의 이익 추구는 정당한 이유가 없는 한 적절하게 규제되는 것이 옳은 일입니다. 전체 이익의 증가 없는 개인 이익의 증가는, 이익 충돌의 사회이며 많은 갈등을 야기합니다. 이로 인해 오히려 전체 이익의 합계가 감소하기도 합니다. 이것은 이영환 교수님이 우려하신 사항과 관계가 있습니다. 그러나 '상승사회non-zero sum society with synergy effect'의 산법은 다릅니다. 개인의 이익의 증가가 다른 개인의 이익을 감소시키지 않고 오히려 증가시키는 사회입니다. 즉 개인의 이익에 따라 전체의 이익도 증가하는 사회입니다. 기업이 다윈의 바다에서 구성의 오류에 집착하는 단계를 지나 정글에서도 상승사회를 추구할 수 있다면, 사회의 건전성을 구현할 뿐 아니라 4차 산업혁명의 특징인 창의적 사회로 발전해 나갈 수 있을 것입니다. 상승효과는 기본적으로 창의성을 기반으로 나타나기 때문입니다. 물질적인 풍요를 상승효과를 통해서 구현하려고 한다면 정신과의 조화는 필수적입니다. 그런 사회에서만 이 교수님의 이상이 작동됩니다.

구성의 오류가 존재하는 영합사회에서는 매슬로의 욕구설처럼 물질에 우선 충실하게 됩니다. 정신은 물질의 근본이어서 정신의 뒷받침이 없는 물질은 확실히 가치를 훼손시킵니다. 그러나 우리 사회는 아직도 가야 할 길이 멉니다. 따라서 불가피하지만 차선을 택하고 그에 대한 국민의 공감을 이끌어내야 합니다. 그러기 위해서는 물질 속에 본질인 정신을 찾아내는 격물치지의 정신을 보다 잘 이해하는 국가적 리더가 필요합니다. 그들이 기업가의 정신을 가지고 있다면 4차 산업혁명 시대의 리더로서 금상첨화라 할 수 있겠습니다. 어쩌면 이것이 리더의 기본적 조건일 수 있습니다. 국제적인 현실은 터프하니까요. 덧붙여, 분단국가인 우리가 변방에서 중심으로 나아가기 위해서는 반드시 통일이 되어야 합니다. 우리는 다음 세대를 위해 10퍼센트 이상의 자아를 줄일 필요가 있습니다. 이것은 한국이 중심으로 가기 위한 필수 조건이라는 것이 기업가로서의 충직한 고언입니다.

개체와 전체의 조화는 조직의 이상적 상황에서만 가능합니다. 이러한 이상적 조화 상태에서 개체의 이익을 증대시키며 그에 상응하게 전체의 이익을 증대시킬 수 있다면 그 전체는 가치가 증대됩니다. 기업인이 기업을 통해 이러한 역할을 할 수 있을 것입니다. 그것이 바로 기업의 창조적 생산 활동입니다. 기업은 이러한 창조적 생산 활동을 통해서 존재 가치를 평가받습니다. 따라서 기업이 위와 같은 가치를 창조할 수 있다면 사회를 번영시키고 행복에 기여하는 역할을 충분히 수행할 수 있으리라 봅니다.

개인과 전체를 조화롭게 만들고 그 가치를 증대시키기 위해서는 무엇보다 이를 적극적으로 추구하려는 노력이 필요합니다. 그 역할을 하는 것이 기업이고 국가입니다. 구체적으로는 '리더십'이라고 할 수 있습니다. 개인과 전체 간 이익의 상충 문제는 우선순위 설정의 문제이고, 이것은 결국 리더십의 문제라고 봅니다. 개인은 누구나 자기 욕구를 극대화하려 합니다. 그로 인해 만약 집단과 상충하게 된다면 누군가 그 갈등을 효율적으로 조정해야 합니다. 그것이 법일 수도 있고, 집단지성일 수도 있으며 혹은 특별한 영향력을 보유한 조정자일 수도 있습니다. 그 누가 되었든 우리가 변방에서 중심으로 나아가려면 이 갈등을 창조적이고 시너지 있게 해결하는 것이 대단히 중요합니다. 따라서 그러한 창조성을 보유한 리더와 조직이 전면에서 역할을 해야 한다고 봅니다. 이로 인해 개체와 전체가 상승사회로 이행할 수 있으며, 그 가운데 개체는 행복하고 전체는 발전할 수 있습니다. 다시 말해 개체는 창조적인 조직과 리더의 지도하에 준법과 근면, 성실로 보답하면서 전체와 조화를 이루며 행복하게 살아갈 수 있습니다. 따라서 결국 나머지 과제는 상승효과가 발현되고 시대 가치를 증진시킬 수 있도록 사회규범과 포용적인 제도를 확립하는 것입니다.

**이영환** 최 회장님은 제가 앞에서 말했던 내용을 보완하는 취지의 말씀을 해주신 셈입니다. 개인의 차원에서 전체의 차원, 즉 사회로 이행하는 과정은 결코 간단하지 않습니다. 최 회장님이 지적하신 구성의 오류가 발생할 수도 있을 겁니다. 그런데 절약의 역설 사례에서 알 수 있듯이 이 오류는 대체로 경제활동에 적용된다고 여겨집니다. 또한 개인주의적 관점에서 개인의 자유만 강조한다면 구성의 오류가 발생할 수 있습니다. 자유지상주의자들의 주장이 구성의 오류로 이어질 수 있다는 것은 현재 미국의 현실이 잘 보여주고 있습니다. 교육받은 부유한 소수는 개인적 자유를 최대한 즐기고 있는 반면, 저학력에 소득이 낮은 다수는 개인적 자유를 즐길 여유가 없는 가운데 무능력자라는 모멸감에서 헤어나지 못하는 실정입니다. 이는 명백히 구성의 오류에 해당됩니다. 이것은 평등을 배제한 자유는 공허한 구호에 지나지 않는다는 것을 보여줍니다.

반면 앞에서 제가 강조한 에고를 10퍼센트 줄이는 운동의 경우에는 구성의 오류가 적용되지 않습니다. 모든 사람들이 종전보다 10퍼센트씩 조금 덜 에고 중심적으로 행동한다면 사회 전체적으로는 오히려 시너지 효과가 발생해 10퍼센트 이상의 성과가 실현될 수 있다고 봅니다. 모두 공동선을 함양하려 노력하는 경우, 이 또한 구성의 오류로부터 자유롭습니다. 모두가 자발적으로 공동선을 보존하고 발전시키려 한다면 누구나 차별 없이 공동선의 결실을 즐길 수 있을 것입니다. 서로 협력하고 연대해 공통의 문제를 해결하려 노력한다면 개인적으로뿐만 아니라 사회적으로도 높은 수준의 삶을 유지할 수 있을 겁니다. 현재 세계에서 가장 행복한 나라로 여겨지는 핀란드나 덴마크의 경우가 바로 이런 사례에 해당된다고 봅니다.

사람들이 여러 가지 사회문제에 의견이 다른 것은 당연합니다. 정치적 견해가 다른 사람을 매도해서는 안 될 것입니다. 기후변화의 해결 방안에 대한 의견이 다르다고 대화를 중단해서도 안 될 것입니다. 다양성을 존중한다는 것은 곧 다름을 인정하는 것입니다. 이런 점에서 한국 사회에서 가장 부족한 점은 서로 다름을 인정하고 대화하려는 의지라고 생각합니다. 이를테면 '동의하지 않는 데 동의하기agreeing to disagree'라는 기본 원칙이 지켜지지 않고 있습니다. 이 원칙을 지키는 사회여야 비로소 공동선에 대한 논의가 활발하게 이루어질 수 있습니다. 한국 사회는 한국 사회에 필요한 공동선을 정립해야 합니다. 그러면 사람들 간에 분쟁이 발생하는 경우 다시 이 원칙으로 돌아가서 문제 해결을 위한 힌트를 발견할 수 있을 겁니다. 이런 과정을 통해 우리는 개인의 차원에서 전체의 차원으로 상승하는 즐거움을 향유하게 됩니다. 그리고 이것은 세계의 중심으로 나아가는 과정에서 정신적 지주로서 역할을 할 것입니다.

**최수**     사회규범과 공동선에 의해서 개인과 전체가 절묘한 조합을 이룬 경우, 개인의 이익과 전체의 이익이 가장 바람직하게 비례할 것입니다. 그렇게 되도록 사회가 나아가야 하지요. 그런데 절묘한 조합은, 일시적으로는 가능하나 지속적으로는 유지하기 어렵습니다. 따라서 제도적인 지원이 필요합니다. 인간의 욕구는 끝이 없기 때문에 적절한 선에서 절제되도록 기준을 제시해 주어야 합니다. 그것을 풀어내는 것이 사회적 윤리이고 도덕이며, 그 사회의 그릇이고 포용력입니다. 그릇이 크면 다 담을 수 있어요. 그릇을 사회적 제도로 본다면 개인들은 그릇 속에 다 포용됩니다. 큰 그릇 속에서 개인들은 마음껏 뛰놀아도 됩니다. 그릇이 다 수용하므로 넘치지 않습니다. 개인이 마음껏 뛰놀지 못하게 저지하는 것보다는, 그릇 속에서 지켜야 할 규범을 세우고, 개인들이 그것을 준수하는 한 마음껏 뛰놀 수 있게 해야 합니다. 그리고 사회는 그릇을 계속 키워주어야 합니다. 4차 산업혁명 시대에는 이 그릇을 키우는 데, 전체의 에너지와 제도가 집중되어야 합니다. 개인의 욕구가 커지고 사회가 성장하면서 직면하는 한계와 갈등을 철저하게 담아내는 것이 사회적 시스템이고 리더십입니다. 리더는 공감과 에너지를 창출해야 합니다. 그것을 도와주는 것이 교육입니다. 교육은 오랜 역사 속에서 항상 중심에 있어 왔음이 틀림없는데, 이제는 변방 이슈로 전락하고 말았습니다. 교육을 어떻게 강화할 것인가는 리더십의 한 과제입니다. 리더십은 국민에게 비전과 목표를 주는 한편 국민을 어떻게 교육하고 공감대를 이룰 것인지에 대해 깊은 관심을 가져야 합니다.

# 4

# 승자와 패자를 아우르는
# 에고의 극복

**이기동**  에고는 정말 집요합니다. 그래서 저 또한 에고를 넘어서기 어렵다는 데 공감합니다. 에고를 넘어서기 어려우므로, 에고 10퍼센트 줄이기부터 하는 것이 좋을 것이라는 말씀에도 공감합니다. 그러나 한국인의 정서상 에고를 줄인다는 것이 그다지 어렵지 않으리라는 생각이 듭니다. 한국인의 정서에는 에고가 강하게 자리 잡고 있지 않습니다. 한국인은 애초에 '나'와 '너'가 따로 존재하는 것으로 보지 않습니다. 한국인에게는 나와 네가 따로 존재하는 것이 아니라, 나가 너이고 네가 나라는, 말하자면 '너=나'라는 등식이 전제되어 있습니다. 따라서 한국인은 '나'라는 말과 '너'

라는 말을 잘 쓰지 않고 '우리'라는 말을 곧잘 씁니다. '우리'라는 개념은 에고 너머에 있는 개념입니다. 한국인의 이러한 정서는 오늘날 코로나바이러스에 대응하는 방식에서도 잘 드러납니다. 한국인은 방역수칙을 잘 따릅니다. 이는 에고 의식이 강하지 않기 때문에 가능한 것으로 보입니다. 예를 들면 마스크를 쓰기 싫어도 남을 위하는 마음에서 기꺼이 마스크를 씁니다. 서양인들은 자신의 동선을 밝히기를 꺼립니다만, 한국인은 서슴지 않고 자기의 동선을 밝힙니다. 이러한 점들이 한국인이 방역을 잘할 수 있는 이유입니다. 이런 점으로 미루어보면 한국인은 에고를 극복하는 능력이 다른 나라 사람들보다 뛰어남을 알 수 있습니다. 그렇기에 에고 10퍼센트 줄이기도 좋지만 과감하게 에고 극복을 위한 노력을 해보는 것도 좋으리란 생각이 듭니다.

한국인들은 욕심을 극복해야 할 대상으로 삼는 듯합니다. 유행가의 가사에도 욕심을 극복하는 내용이 심심찮게 나옵니다. 사랑하는 사람을 위해 자기를 희생하는 내용은 자주 등장합니다. 한국인의 언어에도 에고를 극복하는 내용이 잠재해 있습니다. 한국어에 '깬다'는 말이 있습니다. 이는 물건을 부순다는 뜻도 되지만, 철학적으로는 욕심을 깬다는 뜻으로 쓰입니다. 욕심을 깨고 깨어서 끝까지 깬 것이 '깨 끝'입니다. 욕심을 다 깨고 나면 깨끗해집니다. 욕심을 깨는 이야기는 옛 단군조선시대 때 불렸던 '어아가<sub>於阿歌</sub>'에도 나옵니다. 옛 한국인들은 모임이 있을 때마다 '어아가'를 불렀다는 기록이 『환단고기』에 나옵니다. '어아가'에는 다음의 구절이 있습니다.

어아어아

백백천천 우리 모두 큰활처럼 하나 되어

수많은 과녁을 쏘아 부수자

끓고 있는 물 같은 착한 마음속

한 덩어리 눈 뭉치라 악한 마음은


한국인의 마음속에 들어 있는 에고는 욕심 덩어리입니다. 에고라는 욕심 덩어리를 옛사람들은 끓고 있는 물속의 한 덩어리 눈 뭉치로 표현했습니다. 끓는 물속의 눈 뭉치가 금방 사라지듯이, 마음에 들어 있는 욕심은 깨기만 하면 바로 깨진다고 옛 조상들은 설명합니다. 깨고 깨어 끝까지 깨면 깨끗해집니다. 욕심은 다른 말로 '아름'입니다. '아름'은 '나'라는 에고입니다. 아름은 없애야 합니다. 아름을 없애다가 덜 없앤 상태가 '덜 없다'입니다. 아름을 덜 없앤 것이 '더럽다'라는 것이고, 다 없앤 것이 '아름 다 없다' 즉, '아름답다'라는 것입니다. 욕심을 다 없앤 사람은 깨끗한 사람입니다. 그는 일을 깨끗하게 처리합니다. 이에 비해 욕심을 덜 없앤 사람은 더러운 사람입니다. 그는 일 처리를 더럽게 합니다. 아름을 하나도 없애지 못하고 에고에 갇혀 있는 사람은 자기 것 챙기기만 합니다. 그런 사람은 나쁜 사람입니다. 나쁘다는 말은 '나뿐이다'라는 말입니다. '나뿐이다'가 '나쁘다'로 바뀐 것입니다. 이런 언어습관을 보더라도 에고를 극복하는 것은 한국인의 염원이기도 한 것입니다. 이러한 점에서 보면 에고를 극복하는 것이 한국인에게는 그다지 어렵지 않을 수 있다는 생각이 듭니다. 그렇다면 에고 10퍼센트 줄이기를 하는 것보다 아예 에고 극복을 위해 전력투구하는 것이 좋을지 모르겠습니다.

**최수** 이 교수님의 말 풀이가 흥미롭습니다. 또한 우리 한국인 정서에 에고가 강하게 자리하고 있지 않다는 말씀이 마음에 와닿습니다.

**이영환** 앞에서 개인의 차원에서 전체의 차원으로 의식이 상승하려면 무엇을 해야 하는가 하는 문제에 대해 논의했습니다. 여기서 파괴적 혁신과 한마음의 회복이라는 주제에 대해 논의하려는 것은, 바로 우리가 직면한 구체적인 상황 속에서 이런 의식 상승의 가능성을 살펴보려는 것입니다. 아무리 고매한 의도를 가지고 하는 논의라도 실현 가능한 맥락에서 점검해볼 필요가 있기 때문입니다. 얼핏 들으면 파괴적 혁신은 매우 부정적인 의미를 함축하는 것같이 보입니다만, 그렇지는 않습니다. 혁신이라는 용어 자체가 낡은 질서를 없애고 새로운 질서를 정립하는 것인데, 이 과정에서 낡은 가치는 파괴되고 새로운 가치가 수립되면서 전체적으로는 가치가 증가하는 결과가 발생하게 됩니다. 여기에 '파괴적'이라는 수사가 붙은 것은, 신생 기업이 기존 시장을 잠식하는 초기에는 거의 무시되다가 일정 수준 이상이 되면 그때부터 급격히 기존 시장을 대체해나가기 때문입니다. 따라서 이런 혁신의 본질상 사람들 간 충돌과 갈등이 발생할 수밖에 없습니다. 이런 과정에서 과연 사람들이 한마음을 유지할 수 있는지 의문입니다. 상식적으로는 당연히 불가능합니다. 오히려 자신의 가치를 빼앗은 다른 사람들을 원망하고 적대시할 겁니다. 이것이 보통 자연스러운 인간의 반응이니까요.

그런데 이 교수님은 이런 현실적인 반응과는 정반대의 관점에서 '극기克己'를 통해 에고의 부정적인 면을 해소할 것을 강조하셨습니다. 그리고 우리 옛말에 담긴 의미를 바탕으로 극기를 통해 한마음을 회복하는 것이 얼마나 아름다운 일인지 보여주셨습니다. 저 또한 이런 아름다운 이야기에 공감합니다. 그러면서도 개인의 문제를 개인 단독의 문제가 아니라 주어진 사회적 여건이라는 맥락에서 파악할 때 좀 더 실현성 있는 '극기'가 가능하지 않을까 하는 생각이 듭니다. 아마도 제가 경제학을 전공했기 때문인 것 같습니다. 어떤 인간도 섬처럼 고립되어 있지 않으며 동시에 난데없이 나타나 경제활동을 하는 것도 아니기 때문입니다.

이 모든 요인들을 감안할 때 파괴적 혁신의 시대에 극기를 통해 한마음을 회복하려면 만물의 조화에 대한 깊은 이해가 선행되어야 할 것입니다. 그리고 이런 조화에 대한 깊은 이해는 통합적 사고를 통해서 가능하다고 생각합니다. 앞에서도 강조했듯이 통합적 사고는 동서양의 종교적 성찰, 그리고 현대의 과학적·철학적 사유가 모두 반영되어야 가능할 겁니다. 물론 이런 통합적 사고를 온전하게 실천하는 건 지극히 어렵습니다. 그럼에도 이것이 우리 모두가 지향해야 할 방향이라는 사실은 분명합니다. 그동안 조각난 사고, 파편화된 사고로 인해 기후변화, 불평등, 양극화 등 실로 해결하기 어려운 많은 문제들이 잉태되었습니다. 알베르트 아인슈타인이 말했듯이 문제를 만들어낸 의식 수준으로는 문제를 해결할 수 없습니다.

우주 만물은 조화를 이룰 때 안정적입니다. 국가는 개인적 가치와 사회적 가치가 조화를 이룰 때 번성합니다. 파괴적 혁신은 자연스럽게 승자와 패자를 가를 것입니다. 이때 승자는 오만해지고 패자는 수치심을 느낀다면 사회를 유지하는 데 필요한 조화는 깨질 것입니다. 이어서 개인적 삶도 온전하지 못할 것입니다. 사회가 해체되는데도 온전한 삶을 기대한다는 것 자체가 모순이기 때문입니다. 이럴 때일수록 승자는 패자를 연민으로 대하고, 패자는 승자를 질시가 아닌 존중하는 마음으로 대해야 할 것입니다. 이런 감정이 서로 이입될 수 있다면 승자나 패자 모두에게 최악의 상황은 피할 수 있을 겁니다. 서로가 서로를 필요로 한다는 것을 인지하게 될 것이기 때문입니다. 그러면 이것이 오히려 한마음으로 이어질 가능성이 높습니다.

파괴적 혁신이라는 격변의 상황이 우리의 본성을 일깨우는 촉매 역할을 할 수 있다는 것은 역설적이지만 가능합니다. 우리 모두 최악의 상황을 피하고자 하는 열망이 무의식에 자리하고 있기 때문입니다. 만약 이것이 실현될 수만 있다면 인공지능의 파괴적 혁신 시대에 한국은 남들에게 없는 새로운 힘을 갖게 될 것입니다. 파괴적 혁신과 조화를 이룬 한마음의 회복이 바로 그것입니다. 물론 이것이 가능할지 여부는 전적으로 우리의 선택에 달려 있습니다. 우리가 원하는 것이 공멸인지, 아니면 세계의 중심으로 나아가는 것인지에 대한 선택 말입니다. 이제는 더 이상 철저하게 고립된 에고로 살아서는 안 됩니다. 이는 단지 무의미한 자기 파괴로 이어질 뿐입니다. 삶의 진정한 의미를 발견하고자 하는 사람이라면 파괴적 혁신의 시대에 가장 먼저 조금이나마 에고의 벽을 낮춤으로써 한마음을 회복하도록 노력해야 할 것입니다.

# 7장

# 미래를 위한
# 통합적 준비

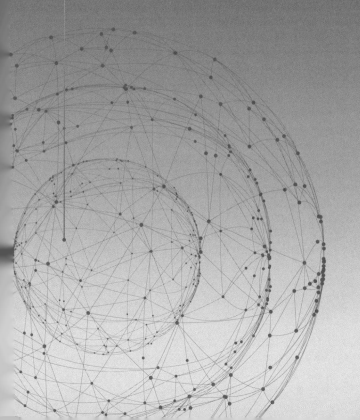

# 1

# 패러다임 전환기,
# 경쟁력은 문화에 있다

**이영환**      오늘날 우리가 처한 환경적, 경제적, 기술적, 문화적 상황을 종합할 때 훗날 21세기 초반이 인류사에서 거대한 전환점이었다는 역사적 평가가 내려질 것이라는 예감이 듭니다. 즉 한 시대를 지배했던 패러다임이 바뀔 것이라는 얘기입니다. 여기서의 패러다임은 이 용어를 널리 알린 과학철학자 토머스 쿤의 "패러다임이란 한 시대를 주도하는 과학자들이 갖고 있는 사고체계"라는 원래 정의를 확장한 것으로, 사회 전반을 지배하고 있는 근본 질서를 말합니다. 물론 이 용어가 남발되고 있다는 비판이 있지만 근본 질서의 변화를 지칭하는 적절한 용어임은 분명합니다. 단 쿤이 지적했듯이 "패러다임 전환은 종교의 개종과 같아서 쉽게 이루어지지 않는다."라는 점은 지금 여기서 다루는 사회 전반의 변화에는 적용되지 않을 것으로 보입니다. 사람들은 변화에 저항하는 것이 아니라 단지 생존을 위한 적응에 급급한 실정이기 때문입니다. 이런 점에서 패러다임이란 용어를 적용할 때는 조심해야 할 부분이 있습니다.

그런데 모든 예측이 그러하듯이 시간의 경과에 따라 복잡하게 얽힌 여러 요인들의 상호작용이 어떻게 전개될지는 누구도 장담할 수 없습니다. 인류를 위한 방향으로 변할지, 아니면 인류를 파멸로 내몰지 단정할 수 없다는 의미입니다. 그렇기에 현재로서는 후자의 가능성을 어느 정도 고려하는 가운데 전자를 추구하는 것 외에 다른 대안은 생각하기 어렵습니다.

미래는 앞에서 지적했던 네 가지 요인, 즉 기후변화, 팬데믹, 금융자본, 불평등, 그리고 이에 덧붙여 파괴적 혁신과의 상호작용에 의해 크게 영향을 받을 것이 거의 분명합니다. 패러다임 전환의 방향도 이런 요인들의 상호작용에 의해 결정될 것입니다. 단지 이들 가운데 어떤 요인이 더 우세할 것인지, 그리고 얼마나 큰 영향을 미칠지에 대해서는 아직 충분한 데이터가 축적되지 않았다고 봅니다. 예를 들면 기후변화의 경제적, 사회적 충격에 대한 연구가 상당히 축적되었지만 아직 미흡합니다. 2050년까지 탄소 순제로를 달성하면 기후변화의 파괴적인 영향으로부터 자유로워지는 것인지, 아니면 이미 임계점을 넘어서 돌이킬 수 없는 것인지 누구도 확신하지 못합니다. 마찬가지로 인공지능 알고리즘과 관련해서 인류의 지능을 모두 합한 것보다 우월한 초인공지능이 출현할지 누구도 장담할 수 없습니다. 또한 금융자본의 과도한 시장 지배가 2008년 금융위기와는 비교할 수 없을 정도의 금융위기와 경기침체를 초래할지는 여전히 불분명합니다.

그렇지만 이런 가운데서도 우리는 개인적인 안위와 국가적 생존을 위해 가능한 한 모든 정보를 정확하게 반영해 최선의 전략을 수립하려는 범사회적 노력을 해야 합니다. 이것은 개인, 기업, 그리고 국가적 차원에서 유기적으로 연대해서 이루어져야 할 것입니다. 우리는 미래를 위한 최선의 전략을 수립해야 합니다. 그리고 이를 바탕으로 한국이 세계의 변방에서 중심으로 나아갈 기회를 만들어야 합니다. 이는 한국인의 우월성을 자랑하기 위함이 아니라 글로벌 차원의 위기에 대처할 방법을 찾지 못하고 있는 상황에서 대안을 제시하기 위함입니다. 우리가 세계 무역을 통해 발전했으므로 이로부터 얻은 혜택을 돌려주는 것이 도덕적으로 옳다는 생각이 듭니다. 이른바 국가적 차원에서의 호혜적 상호주의라고 하겠습니다. 이런 의미에서 최 회장님께서 한국 경제 발전의 중심에서 서 계셨던 기업인의 입장에서 이에 대한 견해를 말씀해주시면 좋겠습니다.

**최수**   이 교수님의 '패러다임 전환'이란 4차 산업혁명과 팬데믹, 기후변화 및 불평등으로 인해 예상되는 사회 전반의 변화를 말씀하시는 것으로 이해됩니다. 저는 제가 익숙한 4차 산업혁명을 기준으로, 패러다임 전환에 대해 말씀드리고자 합니다.

패러다임 전환 과정에서 나타나는 것을 다음과 같이 말씀드릴 수 있습니다. 먼저 4차 산업혁명은 '산업을, 좀 더 구체적으로는 제조업을 지능화시키는 것'이라고 생각합니다. 제조업 안에서 정보산업을 강화하면 생산성을 크게 향상시킬 수 있을 것입니다. 인공지능의 역할이 증대되고 빅데이터에 근거해 제품이 생산될 것입니다. 마지막으로 생산수단의 지능화를 통해 자동화와 무인화가 추진될 것입니다. 종합한다면 정보화가 가속되고, 지능화를 기본으로 무인화까지 진행될 것입니다. 이러한 과정에서 기술혁신은 끊임없이 사회의 핵심 이슈가 될 것입니다. 기술혁신은 발전 속도 및 방향에 대한 예측 자체가 어려울 정도로 빠르고 불연속적일 수 있습니다. 다시 말해 기술혁신의 측면에서 '기술적인 단절'이 있을 수 있다는 것입니다. 기술혁신에서 한 번 뒤처지면 차이를 극복하기가 어려워질 것입니다. 이것이 4차 산업혁명 과정에서 우리가 직면한 위기입니다. 따라서 저는 이러한 패러다임 전환기에 우리 기업 그리고 국가의 역할이 엄중함을 다시 한번 강조하고 싶습니다. 선진국들은 패러다임 전환의 시기에 이러한 기술적인 단절을 방지하기 위해 온 국가의 에너지를 집중하고 있습니다. 기업인의 관점에서 분배, 공정의 이슈가 후순위일 수밖에 없는 이유입니다.

4차 산업혁명은 이제까지의 산업혁명과는 근본적으로 다릅니다. 속도라는 시간 자원과 무인화라는 극단적인 소외 이슈가 존재한다는 점에서 특히 그렇습니다. 또한 혁명이 급속하고 불연속적으로 진행된다는 것, 그리고 기계 지능이 사람 지능을 대신해간다는 것, 그래서 국가 간의 격차가 더욱 확대되어 단층을 이루게 된다는 것이 또 다른 차이입니다. 이러한 불확실한 미래 상황을 위기로 인식한 국가와 기업은 지금의 이 시기를 '혁신 전쟁'의 시기로 인식하고 있습니다. 4차 산업혁명으로 인한 패러다임 전환의 시기에 이러한 위기의식을 갖는 기업인들의 역할과 점진적인 발전을 예상하는 기업인들의 역할은 머지않은 미래에 극명하게 달라질 것입니다. 국가의 역할도 기업인들의 역할에 대한 예측과 궤를 같이합니다. 국가는 이러한 패러다임 위기를 충분히 인식하고 기술 절벽을 넘어설 수 있도록 국가의 주요 자원의 상당 부분을 4차 산업혁명에 적절하게 배분해야 할 것입니다.

**이영환**　　기업의 관점에서 볼 때 4차 산업혁명이 패러다임 전환의 동인動因이라는 말씀에 동의합니다. 그리고 기술 절벽이 올 수 있기에 이에 대비하지 못한 기업이나 국가는 패러다임이 바뀌는 시대에 낙오할 가능성이 매우 높을 것입니다. 범위를 조금 더 압축해서 얘기하자면 일부 전문가들이 주장하듯 2050년을 전후해 기술적 특이점technological singularity이 도래한다면, 이것이 패러다임 전환의 결정적인 분기점이 될 것입니다.[66] 과거의 질서와 규칙이 적용되지 않을 것이기 때문입니다.

따라서 앞으로 전개될 패러다임 전환의 시대는 자본주의와 민주주의가 근본적인 시험대에 오르는 시대가 될 것 같습니다. 앞에서 제가 언급했던 다섯 가지 요인들이 상호작용하는 과정에서 현재와 같은 금융자본주의는 그대로 유지될 수 없을 것이며, 지금과 같이 허울만 남은 민주주의도 위기에 봉착할 것이기 때문입니다. 따라서 우리에게 주어진 과제는 자본주의를 어떻게 교정할 것인가, 그리고 실질적으로 민주주의를 회복할 수 있는가 하는 것입니다. 자본주의가 수명이 다했다면 새로운 경제 시스템을 모색해야 할 것입니다. 인공지능 알고리즘이 발달하면서 시장의 정보 처리 기능을 대신할 수 있기 때문에 자본주의 시장경제는 더 이상 우위를 유지할 수 없다는 주장이 일각에서 설득력을 얻고 있다는 점을 유념해야 합니다. 진정으로 모두의 번영을 위한 자본주의로 변신하지 않는다면, 현재와 같은 금융자본이 주도하는 자본주의는 지속 가능하지 않을 것입니다. 그리고 이미 소수에 의해 주도되는 과두체제로 전락한 민주주의도 마찬가지입니다. 진정 모두를 위한 민주주의로 거듭나려면 우리의 사고체계에 근본적인 변화가 필요합니다. 한마디로 소수의 수중에 권력과 자본이 집중되어온 과정을 종식시키고 모두를 위한 새로운 시대를 맞이하려면 우리의 사고체계와 의식 수준에 근본적인 변화가 일어나야 합니다. 그래야만 한국이 세계를 선도할 수 있는 잠재력을 활성화시킬 수 있다고 생각합니다. 이것은 매우 어려운 과제로 한 사람한 사람의 깊은 자각이 없으면 이루어지기 어렵습니다. 그러나 이기동 교수님이 강조하신 한마음을 회복할 수만 있다면 불가능한 것도 아니라고 봅니다.

**최수**　　이영환 교수님께서 말씀하신 전반적인 개념의 틀 속에서 어떻게 대응할 것인가에 대해 기업인의 시각으로 말씀드리겠습니다.

　기술 절벽의 상황이 벌어졌다면 이제 와서 대응하기란 이미 늦습니다. 이러한 상황에 대한 대응은 오래전부터 예측하여 준비해야 합니다. 또한 그러한 예측하에서 옳은 방향으로 추진되어야 합니다. 4차 산업혁명을 선도하는 기술들은 심오하고 복합적이어서 방향이 잘못 설정되면 성과는커녕 엄청난 에너지의 낭비에 그칠 뿐입니다. 이것은 일개 기업이 개별적으로 추진할 일이 아닙니다. 국가적 에너지를 배분하고 활용하는 주체인 정부가 직접 해야 할 일입니다. 다양한 기술 및 산업 속에서 핵심적인 주도 대상을 어떻게 선택하고, 그 선택 대상을 어떻게 지능화시킬 것인가라는 문제를 가지고 고뇌해야 합니다. 4차 산업혁명에 대응하는 데 적합한 프레임과 비전을 제시해주는 것이 정부의 기본 책무입니다. 나아가 정부는 선정된 대상 기술 및 산업에 어떻게 인재를 육성하고 공급할 것인가에 대한 장기계획을 제시해야 할 것입니다. 기술의 핵심은 사람이기 때문에, 적합한 인재를 육성하고 공급하는 효과적인 방안을 모색하는 것 또한 정부의 역할입니다. 정부의 주도 없이 그런 역할을 기업의 자율성에 맡겨둔다면 아마도 4차 산업혁명에 대한 대응은 실기하거나 성공적이지 못할 것입니다.

　한 단계 더 나아가 정부는, 국가적 차원에서 기업과 사회 전체 간의 시너지를 어떻게 조화롭게 창출해낼 것인지, 그리고 기업의 효율과 개인의 자유를 어떻게 조절할 것인지에 대한 철학적인 고민을 감당해야 할 것입니다. 개인의 욕구는 타인의 자유와 사회의 가치를 훼손시키지 않는 선에서 충족되어야 합니다. 정부는 본연의 기능을 회복함으로써 전체적인 관점에서 다양한 가치들을 통합해가는 역할을 해야 할 것입니다. 즉 4차 산업혁명 시대의 본질과 기회, 그리고 위협에 대한 충분한 토론을 통해 방향을 바르게 인식하도록 분위기를 조성해주고 때로는 직접 방향을 제시해주는 것이 정부가 해야 할 일이 아닌가 생각합니다.

**이영환**  패러다임 전환의 시대에 정부의 역할이 중요하다는 말씀에 공감합니다. 어쨌든 우리는 정부와 함께 문제를 해결할 수밖에 없기 때문입니다. 정부의 규모, 정부의 역할과 한계에 대한 그간의 논의와는 별도로 이것은 부정할 수 없는 사실입니다. 특히 사회 전반에 불확실성이 점점 고조되고 있는 현 시점에서 정부의 역할은 더욱 중요합니다. 정부는 이런 불확실성을 줄여줄 의무를 가진 조직이기 때문입니다. 이 말은 불확실성을 조장하거나 이를 이용해 권력을 강화하려는 정부는 더 이상 국민을 대변하는 정부가 아니라는 것입니다.

그런데 저는 여기서 한 걸음 더 나아가 정부나 기업 같은 특별한 목적을 가진 조직만이 아니라 사회구성원인 개개인들도 패러다임 전환의 시대에 적극적으로 대비해야 한다는 점을 강조하고 싶습니다. 사람은 너무 빠른 변화엔 적응하지 못합니다. 인간의 뇌는 그런 변화에 적응하도록 진화하지 않았기 때문입니다. 그럼에도 불구하고 이런 전환의 시대에 의미 있는 삶을 추구하는 사람이라면 마땅히 자기성찰을 바탕으로 어떻게 살 것인지 고민해야 한다고 봅니다. 그렇지 않으면 새로운 시대에는 노예처럼 살아야 할 가능성이 높기 때문입니다. 주체적인 삶을 위해서도 우리 모두 적극적으로 변화에 대처해야 합니다. 만약 우리가 이런 노력을 다한다면 한국은 전환의 시대에 세계를 향해 중요한 메시지를 던질 수 있을 겁니다. 극도로 혼란한 시대에 개인의 생존을 위한 정신적 매뉴얼 같은 것을 제공함으로써 말입니다.

다시 한번 강조합니다만 패러다임 전환에 필요한 우리의 전략을 수립하는 데는 동서양의 지식과 지혜가 통합적으로 어우러져야 합니다. 우리의 고유 사상을 폄하해서도 안 되고 서양의 과학을 지나치게 맹종해서도 안 될 것입니다. 기준은 무엇이 널리 사람들에게 이로운 것인가 하는 데 있어야 할 것입니다. 달리 말하면 번영의 공유를 가능하게 하는 철학적·사상적 바탕을 확립해야 한다는 것이지요. 이 점에서는 우리 고대사상인 홍익인간 사상, 그리고 최근 서양에서 부활하고 있는 공동선 경제와 같은 것들을 통합적으로 수용할 필요가 있습니다. 홍익인간 사상이 더 포괄적이긴 하지만 사실 이 둘은 본질적으로 차이가 없다고 봅니다. 번영의 공유를 바탕으로 인간의 존엄성을 추구한다는 점에서 그렇습니다.

사실 동서양의 지혜가 점점 수렴하고 있다는 증거가 많아지고 있습니다. 이기동 교수님이 강조하신 한마음 사상은 서양에서 여러 영적 지도자와 열린 과학자들이 강조하는 우주의식 또는 합일의식과 일맥상통한다고 생각합니다. 나아가 기존의 과학적 물질주의의 한계를 비판하면서 탈물질주의 과학을 역설하는 여러 과학자들의 주장에도 주목해야 한다고 봅니다. 이들은 이미 서양에서는 토머스 쿤이 말한 의미에서의 패러다임 전환이 일어나고 있다고 믿는 사람들입니다. 과학의 근본정신에 변화가 일어나고 있다는 것이지요. 여기서 중요한 것은 인간의 마음 또는 의식에 대한 이들의 해석입니다. 이들에 의하면 인간의 마음은 뇌의 산물이 아닐 뿐만 아니라 모두 연결되어 있으면서 궁극적으로 한마음으로 합쳐진다는 것입니다. 이 것은 이 교수님이 강조하시는 우리 고유의 한마음과 매우 유사합니다. 단, 이들이 제시하는 한마음은 인간에게만 한정된 것이 아니라 우주 전체로 확장된다는 점에서는 다소 차이가 있습니다.

이런 관점에서 제가 제안하고 싶은 것은 우리가 서양 사람들이 간과했던 동양적인 요소를 그들의 사고체계와 접목시킴으로써 그야말로 동서양의 모든 지혜를 망라한 통합적인 메시지를 전달하자는 것입니다. 경제적으로 놀라운 성과를 이룬 나라 정도로 인식하고 있다가 그들도 깜짝 놀랄 만한 정신적 메시지를 제시한다면 한국과 한국인에 대한 세계의 평가는 근본적으로 달라질 것입니다. 사실 저는 한국이 경제적으로나 정치적으로 세계를 선도하는 것보다는 문화적으로 세계를 선도하는 방향으로 나아가야 한다고 생각합니다. 그리고 이것은 일찍이 백범 선생과 함석헌 선생이 제시한 방향이기도 합니다.[67] 패러다임 전환기에 새로운 문화의 원형을 제시하는 것, 바로 이것이 우리가 인류에 기여할 수 있는 부분이라고 생각합니다.

# 2

## 메가트렌드에 대비하는
## 기업의 전략

**최수**　4차 산업혁명 시대는 인공지능으로 상징되는 지능화가 핵심입니다. 인공지능이 방대한 데이터를 활용하여 해법을 찾는 것은 모든 산업의 핵심과제입니다. 기업이 인공지능시대에 대한 전략을 수립할 대상 기간은 기업의 규모에 따라 달라질 것이나 중기(10~20년)를 채택하는 것이 효과적이리라 생각합니다. 20년 이상을 대상으로 수립한 장기 전략은 전략이라기보다는 예측 혹은 비전이라고 보아야 할 것입니다. 그리고 4차 산업혁명은 이제 시작 단계이므로 10년 이내의 단기 전략은 패러다임 전환에 대비하는 전략으로서는 부적합할 것 같습니다. 그래서 여기서는 중기인 향후 10~20년을 대상으로 기업의 전략적인 대응을 말하고자 합니다.

　인공지능시대에 기업은 산업과 사회의 지능화에 대한 전략을 우선적으로 수립해야 합니다. 지능화는 현재의 정보화를 기반으로 고지능의 기계가 더욱 다양하고 방대한 정보를 처리하는 것을 말합니다. 결국 인공지능과 데이터가 상호작용하여 해법을 찾는 것이 지능화의 핵심이므로, 기업의 관점에서는 인공지능과 방대한 데이터 처리 문제가 매우 중요해집니다. 그러므로 기업의 입장에서는 어떻게 지능화에 대응할 것인가, 그리고 이에 적합한 인재를 어떻게 확보할 것인가가 전략의 핵심입니다. 이러한 두 가지 핵심 전략이 수립된 후, 외부와의 전략적 제휴가 뒷받침되어야 합니다. 기계지능과 데이터 확보가 핵심인 지능화 전략, 우수한 인재 확보 전략 그리고 외부 집단과의 협업 전략이 기업의 핵심 대응 전략이라고 말씀드릴 수 있습니다. 그러나 이 세 가지 전략은 독립적으로 실행되는 것이 아니라 통합적으로 실행되어야 성공할 수 있기에, 정점에서 전체를 조정하는 경영 전략이 기업 전략의 중심에 있어야 합니다.

　4차 산업혁명에는 기술적 도약이 전제되어 있습니다. 따라서 혁신이 없는 기술개발만으로는 4차 산업혁명의 대열에 들어갈 수 없습니다. 4차 산업혁명 관련 기술개발에는 우수한 인재들과 엄청난 개발 비용이 소요됩니다. 그렇게 투입된 에너지가 현재 기술들과 혁신적으로 결합하면 성공을 거두게 됩니다. 결국 장기적인 기술개발 비용을 충분히 감당할 수 있는 대기업이나 탁월한 아이디어로 무장한 기업들이 기술혁신을 주도하게 될 것입니다. 대응 경영 전략은 이러한 특성에 맞게 수립되어야 합니다.

인공지능시대에 이러한 자격을 갖춘 탁월한 기업들이 뛰어난 경영 전략을 구사하면서 기술혁신을 주도한다면 분명 성공적인 결과가 나올 것입니다. 그러나 그런 기업들도 취약점이 적지 않을 것입니다. 따라서 정부는 그 기업들이 제대로 역할을 수행할 수 있도록 친기업 정책을 수립하여 지원해주고, 기업들이 세계 시장을 리드할 수 있도록 충분한 자율성을 보장해주어야 할 것입니다. 자율성이야말로 기술혁신을 성공적으로 추진할 수 있는 가장 강력한 원동력입니다. 기업도 스스로 자율성을 제고하고 기업가 정신을 고양할 수 있도록 전략을 수립하고 실행해야 할 것입니다.

**이영환**     패러다임 전환이라는 메가트렌드에 대비하려 할 때 중요한 점은 과연 우리가 그럴 역량을 갖추고 있는가 하는 것입니다. 기업과 국가의 경우 이것은 사활이 걸린 문제인데, 특히 기업의 경우에는 더욱 절박합니다. 한국이 그동안 이룩한 경제적 성과는 이미 널리 알려졌기에 더 이상 설명이 필요 없습니다. 1960년대 초 세계 최빈국에서 2020년 기준 GDP 규모와 교역 규모, 그리고 자본시장 규모 등을 종합해볼 때 한국은 명실상부하게 세계 10대 경제대국으로 놀라운 변신에 성공했습니다. 1인당 GDP도 3만 달러를 초과했으며, 물가 수준을 감안한 기준으로는 이미 일본을 포함해 여러 선진국들을 추월했습니다. 현재와 같이 반도체와 전기차를 중심으로 세계경제를 선도하는 분야가 점점 늘어난다면 미국, 중국, 그리고 독일에 버금가는 경제 강국으로 도약하는 것은 시간문제입니다. 저는 개인적으로 2050년 이전 한국이 일본은물론 독일을 추월해 미국, 중국 다음의 경제대국으로 도약할 것으로 예상합니다.

그런데 한국의 상황을 통합적인 관점에서 이해하려면 이런 밝은 측면에만 초점을 맞춰서는 안 되고, 한국 사회의 어두운 면을 해소할 수 있는 방안에 대한 논의가 병행되어야 합니다. 이는 너무도 당연한 것인데 실제로는 누구도 근본적인 처방을 제시하지 못했습니다. 한국 사회의 고질적인 문제인 OECD 최고의 자살률, 세계 최저의 출산율, 그리고 미국 못지않은 부와 소득의 불평등 및 양극화는 더 이상 외면할 수 없는 문제들입니다. 예를 들어 자살률이 높은 이유는 '절망에 의한 죽음'이 많기 때문이고, 이는 불평등 및 양극화와 밀접하게 연관되어 있습니다.[68] 낮은 출산율도 마찬가지입니다. 빛과 그림자는 분리할 수 없는 하나의 실체가 가진 두 측면입니다. 한국의 긍정적인 면과 부정적인 면도 마찬가지입니다. 여러 전문가들이 실행한 컴퓨터 시뮬레이션 결과에 의하면, 모든 사람들이 초기에 똑같은 조건에서 출발한 경우에도 운을 비롯해 이런저런 사소한 사건들이 겹치면서 최종적으로는 극단적으로 불평등한 결과가 발생하는 경우가 많다고 합니다.[69] 흔히 '파레토 법칙' 또는 '20/80법칙'으로 알려진 것이 실증적으로 검증이 가능하다는 것이지요. 그래서 빛과 그림자를 분리할 수 없듯이 경제 발전에 따른 불평등 악화는 어쩔 수 없는 것으로 받아들이는 경향이 있습니다.

그런데 정부가 이 문제를 해결하는 데는 분명 한계가 있습니다. 무엇보다도 정부가 이 문제를 효율적으로 해결할 가능성이 매우 낮습니다. 관료 사회의 경직성, 그리고 정치인들의 포퓰리즘 등이 부정적인 영향을 미치기 때문입니다. 이런 의미에서 한국 사회의 부정적인 측면을 해소하는 데 긍정적인 역할을 할 것으로 기대할 수 있는 유일한 주체는 역설적이게도 기업이라는 것이 제 생각입니다. 만약 한국의 기업들이 이해관계자가치를 추구하는 것의 진정한 의미를 이해한다면 이것은 결코 불가능한 목표가 아닙니다. 뿐만 아니라 기업에 과도한 사회적 부담을 떠안기는 것도 아닙니다. 오히려 기업에 새로운 패러다임을 주도할 수 있는 기회를 제공하는 것으로 보아야 할 것입니다.

**최수** 이영환 교수님께서 사회의 많은 문제들이 기업 활동으로 인해 야기되고 그 문제의 해결 주체들 또한 기업이라고 하시는 말씀은 다소 과분하게 들리지만, 4차 산업혁명 시대를 고려했을 때 정곡을 짚은 말씀이라고 생각합니다. 말씀하신 바와 같이 4차 산업혁명으로 가는 과정에서 인간의 소외 문제는 더욱 확대될 것입니다. 이러한 소외 문제는 기업의 활동과 관련되어 더욱 심화될 것이기에, 기업의 속성상 기업이 소외 문제를 주도적으로 해결해가야 합니다. 그렇지 않으면 기업의 발전조차 발목이 잡힐 것입니다. 기업은 사람들의 집합체이기 때문에 그런 소외 문제가 공정하게 해결되어야 기업 또한 시너지를 구축할 수 있습니다. 그런데 우리가 여기서 간과해서 안 될 것은, 현실의 상황을 고려하여 최우선적인 것과 차선적인 것을 구분해야 한다는 겁니다. 인간은 사회적인 동물입니다. 사회적인 현상 속에 소외는 항상 존재합니다. 소외의 문제는 주제에 따르는 부제의 문제입니다. 따라서 소외 문제에만 천착한다고 해서 그 문제가 해결되는 것은 결코 아닙니다. 오히려 주제인 산업의 문제, 4차 산업혁명의 문제에 성공적으로 대응함으로써 소외 문제를 치유할 수 있습니다. 이는 매슬로의 이론을 이해하면 바로 도출되는 해결책입니다. 사회가 성장 동력을 확보하고 계속적으로 유지시킬 수 있을 때 시대의 과제인 기술 절벽을 뛰어넘을 수 있고, 거기서 나온 자신감과 여유가 바로 사회적 동력이 되어 소외 문제를 치유할 수 있는 바탕이 될 것입니다. 결국 4차 산업혁명의 진행 과정에서 주요 과제는, 기업의 기술 절벽을 극복해 4차 산업혁명 속으로 성공적으로 진입하는 것입니다. 물론 소외 문제는 중요합니다. 그러나 소외 문제는 중요한 주제인 기술 절벽의 성공적인 극복 이후 기업은 물론 우리 모두가 함께 풀어야 하는 일입니다.

국가적으로 성장 동력을 유지하고, 기업이 기술혁신을 위해 에너지를 비축하는 것이 미래의 기술 절벽을 극복하기 위한 전제라고 한다면, 현재 우리는 우리가 축적하고 있는 잠재력을 다시금 점검해보아야 합니다. 우리는 급속하게 세계의 중심으로 향하고 있지만 우리의 미래는 아직 매우 불안합니다. 이제까지 축적했던 자산들을 한번에 날려버릴 수도 있습니다. 우리의 현재 위상 자체가 몇 개 분야에 한정되어 있고 취약할 뿐만 아니라 그 분야들마저도 충분하게 성숙했다고 볼 수 없기 때문입니다. 따라서 우리는 우선적으로 우리가 추진하고 있는 4차 산업혁명의 실체적 내용이 무엇인지 명확하게 인식해야 합니다. 즉 4차 산업에 대한 명확한 이해를 바탕으로 우리가 갖고 있는 것이 얼마나 취약한지 인식하고 겸허하게 받아들여야 합니다. 그런 겸허한 사실 인식만이 4차 산업혁명의 와중에 우리를 다시금 전진할 수 있게 할 것입니다.

이제 시작에 불과합니다. 자칫하다가는 지금까지 축적한 것이 다 무너질 수 있습니다. 결코 자만해서도 안 되고 낙담해서도 안 됩니다. 우리의 미래는 예측의 변동 폭이 너무 커 뭐라 단정하기 힘듭니다. 다행히 이제까지 우리가 언급한 전제들이 성숙된다면 우리 국가의 미래는 밝을 것입니다.

그러려면 패러다임 전환 시대에 우리는 우리가 보유한 인적·물적 자원을 선택적으로 할당하고 특정 분야에 집중해야 한다고 생각합니다. 따라서 사회적 소외를 해결하기 위한 공정한 분배 문제도 중요하지만, 4차 산업혁명 시대를 성공적으로 돌파할 수 있는 잠재력을 확보하는 데 보다 집중해야 할 것입니다. 나아가 우리의 취약점을 겸허하게 인정하는 상태에서 4차 산업혁명이라는 위기 속의 기회를 정확하게 인식하고 우리의 에너지를 집중시켜 시대적인 과제를 풀어나가야 합니다. 그 후 여러 부차적인 문제는 우선순위를 조정하여 추진해야 합니다.

**이영환**　한국 경제에는 여전히 취약한 분야가 많기에 선택과 집중을 강조한 최수 회장님의 견해에 공감합니다. 또한 기업이 모든 문제에 책임을 져야 하는 것도 아니고 질 수도 없다는 데도 동의합니다. 그렇지만 모든 것이 연결되어 있다는 것을 받아들인다면 기업도 한국 사회의 어두운 면과 무관하지 않다고 봅니다. 특히 기업의 임직원 가운데 의식 수준이 높은 사람들은 이런 사회의 일원인 것에 대한 자괴감이 들면서 성취에 대한 내재적 동기를 잃지 않을까 우려됩니다.

저는 한국이 세계의 중심으로 나아가기 위한 핵심 전략이 기업의 변신에 있다고 생각합니다. 과거 재벌기업 중심의 풍토에서 대다수 기업들은 정부가 일방적으로 배분하는 금융자원과 우호적인 조세제도, 그리고 저임금 정책의 혜택을 많이 봤습니다. 이런 얘기를 하는 이유는 비난을 하려는 것이 아니라 이제는 사회에 진 빚을 갚아야 할 시기가 도래했다는 것을 말하고자 해서입니다. 그럼으로써 기업은 새로운 이미지로 변신할 수 있으며, 이를 바탕으로 장기적인 생존 기반을 더욱 견고하게 할 수 있다고 봅니다. 그동안 우리 모두 경험했듯이 정부가 일관성 있는 정책을 추진하는 주체가 되기 어려운 것이 지금의 현실입니다. 지난 정부의 정책을 뒤집는 것을 통해 정당성과 지지를 확보하는 비생산적인 정부에는 기대할 것이 별로 없습니다. 유감스럽게도 패러다임 전환이라는 중차대한 시기를 맞이하면서도 이는 변함없는 사실입니다. 그렇기에 영속성 추구를 본질로 하는 기업이 더 적극적으로 행동해야 한다는 것입니다. 이때 기업은 사회의 여러 측면들을 모두 반영하는 전략을 추진할 수 있다는 점을 인식해야 합니다. 이것은 과거 재해가 있을 때마다 돈을 기부했듯이 행동하라는 것이 아닙니다. 앞에서도 언급했습니다만, 진정한 의미에서 이해관계자가치를 추구하는 기업으로 변신할 수 있다면 기업은 새로운 패러다임을 선도하는 주체가 될 수 있다는 의미입니다. 그럼으로써 한국 사회의 취약점을 해결하는 데 크게 기여할 수 있다고 생각합니다. 기업이 진정 인간의 존엄성을 중시하는 조직으로 거듭남으로써 말입니다. 지금으로서는 이상과 현실의 간극이 너무 커서 엄두가 나지 않는 목표로 보일 수 있지만 기업의 대주주와 최고경영자가 탐욕의 굴레에 안주하는 것을 삶의 목적으로 하지 않는다면 충분히 가능하다고 봅니다.

인간의 내면에는 공정한 관찰자가 존재한다는 애덤 스미스의 말이 떠오릅니다. 자신이 탐욕스럽다는 사실을 진심으로 기뻐하는 인간은 없습니다. 인간은 단지 탐욕을 과시함으로써 주변의 인정을 받으려 할 뿐입니다. 그렇기에 조금만 더 자신의 내면을 들여다보도록 하는 여건이 형성되고 에고의 벽을 조금만 낮출 수 있도록 사회 분위기가 조성된다면, 이런 변신이 가능하리라 생각합니다. 이것이야말로 진정 주변의 존경을 받고 명예를 얻을 수 있는 방법입니다.

**이기동** 2050년 이전에 한국이 일본과 독일을 추월하여 경제 대국으로 도약할 것이라는 희망적인 말씀과, 높은 자살률, 세계 최저의 출산율, 심각해지는 양극화와 그에 따른 소외문제 등에 대한 걱정스러운 말씀을 들으니, 한편으로는 기쁘기도 하고, 한편으로는 심히 걱정되기도 합니다.

높은 자살률, 최저의 출산율, 양극화에 따른 소외 문제 등이 생기는 원인에는 여러 가지가 있으리라 생각됩니다만, 대부분은 경제적인 문제와 연관이 되어 있습니다. 그러나 가장 근본적인 원인은 마음에서 기인하는 듯합니다. 사람은 참된 삶을 살아야 하고, 행복한 삶을 살아야 합니다. 이외의 목표를 가지고 산다는 건 잘못된 것입니다. 그런데 오늘날 사람들 대부분은 돈을 삶의 목표로 삼는 듯합니다. 돈을 행복으로 알고, 돈을 모든 판단 기준으로 여깁니다. 돈이 삶의 기준이 되면, 문제가 심각해집니다. 사람들이 자살하게 되는 동기도 돈과 연관된 것이 많고, 출산율이 낮아지는 원인도 돈과 관련이 있는 것처럼 말입니다. 양극화로 인한 불만도 돈에 기인하는 듯합니다. 나랏일을 하는 고위직 공무원이나 정치인들도 자기의 직위를 이용하여 부당한 돈을 챙기곤 합니다. 학교를 설립하여 교육 사업을 하는 사람 중에도 간혹 교육을 돈벌이 수단으로 삼는 사람이 있습니다. 이처럼 사람들은 점점 돈의 노예로 전락해가고 있습니다.

물론 돈은 귀중한 것입니다만, 사람이 돈의 노예가 되어 살아가면 행복할 수 없습니다. 『논어』에 '가난해도 행복하다'라는 말이 있고, '거친 밥을 먹고 물을 마시며 팔을 굽혀 베고 있어도 행복이 그 가운데 있다'라는 말이 있습니다. 행복은 마음에서 오는 것입니다. 돈이 없으면서 행복하기란 쉽지 않습니다만, 돈이 바로 행복은 아닙니다.

돈이 삶의 기준이 되는 순간 사람의 마음이 본심에서 욕심으로 바꿉니다. 욕심은 채울수록 커지기 때문에 결코 채울 수 없습니다. 돈 욕심으로 사는 사람은 채워도 채워도 부족하므로, 아무리 먹어도 배가 고픈 아귀처럼 불행의 늪에서 헤어나지 못합니다.

한국 사람은 특히 불만이 많습니다. 한국 사람의 정서에는 자신이 하늘이라는 '인내천' 사상이 들어 있습니다. 한국 사람을 하늘을 날아야 하는 용에 비유할 수 있는데, 용은 하늘을 날지 못하면 이무기가 되어 한이 맺힙니다. 한국 사람은 하늘을 날아야 한이 풀립니다. 높은 계급에 올라가지 못하는 공무원이나 군인, 중역이 되지 못하는 회사원, 부자가 되지 못하는 가난한 사람은 한을 풀기 어렵습니다. 그렇기에 한국의 노동문제 또한 풀기가 매우 어렵습니다. 한국의 노동자는 노동자 이전에 하늘이고, 왕이기 때문에 회사의 중역이 되지 못하면 한이 맺힙니다. 한국의 노동자가 강성인 이유가 바로 여기에 있습니다.

지금의 한국은 한국인의 한이 풀리는 방향으로 나아가는 것이 아니라, 오히려 한이 맺히는 방향으로 나아가고 있습니다. 한국인들의 한이 자꾸 쌓이면 한국이 만난 천재일우의 좋은 기회도 물거품이 되고 말 것이므로 안타깝습니다.

한국이 지금 만난 이 좋은 기회를 살리기 위해서는 '한을 푸는 근본 방법'을 찾아야 합니다. 높은 계급에 올라가고, 회사의 중역이 되며, 부자가 되는 것이 중요하기는 하지만, 그것으로 한이 다 풀리지 않는다는 것을 알아야 합니다. 한을 푸는 완전한 방법은 욕심을 하늘마음으로 바꾸는 길밖에 없다는 것을 깨달아야 합니다. 하늘마음을 회복하면 하늘처럼 됩니다. 하늘처럼 된 사람이 하는 일은 하늘이 하는 일이 됩니다. 하늘처럼 사는 사람은 어떤 일을 해도 행복합니다. 우리가 4차산업혁명 시대를 맞이하여 꼭 생각해봐야 할 중요한 문제라고 봅니다.

**최수**     저는 4차 산업혁명에 대한 위기의식, 우리의 상황에 대한 겸허한 수용, 적절한 극복 전략의 수립, 국가적인 차원에서 자원의 집중에 대해 말씀드렸습니다. 이에 덧붙여 강조하고 싶은 것은, 이러한 국가적인 과제를 추진하기 위해서는 거국적인 공감대가 형성되어야 한다는 점입니다. 다음 세대를 위해서 우리가 무엇을 하여야 할 것인가를 고민한다면, 우리는 쉽게 공감대를 찾을 수 있다고 봅니다. 그것이 앞에서 수차 이야기해온 우리의 민족성입니다. 4차 산업혁명의 성공적인 추진을 위한 공감대를 바탕으로 효율적으로 자산을 활용하면 우리가 직면한 기술 절벽을 성공적으로 뛰어넘을 수 있습니다. 우선 4차 산업혁명 시대의 중요성을 인식하고, 우리의 상황을 겸허히 수용한 뒤, 에너지를 결집시켜 다시 도전해야 한다는 공감대를 형성해야 합니다. 더불어 우리가 지금까지 세계의 중심으로 잘 이동하고 있다는 자신감을 재확인하는 것이 4차 산업혁명 시대의 선결과제가 아닌가 생각합니다. 이러한 국민적인 공감대 형성을 위해서 정부, 기업, 학계 그리고 국민 모두가 참여하는 통합적인 노력이 필요합니다.

# 3

# 판 갈이 중인 세상을
# 사상적으로 주도하라

**이영환**  어떤 면에서는 패러다임 전환의 시대를 맞이해 우리가 이미 준비한 것도 있을 겁니다. 예를 들면 이번 코로나19 사태를 경험하면서 국가적 재난이 발생할 경우, 사익보다는 공익의 관점에서 행동하는 것이 결국 개인적으로도 유익하다는 교훈을 얻었다는 생각이 듭니다. 만약 이것이 사실이라면 이는 패러다임 전환의 시대에 매우 가치 있는 변화입니다.

그런데 패러다임이 한 시대를 지배하는 사고체계라고 할 때 결국 중요한 것은 의식 전환입니다. 이것은 곧 사고체계를 바꾸는 것이라고 할 수 있는데, 여기서의 핵심은 바로 에고의 벽을 낮추는 것입니다. 패러다임 전환의 시대에 정부와 기업의 역할이 중요한 것은 당연합니다만, 이들 조직을 움직이는 것은 결국 개인이라는 사실을 간과해서는 안 될 것입니다. 구태의연한 사고체계를 고집하는 사람은 무슨 핑계를 대서라도 변화에 순응하지 않으려 할 것입니다. 자칫하면 개인적으로 손해 볼 수 있다는 위기의식에 사로잡혀 있기 때문이지요. 그렇기에 이들이 스스로 변할 수 있도록 여건을 조성할 필요가 있습니다. 이를 위해서는 양식 있는 지식인들의 역할이 중요합니다.

앞에서도 누차 말씀드렸습니다만, 4차 산업혁명이 진행되면서 우리는 점점 더 극단적인 개인주의에 집착하게 될 개연성이 높습니다. 특히 젊고 건강하게 오래 살 수 있는 신기술이 개발된다면 이런 성향은 극에 달할 것입니다. 무의식에 잠재되어 있던 불멸에 대한 환상이 부활하면서 오직 자신의 몸을 보존하는 데 전력투구하는 사람들이 점점 많아질 것입니다. 그리고 이것은 경제력이 뒷받침 되는 경우에만 가능한 일이기에 돈에 대한 집착 또한 점점 심해질 것입니다. 그러면 이런 흐름에서 소외된 대다수는 어떻게 해야 할까요?

혁명을 일으켜 서로 피를 흘리는 것이 대안이 될 수 없다는 것은 역사가 증명합니다. 그렇다고 극소수가 마치 호모 데우스, 즉 '신-인간'이 된 것처럼 행동하고 대다수가 노예의 상태에 머무는 상황은 더욱 용납할 수 없습니다. 유일한 대안은 대다수가 힘을 합치고 지혜를 모아서 이들 극소수의 사고체계에 변화가 일어나도록 촉구하는 것입니다.

에고의 벽을 넘어선 철학자나 영적 지도자들이 이런 역할을 맡는다면 전혀 가능성이 없는 것은 아닙니다. 의식 전환은 인류의 영원한 과제입니다만 현실적으로는 고통을 수반하는 과정이기에 대부분의 사람들로부터 외면받아왔습니다. 그러나 지금은 누구도 외면해서는 안 되는 시대적 과제가 되었다고 봅니다. 인류가 공존의 가능성을 모색하려면 우리 모두 의식 전환의 필요성을 외면해서는 안 될 것입니다. 그리고 이것은 에고의 벽을 조금 낮추는 것으로부터 시작하면 됩니다. 이것이 바로 통합의식으로 가는 여정입니다.

**이기동**　　　이영환 교수님께서 훗날 21세기 초반이 인류사의 전환점이었다는 역사적 평가가 내려질 것이라는 예감을 하셨는데요, 이는 제가 늘 주장해왔던 판 이론과 매우 유사해서 흥미롭습니다. 사람은 그냥 사는 것이 아니라, 의식 속에 사는 방식을 깔아놓은 뒤에 그 방식대로 삽니다. 마치 컴퓨터에 소프트웨어를 깔아놓고 그 위에서 작업을 하는 것과도 같습니다. 저는 사람의 삶을 지탱하는 의식의 바닥에 깔린 철학의 판을 두 종류로 설정했습니다. 하나는 몸을 중시하는 철학의 판인 '형하판'이고, 다른 하나는 마음을 중시하는 철학의 판인 '형상판'입니다. 형하판은 형이하학적인 성향이 강하다는 의미에서 붙인 이름이고, 형상판은 형이상학적인 성향이 강하다는 의미에서 붙인 이름입니다.

　공자는 형상판의 철학으로 사는 사람들을 인자仁者라고 하고, 형하판의 철학으로 사는 사람들을 지자知者라고 정의했습니다. 인자는 산을 좋아하고, 조용히 있는 것을 좋아하며, 장수한다고 했고, 지자는 물을 좋아하고, 움직이는 것을 좋아하며, 즐기는 것을 추구한다고 했습니다. 저는 공자가 분류한 인자와 지자를 형상판의 철학으로 사는 사람과 형하판의 철학으로 사는 사람으로 구분했습니다. 형상판, 형하판은 제가 처음으로 사용한 용어이기 때문에 생소할 수 있습니다.

모든 것은 음양의 변화로 진행합니다. 낮과 밤의 진행도 음양이 교차하는 것이고, 사계절의 진행도 음양이 교차하는 것입니다. 낮은 양이고 밤은 음이므로, 낮과 밤이 교차하는 것은 음양이 교차하는 것입니다. 봄·여름·가을·겨울로 순환하는 것도, 음양이 교차하는 것입니다. 봄·여름은 양의 계절이고, 가을·겨울은 음의 계절입니다. 인류의 역사도 음양으로 순환합니다. 역사의 순환은 사이클이 깁니다. 한 사이클이 천 년을 넘기도 합니다. 인류의 역사를 음양의 순환으로 본다면, 역사는 마음을 더 중시하는 시대와 몸을 더 중시하는 시대가 순환하면서 진행합니다. 저는 마음을 더 중시하는 시대를 형상판의 철학으로 사는 시대로 정의하고, 몸을 더 중시하는 시대를 형하판의 철학으로 사는 시대로 정의합니다. 인류의 역사는 판 갈이를 할 때 극심한 혼란이 장기화한다는 것을 알 수 있습니다. 국가를 단위로 판단하면, 긴 역사를 통해 줄곧 형상판의 철학으로 사는 사람들의 나라가 있고, 줄곧 형하판의 철학으로 사는 사람들의 나라가 있습니다. 마치 사계절 내내 여름인 나라가 있고, 사계절 내내 겨울인 나라가 있는 것과도 같습니다. 또 어떤 나라 사람들은 삶의 바탕에 깔린 철학의 판이 형상판에서 형하판으로, 또는 형하판에서 형상판으로 판 갈이를 하기도 합니다. 한국인은 줄곧 형상판의 철학으로 사는 사람들이고, 일본인은 줄곧 형하판의 철학으로 사는 사람들입니다. 이와 달리 중국인은 형상판의 철학과 형하판의 철학이 판을 갈면서 순환하는 역사 속에서 살아갑니다.

세계적으로 보면 유럽의 역사 또한 형상판의 철학과 형하판의 철학이 판 갈이를 하면서 진행되어온 역사입니다. 유럽의 역사를 개관하면, 고대 희랍시대는 형하판의 철학으로 살던 시대이었고, 중세 기독교시대는 형상판의 철학으로 살던 시대였으며, 르네상스 이후의 유럽은 다시 형하판의 철학으로 사는 시대로 이어지고 있다고 하겠습니다. 물론 희랍시대에도 형이상학을 중시한 소크라테스와 플라톤 같은 철학자가 나오기도 했습니다만, 그 시대에 깔린 철학의 판이 형하판이었으므로, 소크라테스와 플라톤이 시대정신을 주도하는 주류가 되지 못하고, 형이하학적 성향이 강한 아리스토텔레스가 주류가 되어 희랍철학을 집대성했습니다. 희랍시대 말기와 기원 전후의 로마시대에는 형하판 철학의 말기적 현상들이 나타났습니다. 마음보다 몸을 중시하는 시대에는 사람들이 육체의 아름다움을 과시합니다. 육체미를 자랑하는 조각품들이 경쟁적으로 만들어집니다. 원형 경기장을 지어놓고 사람들이 사람과 사자의 싸움을 관람하기도 하고, 검투사들의 싸움을 관람하기도 했습니다. 싸우던 사람이 피투성이가 되어 쓰러지면 관람하는 사람들은 열광했습니다. 전쟁이 곳곳에서 일어나고, 인간의 존엄성이 사라졌습니다. 형하판의 철학이 한계에 부딪히면, 형상판 철학으로 판 갈이를 해야 합니다.

형하판 철학에서 형상판의 철학으로 판 갈이를 할 때는 형이상학적 성격이 강한 위대한 철학이 출현합니다. 로마의 혼란기에는 예수 그리스도가 만들어낸 기독교가 판 갈이를 주도했습니다. 로마시대 말기에는 형상판 철학의 한계를 맞이하여 다시 판 갈이를 해야 할 국면에 처했습니다. 르네상스 운동은 희랍시대의 문예를 부흥하는 운동이었습니다. 말하자면 형상판 철학에서 형하판 철학으로 판 갈이를 하는 운동이었습니다. 르네상스 운동을 지원한 로마 교황청은 정치세력화하면서 이미 형상판 철학의 힘을 상실한 것으로 보입니다. 세력화한 종교집단은 거의 형상판의 철학을 상실한 상태에서 형상판의 철학을 이용하는 집단으로 이해할 수 있습니다.

중국의 역사에서 보면 주나라가 형상판에서 형하판으로 바뀌는 시대였습니다. 판 갈이가 절정에 달할 때는 극심한 혼란이 장기화합니다. 주나라 후반에 춘추전국시대라는 혼란기를 겪게 된 것은 형상판에서 형하판으로 판 갈이를 하는 과정에서 빚어진 혼란입니다. 춘추전국시대 말기에 순자荀子가 출현하여 형하판 철학을 완성함으로써 춘추전국시대의 혼란이 끝나고, 진나라와 한나라의 안정기가 찾아왔습니다. 진나라와 한나라는 형하판의 철학으로 살던 시대였습니다만, 한나라 말기에 형하판 철학의 한계를 맞이하여, 판 갈이를 해야 하는 상황이 되었습니다. 형하판 철학에서 형상판의 철학으로 판 갈이를 할 때, 다시 위진남북조시대라는 긴 혼란의 시기를 맞이합니다. 위진남북조시대에 등장한 위대한 철학사상은 불교였습니다. 위진남북조의 혼란기를 거치면서 다수의 사람이 불교를 좋아하게 되자, 수나라 문제文帝가 나타나 불교를 내세워 혼란기를 마감하고 수

나라를 세웠습니다. 수나라와 당나라는 불교철학이 주도했던 형상판 철학의 시대였습니다. 당나라 말기에는 불교의 타락으로 국가 경제가 파탄이 났으므로, 사람들이 불교를 배격하기 시작했지만, 그들은 한나라 말기에 있었던 형하판 철학의 문제점을 알고 있었으므로, 판 갈이를 원하지는 않으면서도 불교를 대신하는 형상판 철학을 찾는 노력을 했습니다. 불교를 대신하여 등장한 형상판의 철학이 신유학이었습니다. 당나라가 망한 뒤 신유학이 정립될 때까지 비교적 짧은 혼란기인 오대십국시대를 맞았습니다. 오대십국시대를 거치면서 신유학이 확산하자, 신유학을 정치 이념으로 하는 송나라가 건국되었습니다. 송나라 이후 이어지는 원나라와 명나라는 여전히 형상판의 철학인 신유학이 주도하는 나라였습니다. 명나라 말기에 형상판 철학이 한계를 맞이하여 판 갈이를 해야 했고, 긴 혼란기를 맞이해야 하는 형국이었으나, 이민족인 여진족이 명나라를 멸망시키고 혼란을 막았으므로, 혼란기를 거치지 않고 청나라를 건국할 수 있었습니다. 청나라에서부터 지금까지의 중국인은 형하판의 철학으로 살고 있습니다. 청나라는 실학이 주도했고, 현재는 카를 마르크스의 유물철학이 주도하고 있습니다.

지금은 세계가 한 나라처럼 되었습니다. 한 나라에서 전염병이 생기면 바로 전 세계로 퍼집니다. 세계의 역사 흐름도 한 나라 역사의 흐름처럼 단일한 흐름으로 바뀌었습니다. 지금의 시대는 지금까지 주도해왔던 형하판 철학이 한계를 맞은 시대로 봐야 할 것입니다. 21세기 초는 세계의 역사가 형하판의 철학에서 형상판의 철학으로 판 갈이를 하는 시기입니다. 판 갈이를 시작하면 장기간 혼란기에 접어듭니다. 앞으로의 혼란은 위대한 형상판의 철학사상이 출현하여, 다수의 사람이 그 철학사상에 공감할 때까지 이어질 것입니다.

형상판으로의 판 갈이가 진행되면 정치·경제·교육 등의 내용과 제도가 모두 바뀔 것입니다. 이영환 교수님께서 패러다임 전환의 시대는 자본주의와 민주주의가 근본적인 시험대에 오르는 시대가 될 것 같다고 판단하셨는데 탁월한 판단으로 생각합니다. 자본주의 시장경제와 민주주의는 사람을 행복하게 하는 제도가 될 수 없다고 생각합니다. 민주주의는 홍익인간을 목표로 할 수 없습니다. 민주주의와 자본주의 시장경제는 사람들을 욕심 채우는 방향으로 이끌기 때문에, 사람들은 정신적으로 점점 더 불행해질 것입니다. 사람들이 모두 행복해지는 세상은 '홍익인간'입니다. 앞으로 등장하는 바람직한 정치제도와 경제제도는 홍익인간을 건설할 수 있는 제도일 것입니다.

21세기 초반에 패러다임 전환의 시기가 도래한다는 것은 철학의 판 갈이가 진행된다는 것을 의미한다고 생각합니다. 형상판으로의 판 갈이가 진행될 때는 언제나 그랬던 것처럼, 시대를 이끌 위대한 철학사상이 출현할 것입니다. 미래에 출현할 위대한 철학사상은 과거에 있던 특정 사상에 국한되지 않을 겁니다.

진리를 얻는 길을 산을 오르는 길로 비유하자면, 기존에 있던 특정의 철학사상은 산의 정상에 머물러 있는 것, 동쪽에서 정상으로 오르는 것, 남쪽에서 오르는 것, 서쪽에서 오르는 것, 북쪽에서 오르는 것 등으로 나뉘어, 각각의 처지에서 구체적으로 자세하게 설명된 것이어서, 전체의 산이 한눈에 들어와 있는 오늘날 사람들을 인도하기 어렵습니다. 말하자면, 구체적으로 세분화하여 설명한 특정의 철학사상은 특정한 시기에 특정한 지역에서 역할을 한 것이므로, 전 세계가 하나 된 오늘날의 문제를 포괄하기 어렵다는 것입니다.

전체를 포괄하는 철학사상은 상징적이고 추상적인 용어로 압축할 수밖에 없습니다. 예를 들면, 하루의 흐름은 아침·점심·저녁·밤의 네 나절로 흐르고, 일 년의 흐름은 봄·여름·가을·겨울의 사계절로 흐르며, 사람의 일평생은 소년·청년·장년·노년의 네 시절로 이어집니다. 여러 흐름의 전체를 하나로 포괄하여 설명하기 위해 『주역』에서는 원元·형亨·리利·정貞으로 표현한 것과 같은 이치입니다. 원元은, 하루의 단위로 보면 아침에 해당하고, 일 년의 단위로 보면 봄에 해당하며, 일생의 단위로 보면 소년 시절에 해당합니다.

한국의 고대에는 전체를 포괄하여 상징적이고 추상적인 언어로 표현한 철학사상이 있었습니다. 최치원 선생은 그 철학사상을 '유학·불교·노장철학을 포괄하는 심오하고 오묘한 진리玄妙之道'라고 했습니다. 최치원 선생이 말한 한국 고대의 오묘한 진리는 『환단고기』에 기록되어 있습니다. 『환단고기』에 기록되어 있는 철학사상은 모든 진리를 포괄하고 있는 것이므로, 심오하면서도 오묘하고, 원초적이면서도 간략합니다. 최치원 선생이 오늘날 계신다면, 한국 고대의 철학사상을 '유학·불교·노장철학을 포괄하는 심오하고 오묘한 진리'라고 하지 않고, '세계의 모든 철학사상을 포괄하는 심오하고도 오묘한 진리'라고 말했을 것입니다.

오늘날 필요한 위대한 철학사상은 기존의 모든 철학사상을 포괄하여 하나로 꿰뚫는 철학사상이어야 할 것입니다. 바로 그런 철학의 원형이 『환단고기』에 들어 있습니다. 한국 고대의 철학사상은 최고급 보석을 품고 있는 원석 같은 것입니다. 원석에서 보석을 캐내는 일은 우리들의 몫입니다. 우리가 해야 할 가장 중요한 일은, 한국 고대의 철학사상을 바탕으로, 기존에 있었던 특정 철학사상들을 하나로 꿰뚫어, 오늘날에 적합한 철학사상으로 아우를 수 있는 새로운 철학으로 집대성하는 일일 것입니다. 새로운 철학사상이 원만하게 집대성되는 날이 오고, 그 철학사상을 다수의 사람이 공감하는 날이 오면, 비로소 세상 사람들이 한마음으로 하나가 되어, 진정한 의미의 세계평화가 달성될 수 있을 것입니다.

미래에 등장할 위대한 사상은 한 개인에 의해 완성되기 어려울 것입니다. 중국 송나라 때 완성된 주자학도 당나라 말기의 이고李翱가 만들기 시작한 뒤 북송 시대 학자들의 노력을 거쳐 남송의 주자에 이르러 완성된 것입니다. 미래에 등장할 위대한 철학사상도 많은 사람이 동참하여 만들어내는 합작품일 것입니다. 이제 뜻을 같이하는 사람들이 모여 새로운 철학사상을 창출하려는 노력을 시작해야 할 것입니다. 오늘날 한류 문화가 붐을 일으키고 있는 현상은 그 전조로 볼 수도 있습니다. 옛날에는 위대한 철학사상이 출현하기 전에 그것을 알리기 위해 기린이 나타나기도 하고, 봉황이 나타나기도 한다는 전설이 있습니다. 아마도 오늘날 일어나는 한류 문화의 붐을 기린이나 봉황의 출현으로 볼 수도 있을 것입니다. 한국에서 시대를 이끌 위대한 철학사상이 출현하면 한국이 문화의 중심국이 되는 것은 자명합니다.

**이영환**       음양 원리에 입각해 인류 역사를 조망하면 물질 중심의 시대와 정신 중심의 시대가 교차해왔다는 것을 알 수 있다는 점, 저 또한 공감합니다. 개인적으로는 음양 원리가 작동하는 방식에 대한 기존 설명이 불충분하다고 생각하기에 쉽게 받아들이지 못하고 있으나, 서양에서 개발된 과학 원리에 비추어 서로 상응하는 부분이 있다는 생각으로 전환하고 있습니다.

예를 들면 복잡계 경제학에서는 '양의 되먹임positive feedback'과 '음의 되먹임negative feedback'의 상호작용을 중시합니다. 여기서 양의 되먹임은 시스템을 밖으로 확장시키려는 움직임으로, 음의 되먹임은 시스템을 안정시키려는 움직임으로 봅니다. 따라서 양의 되먹임은 동양철학에서 말하는 양에, 음의 되먹임은 음에 상응합니다. 물론 완벽하게 일치하지는 않습니다. 예를 들어 주식시장에서 주가를 크게 올려 거품을 형성하도록 만드는 힘은 양의 되먹임이고 반대로 주가를 안정시키는 힘은 음의 되먹임이라고 할 수 있습니다. 음의 되먹임이 양의 되먹임을 능가하는 경우 시장은 안정적인 상태에 있지만, 반대의 경우 시장은 걷잡을 수 없는 혼란에 빠지게 됩니다. 거품이 터져 발생하는 금융위기는 양의 되먹임이 극단적으로 작용한 결과입니다.

여기서 중요한 것은 고대 동양의 통찰과 최근 서양의 과학 지식이 하나로 수렴하고 있다는 사실입니다. 갈릴레오 갈릴레이가 근대적 의미의 과학 시대를 연 이래 500년 정도가 경과했습니다. 인간을 포함한 우주만물을 작은 단위로 쪼개서 그 본성을 분석하는 과정을 통해 인류는, 크게는 우주 자체부터 작게는 소립자의 성질에 이르기까지 엄청난 지적 자산을 축적해왔습니다. 이를 바탕으로 끊임없는 기술혁신이 진행되었으며 지금은 그 막바지에 이르렀다는 생각이 듭니다. 그 이유는 인류가 우주의 궁극적인 요소라 할 수 있는 정보를 마음대로 다루는 기술을 개발하고 발전시켜왔기 때문입니다. 인공지능 알고리즘은 이런 정보기술의 절정을 보여줄 것입니다. 지금까지 정보기술은 인간의 감각적 욕망을 가장 효율적으로, 가장 빠르게 충족시켜주는 방향으로 발전해왔으며 앞으로도 그럴 겁니다. 이것은 우리가 물질문명의 절정을 향해 나아간다는 것을 의미하며, 이 추세를 저지할 수 있는 힘은 누구에게도 없습니다. 결국 인간은 끝까지 갈 것입니다.

그러면 그다음에 반전이 일어나게 되어 있습니다. 이 교수님이 말씀하신 바와 같이, 역사적으로 볼 때 이런 반전에는 몇 백 년이라는 기간이 소요되었습니다. 그렇지만 결국 반전이 일어났습니다. 이것은 제가 앞에서 언급했던 대극의 반전과도 정확하게 일치하는 현상입니다. 원래 칼 융이 강조한 대극의 반전은 인간 내부의 의식과 무의식 간의 갈등에서 비롯됩니다만 저는 이 개념을 인류 전체, 그리고 인류 역사에도 적용할 수 있다고 봅니다. 이런 점에서 물질 중심의 문명에서 정신 중심의 문명으로의 전환은 역사적으로도, 인간 의식의 관점에서도 필연적이라는 생각이 듭니다.

이런 전환은 4차 산업혁명의 진행과 더불어 서서히 일어날 것입니다. 지동설이 천동설로 대체되는 데 100년이 넘는 기간이 소요된 것처럼 패러다임 전환에는 긴 시간이 필요합니다. 그만큼 저항이 심하기 때문입니다. 우리가 아직도 해가 동쪽에서 뜬다는 식으로 말하는 것은 우리의 무의식에는 여전히 천동설의 잔재가 남아 있기 때문일 겁니다. 사회적으로나 개인적으로 패러다임 전환은 이런 저항을 피할 수 없습니다. 그렇지만 결국 전환은 일어날 것이기에 이에 대비해 더 많은 준비를 한 사람과 사회는 새로운 시대에 주역의 역할을 할 수 있습니다.

　여기서 분명히 하고 싶은 것은, 패러다임 전환이 물질문명의 붕괴를 의미하는 것은 아니라는 점입니다. 그보다는 문명의 중심이 물질에서 정신으로 이행함으로써 정신문명이 물질문명을 통제하는 위치를 차지하게 된다는 것을 의미합니다. 대극의 반전은 무한히 반복될 수 없으며, 결국 대극의 조화로 수렴되어야 합니다. 따라서 정신문명이 주도하는 가운데 물질문명의 번영을 추구하는 것이 새로운 패러다임으로 정착하게 될 것으로 예상합니다. 만약 우리가 극단적인 물질문명을 선호하는 방향에 집착한다면 결국 파국으로 이어질 가능성이 높다는 것을 우리의 무의식은 알고 있다고 생각합니다. 그렇기에 일종의 브레이크 역할을 함으로써 정신문명이 물질문명을 제어하도록 할 것입니다.

**최수**　세계 역사의 중심으로 재탄생하기 위해 우리가 풀어야 할 과제는 정신과 조화를 이루면서 물질적 도전을 극복하는 것이라는 데 충분히 동의합니다. 국가적인 관점에서도 세계 중심으로 진입하기 위한 필수 과제는 4차 산업혁명으로 인한 기술적, 산업적인 도전에 효과적으로 대응하는 것입니다. 저는 이러한 대응의 첫 단계로서 국민적인 공감대 형성을 말씀드렸습니다. 이러한 공감대를 바탕으로 자산을 어떻게 배분하고, 어떤 기술과 산업을 우선적으로 육성할 것인지, 어떻게 역할을 분담할 것인지에 대한 거대 담론이 이루어져야 할 것입니다. 그런데 이러한 거대 담론이 자생적으로 이루어지기만을 기대할 수는 없습니다. 거대 담론을 주도하는 주체가 출현해야 합니다. 그리고 그 주체는 4차 산업혁명의 내용과 동력을 잘 아는 전문가 그룹이어야 합니다.

어느 시대를 막론하고 시대적인 이슈를 끌고 가는 리더 그룹이 있었습니다. 그것을 부정해서도, 또 외면해서도 안 됩니다. 더욱이 극도로 기술적인 이슈들이 상당수를 차지하는 4차 산업혁명은, 이에 대한 해박한 지식이 없이는 의견조차 제시할 수 없는 성격의 혁명입니다. 그리고 이 혁명을 성공적으로 이행하기 위해서는 많은 자원의 집중적인 투입과 함께 기술적인 고도의 관리가 필요합니다. 그렇다면 그런 소수의 지도자들이 어떤 자세와 능력을 갖추어야 할 것인가가 문제입니다. 저는 그들이 다음과 같은 다섯 가지 자질을 꼭 갖추어야 한다고 생각합니다.

첫째, 리더는 무엇보다도 사명감이 투철해야 합니다. 사명감이 없는 리더는 결코 리더로서의 기본 자격을 갖추었다고 할 수 없습니다. 둘째, 사람에 대한 깊은 이해와 존중할 줄 아는 자세를 갖춰야 합니다. 더불어 같은 선상에서 우리의 정신적 자산에 대한 충분한 이해가 요구됩니다. 이 두 가지의 자산은 리더십의 전형적인 특성으로, 어느 분야에나 적용되는 기본적인 요건입니다. 셋째, 전문성을 갖추어야 합니다. 관련된 분야에 대한 탁월하고 체계적인 지식을 갖추는 것은 물론 변화를 좇아 끊임없이 학습해야 하며, 학습된 지식을 서로 연결하는 통합적인 능력 또한 필요합니다. 넷째, 4차 산업혁명을 관통하는 비전 수립 및 다양한 변화 속에서 이를 구현해나가는 조직적인 능력입니다. 그러나 이것으로 끝나면 안 됩니다. 마지막으로 다섯째, 강인한 체력과 불굴의 정신력을 바탕으로 개인적인 덕목인 정직, 근면, 절제, 준법, 존중을 지키면서 목표를 달성해내는 현실 구사 능력이 필요합니다. 그런 리더만이 홍익인간 정신을 실천할 수 있고 국민적 에너지를 점화시켜서 우리가 가려고 하는 세계의 중심으로 성큼 다가서게 하는 구심점이 될 수 있다고 봅니다.

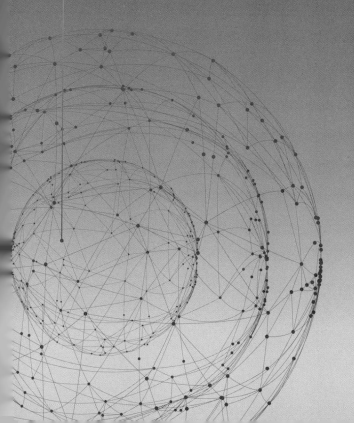

# 이제는 새로운
# 내러티브가 필요한 때

# 1

# 독자적인 스토리는
# 우리의 무기

**이영환**　　　이제 이 대담을 마무리하는 단계에 이르렀습니다. 오랜 세월 다른 분야에서 활동해온 세 사람이 이런 대화의 자리를 가진 것만으로도 의미 있는 일이라고 생각합니다. 짧은 여정이었습니다만, 이런 대화는 자신에게 익숙한 논리에 따라 매사를 판단하는 오류를 시정하는 데 큰 도움이 된다는 생각이 듭니다. 아무쪼록 이와 같이 서로 다른 분야, 다른 생각, 그리고 다른 배경을 가진 사람들이 종종 이런 대화의 기회를 갖는 것이 한국 사회를 한 단계 업그레이드하는 데 크게 기여할 것으로 확신합니다.

지금까지의 대담을 통해 저희가 여러 각도에서 논의한 내용 가운데 핵심 메시지는 한국인의 잠재력에 관한 것이었습니다. 현재 코로나19 사태를 경험하면서 전 세계인들이 한국과 한국인을 바라보는 시선을 통해 오늘날 한국의 위상과 한국인의 저력을 확인할 수 있습니다.

우리는 지금과 같은 물질적 풍요를 달성한 것을 넘어서, 전 세계 모든 사람들과 한층 성숙한 정신적 가치를 공유할 수 있는 능력이 있습니다. 그런데 너무 크거나 너무 가까이 있는 것은 우리의 감각을 통해 파악하기 어렵습니다. 바로 우리의 무의식에 내재한 정신적 자산이 그렇습니다. 이제 우리는 이것을 끄집어내어 우리만이 아니라 세계인 모두가 공유할 수 있는 번영의 길잡이로 삼아야 한다고 생각합니다. 그리고 코로나19와 같은 팬데믹과 기후변화로 인한 존재적 위험이 우리를 불안하게 만들고 있는 이 시점은 바로 그런 시도를 해볼 좋은 기회라고 생각합니다.

거듭 강조합니다만 한국이 단기간에 현재와 같은 경제 발전을 이룩하고 민주주의를 정착시킬 수 있었던 배경에는 한국인의 무의식에 깊이 각인되어 있는 정신적 자산이 있다고 봅니다. 그런데 이것을 한마디로 규정할 수는 없습니다. 우리는 5000년이 넘는 오랜 세월 동안 수많은 환난으로 생사의 기로를 헤맸으며, 지독한 궁핍의 고통을 견디어냈고, 인간적으로 참기 힘들었던 모멸감을 모두 극복해왔습니다. 우리의 정신적 자산은 이 고난의 여정을 통해 형성되었다고 봅니다. 여기에는 우리의 고유 정서인 한과 정, 그리고 은근과 끈기, 나아가 질투와 욕망 등 인간의 원초적인 감정이 모두 용해되어 있습니다. 그래서 이런 정신적 자산이 때로는 우리의 콤플렉스로 작용하기도 했습니다만 본질적으로 부정적인 감정이라기보다는 오히려 생명 에너지로 충만한 감정으로 해석될 수 있다고 봅니다. 그래서 이런 정신적 자산에는 물질만능주의가 득세한 세계 질서에 일대 변화를 가져올 수 있는 잠재력이 내재해 있다고 생각합니다.

우리는 지금 엄청난 패러다임 전환의 시대에 살고 있습니다. 4차 산업혁명이 진행되면서 인공지능을 비롯한 정보기술에 기반을 둔 핵심 기술들은 일반인들로서는 도저히 따라 잡을 수 없을 정도로 빠르게 발전하고 있습니다. 이것 또한 우리의 미래를 불안하게 만드는 요인입니다. 이와 같은 기술혁신의 메가트렌드에서 소외된 기업이나 국가는 미래를 장담할 수 없는 실정입니다. 그러니 전 세계적으로 수많은 사람들이 막연하게나마 모종의 불안감과 두려움에서 벗어나지 못하고 있는 형편입니다. 이런 점에서 한국인들도 예외가 아닐 겁니다. 앞으로 가공할 생산성을 바탕으로 인류역사상 가장 물질적으로 풍요로운 시대가 오더라도 여기서 소외될지 모른다는 불안감과 두려움이 많은 사람들의 의식을 지배하고 있기 때문입니다. 결국 문제의 핵심은 물질문명으로부터의 소외와 관련되어 있습니다.

그런데 보이는 세계에만 초점을 맞추다 보면 보이지 않는 세계를 간과하는 실수를 범하게 된다는 사실을 우리 모두 인식해야 합니다. 인간은 모두 존엄한 존재입니다. 한 사람을 구하는 것이 우주를 구하는 것이라는 탈무드의 격언도 있지 않습니까. 물질적 풍요는 결코 사소하게 취급할 대상은 아닙니다만 동시에 과도하게 집착해서도 안 될 것입니다. 나는 내 몸이 아니라는 엄연한 사실은 물질문명이 제공하는 즐거움이 우리의 궁극적인 관심사가 될 수 없다는 것을 강력하게 암시합니다. 아무리 상황이 어려워도 우리는 모두 우주적 차원에서 사고할 능력을 갖추고 있습니다. 실제로 먼 옛날 우리 조상들이 그랬습니다. 이제 우리는 잊고 있던 우리의 정신적 전통을 부활시켜야 합니다. 이것은 배가 불러서 나오는 사치스러운 생각이 아니라 우리의 존재 의미를 확인한 후 이것을 널리 세계인들과 공유하기 위해서입니다.

저는 이를 위한 가장 좋은 방법은 인간의 이성에 호소하는 논리보다는 감성에 호소하는 내러티브narrative, 즉 공감할 수 있는 일련의 이야기story를 만들어 널리 알리는 것이라고 생각합니다. 이런 내러티브의 핵심 메시지는 "우리는 어떤 상황에서도 결코 좌절하지 않는다. 우리는 에고에 갇혀 허우적대는 존재가 아니라 우주적 차원에서 사유하는 존재다."와 같은 인간의 근원적인 감정에 호소함으로써 개인의 잠재력을 극대화하고 이를 결집해 사회적 잠재력을 분출할 수 있는 그런 것이 되어야 할 것입니다. 이런 면에서 한국인으로서 우리는 새로운 내러티브를 발굴해 세계만방에 널리 알릴 수 있는 위치에 있습니다. 이제는 이런 자각이 필요한 시점입니다.

**최수**　　이제 오랜 대담의 마지막 단계에 있습니다. 결론 부분에 이르렀는데 놀랍게도 마지막에 내러티브를 넣으신 이영환 교수님의 제안에 감사드립니다. 무한한 우주는 얼마나 큰가, 어떻게 움직이는가, 왜 움직이는가 등 무수한 질문이 있지만 이를 어느 물리학자가 간단하게 요약했습니다. "우주는 의미 없이 움직인다."라는 것입니다. 사실 저는 우리 삶의 의미를 찾기 위해서 많은 고민을 했으며 그에 대한 해답을 우주 개념에서 찾고 있었습니다. 그런 저에게 우주는 의미 없이 움직인다는 그 한마디는 실로 충격이었습니다. 그런데 이 충격적인 한마디가 우주에 대해 더 명쾌하게 이해하게 해주면서 자연스럽게 우주란 무엇이지를 또 다시 질문하게 만들어주었습니다.

우리는 우주를 모르면서 마치 우주를 잘 아는 것처럼 생각하고, 쉽게 우주를 언급합니다. 그것은 몇 가지의 기본적인 내용으로 우주를 규정할 수 있기 때문입니다. 예를 들어서 얼마나 멀리 떨어져 있으며 얼마나 큰가, 얼마나 많은 별들이 모여 있는가, 멀리 있는 별들이 모여 있으면 어떻게 보이는가, 은하수형인가, 성운형인가, 별과 별 사이에 왕래하는 메시지는 무엇이며 도달하는 데는 몇 광년이 걸리는가와 같은 기본적인 지식을 기준으로 우주를 파악하고 있습니다. 그러나 그럼에도 우주는 여전히 오리무중입니다. 그런데 우리는 마치 우주를 잘 아는 것처럼 생각합니다. 그것도 정확히 필요한 만큼 이해합니다. 바로 '스토리'가 있기 때문입니다. 몇 가지 파라미터를 이용해 우주의 수많은 별을 서로 연결시키고 이들 사이의 상호작용 원리를 만유인력의 법칙으로 개념화한 후, 그 개념을 바탕으로 별들의 궤도와 운행 원리를 명료하게 파악합니다. 별 사이의 스토리를 만드는 것입니다. 이러면 무한하고 두려운 우주마저 친근감 있게 우리의 사

8장 이제는 새로운 내러티브가 필요한 때

고체계 속에 편입시킬 수 있습니다. 인간은 스토리에 바탕을 둔 이러한 개념화 능력을 철학적 능력으로도 발전시키고 종교적 능력으로도 승화한다고 생각합니다.

스토리는 사실들을 모아 구성한 이야기입니다. 사실에 근거하고 있기에 단순 명쾌하여 이해하기 쉽고 재미있습니다. 그래서 공감을 끌어내기 쉽지요. 따라서 사회의 복잡한 현상을 몇 가지의 특성으로 요약해 명료한 스토리로 들려준다면 머릿속에 전체를 파악할 수 있는 큰 그림을 그려낼 수 있을 것입니다. 그리고 그와 관련된 어떤 문제든 해결책을 쉽게 찾을 수 있지요. 이것이 바로 스토리의 위대함입니다.

그렇다면 우리 민족의 스토리는 어떠할까요? 우리의 역사 속에서 우리 민족의 스토리를 찾는 것은 우리가 당면한 현재의 문제를 해결하는 데 무척 유용할 것입니다. 그런데 놀랍게도 한국의 많은 지도자들은 스토리의 소재를 중국 고전에서 찾습니다. 식자층은 의미 있는 개념을 한자의 사자성어로 표현하려고 애쓰고 그렇게 해야만 유식해 보인다고 생각합니다. 말하자면 우리 지식인들이 비싼 밥 먹고 우리의 정체성을 약화시키면서 남의 나라의 정체성을 열심히 강화해주는 꼴입니다. 아니 도리어 우리의 역사서가 아닌 우리와 이해관계가 다른 외국의 역사서에서 가져온 사실을 인용하고 우리의 정신을 그들의 해석에 맡기고 있습니다. 그럼에도 그들은 그에 관한 제대로 된 인지도, 죄의식도 없습니다. 이렇게 스토리가 잘못 구성되어버리면 우리가 상상하는 그 이상의 폐해를 가져올 것입니다. 대표적인 것이 아직도 횡행하는 식민사관과 관련된 스토리들입니다. 왜 우리는 찬란한 5000년 역사 속에 무수한 스토리의 소재를 풍부하게 보유하고 있음에도 그것들을 발굴해서 우리 스토리로 전달하려는 진지한 노력을 하지 않을까요? 저는 그 이유를 납득하기가 어렵습니다. 다른 사람이 그의 관점에서 구성한 스토리를 습관적으로 혹은 값싸게 빌려다가 우리의 정신을 채색하면, 진정한 자신으로부터 점점 멀어지고 결국 정체성 혼란을 느끼게 될 것입니다. 저는 이런 것을 '허위 정신'이라고 부릅니다.

이제는 이런 풍조를 바꿔야 합니다. 우리도 이제는 독자적인 우리의 스토리를 가질 만큼 성숙했습니다. 지금까지의 우리 역사 속에서 소재를 찾아내어 그것을 스토리로 구성해야 합니다. 그리고 그 스토리를 통해 우리는 우리 안에 살아 있는 위대함과 정체성을 보다 명확히 이해해야 합니다. 그러한 스토리를 만들어가는 건 우리 모두의 의무이자 지식인의 사명입니다. 아니, 우리 국민 모두가 스토리의 중요성을 이해하고 지원해야 합니다.

스토리는 위기를 통하지 않고서도 국민을 단결시킬 수 있습니다. '우리의 스토리'는 바로 '우리의 무기'입니다. 남의 칼이 아닌 우리만의 칼로 당면한 과제들을 해결하고 싸워나가야 합니다. 특히 우리가 문화 강국을 추구하려면 독자적인 우리의 스토리를 더욱 풍부하게 만들어야 합니다.

그러면 우리는 앞으로 무엇을 해야 할까요? 여기에 대한 답 또한 모두의 공감을 끌어낼 수 있는 스토리로 구성할 수 있습니다. 우리는 단군사와 같은 잊힌 역사뿐 아니라 그 범위를 넓혀 '우리 고유의 것'에서 스토리의 소재를 찾아내어 우리 미래에 대한 스토리를 만들어야 합니다. 이를 통해 우리 모두의 공감을 일으킬 수 있다면, 우리는 보다 단단하게 뭉칠 수 있고 잠재된 에너지를 효율적으로 활용해 세계의 중심으로 더 쉽게 진입할 수 있을 것입니다. 이를 통해 4차 산업혁명 과정에 가로놓인 운명의 큰 강을 보다 쉽고도 재미있게, 그리고 의미 있게 건널 수 있지 않을까 생각합니다.

**이영환** 그렇습니다. 사람들은 내러티브에 적극적인 반응을 보입니다. 재미있는 소설이 널리 읽히고, 잘 만든 영화를 많이 보는 이유는 탄탄한 스토리, 즉 내러티브가 받쳐주기 때문이지요. 현 시점에서 필요한 내러티브는 우리의 잠재력을 자극하거나, 인간의 존엄성을 일깨워주고, 단합을 통해 고난을 극복하는 그런 이야기들입니다. 이를 위해서는 이미 알려진 내러티브 가운데 잘못 알려진 것은 바로잡고, 알려지지 않는 것은 적극적으로 발굴하는 노력을 강화해야 한다고 생각합니다. 이를테면 한편으로는 새로운 해석을 통해 단군 이야기와 같은 거대한 스토리가 재조명되어야 하며, 다른 한편으로는 평범한 사람들의 체험에서 비범한 스토리를 발굴해 널리 알리자는 것입니다. 이 말은 세종대왕이나 이순신 장군 같은 영웅들의 이미 잘 알려진 이야기는 굳이 강조할 필요가 없다는 의미입니다. 반면 최근의 사례 가운데는 반도체 관련된 이야기들을 발굴해 널리 알릴 필요가 있다고 생각합니다. 특히 반도체 산업의 초창

기부터 현재에 이르기까지 산업 현장과 연구소에서 불철주야 최선을 다했던 사람들의 알려지지 않은 이야기들은 우리 모두에게 감동을 줄 겁니다. 이에 앞서 중동에 진출해 중동 건설의 주역으로 활동했던 수많은 현장 근로자들의 이야기 또한 널리 공유할 가치가 있다고 봅니다.

한국의 놀라운 경제 발전은 한국인들이 오로지 물질적 가치에 과도하게 집착하는 것 같은 인상을 줄 수 있지만, 이것은 피상적인 관점이라고 생각합니다. 앞에서도 언급했습니다만, 한국의 경제 발전은 물질적 궁핍으로 고단했던 오랜 세월 동안 응축되었던 분노와 열망이 분출되었기에 가능했던 것입니다. 즉 강인한 정신력이 현실에서 지칠 줄 모르는 근로 의욕으로 표출된 것으로 볼 수 있습니다. 경제개발 초기 섬유산업이 주력 산업이었던 당시, 소위 '공순이'라는 멸칭으로 불리며 무시당했던 수많은 여공들은 무엇 때문에 그런 열악한 근로 조건과 모멸감을 참았겠습니까? 자신을 희생해서라도 형제자매의 성공에 대한 강렬한 열망이 있었기 때문이라고 생각합니다. 우리는 여러 분야에서 이런 유형의 사례들을 많이 발굴할 수 있습니다. 우리의 정신적 자산으로서 이런 스토리들을 후대에 물려줄 가치가 있다고 봅니다. 이런 취지에서 두 분이 한국인의 잠재력을 다시 점화시켜주고 나아가 세계 모든 사람들에게 용기를 줄 수 있는 그런 내러티브에 대해 고견을 주시면 좋겠습니다.

# 2

# 잠재력을 폭발시키는
# 한국인의 내러티브

**최수** 　스토리는 우리가 변방에서 중심으로 나아가는 데 대단히 중요한 개념입니다. 모든 생명체는 살아가면서 방대한 데이터를 남깁니다. 삶 자체가 데이터이지요. 인간은 그 방대한 자료를 기억할 수 없고 그럴 필요도 없습니다. 대신 필요한 자료만 잘 선정해 사용하면 됩니다. 그렇게 선정된 자료의 통일성, 그것이 바로 스토리입니다. 데이터 자체는 기록돼서 전달될 뿐이며 시간이 지나면 가치가 떨어집니다. 그런 데이터가 생명력을 갖기 위해서는 스토리 소재로 선택되어야 합니다. 선택되지 않은 데이터는 사장됩니다. 그러나 선택되어 스토리화를 통해 전달되는 데이터는 살아 움직이며 인간의 관심을 사로잡습니다. 또한 메시지가 분명하기에 확실하게 각인되고, 기억 속에서 쉽게 재현되기도 합니다. 바꾸어 말하면 스토리는 인간의 사고와 감성을 연결함으로써 해당 정보를 기억 창고에 확실하게 내장시킵니다. 이러한 정보는 필요할 때 기꺼이 꺼내 에너지로 분출할 수 있는 공감의 보고寶庫입니다. 우리가 유구한 역사 속에서 우리 민족의 본성에 관한 가슴 뛰는 소재를 발굴해 스토리화하여 기억한다면, 그리고 우리가 가야 할 길을 스토리로 엮어서 제시한다면, 우리 국민은 이에 쉽게 공감하며 단합할 것입니다. 그리고 이 단합은 폭발적인 에너지를 분출할 것입니다. 우리가 스스로 스토리를 발굴하고 앞으로 나아갈 길을 스토리로 제시하여 공감대를 넓히는 작업은, 4차 산업혁명을 극복하는 데 필수적인 일이라고 생각합니다

　스토리를 말할 때 빼놓을 수 없는 것 중 하나가 그리스신화입니다. 그리스신화는 인간의 다양한 본성과 운명을 소재로 스토리를 구성하여, 인간의 기쁨과 고통 그리고 갈등을 시대 상황으로 풀어내면서 인간을 깊이 이해하고 공감하도록 만듭니다. 우리는 이러한 스토리를 통해 수천 년이 지난 지금도 그리스를 더욱 사실적으로 이해할 수 있습니다. 오직 구전으로 전해온『오디세이』를 생각해보십시오.『오디세이』를 통해 트로이 전쟁과 같은 기원전 13세기의 이야기를 3300년이 지난 지금도 감명 깊게 기억하고 군더더기 없이 받아들이고 있지 않습니까? 오디세이가 트로이 전쟁 뒤 방황하며 다시 돌아왔을 때까지 겪었던 다채로운 여정은 3300년이 지난 지금도 읽는 이

들의 가슴에 위로와 희열을 남깁니다. 이처럼 아무런 이해관계도 없는 이들의 마음을 움직이는 스토리의 위력은 너무나 대단합니다.

그런데 그리스보다 더 긴 5000년의 역사를 가진 우리가 왜 우리의 이야기를 『오디세이』와 『일리아드』처럼 풀어낼 수 없습니까? 왜 우리 영웅에게서 국민적인 서사시를 발굴하지 않고 남의 스토리를 통해 우리를 반추하는 걸까요?

우리에겐 훌륭한 스토리의 소재가 많습니다. 근현대사만 보더라도 여러 가지 스토리를 발굴할 수 있습니다. 제가 예를 들었던 반도체 산업도 엄청난 스토리입니다. 포항제철의 철강 스토리는 어떻습니까? 현대건설의 사우디 산업항구 건설 스토리는 어떻습니까? 현대중공업의 조선업 진출 스토리는? 삼성의 LED TV는? 삼성의 애니콜 신화는? 현대차 스토리는? 일일이 예를 들기에는 너무 많은 스토리가 있습니다. 그러한 스토리들이 꼬리에 꼬리를 물며 오늘의 한국을 여기까지 이끌어 왔습니다. 한글이나 거북선 스토리까지 갈 것도 없습니다. 이런 훌륭한 스토리를 정리해서 공유할 수 있다면 그 자체만으로도 우리 민족이 긍정적인 정체성을 확립하는 데 도움이 될 것입니다. 이제 우리는 남이 구성해준 식민사관으로 인한 자기 부정을 과감하게 떨치고, 우리의 이야기를, 우리가 '스토리'화해서, 자기 부정을 자기 확신으로 바꿔가야 합니다. 이러한 과정이 우리를 변방에서 벗어나 세계의 중심으로 성큼 인도해줄 것입니다. 이것이 우리가 이런 대담을 기획한 동기였습니다.

**이영환**  최수 회장님 말씀에 크게 공감합니다. 그리스신화라든가, 유대인들의 이야기, 서양의 영웅담 등 많은 내러티브들이 우리의 상상력을 자극하고 꿈과 용기를 불러일으킨 것은 분명합니다. 그런데 상대적으로 우리 이야기를 발굴하는 데 소홀했던 점은 반성해야 할 사항입니다. 이제는 우리 이야기, 즉 이 땅에서 살았던 사람들의 스토리에 더 의미를 부여해야 합니다.

그럼에도 잠깐 인류 최초의 내러티브로 불리는『길가메시 서사시』를 언급하고자 합니다. 고대 수메르의 전설적인 왕이었던 길가메시의 모험을 다룬 이 이야기는 모든 신화의 전형을 보여주기 때문입니다. 세계적인 신화학자 조지프 캠벨이 강조했듯이 전 세계 모든 신화는 공통적인 방식으로 구성되었다고 합니다. 영웅의 탄생, 여정을 떠남, 고난에 처함, 은인의 도움을 받음, 과업의 달성, 귀향이라는 구성이 그것입니다. 물론 모든 이야기가 이런 구성을 갖춰야 한다는 것은 아니지만, 인간의 감성을 자극하는 데는 이것이 가장 효과적이라는 것이 입증된 것으로 볼 수 있습니다. 우리도 이런 전형적인 패턴을 참조해 우리의 내러티브를 만들어가야 할 것입니다.

인간은 감정의 동물입니다. 이는 진화론적으로도 입증 가능합니다. '인간의 뇌'라 불리는 신피질은 가장 최근에 형성된 반면, '포유류의 뇌'라 불리는 변연계는 오래전에 형성되었습니다. 변연계는 공포, 두려움, 행복, 쾌락 등 인간의 감정을 관장하는 부위입니다. 오랜 세월 동안 인류가 겪었던 수많은 사건들에서 비롯된 여러 감정의 복합체가 이 변연계에 저장된 상태로 우리 모두에게 전해져왔다고 봅니다. 내러티브는 직접적으로 인간의 변연계에 작용하기 때문에 무엇보다도 강력한 영향을 미칠 수 있습니다. 이에 비하면 인간의 이성은 감성을 자극하는 사건이나 기억의 의미를, 자신에게 유리하게 해석하고 합리화하는 역할을 하는 데 불과합니다. 감정은 우리에게 즉각적인 영향을 미치지만 이성적 판단은 사후적으로 일어납니다. 그 후 일부는 다시 우리의 감정에 영향을 미치게 됩니다. 따라서 우리의 역사, 우리의 삶에 기초한 스토리를 발굴해 널리 공유하는 것은 분명, 한국이 세계의 중심으로 나아가는 데 촉진제 역할을 할 수 있을 겁니다.

다시 강조하지만, 인간의 원초적인 감정에 호소하는 내러티브만큼 강력한 영향을 미치는 것은 없을 것입니다. 그 가운데 특히 한국인들이 이성보다는 감성을 더욱 발달시켜온 역사를 갖고 있다는 점은 중요한 의미가 있습니다. 이렇게 된 데에는 무엇보다도 조선시대 500여 년 동안 사대부들이 학문을 독점했던 영향이 크다고 생각합니다. 일제로부터 독립한 이후 이에 대한 한(恨)이 높은 교육열로 표출되었습니다만, 이것은 서양의 계몽주의와는 달리, 한국인들의 이성을 자극하는 촉매 역할을 한 것이 아니라 치열한 경쟁에서 생존하기 위한 도구에 불과했습니다. 이처럼 한국인들에게 이성보다 감성에 호소하는 것이 더 효과적인 풍토가 조성되었다는 점은 모두가 공감할 수 있는 내러티브의 중요성을 보여줍니다.

그런데 현실은 이와 반대로 흘러왔습니다. 홍익인간 사상을 기반으로 하는 단군 이야기는 아무런 역사적 근거가 없는 날조된 이야기라는 흑색 비방이 오랜 세월 지속되는 바람에 한국인들 대다수는 단군 이야기에서 어떤 감동이나 교훈을 얻지 못하고 있는 실정입니다. 여기에는 왕권을 유지하기 위한 방편으로 소중화에 빠져서 우리 고대사를 고의적으로 훼손했던 조선시대의 만행과, 일제 강점기 때 민족정신을 말살하려는 일제의 노골적인 탄압이 큰 영향을 미쳤다고 봅니다. 우리는 이런 과거를 타산지석으로 삼아 더 이상 스스로를 폄하하는 일이 없어야 할 것입니다. 이런 면에서 믿음의 아버지로 아브라함을 받들면서 2000년이 넘는 디아스포라의 방랑 시절과 나치의 유대인 말살 정책을 견뎠던 유대민족으로부터 교훈을 얻어야 할 것입니다. 그래서 단군 이야기부터 최근에 이르기까지 한국인들의 정서를 관통하는 이야기들을 여럿 발굴해야 할 것입니다.

**이기동**　이제 우리의 대담을 마무리해야 할 때가 되었네요. 이영환 교수님과 최수 회장님 애 많이 쓰셨습니다. 두 분께 감사드립니다.

세계사적 패러다임 전환기에 한국이 변방에서 중심으로 전환하기 위해서는 우리의 잠재력을 폭발시켜야 할 것입니다. 한국인은 화합하면 기적을 일으키지만, 분열하면 모래알처럼 흩어져 맥없이 망하고 맙니다. 따라서 우리의 화두는 어떻게 화합할 것인가로 귀결됩니다. 형제는 부모의 마음으로 돌아가면 화합할 수 있습니다. 부모의 마음이 되면 형제는 하나가 되기 때문입니다. 사촌끼리 화합하려면 할아버지 마음으로 돌아가면 됩니다. 육촌끼리 화합하려면 증조할아버지 마음으로 돌아가면 됩니다. 그렇다면 대한민국 사람이 화합하기 위해서는 단군 할아버지 마음으로 돌아가면 됩니다. 단군 할아버지 때부터 내려온 한마음을 회복하면 우리는 화합할 수 있습니다. 과거 대한민국이 기적을 일으켰던 때는 언제나 한마음을 회복했던 때였습니다. 신라는 단군시대 때부터 내려온 화랑과 화백제도를 통해 국력을 길렀고, 최치원 선생의 사상은 유불도 삼교를 포괄하는 풍류사상을 이은 것이며, 원효대사의 일심一心 사상은 천부경天符經의 하나 사상을 이은 것이었습니다. 고려 말 목은 이색 선생은 천부경의 하나 사상을 이어 천인무간天人無間 사상을 펼침으로써 조선 500년을 지속한 성리학의 초석을 깔았습니다.

이제 우리는 패러다임의 전환기에 중심국으로 진입해야 하는 절체절명의 시기를 맞았습니다. 미래를 개척하는 지혜는 과거에서 찾을 수 있습니다. 우리는 우리의 유전자를 통해서 이어지고 있는 한마음을 회복하여 모두가 화합해야 할 것입니다. 동학의 실천철학에 '시천주侍天主'가 있습니다. 사람을 하늘처럼 섬기는 것입니다. 앞에서도 언급했지만, 한국인은 자기가 하늘이라는 의식이 잠재해 있으므로, 하늘처럼 대접받으면 신바람을 일으킵니다. 이제 우리는 다투지 말고 서로 존중하여 다른 사람을 하늘처럼 받들고 존중해야 할 것입니다. 초대 단군 할아버지는 다투지 말라고 훈시한 적이 있습니다. 우리가 분열하여 다투면 나라가 망한다고 깨우쳤습니다. 태조 이성계와 무학대사 사이의 재미난 대화가 전해지고 있습니다. 돼지는 부처님을 보고도 돼지인 줄 알지만, 부처님은 돼지를 봐도 부처님처럼 대한다는 대화입니다. 우리가 다른 사람을 받들지 못하는 것은 우리가 돼지 수준이기 때문임을 빨리 깨닫고 다른 사람을 높이고 받드는 노력을 해야 할 것입니다.

우리의 짧은 대담은 이제 마무리하지만, 사실은 마치는 것이 아니라 우리가 새로운 시대에 대비해 새로운 일을 시작해야 함을 알리는 신호입니다. 시작은 미약하지만, 그 끝이 창대하기를 기대합니다.

**최수**　우리의 스토리 구성에 가장 적합한 소재가 역사 속에서는 한글 창제, 거북선 발명, 무수한 전쟁 승리일 것이고, 최근으로 오면 우리의 여러 가지 성공 사례가 될 듯합니다. 그렇지만 최고의 스토리는 역시 단군 역사가 아닐까요? 따라서 잊힌 단군 역사를 더 활발하게 발굴하여 우리 민족이 하늘로부터 왔다는 천손설, 홍익인간 정신, 곰이 인간이 되기 위해 보여준 놀라운 열망과 인내심이 녹아 있는 내러티브가 만들어졌으면 합니다. 이는 우리 한민족의 특징과 정체성, 그리고 신념을 설명하는 데 적합할 것입니다. 또 이로 인한 민족적 시너지도 대단히 클 것이라 생각합니다.

현재도 논란이 되고 있는 단군의 역사는 더 많은 고증을 통해 새로이 더 깊게 연구되어야 할 것입니다. 특히 우리 민족이 하늘로부터 왔으며 우리는 하늘을 존중하고 사람은 하늘과 같다는 우리 고유의 전통 사상은 더욱 그렇습니다. 단군 스토리는 우리의 훌륭한 건국이념이며, 우리의 본성이나 사상의 근원을 잘 드러내고 있습니다. 따라서 정성스레 다듬고 밝혀야 할 우리 민족의 훌륭한 고유 이야기라고 생각합니다. 우리가 이런 이야기를 가졌다는 것이 저는 정말로 자랑스럽습니다.

**이영환** 　　　이 대담을 마치면서 새로운 내러티브에 초점을 맞
추고 있습니다만, 이것이 내러티브가 모든 문제를 해결
해준다는 의미는 아닙니다. 4차 산업혁명이 본격화되고 있고
동시에 기후변화와 코로나19로 대변되는 환경적 재앙이 우리를 억
압하고 있으며 각종 가짜 뉴스가 난무하는 현 시점에서, 최대한 많은
사람들이 공감을 바탕으로 연대와 협력을 촉진하는 방법은 진심을
담은 내러티브를 발굴해 널리 알리는 것이라는 생각에서 그리한 것
입니다.

　그런데 내러티브에 관한 대담이 다시 가장 오래된 단군 이야기로
되돌아갈 수밖에 없다는 것은 정말 역설적입니다. 인공지능이 우리
생활 곳곳에 침투해 인간의 위상을 위협하는 시점에서 단군 이야기
를 논한다는 것이 일견 시대착오적으로 보일 수 있습니다만, 최 회장
님이 지적하셨듯이 그렇지만은 않은 것 같습니다. 단군 이야기의 핵
심은, 우리는 '하늘'과 연결되어 있고 모든 것을 하늘로부터 얻는다
는 사상에 있다고 생각하기 때문입니다. 그 옛날 우리 조상들이 생각
했던 하늘은 지금의 우주에 해당됩니다. 이것은 곧 우리는 이 땅에서
살아가는 생물학적인 존재, 육체를 가진 분리된 존재에 그치는 것이
아니라, 우주와 연결되어 있으며 에고의 한계를 넘어서는 존재라는
엄청난 자각이 깔려 있다는 것을 의미합니다.

　현재 진행 중인 4차 산업혁명은 우리를 물질문명의 극한으로 몰

대한민국, 변방에서 중심으로

고 갈 것입니다. 이에 더해 금융자본이 주도하는 현 경제체제에서는 돈의 위력이 점점 더 커질 것입니다. 이 두 가지 강력한 흐름은 상호작용하면서 우리에게 물질적 만족과 돈에 더욱 집착하도록 강요할 것입니다. 그러나 이것은 인간의 본성에 반하는 것입니다. 비록 인간이 몸이라는 덫에 갇혀 있기에 에고의 폭력으로부터 쉽게 벗어날 수 없지만, 무의식 깊은 곳에는 하늘, 즉 우주와의 연결에 대한 동경이 남아 있습니다. 이것이 바로 요즘 일부 깨달은 사람들이 말하는 우주의식이요, 합일의식입니다. 우리는 일찍이 단군시대에 이런 의식 수준에 도달했습니다만, 안타깝게도 중간에 탐욕스러운 일부 권력자들의 농간으로 인해 이런 고귀한 전승이 끊어졌습니다. 이제 우리에게 주어진 과제는 이런 전승을 회복하는 것입니다. 그리하여 단군 이야기는 더 이상 기피 대상이 아니라 자랑스러운 우리의 정신적 본향이 되어야 하며, 이를 바탕으로 많은 이야기들을 발굴해 널리 알려야 한다고 생각합니다. 이것은 한국이 세계의 변방에서 중심으로 나아가는 데 고갈되지 않는 정신적 자산의 역할을 할 것입니다.

# 맺음말

**이영환**　기후변화, 팬데믹, 금융자본의 지배, 파괴적 기술혁신, 그리고 불평등과 양극화라는 여러 요인들의 상호작용으로, 우리 후손은 매우 불확실하고도 두려운 미래를 맞이하게 될 것입니다. 이에 효과적으로 대처하려면 개인적 차원에서는 다양성이 존중되고 창의성이 장려되어야 하며, 사회적 차원에서는 정의와 공정의 원칙이 엄격하게 준수되어야 합니다. 이것은 곧 민주주의의 기본 원리를 회복함과 동시에 모두가 번영을 공유할 수 있는 경제 시스템을 지향해야 한다는 것을 의미합니다.

이를 구현하기 위해 저는 본문에서 몇 가지 방안을 구체적으로 제안했습니다. 첫째, 한국 사회의 고질적인 난제를 해결하기 위해서는 '문샷 프로젝트'가 적극적으로 추진되어야 합니다. 정부가 나서지 않을 경우 기업이 주체가 되어 이러한 프로젝트를 추진한다면, 한국인의 잠재력을 극대화할 수 있을 뿐만 아니라 대의민주주의의 한계를 보완하는 역할을 하게 될 것입니다.

둘째, 개인과 사회 모두를 위한 공동선을 확립하는 것입니다. 공동선은 시대적·사회적 배경에 따라 다양한 도덕적·경제적 가치를 반영해왔습니다. 이 시대 한국의 실정에 적합한 공동선을 모색하는 효과적인 방법은 지대추구행위, 도덕적 해이, 권력 남용, 무임승차, 집단이기주의와 같은 공동악common bad을 확실히 제거하는 것입니다. 이를 위해서는 무엇보다도 다양한 계층의 사람들이 참여하는 사회적 담론이 활성화되어야 합니다.

셋째, 객관적으로 확인된 부와 소득에 관한 자료를 바탕으로 불평등 연계 세제를 실시할 것을 제안합니다. 이는 부와 소득의 불평등이 악화되는 경우에는 누진세를 강화하고, 반대로 불평등이 완화되면 이에 상응해서 누진세를 조정하는 탄력적인 방식의 조세제도를 실시하는 것을 말합니다.

넷째, 기후변화와 코로나19와 같은 팬데믹으로 존재적 위험이 부각되고 있는 현 시점에서 한국의 기업들은 주주가치만 중시하는 시대착오적인 미국식 경영을 지양하고 세계의 어떤 기업보다 먼저 과감하게 진정한 이해관계자가치를 추구하는 조직으로 거듭날 것을 제안합니다. 이런 변신을 통해 한국 기업은 대한민국이 세계의 중심으로 나아가는 과정에서 명실상부하게 주도적인 역할을 수행할 수 있습니다.

**이기동**  ／　공자는 "사람이 먼 훗날에 대비한 헤아림이 없으면, 늘 눈앞의 일에 걱정거리가 생긴다."라고 말한 적이 있습니다. 지금 세상이 돌아가는 모습을 보면 걱정거리가 산적해 있습니다. 인류가 방향성을 잃고 우왕좌왕 헤매고 있습니다. 이제 나아가야 할 방향을 잡아 인류를 인도해야 할 때가 되었습니다. 긴 인류의 역사에서 보면 그 방향은 언제나 하늘마음을 가진 사람들이 앞에서 인도해왔습니다. 한국 사람의 마음 깊은 곳에는 하늘마음이 자리 잡고 있습니다. 일찍이 최치원 선생이 말했듯이, 한국에는 유학·불교철학·도가철학을 포함하는 현묘한 도가 있었습니다. 한국인의 현묘한 도는 아직도 한국인의 마음속에 면면히 이어져오고 있습니다. 그리고 한국인의 마음속에 들어 있는 이러한 하늘마음을 되살리고 못 살리고는 오늘날의 우리에게 달렸습니다. 우리의 대담은 한국이 맞이한 천재일우의 기회를 살리는 작은 시작입니다. 한국인은 이 기회를 꼭 되살려야 할 것입니다. 그래야만 우리 자신에게 떳떳하고 후손에게 부끄럽지 않을 것입니다. 우리의 대담이 한국의 기회를 되살리는 작은 마중물이 되기를 희망합니다.

**최수**  ／　오늘의 우리는 우리의 오랜 삶의 결과물입니다. 오늘은 어제 뿌렸던 씨가 맺은 결실이고 미래는 오늘 뿌리는 씨가 새롭게 맺는 결실일 것입니다. 우리는 어제의 열악한 여건에서 훌륭한 오늘을 꽃피웠고, 불안한 내일을 준비하면서도 확신에 차 있습니다. 우리는 자칫 지나간 과거를 부끄러워하면서 오늘을 불평할 수 있고, 미래에 대해 큰 두려움을 가질 수도 있습니다. 세계가 넓어지고 다양성이 넘치는, 어지러울 정도로 빨리 변하는 오늘의 시대는 희망과 절망, 긍정과 부정이 함께 할 수밖에 없습니다. 그러나 산다는 것은 살아야 한다는 것과 동일한 의미입니다. 삶은 멈출 수 없는 생명력이 그 본질이기 때문이지요.

오늘의 한국은 60년 만에 세계 최빈국으로부터 세계 10위권의 선진국으로 위상을 굳혀가고 있습니다. 세계의 변방 극동에서 세계의 중심으로 확실히 진입하고 있습니다. 더 노력한다면 가까운 미래에 5위권까지 진입할 수도 있을 것입니다. 우리의 무엇이 이것을 가능하게 했을까요? 우리의 역사에서 유추한 홍익인간의 건국이념, 한마음의 단결정신 그리고 창조와 혁신의 정신이 우리의 위기 극복 DNA와 결합하여 오늘날의 '우리'로 존재하는 것 아닐까요.

미래의 세계는 더욱 빠르고 더 많은 변화가 예상됩니다. 지능화, 자동화, 데이터화가 대세일 겁니다. 그 기술은 더욱 심오해지고, 그 변화 속도는 더욱 빨라질 것이며, 국가 간의 기술 격차는 더욱 커지고, 시장의 진입 장벽은 더 높아질 것입니다. 어느 국가든 권역에서 한번 밀려나면 재진입이 어려울 것이며 그래서 후진은 선진을 따라잡기 어렵게 될 것입니다. 다행스럽게도 우리는 이러한 세계적인 추세에서 상당히 앞선 입지를 이미 확보하고 있습니다. 그러나 아직도 선진기술과의 격차가 크고, 우리의 기술은 충분히 뿌리내리지 못했으며, 우리의 위치는 불안합니다. 그럼에도 불구하고 빈부의 격차와 이로 인한 갈등은 더욱 확대되고 있으며, 이로 인해 성장 잠재 동력이 크게 약화되는 경향을 보이고 있습니다. 사회적으로도 이미 성장에 대한 피로감이 만연하여 성장을 언급하면 시대에 뒤진 것으로 인식되고 있지요.

우리는 우리의 밝은 미래를 위해 다시 신발 끈을 질끈 매어야 합니다. 기업은 세계의 강자들과 경쟁하면서 기술과 산업을 주도해야 할 것입니다. 생산이 주기능인 기업은 가치를 창조하기 위해 존재합니다. 기업의 이러한 본질적인 기능이 미래의 우리 문제를 해결하는 데 유효하게 작동할 것입니다. 정부는 비전과 정책을 통해 기업에 방향을 제시하고, 기업은 지속적인 성장을 통해 미래의 기회를 실현하며 위험에 대응해야 합니다. 이러한 역할에 충실하면서 법인으로서의 제약을 기꺼이 수용한다면 기업은 더욱 큰 역할을 할 수 있을 것이며, 국가와 사회로부터도 더욱 긍정적으로 평가받을 것입니다.

# 참고 문헌

김구, 『백범일지』, 돌베개(2005)

김상태, 『고조선 논쟁과 한국 민주주의』, 글로벌콘텐츠(2017)

김형진, 『인조의 나라』, 새로운사람들(2020)

니얼 퍼거슨, 구세희·김정희 옮김, 『시빌라이제이션』, 21세기북스(2011)

닉 보스트롬, 조성진 옮김, 『슈퍼인텔리전스』, 까치(2017)

다니엘 핑크, 김주환 옮김, 『드라이브』, 청림출판(2011)

데이비드 봄, 강혜정 옮김, 『창조적 대화론』, 에이지21(2011)

데이비드 봄, 이정민 옮김, 『전체와 접힌 질서』, 시스테마(2010)

데이비드 호킨스, 백영미 옮김, 『의식혁명』, 판미동(2011)

래리 도시, 이수영 옮김, 『원 마인드』, 김영사(2016)

레이 커즈와일, 윤영삼 옮김, 『마음의 탄생』, 크레센도(2016)

로버트 라이시, 『The Common Good』, Alfred A. Knopf(2018)

로버트 라이시, 『The System』, Vintage Books(2021)

로버트 라이시, 안기순 옮김, 『자본주의를 구하라』, 김영사(2016)

로버트 란자, 『Beyond Biocentrism』, BenBella Books, Inc.(2016)

로버트 란자, 『The Grand Biocentric Design』, BenBella Books, Inc.(2020)

로버트 란자, 밥 버먼, 박세연 옮김, 『바이오센트리즘』, 예문아카이브(2018)

로버트 액설로드, 이경식 옮김, 『협력의 진화』, 시스테마(2009)

루퍼트 셸드레이크, 하창수 옮김, 『과학의 망상』, 김영사(2016)

리카이푸, 박세정·조정숙 옮김, 『AI 슈퍼파워』, 이콘(2019)

린 맥태거트, 이충호 옮김, 『필드』, 김영사(2016)

마셜 로젠버그, 캐서린 한 옮김, 『비폭력 대화』, 한국NVC센터(2017)

마이클 샌델, 안기순 옮김, 『돈으로 살 수 없는 것들』, 와이즈베리(2012)

마이클 샌델, 함규진 옮김, 『공정하다는 착각』, 와이즈베리(2020)

마크 뷰캐넌, 이효석·정형채 옮김, 『내일의 경제』, 사이언스북스(2014)

마틴 포드, 김대영·김태우·서창원·최종현·한성일 옮김, 『AI 마인드』, 터닝포인트(2019)

마틴 포드, 이창희 옮김, 『로봇의 부상』, 세종서적(2016)

매튜 스탠리, 김영서 옮김, 『아인슈타인의 전쟁』, 브론스테인(2020)

맥스 테그마크, 백우진 옮김, 『라이프 3.0』, 동아시아(2017)

밀턴 프리드먼, 심준보·변동열 옮김, 『자본주의와 자유』, 청어람미디어(2007)

버나드 헤이시, 석가용 옮김, 『신 이론』, 책세상(2010)

빅터 프랭클, 이시형 옮김, 『죽음의 수용소에서』, 청아출판사(2020)

빌 게이츠, 김민주·이엽 옮김, 『기후재앙을 피하는 법』, 김영사(2021)

샘 해리스, 유자화 옮김, 『나는 착각일 뿐이다』, 시공사(2017)

스테파노 자마니, 윤종국 옮김, 『인류 최악의 미덕, 탐욕』, 북돋움(2014)

스티븐 호킹, 배지은 옮김, 『호킹의 빅 퀘스천에 대한 간결한 대답』, 까치(2019)

신채호, 박기봉 옮김, 『조선상고사』, 비봉출판사(2006)

알베르트 아인슈타인·엘리스 칼라프리스, 김명남 옮김, 『아인슈타인이 말합니다』, 에이도스
(2015)

애덤 스미스, 박세일·민경국 옮김, 『도덕감정론』, 비봉출판사(2009)

앵거스 디턴·앤 케이스, 이진원 옮김, 『절망의 죽음과 자본주의의 미래』, 한국경제신문(2021)

에드워드 윌슨, 이한음 옮김, 『인간 존재의 의미』, 사이언스북스(2016)

에드워드 윌슨, 이한음 옮김, 『지구의 정복자』, 사이언스북스(2013)

에르빈 슈뢰딩거, 전대호 옮김, 『정신과 물질』, 궁리(2007)

에릭 바인하커, 안현실·정성철 옮김, 『부는 어디에서 오는가』, 알에치코리아(2015)

유발 하라리, 김명주 옮김, 『호모 데우스』, 김영사(2017)

유발 하라리, 전병근 옮김, 『21세기를 위한 21가지 제언』, 김영사(2018)

유발 하라리, 조현욱 옮김, 『사피엔스』, 김영사(2015)

윤내현, 『고조선, 우리 역사의 탄생』, 만권당(2016)

윤내현, 『우리 고대사, 상상에서 현실로』, 만권당(2016)

윤내현, 『한국 고대사』, 만권당(2021)

이기동(역해), 『노자』, 동인서원(2001)

이기동(역해), 『논어강설』, 성균관대학교출판부(1992)

이기동(역해), 『대학·중용강설』, 성균관대학교출판부(1991)

이기동(역해), 『맹자강설』, 성균관대학교출판부(1991)

이기동(역해), 『장자』, 동인서원(2001)

이기동(역해), 『주역강설』, 성균관대학교출판부(1997)

이기동, 『진리란 무엇인가』, 21세기북스(2015)

이기동, 『한국의 위기와 선택』, 동인서원(2004)

이기동, 『한마음의 나라 한국』, 동인서원(2009)

이기동·정창건(역해), 『환단고기』, 도서출판행촌(2019)

이승만, 박기봉 교정, 『독립정신』, 비봉출판사(2018)

이영환, 『시장경제의 통합적 이해』, 율곡출판사(2017)

이영환, 『코리아 디스카운트 VS 코리아 프리미엄』, 동국대학교출판부(2014)

이영훈, 『세종은 과연 성군인가』, 백년동안(2018)

제임스 배럿, 정지훈 옮김, 『파이널 인벤션』, 동아시아(2016)

조지프 스티글리츠, 김홍식 옮김, 『경제 규칙 다시 쓰기』, 열린책들(2018)

조지프 스티글리츠, 박세연 옮김, 『불만 시대의 자본주의』, 열린책들(2021)

조지프 스티글리츠, 이순희 옮김, 『불평등의 대가』, 열린책들(2013)

카렌 암스트롱, 정영목 옮김, 『축의 시대』, 교양인(2010)

칼 구스타프 융, 이윤기 옮김, 『인간과 상징』, 열린책들(2009)

케이트 레이워스, 홍기빈 옮김, 『도넛 경제학』, 학고재(2018)

크리스티안 펠버, 이영환 옮김, 『모든 것이 바뀐다』, 앵글북스(2020)

클라우스 슈밥, 김민주·이엽 옮김, 『제4차 산업혁명-더 넥스트』, 메가스터디북스(2018)

클라우스 슈밥, 송경진 옮김, 『제4차 산업혁명』, 메가스터디북스(2016)

클라우스 슈밥·티에리 말르레, 이진원 옮김, 『위대한 리셋』, 메가스터디북스(2021)

토머스 S. 쿤, 김명자·홍성욱 옮김, 『과학혁명의 구조』, 까치(2013)

피터 디아만디스·스티븐 코틀러, 박영준 옮김, 『컨버전스 2030』, 비즈니스북스(2021)

피터 디아만디스·스티븐 코틀러, 이지연 옮김, 『볼드』, 비즈니스북스(2016)

피터 필립스, 김정은 옮김, 『자이언트』, 다른(2019)

함석헌, 『뜻으로 본 한국역사』, 한길사(2009)

# 주

1  미국 클린턴 행정부에서 노동부장관을 역임했으며 현재 캘리포니아 버클리대 골드
   만 스쿨의 석좌교수로 재직 중인 로버트 라이시Robert Reich는 저서 『The Common
   Good』에서 미국에서 공동선이 사라지고 사회가 극단적으로 양극화된 원인으로 "어
   떤 수단을 써서라도whatever it takes to..."라는 사고가 미국 사회를 지배하게 된 것을 지
   적했다. 그러면서 정치 분야에서는 리처드 닉슨 전 대통령, 경제 분야에서는 GE의 잭
   웰치와 정크본드의 제왕 마이클 밀켄, 그리고 파월 메모The Powell Memo를 통해 기업이
   정치, 경제, 교육, 미디어를 장악할 것을 촉구했던 루이스 파월 전 대법관을 미국의 공
   동선을 파괴한 대표적인 인물들로 지목했다. 이들은 모두 미국의 건국정신에 위배되
   는 행위를 했던 것이다. 여기서 얻을 수 있는 교훈은 한 민족의 정신적 자산은 공동선
   을 촉진하는 것이어야 한다는 점이다.

2  우주의식을 강조했던 초기 인물로는 정신과의사였던 캐나다인 리처드 버크Richard M.
   Bucke를 들 수 있다. 그는 『Cosmic Consciousness』라는 책을 통해 자신이 우주와
   일체감을 느꼈던 신비체험을 상세하게 묘사했다. 이후 여러 사람들이 이런 맥락에서
   우주의식이라는 표현을 사용하고 있다. 대표적인 예로 1972년 미국 아폴로 14호 우
   주선을 타고 달 탐사를 마친 후 귀환 중이던 우주선에서 푸른 행성 지구를 보면서 우
   주와 일체감을 느꼈던 에드가 미첼Edgar Mitchell의 초월적인 경험을 들 수 있다. 그리고
   인도 출신 의사로서 미국에서 가장 널리 알려진 영적 지도자로 자리매김한 디팩 초프
   라Deepak Chopra는 순수의식pure consciousness을, 통합심리학의 대가 켄 윌버Ken Wilber는
   합일의식unity consciousness이라는 표현을 사용하는데 우주의식과 대동소이하다.

3  천체물리학자 버나드 헤이시Bernard Haisch는 저서 『신 이론』을 비롯해 여러 기고문에
   서 양자요동으로 인해 엄청난 에너지가 방출되는 영점장zero-point field을 만물의 근원
   으로 제안했다. 저널리스트이자 영적 지도자인 린 맥태거트Lynne Mctaggart도 저서 『필
   드』에서 헤이시와 유사한 주장을 펼쳤다. 이들 외에 양자역학을 전공한 여러 물리학
   자들과 의식 문제를 연구하는 사람들이 이들과 유사한 주장을 하고 있다. 우주는 결
   코 텅 빈 공간이 아니라 의식의 근원이며 만물의 모체라는 것이다.

4  윤내현 교수는 주류 강단사학계의 '소고조선론'에 맞서 필마단기로 '대고조선론'을

주장했던 대표적인 역사학자로서 단재 신채호의 역사관을 계승한 것으로 평가받고 있다. 윤 교수는 중국 고전을 연구하는 과정에서 고조선에 대한 사료가 적지 않음에도 불구하고 이를 외면하는 학계의 풍토에 도전하기 위해 치밀한 고증을 바탕으로 '대고조선론'을 확립한 것으로 널리 인정받았다. 대표적인 연구서로는 『고조선 연구(상, 하)』가 있으며 일반인을 위한 저서로는 『한국 고대사』, 『고조선, 우리 역사의 탄생』, 『우리 고대사, 상상에서 현실로』 등 다수가 있다. 그의 연구업적이 한국사에서 차지하는 비중에 대해서는 김상태의 『고조선 논쟁과 한국 민주주의』를 참고하면 좋다. 윤 교수의 연구업적이 주류 강단사학계에 의해 어떻게 조직적으로 무시되어왔는지 상세하게 밝히고 있기 때문이다.

5  가나자와 쇼자부로金澤庄三郎의 저서로 1929년 도코서원刀江書院에서 간행했다.

6  『독립정신』은 청년 이승만이 고종 폐위 음모 사건에 연루되어 무기수로 한성감옥에 투옥된 시절 구한말의 정황과 앞으로 닥칠 조선의 명운에 대한 심경을 토로한 대단한 역작이다.

7  김형진의 『인조의 나라』는 바로 이런 질문을 던지기 위해 조선 16대 임금 인조 이후 성리학이 지배 이데올로기로 정착했던 조선 후기의 역사를 다루고 있다. 역사학자가 아닌 변호사인 저자는 『조선왕조실록』을 비롯한 철저한 사료 고증을 바탕으로 지금 우리에게 남아 있는 조선의 흔적을 비판적으로 다루었다.

8  작가 이인화의 『2061년』은 인공지능이 지배하는 미래에 가장 적합한 언어가 한글이라는 설정을 바탕으로 세계에 대한 통제권을 차지하려는 세력들이 『훈민정음 해례』를 확보하려는 과정에서 발생하는 사건을 SF소설의 형식으로 풀어나간 흥미로운 소설로, 한글의 우수성을 다시 한번 생각하게 해준다.

9  이영훈 교수는 저서 『세종은 과연 성군인가』에서 우리가 알고 있는 세종대왕의 업적과 관련해 상당히 비판적인 견해를 제시하였다. 세종대왕의 참모습을 한국인의 사표로 삼으려면 이런 부정의 과정을 거치는 것도 나쁘지 않다는 생각이 든다. 부정을 통한 긍정만큼 강력한 것은 없다.

10  분석심리학의 창시자 칼 융Carl G. Jung은 의식과 무의식의 관계를 대극opposite의 관점에서 파악한 것으로 유명하다. 융은 저서 『인간과 상징』에서 다음과 같이 말했다. "인간의 현실적인 삶이 냉혹한 대극성, 즉 밤과 낮, 탄생과 죽음, 행복과 불행, 선과 악으로 이루어져 있다는 것은 슬픈 진실이다." 그에 의하면 일체 현상이 대극적이다.

11  비즈니스라운드테이블Business Round Table은 1972년에 설립된 미국을 대표하는 200개 대기업의 최고경영자들로 구성된 협의체로서 기업의 이익을 위해 강력한 대정부 로

비를 담당하는 조직이다.

12 세계경제포럼 의장 클라우스 슈밥Klaus Schwab은 2020년 1월 스위스 다보스에서 열린 세계경제포럼 연례 미팅에서 4차 산업혁명 시대 기업을 선도할 일련의 윤리 지침을 발표했는데 이를 다보스 선언Davos Manifesto이라고 부른다. 핵심 메시지는 기업은 공정하게 세금을 부담하며, 부패를 용납해서는 안 되고, 인권을 존중하며, 이해관계자가 치를 추구해야 한다는 것이다.

13 시부사와 에이이치(1840~1931)는 약관 20세 나이에 도쿠가와 막부의 가신이 된 후 공을 세운 덕분에 파리 박람회를 견학할 기회를 갖게 되었는데 이로 인해 일생일대의 전기를 맞이하였다. 이후 메이지유신으로 도쿠가와 막부가 무너지면서 한때 방랑 생활을 했으나 우여곡절 끝에 메이지 정부 산하 대장성 국장으로 등용되었다. 새로운 상황에서 국정을 담당했던 시부사와는 비현실적인 정부 정책에 반기를 들고 사표를 낸 후 본격적으로 비즈니스에 전념해 500여 개의 기업 설립에 직간접으로 참여했다. 그럼에도 개인적인 축재보다는 일본의 경제 발전에 지대한 관심을 가졌기에 자신이 설립한 기업 대부분을 사회에 환원하였다. 『논어와 주판』은 그의 경영 철학을 정리한 책으로 지금도 시사하는 바가 많다. 미국 경영학의 구루로 불리는 피터 드러커Peter Drucker는 시부사와의 기업가 정신을 높이 평가했다. 한편 시부사와의 청년 시절부터 대장성 국장을 사임하기까지의 과정은 본인이 구술한 저서 『일본의 설계자, 시부사와 에이이치』에 잘 요약되어 있다. 이 책을 언급하는 이유는 책 말미에 그가 국장직을 사임하는 이유를 정리한 글이 수록되어 있는데 국익을 우선하는 관료의 전형을 보여주었기 때문이다. 일제 강점기 그의 행적과 일본인이라는 이유로 한국에는 그다지 알려지지 않았지만 기업가 정신의 관점에서는 배울 점이 많다고 본다.

14 順天者存 逆天者亡 (『孟子』離婁章句 上)

15 파편의식이라는 표현은 양자물리학자이자 철학자였던 데이비드 봄David Bohm의 생각에서 빌려온 것이다. 우리는 매사를 조각내어 바라보고 사고하는 데 익숙하지만 깊은 차원에서 우주의 삼라만상은 모두 연결되어 있기에 조각내서 파악해서는 안 된다고 그는 주장했다. 사물을 조각내서 파악하는 것을 파편의식으로 부른 것이다. 이런 의미에서 우리는 일상에서 대체로 파편의식의 한계를 벗어나지 못하고 있다고 할 수 있다. 우주를 바라보는 관점, 그리고 범위를 좁혀 우리의 사고를 바라보는 관점을 좀 더 깊이 들여다보면 이와 같이 파편의식 상태에 있음을 알 수 있다. 이와 같은 봄의 생각은 그의 대표적인 저서 『전체와 접힌 질서』와 『창조적 대화론』에 잘 정리되어 있다. 이런 관점에서 파편의식에 대응하는 개념은 통합의식이라고 부를 수 있다. 오해의 소

지를 없애기 위해서 말하자면 신경과학적 관점에서 볼 때 인간의 의식은 오감을 통해 들어온 정보 신호를 종합적으로 파악한다는 점에서 본래 통합적이다. 그런데 여기서 말하는 통합의식은 이런 과학적 사실을 강조하려는 것이 아니라 개개인이 갖고 있는 편견이나 콤플렉스, 그리고 독선으로부터 자유로워야 한다는 의미에 방점이 있다. 자기 자신을 포함해 모든 대상을 조각낸 후 단편적으로 알아차리려는 대신 관련된 모든 것들을 총체적으로 알아차리려는 지향성을 갖는 것으로 이해하면 좋을 것이다.

16 임상심리학자 마셜 로젠버그Marshall Rosenberg는 많은 임상 경험을 바탕으로 비폭력 대화non-violent communication를 통해 다양한 상황에서 발생하는 사람들 사이의 갈등을 원천적으로 해소할 수 있다는 점을 강조했다. 예를 들면 그는 저서 『비폭력 대화』에서 이런 방식의 대화를 통해 테러리스트들의 생각을 바꾸었던 일화를 소개하고 있다. 여기서 말하는 공감 대화는 바로 그가 말하는 비폭력 대화의 다른 명칭이다. 여기서는 우리가 통합의식을 지향할 때 비로소 이러한 공감 대화가 가능할 것임을 강조한 것이다. 막연히 공감 대화를 해야겠다는 생각만으로는 이루어질 수 없다는 의미다.

17 여기서 말하는 한마음에 가장 근접한 생각을 거침없이 밝힌 인물로 파동방정식을 고안해 양자역학의 기초를 놓은 물리학자 에르빈 슈뢰딩거Erwin Schrodinger를 들 수 있다. 일찍이 젊은 시절부터 불이사상non-duality을 강조한 인도 베단타 철학에 심취했던 슈뢰딩거는 말년까지 양자역학 분야에서 자신의 업적보다는 불이사상에 기여하는 것이 더 중요한 의미가 있다는 취지의 말을 할 정도였다. 그는 "마음은 원래 하나다."라고 말하면서 우리가 분리된 몸을 갖고 있기에 그걸 못 느낄 뿐이지 하나일 수밖에 없다고 주장했다. 그는 저서 『정신과 물질』에서 다음과 같이 말했다. "대안은 오직 하나, 즉 정신들 혹은 의식들을 통일하는 것이다. 정신의 다수성은 다만 현상일 뿐이며, 실제로 존재하는 것은 오직 하나의 정신뿐이다. 이것은 '우파니샤드'의 이론이다……당신은 인종과 종교가 서로 다르고 서로의 존재에 대해 전혀 모르며 수백 수천 년 동안 지구상에서 가장 멀리 떨어져 살아온 사람들 사이에 존재하는 기적적인 일치에 놀라게 될 것이다."

18 알베르트 아인슈타인은 기적의 해인 1905년에 발표한 네 개의 놀라운 학술 논문 외에도 자연, 과학, 군사, 정치, 사회, 문화 등 여러 방면에 걸쳐 주옥같은 글들을 많이 남겼다. 이런 방대한 업적을 잘 정리한 책으로는 앨리스 칼라프리스가 편집한 『아인슈타인이 말합니다』가 있으며, 그가 말하는 우주적 종교에 관해서는 『아인슈타인의 생각』을 참조하면 좋을 것이다. 그리고 상대성이론의 아이디어가 떠오른 순간부터 최종적으로 물리학계의 인정을 받기까지 10여 년에 걸친 고난으로 가득 찼던 그의 삶

을 훌륭하게 묘사한 책으로는 매튜 스탠리의 『아인슈타인의 전쟁』을 권한다. 이 시점에서 문득 아인슈타인이 떠오른 이유는 그가 남긴 명언 "문제를 만들어낸 의식 수준으로는 문제를 해결할 수 없다.No problem can be solved from the same level of consciousness that created it."라는 말 때문일 것이다.

19  "그대가 바로 그것이다."는 개체의 참나인 아트만Atman이 곧 우주의 궁극적인 실재로서 순수의식인 브라흐만Brahman이고, 브라흐만이 또한 아트만이라는 우파니샤드의 불이사상을 상징하는 표현이다. 이는 첨단과학이 밝힌 우주만물은 깊은 차원에서 서로 연결되어 있다는 사실과 무관하지 않다. 동서양을 막론하고 예부터 통찰과 직관을 통해 인류가 우주의식 내지 한마음에 대한 깨달음에 도달하게 된 것은 결코 우연이 아니라는 생각이 든다.

20  2014년 2월 7일부터 9일까지 미국 애리조나주 투손에 일군의 과학자들이 모여 국제회의를 개최했다. 이 회의의 목적은 물질주의 이데올로기가 과학에 미친 영향, 그리고 과학, 영성 및 사회를 위한 탈물질주의post-materialism 패러다임의 부상에 대해 토론하는 것이었다. 이 회의는 애리조나 대학교 신경과학자 마리오 보러가드Mario Beauregard, 심리학자 개리 슈워츠Garry Schwartz, 그리고 생물학자 루퍼트 셸드레이크Rupert Sheldrake, 심리학자 리사 밀러Lisa Miller 및 의사 래리 도시Larry Dossey 등 여덟 명이 주관했다. 회의를 마친 후 참가한 300여 명의 신경과학자, 심리학자, 정신과 교수, 의사 등 일군의 과학자들은 18개 항에 달하는 '탈물질주의 과학 선언'을 발표했는데 핵심 메시지는 다음과 같다. 1) 마음은 물질과 더불어 세상을 구성하는 근본 요소로서 다른 것(뇌)으로 환원되는 대상이 아니다. 2) 마음과 물질세계는 깊이 연결되어 있다. 3) 마음은 물질세계에 영향을 미칠 수 있으며 비국소적으로 작용한다. 즉 마음은 시간적으로는 특정 시각에, 공간적으로는 특정 장소에 한정되지 않는다. 이것은 마음은 뇌에 국한되지 않는다는 것을 의미한다. 이런 이유로 마음은 한계가 없으며 궁극적으로는 개개인의 단일한 마음을 모두 포괄하는 한마음으로 귀결된다. 4) 수많은 근사체험 사례들은 뇌가 정신활동을 중계한다는 것을 시사한다. 즉 마음은 뇌를 통해서 작용하는 것이지, 뇌에 의해 생산되지 않는다. 이것은 육체적 죽음 이후에 존재하는 삶, 즉 사후생의 가능성을 제기한다. 5) 과학자들은 영성과 영적 체험을 탐구하는 것을 두려워해서는 안 된다. 왜냐하면 이것이 인간 존재의 핵심이기 때문이다.

21  최근 기술적 특이점을 강조하는 대표적인 인물로는 미국 캘리포니아에 싱귤래러티 대학교를 공동 설립한 레이 커즈와일Ray Kerzweil과 혁신적 기업가 피터 디아만디스Peter Diamandis를 들 수 있다. 이들은 2029년경에는 인간 수준의 인공지능, 즉 AGI가

대한민국, 변방에서 중심으로

등장할 것이며, 2045년경에는 모든 인간의 지능을 합친 것을 능가하는 지능을 가진 초인공지능 ASI가 등장해 기술적 특이점을 초래할 것이라 예견했다. 또한 그렇게 되면 인류는 기술적 유토피아에서 살게 될 것이라는 그야말로 환상적인 비전을 제시한다. 커즈와일의 『마음의 탄생』, 디아만디스의 『볼드』는 그런 비전을 제시한 대표적인 책이다. 나아가 디아만디스는 최근 『컨버전스 2030』이라는 책을 통해 여러 신기술이 하나로 수렴하는 과정을 통해 기술적 유토피아의 전 단계에 해당되는 상황이 하나씩 실현되고 있다고 말한다. 이런 시대가 본격적으로 도래했을 때 부작용을 완화할 수 있는 힘은 우리의 정신에서 찾는 것 외에 다른 방도가 없다고 본다.

22 역사학자 유발 하라리Yuval N. Harari가 『사피엔스』를 비롯해 『호모 데우스』, 『21세기를 위한 21가지 제언』을 망라한 3부작에서 공통적으로 지적한 것이 포스트휴먼을 넘어 신이 되고자 하는 인간의 야망과 이로 인한 충격적 미래에 관한 내용이다. 그의 견해에 전적으로 동의하지는 않지만 인간의 걷잡을 수 없는 욕망을 잘 포착했다는 점에는 공감한다. 인간은 가공할 인공지능의 힘을 바탕으로 무슨 일을 저지를지 모르는 위험한 종이다. 이는 단지 SF영화에서 다루는 주제일 뿐이라고 무시할 사안이 아니다.

23 호모 사피엔스가 지능을 가진 영리한 인간을 의미한다면 호모 센티엔스는 감정을 가진 의식적인 인간을 의미하다. 테그마크는 인공지능시대, 인간이 나아갈 방향을 이 한마디로 요약했다. 한마음 사상과도 맥을 같이한다고 해도 무방하다.

24 로버트 액설로드Robert Axelrod의 저서 『협력의 진화』는 게임이론을 이용해 인간이 어떻게 협력하는 전략을 채택하도록 진화해왔는지를 밝힌 책이다. 그는 이 책에서 협력과 배신이라는 두 가지 전략 중 하나를 택해야 하는 경우, 일정 여건이 충족되면 합리적인 인간은 협력이라는 전략을 선택하게 되며, 이는 진화 과정을 통해 더욱 강화될 수 있다는 것을 밝혔다. 이성적 추론을 통해서가 아니라 다수의 전문가들이 제공한 전략들 간 콘테스트라는 독특한 방식을 이용해 이런 결론에 도달했다는 점에서 그가 제시한 결론은 현실성이 있다.

25 물리학자 루돌프 클라우지우스Rudolf Clausius가 처음 제안했고 훗날 통계역학을 창시한 루트비히 볼츠만Ludwig Boltzmann에 의해 정교하게 다듬어진 열역학 제2법칙에 의하면 "닫힌계closed system에서는 엔트로피가 절대로 감소하지 않는다."라고 한다. 엔트로피는 보통 '일할 수 없는 에너지'로 정의된다. 지구는 태양으로부터 에너지를 공급받는 열린계open system이므로 현재와 같이 질서 있는 상태를 유지할 수 있는 반면, 우주 전체는 닫힌계이므로 지속적으로 엔트로피가 증가해 언젠가는 붕괴될 것이라고 한다. 일할 수 있는 에너지와 일할 수 없는 에너지의 유비는 사회적 관점에서도 중요

한 의미가 있다. 우리 모두 일할 수 있는 에너지를 공급하는 데 기여하고 있는지, 아니면 그 반대인지 자기 자신을 되돌아볼 필요가 있다.

26 하버드대 에드워드 윌슨 교수는 『지구의 정복자』, 『인간 존재의 의미』 등 일련의 저서를 통해 이 점을 강조했다. 개체 수준의 자연선택이 지나친 우위에 있으면 사회는 해체되고 개인만 존재하게 되며, 집단 수준의 자연선택이 지나치게 우세하면 개인은 소멸하고 사회만 존재하게 된다면서 이 둘 간의 조화가 인간 사회에 고유한 진사회성 eusociality을 유지하는 데 핵심적이라는 점을 강조했다.

27 '축의 시대'는 실존주의 철학자 카를 야스퍼스Karl Jaspers가 제안한 용어로 알려졌다. 암스트롱은 축의 시대에 나타난 현자들, 조로아스터, 소크라테스, 노자, 공자, 석가, 예레미야, 크리슈나, 엘리야 등을 언급하면서 인류는 이들이 도달한 영적 수준을 회복할 수 없을 것이라고 말했다. 여러 정황으로 미루어볼 때 암스트롱의 말을 부인하기 어려울 것으로 보인다. 한편으로 우리는 이 말을 인류가 재앙을 피하기 위해서는 정신적으로 성숙해야 한다는 경고 메시지로 받아들여야 할 것이다.

28 랍비 요하난 벤 자카이는 로마와의 항쟁에서 결국 유대민족이 패하고 나라가 사라질 것을 예견했다. 그래서 그는 유대민족을 보존하기 위한 방안으로 유대교 경전인 토라와 그 해설서인 탈무드를 중심으로 유대인을 교육하는 기관인 예시바를 설립해 오늘날까지 이어지는 교육 전통을 확립했다. 이를 바탕으로 유대인은 민족적 정체성을 유지했을 뿐만 아니라 2000년간 지속된 각종 박해는 물론 유례없는 홀로코스트마저 극복하고 현재 여러 분야에서 세계를 움직이는 강력한 힘을 갖게 되었다.

29 존재적 위험은 발생 가능성은 매우 낮지만 일단 발생하면 인류 전체를 절멸시킬 수 있을 정도로 큰 위험을 지칭한다. 영국 옥스퍼드 대학교 '인류미래연구소' 소장을 맡고 있는 철학자 닉 보스트롬Nick Bostrom은 『슈퍼인텔리전스』를 위시한 여러 저서와 동영상을 통해 존재적 위험을 간과해서는 안 된다는 점을 강조하는 대표적인 학자다.

30 미소 냉전시대 소련은 미국보다 먼저 지구 궤도에 인공위성을 쏘아올림으로써 공산주의 체제의 우위를 과시하려 했다. 이에 큰 충격을 받은 미국은 항공우주국NASA을 설립해 소련보다 먼저 인간을 달에 보내는 아폴로 계획을 추진하였다. 이것이 문샷 프로젝트의 효시다. 그 후 구글을 비롯해 엑스프라이즈X-Prize 같은 기업들은 기술적으로 어려운 문제를 해결하는 해법을 찾기 위해 막대한 상금을 건 경연대회를 주최해 왔다.

31 리카이푸는 저서 『AI 슈퍼파워』에서 이 점을 자신 있게 밝히고 있다. 그러면서 중국의 기업가들은 더 이상 미국의 정보기술기업을 모방하는 단계에 있지 않으며, 이미

독자적인 기술을 개발하고 있다는 점을 강조했다. 나아가 이들 기업가들은 마치 로마 시대 검투사들같이 생사를 놓고 싸우는 치열한 경쟁을 통해서 단련되고 있다면서, 인공지능시대는 중국이 최종 승자가 될 것이라고 호언하고 있다. 그의 주장이 맞든 안 맞든 인공지능시대 중국이 슈퍼파워로 부상한다면 이는 한국에 큰 위협이 될 것으로 우려된다.

32 미국의 정신과의사이자 세계적인 영성 지도자인 데이비드 호킨스David Hawkins 박사는 저서 『의식혁명』에서 간단한 신체운동학의 근육 테스트 기법을 이용해 인간의 의식 수준을 측정하여 수치로 나타낼 수 있다면서 가장 낮은 수준부터 가장 높은 수준에 이르는 의식 지도consciousness map를 제안했다. 그에 의하면 가장 낮은 수준은 수치심으로 20으로 측정되며, 가장 높은 수준은 깨달음으로 700에서 1000에 이른다는 것이다. 그의 주장은 진위를 검증하기 어려운 것이 사실이지만 수치심이 가장 낮은 의식 수준을 표상한다는 점에는 공감한다. 수치심을 조장하는 사회는 지속 가능하지 않다. 영화 〈타이타닉〉으로 우리에게 널리 알려진 영국 배우 케이트 윈즐릿이 주연으로 열연한 영화 〈더 리더〉는 수치심이 인간으로서 얼마나 감당하기 어려운 감정인지를 잘 보여준 수작이다. 주인공 한나(케이트 윈즐릿 분)는 자신이 문맹이라는 사실을 알리는 것이 너무나 수치스러운 나머지 자신이 저지르지도 않은 범죄를 인정하고 무기징역형을 받아들인다. 수치심은 모든 것을 포기하게 만들 정도의 부정적인 감정이라는 점을 잘 보여준 영화다.

33 선별기제screening mechanism는 정보경제학에서 정보가 비대칭일 때 정보가 없는 쪽이 피해를 최소화하기 위해 채택하는 방법이다. 예를 들면 현재와 같이 국회의원이 수많은 특권을 누리는 상황에서는 사익보다는 공익을 진정으로 우선하는 사람들이 국회의원으로 나서기보다는 명예욕과 금전욕으로 똘똘 뭉친 사람들이 더 적극적으로 나설 가능성이 크다. 한국 정치가 현재와 같은 답보 상태를 벗어나지 못하고 있는 것은 현행 선거제도가 선별기제로서 제 역할을 하지 못하기 때문이다. 이런 여건에서는 악화가 양화를 구축하는 일이 벌어질 수밖에 없다.

34 심재는 보통 '마음 굶김'으로 해석되는데 그 의미가 오묘해 간단히 말하기 어렵다. 여러 사람의 해석을 종합할 때 심재는 자신이 사익을 버리고 공익을 위해 헌신했다는 사실조차 의식하지 않는 상태를 말한다고 볼 수 있다. 이는 모든 세속적인 욕망을 초월해야만 가능한 경지이기에 쉽게 달성할 수는 없지만 하나의 지향점으로서 역할을 할 수 있다고 본다.

35 스티븐 호킹은 설명이 필요 없는 세계적 물리학자로서 특히 인공지능으로 인한 인류

의 파멸 가능성을 경고한 것으로 유명하다. 이 책에서도 호킹은 초인공지능은 반드시 출현할 것이며 이로 인해 인류는 존재적 위험을 피할 수 없을 것이라고 경고했다. 물론 그의 말이라고 무조건 심각하게 받아들일 필요는 없지만 깊은 사색을 바탕으로 이런 경고를 했다는 사실만큼은 무시하기 어렵다.

36 공자는 『論語』 「述而篇」에서 "나는 생이지지자가 아니다. 옛것을 좋아하여 부지런히 구한 자이다.我非生而知之者也 好古 敏而求之者也"라고 말한 적이 있다. 오래되지 않은 이론은 진리가 아닐 가능성이 있으므로, 함부로 믿으면 안 된다. 적어도 2천 년 이전부터 내려온 것으로 끊임없이 읽혀온 것은 믿어도 된다.

37 이를 보여주는 단적인 예로 저명한 미래학자 제러미 리프킨Jeremy Rifkin이 『3차 산업 혁명』이라는 책을 출판한 것이 2012년이었다는 것을 들 수 있다. 이때까지만 해도 사람들은 3차 산업혁명이 진행 중인 것으로 알고 있었는데 어느 날 갑자기 4차 산업혁명으로 이행했다는 것을 깨달았다. 이런 갑작스러운 이행은 2011년 독일 정부가 'Industry 4.0'을 공식화한 것과 밀접하게 연관되어 있는 것으로 보인다. 그래서인지 유럽이 미국으로부터 주도권을 뺏어 오려는 전략적 행동이라는 느낌이 든다. 사실, 3차와 4차는 모두 정보기술에 기반을 두고 있다는 점에서 본질적인 차이는 없지만 인공지능의 급속한 부상이라는 측면에서는 나름 의미 있는 시대 구분이라 할 수 있다.

38 클라우스 슈밥은 2016년 『제4차 산업혁명』, 2018년 『제4차 산업혁명-더 넥스트』, 그리고 2020년 『위대한 리셋』으로 이어지는 일련의 저서를 통해 4차 산업혁명 시대의 파괴적 기술의 엄청난 위력을 강조하면서 정부, 기업, 그리고 개인이 이에 대처하는 효과적인 전략들을 소개했다. 특히 최근 저서 『위대한 리셋』에서는 코로나19와 기후변화에 직면한 현재 상황에서 사회 전반에 걸쳐 모든 것들을 새롭게 설정reset해야 한다고 역설했다. 그의 주장 어디에도 특정 국가나 기업을 비호하며 논의를 전개한 흔적은 없지만, 은연중에 이 모든 변화는 계속 서양이 주도해야 할 것이라는 메시지가 담겨 있다는 인상을 준다. 나아가 그의 책 어디에도 4차 산업혁명 시대, 그리고 코로나19가 일상이 된 시대에 인류의 의식 수준에 관해 언급한 내용을 찾아보기 어렵다. 세계경제포럼이 세계의 정치, 경제 및 금융을 지배하고 있는 파워 엘리트들의 사교장이라는 비판에 걸맞게 그는 이들의 이해관계를 대변하고 있다는 인상을 지우기 어렵다.

39 실리콘밸리를 대표하는 혁신적 기업가 중 한 사람인 피터 디아만디스는 최근 저서 『컨버전스 2030』에서 여러 기술들이 하나로 수렴convergence하면서 예상보다 빠르게 놀라운 신기술이 속속 등장하고 있다는 것을 강조했다.

대한민국, 변방에서 중심으로

40  대표적으로 세계경제포럼은 2022년까지 인공지능을 비롯한 4차 산업혁명의 영향으로 7천 5백만 개의 일자리가 사라지는 대신, 1억 3천 3백만 개의 새로운 일자리가 창출될 것이라는 낙관적인 보고서를 발표했다. 인간은 20세기 초 자동차의 등장으로 일자리가 사라졌던 말의 운명과는 다르다는 것이다. 그러나 이 문제는 인공지능 알고리즘의 발달과 밀접하게 연관되어 있기에 어느 누구도 단정적으로 말할 수 있는 주제가 아니다. 많은 전문가들이 2030년을 기준으로 인공지능의 영향을 분석하는 것도 인공지능 알고리즘의 발달 속도가 중요한 변수이기 때문일 것이다. 만약 인공지능 관련 가장 낙관적인 시나리오를 믿고 있는 발명가이자 인공지능 전문가인 레이 커즈와일의 예측대로 2029년 인간 수준의 인공지능, 즉 AGI가 등장한다면 칼 프레이와 마이클 오즈번의 예측처럼 인간의 노동력은 사실상 거의 모든 분야에서 기계, 즉 인공지능으로 대체될 것이다. 생산성과 효율이라는 측면에서 인간과는 비교가 되지 않기 때문이다. 그나마 위로가 되는 것은 많은 전문가들이 레이 커즈와일이 예견하듯이 2029년경 AGI가 등장하는 것은 불가능하고 적어도 수십 년이 지나야 할 것이라고 믿는다는 점이다. 따라서 단기적으로는 급격한 일자리 소멸이 발생하지 않을지라도 일자리의 성격에는 큰 변화가 있을 것이며, 장기적으로는 일자리 소멸이 불가피함이 거의 분명해 보인다.

41  중국을 대표하는 인공지능 전문가로서 현재 '시노베이션 벤처스'라는 벤처캐피털회사를 경영하고 있는 리카이푸는 저서 『AI 슈퍼파워』를 비롯해 여러 강연에서 공공연하게 인공지능 경쟁에서 최후 승자는 중국이 될 것이라면서 그 이유를 소상히 밝히고 있다. 그의 주장이 과장이 아니라는 것을 알 수 있기에 한국의 입장에서는 더욱 우려된다. 만약 이것이 현실화된다면 중국에 대한 한국의 비교우위에 어떤 변화가 있을지 크게 염려되기 때문이다. 중국을 예의 주시해야 하는 또 다른 이유가 여기에 있다.

42  미국 캘리포니아에 소재한 싱귤래러티 대학교의 공동설립자인 레이 커즈와일과 피터 디아만디스, 그리고 싱귤래러티넷SingularityNet 을 설립한 벤 거츨Ben Goertzel 같은 전문가들은 머지않아 범용인공지능이 등장할 것으로 예측하고 있는 반면, 인공지능 전문가인 리카이푸, 철학자 데이비드 차머스David Chalmers와 존 설John Searle은 범용인공지능은 불가능하다고 전망하고 있다. 특히 차머스와 설은 의식의 관점에서 불가능하다고 주장하는데 그 이유는 지능과 의식은 별개이며 지능이 아무리 뛰어나도 의식이 존재하지 않을 수 있기 때문이라고 말한다. 이 문제는 '인공의식artificial consciousness'의 가능성과 관련된 뜨거운 쟁점으로, 범용인공지능이 인간처럼 문제를 해결하려면 반드시 인공의식을 가져야 하기 때문에 중요하다.

43 범용인공지능의 출현 시기와 관련해서는 여러 전문가들의 의견을 수렴하는 작업을 시도했다. 그중 대표적인 것이 옥스퍼드 대학교의 '인류미래연구소' 소장을 맡고 있는 철학자 닉 보스트롬Nick Bostrom과 미래학자 마틴 포드Martin Ford가 조사한 결과다. 이들이 취합한 전문가들의 의견을 간단히 정리하면 보수적으로 예측하더라도 21세기 말까지는 범용인공지능이 출현할 것이라 한다. 이에 대한 상세한 내용은 닉 보스트롬의 저서 『슈퍼인텔리전스』, 마틴 포드의 저서 『AI 마인드』를 참조하라.

44 미국 MIT의 우주물리학자이면서 '미래생명연구소' 소장을 맡아 인간에게 우호적인 인공지능 개발을 위한 방안을 연구하고 있는 맥스 테그마크는 저서 『라이프 3.0』에서 프로메테우스라는 인공지능 알고리즘이 금융시장을 장악해 막대한 자금을 확보한 다음 세계를 지배하는 시나리오를 소개하고 있다. 이는 단순히 SF가 아니라 충분히 실현 가능한 내용이다.

45 중국 칭화대 법학과 펑샹馮象 교수는 2018년 5월 미국 워싱턴포스트에 기고한 'AI will spell the end of Capitalism'이라는 글에서 미국식 시장자본주의에서는 인공지능의 이득을 소수 기업들이 독점하겠지만 중국식 사회적 시장경제에서는 모든 사람들이 고루 인공지능의 이득을 나눠가질 수 있다면서 앞으로 중국식 국가자본주의가 우월하다는 사실이 드러날 것이라고 주장했다. 그의 주장이 지나치게 중국에 우호적임은 분명하지만 인공지능시대의 문제점을 정확히 지적했다는 점은 부정하기 어렵다.

46 스티븐 호킹은 사후 가족과 지인의 주도하에 출판한 유작 『호킹의 빅 퀘스천에 대한 간결한 대답』에서 생전에 했던 경고를 다시 강조하면서 인공지능으로 인해 인류가 직면하게 될 존재적 위험을 다음과 같이 묘사했다. "인공지능을 설계하는 데 있어 인공지능이 인간보다 우월해져 인간의 도움 없이 스스로 개선할 수 있게 된다면 우리는 지능폭발에 직면하게 될 것이며, 궁극적으로 인간이 달팽이를 능가하는 것보다 지능 면에서 인간을 훨씬 능가하는 기계가 출현할 것이다." 그의 통찰을 간단히 무시하기는 어렵다는 생각이 든다. 그런데 이 책 말미에 그는 다시 다음과 같은 희망의 불씨를 남겨놓았다. "우리는 인공지능이 우리에게 무한한 도움을 줄지, 아니면 우리를 무시하고 열외로 취급하거나 우리를 파괴할지 알 수 없다. 낙관주의자로서 나는 우리가 세상을 위한 인공지능을 개발할 수 있으며 그것이 우리와 사이좋게 일할 수 있을 것으로 믿는다. 우리는 단지 그로 인한 위험을 인지하고 확인하며 최선의 실천과 관리를 도입함으로써 미리 그로 인한 결과에 대비할 필요가 있다." 짐작컨대 호킹은 마지막으로 인류에 희망의 메시지를 전하려고 했던 것으로 보인다.

47 제프리 힌턴과 요슈아 벤지오는 얀 르쾽Yann LeCun과 함께 2018년 튜링상을 공동 수상한 딥러닝 분야의 대가들이다.

48 레이 커즈와일은 『마음의 탄생』에서 맥스 테그마크는 『라이프 3.0』에서 비슷한 방식으로 기계생명과 인간의 공존 문제를 낙관적으로 보고 있다. 테그마크는 인간은 라이프 2.0 버전에 해당하고 기계생명은 라이프 3.0 버전에 해당한다고 말함으로써 마치 기계생명이 더 우월한 생명체라는 오해의 소지가 있는 표현을 사용했다. 그러면서 그는 이런 시대를 맞이해 인류는 호모 사피엔스에서 호모 센티엔스로 진화해야 한다고 말한다. 지능보다 지각을 더 강조함으로써 기계생명에 대한 우위를 획득하자는 취지로 보인다.

49 대표적으로 철학자 닉 보스트롬은 저서 『슈퍼인텔리전스』에서 인류의 난제들이 초인공지능에 의해 해결될 가능성이 매우 높은 것으로 예상했다.

50 이런 취지에서 최근 빌 게이츠의 저서 『기후재앙을 피하는 법』은 일반인들에게 기후변화와 관련된 최신의 정확한 정보를 제공함으로써 불필요한 논쟁을 막아줄 뿐만 아니라 우리가 무슨 노력을 해야 하는지 방법을 알려준다. 지금 시대에 필요한 것은 가짜 뉴스가 아니라 이런 지식이다.

51 2011년 스위스 취리히 연방공대 연구팀은 세계경제를 통제하는 세력에 관해 네트워크 이론을 이용한 최초의 과학적인 연구 결과를 발표했다. 1천 300만 개 기업의 소유권에 관한 2007년 데이터를 바탕으로 이루어진 이 연구에 의하면 세계경제는 소수의 글로벌 금융기관들에 의해 통제되고 있다. 그 후 미국 소노마 주립대 정치사회학 교수 피터 필립스는 2018년에 출판한 저서 『자이언트』에서 세계경제를 장악한 세력으로 17개 거대 금융기관과 이들을 비호하는 조직들을 지적했다. 필립스 교수가 지적한 17개 금융기관 중 15개가 취리히 연방공대의 연구에도 포함되어 있다는 사실은 세월이 지나도 금융자본의 지배에는 변함이 없다는 것을 시사한다. 단지 변화가 있다면 금융기관의 지배력 순위가 바뀌었을 뿐이다. 예를 들면 취리히 연방공대의 연구에는 지금은 사라진 리먼 브라더스가 영향력 서열 34위에 랭크되어 있는 반면, 필립스 교수의 저서에는 취리히 연방공대의 연구에는 빠져 있던 자산운용사 블랙록이 가장 영향력이 큰 것으로 나와 있다. 이같이 세월이 흐르면서 개별 금융기관의 차원에서는 부침이 있으나 금융자본의 지배는 오히려 강화됐다고 할 수 있다.

52 로고테라피를 창시한 정신과의사 빅터 프랭클Viktor Frankl은 저서 『죽음의 수용소에서』에서 나치의 유대인 수용소에 수감되어 존엄성이 완전히 파괴된 상태에서도 자신만의 고유한 의미를 발견함으로써 죽음의 공포를 극복했음을 감동적으로 보여주었

다. 그러나 이것은 그가 강인한 정신력을 소유한 사람이기에 가능했다는 점을 감안할 때, 평균적인 사람이 존엄성을 유지하려면 자유와 평등을 구현할 수 있는 포용적인 제도가 필요하다. 평화로운 시대임에도 불구하고 이 시대에 존엄성을 유지하기란 쉽지 않기 때문이다.

53 공동선 경제는 오스트리아의 경제학자이자 공동선 행동가인 크리스티안 펠버Christian Felber가 2010년부터 시작한 윤리적 자본주의를 지향하는 경제를 말한다. 사회구성원 모두를 위한 공동선을 확립하고 이에 기초해 시장경제를 운용한다는 것은 이상적이지만 외면할 수 없는 대안이다. 그가 쓴 공동선 경제 지침서인 『Change Everything』은 『모든 것이 바뀐다』라는 제목으로 번역되었다.

54 니얼 퍼거슨은 저서 『시빌라이제이션』에서 이 여섯 가지를 서양이 세계를 제패하게 만든 6개의 킬러앱killer app이라고 불렀다. 그러면서 그는 이제는 과거 중국 명나라가 서양에 역전당했던 것과 정확하게 같은 방식으로 서양이 중국을 비롯한 아시아 국가들에 역전당할 위기에 처했다고 말한다. 일본, 한국, 그리고 중국이 순차적으로 서구에서 개발된 6개의 킬러앱을 쉽게 다운로드해서 서양을 위협할 수준에 도달했기 때문이다. 퍼거슨은 중국의 부상을 강조했던 사학자로서 그의 이런 경고는 새롭지 않다. 다만 그의 경고 이면에는 서양의 몰락을 그대로 둘 수 없다는 절박함이 배어 있다. 달리 말하면 중국을 비롯한 아시아 국가들에 주도권을 넘겨주지 말자는 호소로 들린다. 이런 문명사적 흐름에서 한국이 과연 어디쯤 와 있는지 그가 말한 6개의 킬러앱의 관점에서 검토해보는 것도 흥미로운 작업이 될 수 있다.

55 『정의란 무엇인가』로 우리에게도 널리 알려진 마이클 샌델 교수는 저서 『돈으로 살 수 없는 것들』에서 시장경제의 효율성은 높이 평가하지만 시장논리가 사회 전반에 스며들어 시장사회로 전락한 데 대해서는 비판적으로 평가했다. 이로 인해 사랑과 우정을 비롯해 돈으로 살 수 없던 것들이 돈으로 살 수 있는 대상으로 전락했는데, 이는 시장적 가치가 도덕적 가치를 몰아내고 있다는 것을 의미한다고 말한다. 그가 말하는 시장사회의 전형적인 모습을 특히 한국 사회에서 발견할 수 있다는 것은 부인하기 어렵다.

56 정치철학자 마이클 샌델은 저서 『공정하다는 착각』에서 미국과 영국을 비롯한 여러 나라의 능력주의로 인한 부작용을 신랄하게 비판했다. 간단히 말해 좋은 대학을 나와 고소득 직업을 갖게 된 엘리트들이 오직 자신의 능력만으로 그런 지위를 차지하게 되었다고 오만하게 생각했고, 이로 인해 저학력 빈곤층은 극심한 인격적 모멸감을 느껴왔는데, 이들의 분노가 미국에서는 2016년 도널드 트럼프의 대통령 당선으로, 영국

대한민국, 변방에서 중심으로

에서는 브렉시트로 표출되었다고 주장했다. 미국 못지않게 우리나라에서도 능력주의가 다수의 사람들에게 모멸감을 주고 있다. 높은 자살률이 이를 방증한다.

57 영국방송공사가 제작하고 에튼버러 경이 해설을 맡은 〈우리 행성, 지구〉를 비롯해 다양한 다큐멘터리 필름을 보면 인간의 탐욕으로 인해 지구가 어떤 고통을 받고 있는지, 종의 다양성이 어떻게 파괴됐는지, 그리고 기후변화로 인해 얼마나 큰 위험에 노출됐는지 실감할 수 있다.

58 이탈리아 볼로냐 대학교의 사회적 경제이론의 대가 스테파노 자마니Stefano Zamagni 교수는 저서 『인류 최악의 미덕, 탐욕』에서 시대에 따라 탐욕에 대한 사회적 인식이 어떻게 바뀌어왔는지 상세하게 다루었다. 금융자본주의가 득세하면서 탐욕은 시장을 지배하는 미덕이 되었으며 이로 인해 불평등과 양극화가 심화된 것은 명백하다.

59 유발 하라리는 『호모 데우스』에서 다음과 같은 취지의 주장을 펼쳤는데, 다소 극단적이라는 인상을 주지만 무시하기 어려운 내용을 담고 있다. "더 이상 인간의 내면세계에서 일어나는 욕망과 경험에 바탕을 두고 세상을 이해해온 전통을 포기해야 한다면 도대체 인간은 어디서 의미를 찾을 것인가? 이에 대한 유일한 대안으로 등장한 것이 바로 정보이며 이를 처리하는 데이터주의Dataism, 즉 데이터 종교다." 그는 인간이 데이터를 숭배하기 시작했다면서 "데이터주의에 의하면 우주는 데이터의 흐름으로 구성되어 있으며 어떤 현상이나 실체의 가치는 데이터 처리에 기여하는 바에 의해 결정된다."라고 말했다. 이 말은 데이터 처리라는 관점에서 인간보다 인공지능이 뛰어나다면 인간은 더 이상 가치가 없다는 뜻을 함축할 뿐만 아니라 무엇이든 데이터 축적에 기여할수록 더욱 가치 있다는 의미를 담고 있다. 바야흐로 데이터 자체가 목적이 되고 이에 기여하지 못하는 인간은 쓸모없는 존재로 전락할 수 있다는 것이다. 데이터주의에서는 데이터 자체가 숭배의 대상이 되는 역설이 등장한다. 이때 인간은 데이터를 숭배하는 조연으로 전락하고 만다.

60 신고전파 경제이론의 이런 입장을 가장 잘 대변한 사람은 1995년 노벨 경제학상을 수상한 시카고 대학교의 로버트 루카스Robert Lucas, Jr.교수였다. 그는 2004년 미국 미니애폴리스 연방은행에서 행한 연설에서 경제 성장을 통해 모두에게 번영을 가져다주는 일이 가장 중요하다면서 분배 문제에 초점을 맞추는 것은 하등 도움이 안 된다는 견해를 피력했다. 그는 일관되게 분배 문제는 없으며, 설사 존재하더라도 사소한 문제라고 일축했다.

61 이런 위기감을 반영한 대표적인 사례로 앞에서 미국을 대표하는 대기업 최고경영자 200인의 모임인 '비즈니스라운드테이블'의 성명서와 세계경제포럼에서 공표한 '다

보스 선언'을 들었는데, 이들 못지않게 파격적인 사건으로는 세계에서 가장 규모가 큰 헤지펀드를 운영하는 '브리지워터 어소시에이츠Bridgewater Associates'의 설립자이자 최고경영자인 레이 달리오Ray Dalio가 2019년 4월 5일 'Why and How Capitalism needs to be Reformed'라는 글을 발표한 것을 들 수 있다. 월스트리트를 대표하는 위치에 있는 그가 이런 글을 발표한 것은 불평등 문제가 더 악화되면 현재와 같은 금융자본주의는 몰락할 수 있다는 위기감 때문인 것으로 짐작된다.

62 줄기세포 전문가로서 세계적인 명성을 가진 미국의 의사이자 사업가인 로버트 란자Robert Lanza는 생물중심주의를 역설하는 세 권의 저서 『바이오센트리즘』, 『Beyond Biocentrism』, 『The Grand Biocentric Design』을 출판했다. 그는 의식을 가진 인류는 빅뱅 이후 오랜 기간의 진화 과정을 거쳐 우연히 지구에 등장한 것이 아니라 의식을 가진 생명이 등장함으로써 우주 전체가 의미를 갖게 되었다면서 이를 생물중심주의라고 명명했다. 인간이 우주의 주역으로 등장한 것이다. 그의 주장은 물리학자 존 휠러John A. Wheeler가 제창했던 '참여하는 우주participatory universe'와 맥을 같이한다.

63 희소한 자원의 배분이라는 관점에서 경제학을 정의한 사람은 영국의 경제학자 라이어널 로빈스Lionel Robbins가 있으며, 인센티브의 관점에서 경제학을 정의한 대표적인 사람으로는 하버드대 경제학자 그레고리 맨큐Gregory Menkiw를 들 수 있다.

64 대중강연자이자 저술가인 다니엘 핑크Daniel Pink는 저서 『드라이브』에서 이 점을 강조하면서 이를 '동기 3.0'이라고 불렀다. 그에 의하면 현대 과학이 발견한 사실 중 가장 소홀히 취급받고 있는 것이 바로 사람들은 내재적 동기부여에 더 반응한다는 것이다. 반복적인 업무에는 금전적 동기가 더 효과적이지만 창조적 업무에는 내재적 동기가 더 중요한 역할을 한다는 것이다. 그가 이 책에서 다룬 내용을 중심으로 한 TED 강연 'The Puzzle of Motivation'은 TED 강연 중 조회 수 기준 톱10에 들어갈 정도로 대중의 큰 관심을 끌었다.

65 인간 의식을 환영에 불과하다고 주장하는 대표적인 철학자로는 대니얼 데닛Daniel Dennett을 들 수 있으며, 신경과학자 가운데는 『나는 착각일 뿐이다』라는 책을 쓴 샘 해리스Sam Harris를 들 수 있다.

66 대표적인 인물로 발명가이자 인공지능 전문가인 레이 커즈와일은 기하급수적으로 발전하는 정보기술의 속성을 바탕으로 2049년경 기술적 특이점이 올 것으로 예측했다. 그러면 지금까지 적용되었던 제도와 법칙이 효력을 발휘하지 못하는 새로운 시대가 온다는 것이다.

67 백범 김구 선생은 『백범일지』에서 한국은 문화 강국이 되어야 한다고 강조했으며 함

석헌 선생은 『뜻으로 본 한국역사』에서 한국은 지식을 통해 나라를 바로 세워야 한다고 역설했는데 이 또한 문화 국가를 지향해야 한다는 의미다.

68 2015년 노벨 경제학상을 수상한 경제학자 앵거스 디턴Angus Deaton은 저서 『절망의 죽음과 자본주의의 미래』에서 자존감을 상실한 가운데 약물과 알코올에 의존해 살다가 절망감을 견디지 못해 자살하는 미국 저학력 중년층 비율이 급격히 증가하고 있다는 것을 각종 자료를 통해 보여주었다. 한국의 경우 노년층의 자살률이 급증하는 것도 같은 맥락에서 이해할 수 있다.

69 복잡계 전문가 마크 뷰캐넌Mark Buchanan은 저서 『내일의 경제』에서, 옥스퍼드대의 경제학자 에릭 바인하커Eric Beinhocker는 『부는 어디에서 오는가』에서 이런 시뮬레이션 과정 및 결과를 상세하게 다루었다.

# 대한민국, 변방에서 중심으로

1판 1쇄 발행 2021년 11월 10일
1판 2쇄 발행 2021년 12월 1일

**지은이** 이영환·이기동·최수
**발행인** 강선영·조민정
**펴낸곳** (주)앵글북스
**디자인** 김효정

**주소** 서울시 종로구 사직로8길 34 경희궁의 아침 3단지 오피스텔 407호
**문의전화** 02-6261-2015 **팩스** 02-6367-2020
**메일** contact.anglebooks@gmail.com
**ISBN** 979-11-87512-62-2 03300